The Road to Revitalization

通往复兴之路

新质生产力理论前沿

刘元春　主编

上海财经大学出版社

上海学术·经济学出版中心

图书在版编目(CIP)数据

通往复兴之路：新质生产力理论前沿 / 刘元春主编.
上海：上海财经大学出版社，2024.10. -- ISBN 978-7-5642-4480-4
Ⅰ.F120.2
中国国家版本馆 CIP 数据核字第 2024AB6779 号

□ 责任编辑　李成军
□ 封面设计　贺加贝

通往复兴之路
——新质生产力理论前沿
刘元春　主编

上海财经大学出版社出版发行
（上海市中山北一路 369 号　邮编 200083）
网　　址：http://www.sufep.com
电子邮箱：webmaster@sufep.com
全国新华书店经销
苏州市越洋印刷有限公司印刷装订
2024 年 10 月第 1 版　2025 年 9 月第 2 次印刷

787mm×1092mm　1/16　25 印张（插页：2）　367 千字
定价：88.00 元

主编简介

刘元春 上海财经大学校长,经济学家。中央马克思主义理论研究和建设工程首席专家,国家级人才特聘教授,国家"十四五""十五五"规划专家委员会委员,国务院特聘专家,国家"百千万人才工程"有突出贡献中青年专家,教育部新世纪人才。兼任教育部高等学校公共管理类专业教学指导委员会副主任委员,中国宏观经济学会副会长,中国经济五十人论坛成员,中国金融四十人论坛成员,获孙冶方经济学奖等20多个学术奖励。在《人民日报》《求是》《中国社会科学》《经济研究》《管理世界》等刊物发表学术论文和专题文章百余篇,多次出席国家经济形势专家座谈会。

前 言

新质生产力是习近平总书记从中国新发展阶段的实际需要出发,把马克思主义政治经济学基本原理同新时代中国经济发展实际相结合,对高质量发展内在规律和底层逻辑进行深入思考而创造性提出的一个新概念。自2023年7月以来,习近平总书记在四川、黑龙江、浙江、广西等地考察调研时,先后多次就发展新质生产力发表重要讲话。在二十届中央政治局第十一次集体学习时,习近平总书记进一步系统阐述了什么是新质生产力以及如何发展新质生产力。习近平总书记关于新质生产力的论述,是马克思主义生产力理论的最新发展,是对当代科技革命和产业革命新规律的科学总结,是21世纪马克思主义经济学发展的新范畴,为习近平经济思想的深化和学理化提供了基石,也为新时期加快发展新质生产力、推动高质量发展提供了根本遵循和行动指南。

党的二十届三中全会提出,"健全因地制宜发展新质生产力体制机制"。这对下一步加快发展新质生产力提出了新的更高要求。在中国式现代化深入推进的背景下,新质生产力的实践一直在不断往前发展,与之相适应,新质生产力的理论创新及其研究阐释也需要不断与时俱进。

新质生产力提出的时代背景与战略动因

新质生产力在第四次工业革命的浪潮中已成为时代新叙事。加快发展新质生产力,是新时代新征程解放和发展生产力的客观要求,是推动生产力迭代升级、实现中国式现代化的必然选择。当前,全球经济和社会发展正处于大国博弈的关键期,对中国来说,无论在经济发展上实现中国式现代化的各项目标,还是大国博弈中实现弯道超车,取得科技经济领域的突破,都必须在新质生产力上实现长足发展。只有深刻把握新质生产力提出的时代背景,我们才能真正认识其战略重要性。

第一,当前是第四次工业革命加速演进的关键期。从"能力延伸论"的理论出发,第一次工业革命中,蒸汽机将矿物质转化为能源动力,延伸了人类的双手;第二次工业革命通过电力、内燃机、汽车、飞机等,延伸了人类的双脚;第三次工业革命中,半导体、计算机、互联网等形成的信息网络,延伸了人类的感官;第四次工业革命正在展开,通过人工智能、生物医药、量子科技、先进通信、绿色能源等,延伸了人类的大脑,知识创造的路径也随之改变。以数字驱动和知识创新驱动为引领,很多传统范式将发生改变。因此,中国如果要真正迎接新一轮科技革命和产业革命,就必须有大量的新认识、新准备,而不是简单地延续前三次产业革命和技术革命的一些经验,这就要求我们在传统马克思生产力理论基础上提炼出新质生产力的一些新内涵、新规律、新战略。

第二,大国博弈进入关键期,高新技术产业冲突和对未来技术革命的引领,要求国家对于发展新质生产力有更为体系化、学理化的认识。大国博弈、地缘政治的变异,使地缘政治逐步成为世界风险的主导力量,地缘政治的重构力量开始超越资本力量,从根本上改变传统全球经济资源配置的逻辑,全球经济增长中枢的下滑、结构的分化以及风险性质的变化，直接改变了资本资产定价模式以及金融资源配置的规律，在对华脱钩、去风险等政策的影响下，全球产业链、供应链、创新链、人才链、资金链等都在发生深刻调整。在这样的复杂背景下，中国要想保持原有发展势头并实现弯道超车，在这一轮博弈深化和格局调整中实现大国崛起，就必须在高水平科技上实现自立自强，在发展新质生产力上有新思考，而不仅仅是对过去的思考。

第三，中国目前正处于跨越中等收入陷阱、全面建成社会主义现代化强国和推进中华民族伟大复兴的关键时期，发展新质生产力是成功迈向高质量发展、如期实现中国式现代化的关键。如果2020年至2035年间中国能够保持年均4.8%的实际GDP增速，以超越高收入国家门槛值20%为真正跨越的时点，那么中国将在2026年前后完成跨越"中等收入陷阱"的历史使命。按照前低后高的测算，2020年至2025年，中国GDP的平均增长速度需要保持在5.5%至6%的水平。在中国经济总量已经位居世界第二的背景下，要实现这样的经济增速，必须依靠全要素生产率的提升。正如习近平总书记在主持中共中央政治局第十一次集体学习时所强调的，新质生产力具有高科技、高效能、高质量特征，以全要素生产率大幅提升为核心标志。

第四，中国经过过去几十年的改革开放和发展，已经在新质生产力培育上取得伟大成就，具备了发展新质生产力的基本条件和一些成功的经验。比如，在人才资源方面，中高端人才数量红利逐渐显现；在工业强国方面，党的十八大以来，我国规模以上装备制造业增加值年均增长8.7%，目前中国制造正全面向中国智造转变，高新技术产业投资同比增速维持在两位数，成为投资稳定的基石；在出口方面，"新三样"（电动汽车、锂电池和光伏产品）2023年出口首次突破万亿元大关。这些突破和成就彰显了我国在创新驱动发展战略上所取得的辉煌成就，走出了新质生产力新路径，其中最为凸显的就是在战略性新兴产业——数字经济上取得新突破，也预示着新一轮技术进步将在产业拓展中实现创新。

加快发展新质生产力要多管齐下辨证施策

党的二十届三中全会提出，"加强关键共性技术、前沿引领技术、现代工程技术、颠覆性技术创新，加强新领域新赛道制度供给，建立未来产业投入增长机制，完善推动新一代信息技术、人工智能、航空航天、新能源、新材料、高端装备、生物医药、量子科技等战略性产业发展政策和治理体系，引导新兴产业健康有序发展。以国家标准提升引领传统产业优化升级，支持企业用数智技术、绿色技术改造提升传统产业"。这为我们在新的历史时期进一步完善现代化产业体系、因地制宜发展新质生产力指明了方向和明确了路径。

其一，加强技术创新与制度供给。从长期看，经济持续增长主要靠两大因素，一是技术进步，二是制度完善。当前，我国在工业关键基础材料、核心基础零部件（元器件）、先进基础工艺、产业技术基础等"四基"方面同发达国家相比仍有差距。一方面，要立足当前补齐工业"四基"的技术短板，筑牢基础设施建设、移动支付、数字经济等领域的技术长板，重视以人工智能为代表的通用技术发展，为营造良好的创新生态、实现关键核心技术自主可控提供可行方案。另一方面，要着眼长远重视应用技术的研究探索，加强应用基础研究和前沿研究的前瞻性、战略性、系统性布局，把握世界科技发展大趋势、下好布局未来产业前瞻研发"先手棋"。技术创新是需要制度供给支撑的，尤其要在教育制度、科技制度、人才制度等基础性层面全面深化改革，为新产业、新业态、新模式的形成与发展提供有力支撑。

其二,投资战略性新兴和未来产业。"十二五"和"十三五"期间,国家在战略性新兴产业、未来产业等领域已经有很多布局,在科技创新上进行了大量投入。在当下这样一个特殊时点,我们要善于总结过去发展战略性新兴产业和未来产业方面的经验教训,为下一步系统全面实现生产力跨越式发展创造条件。地方和企业要按照中央统一部署和顶层设计,全面落实,因地制宜发展新质生产力。对于未来产业,需要建立投入增长机制,既要更好发挥政府产业投资基金引导作用,也要发展耐心资本,充分发挥市场在资源配置中的决定性作用。对于战略性新兴产业,需要完善发展政策和治理体系,引导其健康有序发展,避免一哄而上、无序竞争。

其三,推动传统产业数智化转型。传统产业是基本盘,也是我国产业的最大底座,约占整个产业的80%,如果忽视传统产业,会造成产业的断档和实体经济的空心化。因此,传统产业也是形成新质生产力的重要阵地。发展新质生产力需要促进具有通用价值的数智技术与实体经济深度融合。数智技术不仅包括以数据要素为核心的数字技术,而且包括与实体经济发展相关的一系列智能技术。要以数字技术进一步推动各类生产要素有机组合,以智能技术持续提高全要素生产率和经济潜在增长率,在激发各类生产要素活力、企业降本增效、产业链资源整合集成、产业结构优化升级等方面发挥更大作用,着力破解我国在推动高质量发展过程中供求结构不匹配的问题,推动经济发展实现质量变革、效率变革和动力变革。

上海财经大学秉承"经济匡时"校训,始终以服务国家重大战略需求和社会经济发展为己任。正是出于这样的目的和宗旨,学校科研处在2024年全国两会结束之后,第一时间联合学校期刊社(《财经研究》《外国经济与管理》《上海财经大学学报》)、《海派经济学》编辑部和出版社面向全校征集"新质生产力理论与实践"相关论文。征文活动得到了校内学者的热烈响应,经过专家评审,有22篇代表性论文被收入本书,其中部分论文已经在国内重要权威期刊发表或接受发表。全书共分四篇,分别是**第一篇"理论溯源"**(夏艳秋、岳翔宇、程霖、周瑞、陈旭东、罗山鸿、孙孟子、刘志阳、曹东勃、蔡煜);**第二篇"路径实现"**(刘元春、刘雪、郝晓玲、王诣铭、董静、吕孟丽、孙传超、谢韵典、赵鑫、吴方卫、秦国庆、谢家平、郑颖珊、董旗、曹东勃、蔡煜);**第三篇"生产关系"**(刘元春、彭珮、孙孟子、陈勤旭、秦策、常彬、范琦、冯经纶、曾军平);**第四篇"区域实践"**(刘元春、贾占锋、王岩、王金煜、吴一平)。在论文集的编辑出版过程中,得到了学校相关部门和各个学院的大力支持,科研处刘志阳、陈海芬、魏莎莎,出版社黄磊,期刊社郑春荣,《海派经济学》编辑部丁晓钦,党委校长办公室陈旭东等多位同志付出了艰辛劳动,在此表示衷心的感谢。

  本论文集的文章涉及新质生产力基础理论研究和实践案例,期待通过多元观点的呈现帮助读者更全面、更深入地理解新质生产力的时代意义,探索新质生产力的无限可能,为推进中国式现代化和中华民族伟大复兴贡献学术智慧。

刘元春

2024 年 10 月

目 录

第一篇 理论溯源

第一章 新质生产力的理论内涵 / 003
  新质生产力的思想创新脉络 / 003
  新质生产力概念与中国经济学知识体系建构
    ——基于术语革命的视角 / 029
  自然辩证法与新质生产力的三重逻辑 / 054

第二章 生产力理论的学说史研究 / 066
  中国共产党生产力理论的百年建构和逻辑演进 / 066
  党的领导是新质生产力形成与发展的重要政治保证
    ——论新中国成立以来生产力跃迁的三个历史阶段 / 087

第二篇 路径实现

第三章 新质生产力动能研究 / 109
  数据要素市场化赋能新质生产力：基于高端要素集聚的视角 / 109
  对新质生产力的投资能否推动制造业企业的数字化转型？ / 134

第四章　完善现代化产业体系研究 / 164

以科技创新引领现代化产业体系建设 / 164

中国式现代化情境下推进新型工业化的着力点 / 169

新质生产力推进农业现代化：理论内涵、关键问题与实施路径 / 189

第五章　提升产业链供应链韧性和安全水平研究 / 210

必须坚持深化供给侧结构性改革和着力扩大有效需求协同发力 / 210

供应链数智化建设赋能制造企业新质生产力

——基于供应链创新与应用试点城市建设的准自然实验 / 217

第六章　新质生产力发展评估研究 / 243

新质生产力指标体系构建研究 / 243

第三篇　生产关系

第七章　推动新质生产力的营商环境优化研究 / 265

政府补贴能否提升企业新质生产力？

——来自中国上市公司的经验证据 / 265

发展新质生产力的经济法回应 / 288

第八章　适应新质生产力发展的财税金融制度研究 / 312

AIGC新质生产力的产业支持政策研究 / 312

税收该如何助推形成新质生产力？ / 326

金融赋能新质生产力发展需"多管齐下" / 333

第四篇　区域实践

第九章　加快创新策源 形成新质生产力的上海实践 / 339

推进G60科创走廊建设 服务上海国际科创中心的思考 / 339

加快发展新质生产力 勇当我国科技和产业创新的开路先锋
　　　　——新质生产力视角下长三角 G60 科创走廊创新实践研究 / 344

第十章　长三角一体化的新质生产力布局与探索 / 354
　　新质生产力视角下长三角夜间经济一体化发展探析 / 354
　　长三角地区培育新质生产力的实践对全球发展中国家的启示 / 370

结语　复兴之路：从"现代化在中国"到"中国式现代化" / 381

第一篇

理论溯源

概括地说，新质生产力是创新起主导作用，摆脱传统经济增长方式、生产力发展路径，具有高科技、高效能、高质量特征，符合新发展理念的先进生产力质态。它由技术革命性突破、生产要素创新性配置、产业深度转型升级而催生，以劳动者、劳动资料、劳动对象及其优化组合的跃升为基本内涵，以全要素生产率大幅提升为核心标志，特点是创新，关键在质优，本质是先进生产力。

——习近平：《发展新质生产力是推动高质量发展的内在要求和重要着力点》，《求是》2024年第11期

第一章 新质生产力的理论内涵

新质生产力的思想创新脉络

一、引言

新质生产力是新时代中国生产力实践和理论创新的标识性概念。2023年9月,习近平总书记在黑龙江考察时首次提出了"新质生产力"概念,强调要以科技创新引领产业全面振兴,"整合科技创新资源,引领发展战略性新兴产业和未来产业,加快形成新质生产力"[①]。在中共中央政治局第十一次集体学习时,习近平总书记阐述了"新质生产力"的概念内涵,强调"新质生产力是创新起主导作用,摆脱传统经济增长方式、生产力发展路径,具有高科技、高效能、高质量特征,符合新发展理念的先进生产力质态"[②]。2024年国务院政府工作报告将"大力推进现代化产业体系建设,加快发展新质生产力"作为2024年政府工作的首要任务。习近平在参加十四届全国人大二次会议江苏代表团审议时,呼吁"要牢牢把握高质量发展这个首要任务,因地制宜发展新质生产力"[③],论述了发展生产力的科学方法和实践路径。2024年7月,二十届三中全会强调"健全因地

基金项目: 国家社科基金重大项目(17ZDA034)、国家资助博士后研究人员计划(GZC20230812)。

本文作者简介: 夏艳秋,华东师范大学马克思主义学院助理研究员;岳翔宇,上海财经大学经济学院副教授;程霖,上海财经大学经济学院、中国经济思想发展研究院教授。

① 牢牢把握在国家发展大局中的战略定位 奋力开创黑龙江高质量发展新局面[N].人民日报,2023-09-09:1.
② 加快发展新质生产力 扎实推进高质量发展[N].人民日报,2024-02-02:1.
③ 因地制宜发展新质生产力[N].人民日报,2024-03-06:1.

制宜发展新质生产力体制机制"[①],提出了进一步全面深化改革、推进中国式现代化的生产力要求。当下,发展新质生产力已成为新时代推动高质量发展的必然要求。

新质生产力是习近平经济思想的重要组成部分和最新理论成果,学术界对此展开了热烈讨论。学者们普遍认为新质生产力是马克思主义生产力理论与中国生产力实践相结合形成的理论创新(刘伟,2024;孟捷和韩文龙,2024),是对传统生产力的超越和发展(蒲清平和黄媛媛,2023;李政和廖晓东,2023),主要从新质生产力的内涵特征(周文和许凌云,2023;姜奇平,2024;韩喜平和马丽娟;2024)、生成逻辑(刘刚,2023;任保平,2024)、培育路径(洪银兴,2024;习近平经济思想研究中心,2024)、时代意义(高帆,2023;胡洪彬,2023)以及中国式现代化发展(程恩富和陈健,2023;张震宇和侯冠宇,2024)等角度展开探讨。少数学者从经济思想史角度梳理了从古典政治经济学家提出"生产力"概念到马克思系统论述生产力范畴再到新时代中国提出"新质生产力"概念的历程(王朝科,2024)。

本文认为,发展新质生产力的关键在于以科技创新推动产业创新,这是新质生产力相较于传统生产力的最显著特征。但从现有文献看,学术界大多以静态的眼光分析新质生产力的理论创新,虽关注科技革命、产业革命,但忽略了从马克思主义生产力学说发展历程出发、动态考察中国以科技创新推动产业创新进而发展生产力的思想演进历程,因此缺乏对新质生产力理论创新脉络的深层思考和系统梳理。

历史是一切社会科学的基础。只有厘清新质生产力思想创新的历史过程,才能从根本上真正把握新质生产力理论的深刻内涵和创新之处。因此,本文从思想史角度出发,以发展的眼光动态考察新质生产力的思想演进历程。生产力概念最初由古典政治经济学家提出,被马克思批判继承;中国从近代学习西方生产力理论和马克思主义生产力思想的接受者,变成当下推动生产力理论突破

---

① 中共中央关于进一步全面深化改革 推进中国式现代化的决定[N].人民日报,2024-07-22:1.

创新的引领者。通过剖析生产力思想演进的逻辑,本文认为"新质生产力"是在现代化实践中不断升华的生产力理论认知,表征着新时代中国共产党领导人民对生产力现代化转型的最新见解和具体实践。而从生产力与生产关系矛盾运动视角看,生产关系变革是催生新质生产力理论的主动因素。本文认为,新质生产力的理论创新与现实意义体现在以下方面:一是开辟马克思主义政治经济学新境界;二是以高质量发展全面推进中国式现代化。

本文试图从以下三个方面丰富和发展已有研究:(1)从思想史角度梳理新质生产力理论的思想创新脉络,提供了深入分析新质生产力、科学理解新质生产力理论创新、客观把握新质生产力现实意义的新视角;(2)将新质生产力置于人类探索现代化的实践历程中加以考察,将生产关系变革作为催生新质生产力的主动因素,拓展了分析生产力思想演进逻辑、生成因素的新思路;(3)重点考察科技与生产力之间的关系,补充了各个历史时期关于科技推动生产力进步的创新认识和具体实践,特别是关于科技创新推动产业创新的讨论,动态展现生产力思想的历史演进。

二、从传统到新质:生产力思想的历史演进

从思想史视角看,中国经济学语境中的"生产力"是一个舶来理论,始于近代古典政治经济学的传入,随着马克思主义政治经济学在中国的传播、运用和发展而不断创新,经历了从"传统"到"新质"的历史演进。在此过程中,人们对科技与生产力关系的认识不断深入,愈发强调使科技创新向现实生产力转化。生产力是人类社会进步和经济发展的根本动力。它是一个历史范畴,既有存量意义,是一种既得的力量,是"以往的活动的产物"[①];又有增量意义,可以由"前一代传给后一代"[②],被新的一代所改变,得到一定的发展。因此,作为推动社会进步的最活跃、最革命的要素,生产力随着人类社会历史的不断推进在理论与

---

① 马克思,恩格斯.马克思恩格斯选集(第4卷)[M].北京:人民出版社,2012:408-409.
② 马克思,恩格斯.马克思恩格斯选集(第1卷)[M].北京:人民出版社,2012:172.

实践互动中得以不断丰富和发展。

部分文献将"新质生产力"中的"生产力"译为"productive forces"或"productivity",从词的本义看,前者强调的是生产的能力,后者强调的是生产的效率。将强调提高质量的"新质生产力"译为"new quality productivity"表面上看似乎是合适的(如周文和许凌云,2023;蒋永穆和乔张媛,2024;洪银兴,2024),但一方面效率在本质上是质量的一部分,"quality"中已经包含着质量,无需再用"productivity"强调效率;另一方面,新质生产力强调以科技创新带动产业创新,蕴含着"以质带动量"的、现实的动力和能力,因此译为"new quality productive forces"才是相对恰当的表述①,表明是质量、能力、效率等多个维度的跨越式提升。

(一)马克思主义政治经济学及之前学派关于"生产力"思想的认识

目前许多考察"生产力"概念及思想来源的研究(如王慎之,1987;王朝科,2024;周文和何雨晴,2024;朱宝清和高岭,2024)主要根据吴斐丹和张草纫所译《谷物论》中的"和庞大的军队会把田地荒芜相反,大人口和大财富,则可以使生产力得到很好的发挥。大人口的重要的利益,是有利于生产和消费,增加王国的货币财富"②,认为法国重农学派的弗朗斯瓦·魁奈(Francois Quesnay)最早明确提出了"生产力"概念。不过,从《谷物论》法文版原文来看③,魁奈虽然认为大人口能够通过促进生产和消费使国家强大,对生产能力提高、财富增加的来源有朴素的认知,但并未明确提出"生产力"④一词,表明译者根据上下文、结合自己的理解做了略显拔高的加工处理。

---

① 新华社的英文版网站上,"新质生产力"也被译为"new quality productive forces"。
② [法]弗朗斯瓦·魁奈.魁奈经济著作选集[M].吴斐丹,张草纫,译.北京:商务印书馆,2017:74.
③ 《谷物论》法文版原文表述为"Les grandes armées l'épuifent ; une grande population & de grandes richeffes le rendent redoutable. Les avantages les plus effentiels qui réfultent d'une grande population, font les productions & la conformation, qui augmentent ou font mouvoir les richefles pécuniaires du royaume."Diderot, Denis, Alembert, Jean le Rond d'. Encyclopédie, ou Dictionnaire raisonné des sciences, des arts et des métiers[M]. t. 7, chez Vincent Giuntini, 1760:715.
④ 晏智杰也将此句译为"保持庞大的军队会使国家衰落,而大人口和大财富则能使国家强大。大人口的重要优势在于促进生产和消费,增加王国的货币财富并使其保持活力",并未提及"生产力"。[法]弗朗斯瓦·魁奈.魁奈经济著作选[M].晏智杰,译.成都:西南财经大学出版社,2018:68.

较早提出"生产力"概念的古典政治经济学家如亚当·斯密(Adam Smith)、大卫·李嘉图(David Ricardo)在阐述生产力及其发展时,普遍未将科技作为重要因素加以考量,而是主要从人、社会分工、资本及国家等层面分析生产力的范畴和核心因素。亚当·斯密强调分工对社会生产的增进作用,提出"劳动生产力"(the productive powers of labor)的范畴,认为"劳动生产力上最大的增进,以及运用劳动时所表现的更大的熟练、技巧和判断力,似乎都是分工的结果"①。大卫·李嘉图虽然主张机器作为生产工具或手段可促进生产力(productive power)发展,但其主要分析"土地的生产力"(productive powers of his land)、"未来的生产力"(the power of future production)、资本生产力等范畴。② 德国历史学派的先驱弗里德里希·李斯特(Friedrich List)则重点关注国家在生产力(produktiven kräfte)发展中的地位(杨乔喻,2013),强调对国家而言,财富的生产力比之财富本身更为重要,提出"国家生产力"(national produktivkräfte)的范畴。③

马克思、恩格斯批判继承并超越了古典政治经济学家的生产力思想,将前人对生产力的零散论述加以理论化、体系化,并将科技纳入生产力范畴,奠定了传统生产力的基本轮廓。④ 恩格斯指出劳动除资本外还包括"经济学家没有想到的第三要素",即"发明和思想这一精神要素"。⑤ 马克思认为生产力要素主要包括劳动者、劳动工具和劳动对象,将科学视为一种在历史上起推动作用的、革命的力量,提出"生产力中也包括科学"⑥,指出生产力的发展归根到底来源于

---

① [英]斯密.国民财富的性质和原因的研究(上)[M].郭大力,王亚南,译.北京:商务印书馆,1972:5.
② [英]李嘉图.政治经济学及赋税原理[M].郭大力,王亚南,译.北京:商务印书馆,1962:104,220,233.
③ [德]弗里德里希·李斯特.政治经济学的国民体系[M].陈万煦,译.北京:商务印书馆,1961:118,132.
④ 马克思、恩格斯确定了"生产力"的德文形式"produktivkräft"、英文形式"productive forces"。在西学东渐过程中,日本将从中国古代传入的"生产""力"结合形成"productive forces"的对译词"生産力",近代中国在引进马克思主义经济学时引入了"生产力"这一表述。靳书君,王凤,王子滢.马克思主义"生产力"概念中国化考论[J].宁夏党校学报,2019(1):65—71.
⑤ 马克思,恩格斯.马克思恩格斯全集(第3卷)[M].北京:人民出版社,2002:453.
⑥ 马克思,恩格斯.马克思恩格斯全集(第46卷)[M].北京:人民出版社,1980:211.

"发挥着作用的劳动的社会性质""社会内部的分工""智力劳动特别是自然科学的发展"①,因此"劳动生产力是随着科学和技术的不断进步而不断发展的"②。列宁、斯大林在领导世界上第一个社会主义国家建设过程中继承和发展了马克思的生产力思想,并十分强调科学技术对生产力发展的作用。列宁指出,无产阶级取得政权后最主要最根本的需要是"增加产品数量,大大提高社会生产力"③,认为技术进步是"一切进步的动因,前进的动因"④,并号召"经济学家要永远向前看,向技术进步这方面看"⑤。斯大林则强调:"用来生产物质资料的生产工具,以及有一定的生产经验和劳动技能来使用生产工具、实现物质资料生产的人,——所有这些因素共同构成社会的生产力。"⑥

(二)近代中国对科技与生产力的认识

马克思主义关于科技与生产力的深刻认识对近代中国产生了重要影响。马克思主义传入中国以前,中国因鸦片战争被迫卷入世界经济浪潮,面对西方列强的侵略,以及中西方在军事、经济、科技方面的巨大差异,许多有志之士开始重视科技并主张向西方学习。如魏源提出"师夷长技以制夷"⑦的口号,以曾国藩、左宗棠、李鸿章为代表的洋务派提出"中学为体、西学为用"的思路,呼吁学习西方先进生产技术。但这一时期国人对科技的主张主要是"求富""自强"实践层面的对策,并未上升到"生产力"理论层面探讨。19世纪末20世纪初,随着马克思主义政治经济学在中国的传播、运用和发展,马克思主义的生产力思想逐渐被人们所熟知。李大钊在《我的马克思主义观》中指出,"近代科学勃兴,发明了许多重要机械,致人类的生产力逐渐增加"⑧,强调科学技术对生产力发展的促进。

---

① 马克思,恩格斯.马克思恩格斯选集(第2卷)[M].北京:人民出版社,1995:411.
② 马克思,恩格斯.马克思恩格斯文集(第5卷)[M].北京:人民出版社,2009:698.
③ 列宁.列宁选集(第4卷)[M].北京:人民出版社,2012:623.
④ 列宁.列宁选集(第2卷)[M].北京:人民出版社,1995:660.
⑤ 列宁.列宁选集(第5卷)[M].北京:人民出版社,1986:120.
⑥ 斯大林.列宁主义问题[M].北京:人民出版社,1956:645.
⑦ 胡寄窗.中国近代经济思想史大纲[M].北京:中国社会科学出版社,1981:22—23.
⑧ 魏宏运.中国现代史资料选编[M].哈尔滨:黑龙江人民出版社,1981:79.

新民主主义革命时期,以毛泽东为代表的中国共产党人将马克思主义生产力理论用于分析中国社会现实、革命道路,进一步推动了生产力思想在中国的发展。毛泽东指出,"生产者和生产资料结合起来,就是社会的生产力"①,强调"我们搞政治、军事仅仅是为着解放生产力"②,生产力向上发展是最根本的问题。早期的中国共产党人十分重视科技在生产力发展中的作用。如毛泽东认为自然科学是"人们争取自由的一种武器",是很好的东西,人们能借以了解、克服、改造自然,并能解决"衣、食、住、行等生活问题"。③ 陈云强调要重视自然科学研究,"可以大大地提高生产力,可以大大地改善人民的生活"④。

(三)新中国对科技促进生产力发展的认识深化

新中国成立后,为了解决"人民对于建立先进的工业国的要求同落后的农业国的现实之间的矛盾"⑤,以毛泽东为代表的中国共产党人在兼顾安全与发展背景下选择重工业优先发展的计划经济战略,并对发展生产力必须提高科学技术水平有了更为深刻的认识。毛泽东指出,中国的根本任务"已经由解放生产力变为在新的生产关系下面保护和发展生产力"⑥,提出"在社会主义社会中,基本的矛盾仍然是生产关系和生产力之间的矛盾,上层建筑和经济基础之间的矛盾"⑦,特别强调科学技术对于生产力的推动作用,主张"科学技术这一仗,一定要打,而且必须打好"⑧。周恩来认为必须在高度技术的基础上不断发展社会生产力,强调"在社会主义时代,比以前任何时代都更加需要充分地提高生产技术,更加需要充分地发展科学和利用科学知识"⑨。领导和组织新中国科技工作的聂荣臻指出:"我们要提高科学技术水平,充分地采用新的技术,以求得生产

---

① 毛泽东.毛泽东文集(第5卷)[M].北京:人民出版社,1996:55.
② 毛泽东.毛泽东文集(第3卷)[M].北京:人民出版社,1996:109.
③ 中共中央文献研究室.毛泽东年谱(1893—1949)(中册)[M].北京:中央文献出版社,2013:168.
④ 陈云.陈云文集(第1卷)[M].北京:中央文献出版社,2005:230.
⑤ 中共中央文献研究室.建国以来重要文献选编(第九册)[M].北京:中央文献出版社,1994:340—355.
⑥ 毛泽东.毛泽东文集(第7卷)[M].北京:人民出版社,1999:218.
⑦ 毛泽东.毛泽东文集(第7卷)[M].北京:人民出版社,1999:214.
⑧ 毛泽东.毛泽东文集(第8卷)[M].北京:人民出版社,1999:351.
⑨ 中共中央文献研究室.周恩来年谱(1949—1976)(上)[M].北京:中央文献出版社,1997:540.

力的更大发展。"①

改革开放后,为了解决"人民日益增长的物质文化需要同落后的社会生产之间的矛盾"②,党领导人民在统筹"改革、发展、稳定"背景下形成了以经济建设为中心、解放生产力的共识,以邓小平、江泽民、胡锦涛为代表的中国共产党人关于科学技术转化为生产力的思考成为经济建设的具体指引,阐明了生产力发展的判别标准和作用领域问题,对马克思主义生产力理论做出了新的阐释和丰富。邓小平同志首先深入思考社会主义的本质,强调是"解放生产力,发展生产力,消灭剥削,消除两极分化,最终达到共同富裕",进而将生产力与科学技术紧密相连,强调科学技术是生产力这一主张是马克思主义历来的观点,提出"科学技术是第一生产力"的重要论断③,进一步强调科学技术对生产力发展的重要性。其次,他提出生产力发展的一个判断标准,认为"社会主义经济政策对不对,归根到底要看生产力是否发展,人民收入是否增加。这是压倒一切的标准"④,对于科学技术促进生产力发展有了更强的指导性。江泽民同志提出了"先进生产力"的概念,主张党代表先进生产力的发展要求,所以"全党同志的一切奋斗,归根到底都是为了解放和发展生产力",进而提出科学技术"是第一生产力,是先进生产力的集中体现和主要标志,也是人类文明进步的基石"⑤。胡锦涛同志则主张以科学发展观统领经济社会发展全局,以创新为突破点,"最大限度解放和发展科技第一生产力"⑥,并强调"科学技术是第一生产力,是先进生产力的集中体现和主要标志,这是我们党对马克思主义关于科学技术和社会生产力理论的重大发展,是中国特色社会主义理论体系关于科技思想的基本

---

① 周均伦.聂荣臻年谱(下)[M].北京:人民出版社,1999:878.
② 中国共产党中央委员会关于建国以来党的若干历史问题的决议[M].北京:人民出版社,1981:54.
③ 邓小平.邓小平文选(第3卷)[M].北京:人民出版社,1993:274,373.
④ 邓小平.邓小平文选(第2卷)[M].北京:人民出版社,1994:314.
⑤ 江泽民.江泽民文选(第3卷)[M].北京:人民出版社,2006:2,261.
⑥ 胡锦涛.胡锦涛文选(第3卷)[M].北京:人民出版社,2016:598.

观点"①。

(四)新时代以科技创新推动产业创新的"新质生产力"

新时代以来,为了解决"人民日益增长的美好生活需要和不平衡不充分的发展之间的矛盾"②,党领导人民以全面深化改革破除各方面体制机制、进一步解放和发展社会生产力,立足新发展阶段、贯彻新发展理念提出了"新质生产力"概念,阐明了科技创新推动生产力发展的载体在于构建现代化产业体系,厘清了科技创新到现实生产力的转化机制,继承并超越了传统生产力概念。习近平总书记强调:"全面建成小康社会,实现社会主义现代化,实现中华民族伟大复兴,最根本最紧迫的任务还是进一步解放和发展社会生产力。"③2023年9月,习近平总书记在黑龙江考察时呼吁整合科技创新资源,"加快形成新质生产力"④。这是党中央首次提出"新质生产力"概念。

"新质生产力"的关键在于"新质",这是马克思所强调的"新的生产力"在当下中国的核心特征。⑤"新"在本质属性上代表着生产力状态的更新,强调比传统生产力更加创新和革新;"质"在效果层面反映着生产力质量的飞跃,强调比传统生产力更加符合新发展理念、高质量发展的要求。⑥

"新质生产力"是对传统生产力的革新与迭代,以创新为显著特点,"既包括技术和业态模式层面的创新,也包括管理和制度层面的创新",是推动高质量发

---

① 胡锦涛.在中国科学院第十四次院士大会和中国工程院第九次院士大会上的讲话[N].人民日报,2008-06-24:2.
② 习近平.决胜全面建成小康社会 夺取新时代中国特色社会主义伟大胜利——在中国共产党第十九次全国代表大会上的报告[M].北京:人民出版社,2017:11.
③ 习近平.习近平谈治国理政[M].北京:外文出版社,2014:92.
④ 牢牢把握在国家发展大局中的战略定位 奋力开创黑龙江高质量发展新局面[N].人民日报,2023-09-09:1.
⑤ 马克思曾强调生产力的更新,"随着新的生产力的获得,人们便改变自己的生产方式,而随着生产方式的改变,他们便改变所有不过是这一特定生产方式的必然关系的经济关系"。马克思,恩格斯.马克思恩格斯选集(第4卷)[M].北京:人民出版社,2012:410.
⑥ "新质"并非一个新词,20世纪中期就时常出现在国内学术领域,十余年前便已进入军事科学领域的相关政策中,主张加强"新质战斗力",核心要义是发展信息化、智能化、数字化的军事科学技术,增强军队作战能力。在各类文献中,"新质"常被用以描述科学技术进步所促进的某一事物或范畴在质量状态方面的变化。

展的内在要求和重要着力点：①(1)它关注如何以技术革命推动产业革命,将"技术革命性突破—生产要素创新性配置—产业深度转型升级"作为高科技、高效能、高质量生产力的发展路径,打通科技创新向现实生产力转化的渠道,及时将科技创新成果应用到具体产业和产业链;(2)它以创新尤其是原创性、颠覆性科技创新作为生产力发展的原动力,以现代化产业体系尤其是战略性新兴产业和未来产业作为生产力发展的主要载体,以创新驱动引擎改造、升级传统产业,催生新产业、新模式、新动能,从根本上改变经济发展方式;(3)它强调生产力的实现机制,将"有为政府"和"有效市场"有机结合,主张构建新型举国体制;(4)它强调绿色发展是高质量发展的底色,意味着顺应经济发展方式绿色转型的时代变化,提出了一个生产力发展与时俱进的更高标准。从思想演进历程看,新质生产力的思想演进内嵌于中国式现代化发展道路,二者双向互促:新质生产力为中国式现代化提供创造物质基础的强大动力,而中国式现代化为新质生产力的发展提供航向指引和制度保障。

三、思想演进逻辑：在现代化实践中升华的理论认知

认识来源于实践,又反作用于实践。生产力是推动人类社会由低级形态向高级形态演进的决定性因素,人类探索现代化的历程,既是一部不断解放和发展生产力的实践史,是"一个不断由先进生产力取代落后生产力的动态发展过程"(任保平,2024),又是一个在实践中对生产力的理论认识不断深化的过程。回顾人类社会发展历程,科技进步是促使生产力进步的根本原因,生产力的每一次飞跃往往伴随着科学技术的突破性进展及其在经济上的产业化运用,使人们改造世界的能力不断增强,探索现代化的实践经验不断丰富。从思想演进逻辑看,"新质生产力"是在现代化实践中不断升华的生产力理论认知,表征着新时代中国共产党领导人民对生产力现代化转型的最新见解和具体实践。

---

① 习近平.发展新质生产力是推动高质量发展的内在要求和重要着力点[J].求是,2024(11):4—8.

(一)马克思主义经典作家对生产力理论的早期思考

马克思、恩格斯关于生产力的认识源于对资本主义早期现代化生产实践的观察和批判。肇始于18世纪中叶的工业革命为资本主义早期现代化发展提供了重要契机,一系列科技革命将科学和技术结合起来,从根本上改变了人类的生产方式,使机器和大工业取代工场手工业,推动纺织、机器制造、冶金、煤炭、铁路等产业发生变革,极大提高了人类改造自然的能力。通过考察近代科学技术在资本主义机器大工业生产方式中的作用,马克思指出,"科学的发展水平和它在工艺上应用的程度"会影响劳动生产力[1],"大工业把巨大的自然力和自然科学并入生产过程"[2],因此资产阶级的生产力以前所未有的规模、速度发展起来,不到一百年所创造的生产力"比过去一切世代创造的全部生产力还要多,还要大"[3]。大工业大规模地运用机器,使生产过程成了科学的应用,科学又反过来成了生产过程的因素,从而"科学获得的使命是:成为生产财富的手段,成为致富的手段"[4]。但这些原则性、方向性的讨论主要是基于对资本主义国家早期现代化进程的思考,缺乏将其融入具体治国理政的分析。

列宁、斯大林继承了马克思的生产力思想,在世界上最早实践社会主义国家现代化建设,并运用最新科学技术振兴全国经济。列宁指出社会主义革命中无产阶级夺取政权后的根本任务是"提高劳动生产率",强调没有技术"向社会主义过渡是不可能的",社会主义要求其劳动生产率要向高于资本主义迈进。[5]因此,针对部分发达资本主义国家运用电力这一最先进的科学技术进行电气化革命,推动电气、化工、石油、汽车等产业发展,迅速跨入工业化强国行列的世界经济发展趋势,列宁主张将最新科技融入社会主义建设计划以实现对资本主义的赶超,提出"共产主义就是苏维埃政权加全国电气化"[6]。斯大林强调"只有公

---

[1] 马克思,恩格斯.马克思恩格斯选集(第2卷)[M].北京:人民出版社,1995:118.
[2] 马克思,恩格斯.马克思恩格斯文集(第5卷)[M].北京:人民出版社,2009:444.
[3] 马克思,恩格斯.马克思恩格斯选集(第1卷)[M].北京:人民出版社,2012:405.
[4] 马克思,恩格斯.马克思恩格斯全集(第47卷)[M].北京:人民出版社,1979:570.
[5] 列宁.列宁选集(第3卷)[M].北京:人民出版社,1995:482,490.
[6] 列宁.列宁选集(第4卷)[M].北京:人民出版社,2012:364.

共的大生产才能充分利用科学成就和新技术"①,在新技术基础上重新装备农业,并积极开展文化科技教育工作。苏联通过制定全国电气化计划将经济转到现代化大生产的技术基础上,立足于最新科学技术进而改造、恢复和发展工业、运输业和农业。这一计划的成功实施和超额完成使苏联生产力大幅提高,钢铁产量跃居世界第一、机器制造业产业居世界第二(张新宁,2020)。

(二)近代中国基于早期现代化探索的生产力认识

苏联采用先进科学技术探索社会主义国家现代化建设的成功经验对近代中国产生了重要影响。尽管早在鸦片战争后,中国的有识之士便开始学习西方先进技术探索国家现代化发展道路,对于科技在生产中的重要作用有朴素的认识,如洋务派引入西方近代技术和设备,兴办安庆内军械所、江南制造局等军用工业和航运、采矿、铁路、纺织、冶铁等民用工业;民国初年张謇引进西方先进技术振兴实业,创办大生纱厂等,积极发展工商业,在相当程度上推动了中国的现代化进程,也促进了近代中国的科技水平发展,但这些探索中"科学研究是和生产脱节的"②,科技作为一种从外引进、移植而来的要素,并未引起晚清时期国人对科技与经济发展深层关系的主动思考。

马克思主义生产力思想的传入为国人利用科技进行经济建设提供了科学的认识工具和理论指引。如中国早期的马克思主义者瞿秋白在其所记载的《第九次全俄苏维埃大会》中指出,"经济改造中,求俄国的工业化及农民的无产阶级化,不得不极端注意于科学技术的功能——电站建设"③。新民主主义革命时期,党领导人民在实践中初步探索以科技解放生产力,用自然科学粉碎敌人的经济封锁④,创办延安自然科学研究院、成立陕甘宁边区自然科学研究会,将科技与生产结合起来,发展军工、医疗、电讯、农具、药剂、纺织、冶炼等产业,推动边区经济建设和保障军事斗争需要,使边区生产力快速发展。生产力实践深化

---

① 斯大林.斯大林选集(下卷)[M].北京:人民出版社,1979:155.
② 聂荣臻.十年来我国科学技术事业的发展[N].人民日报,1959-09-27:5.
③ 瞿秋白.瞿秋白文集:政治理论编(第一卷)[M].北京:人民出版社,2013:313.
④ 何志平,尹恭成,张小梅.中国科学技术团体[M].上海:上海科学普及出版社,1990:383.

了人们对科技和生产力之间关系的认识。林伯渠在边区第一届参议会上的工作报告中指出,要"开办实用科学研究所,以发展工业、植物、土木工程、动物、化学、地质等的科学研究"①。延安自然科学研究院副院长徐特立强调,"我们的科学应该替抗战建国服务",研究的任务只有一个"即在物质上加强和扩大我们的抗战建国力量"②。李富春主张"把自然科学应用在边区的生产实践上去"③。

(三)新中国基于社会主义现代化实践的生产力思考

在新中国成立后的社会主义革命和建设实践中,面对中国工业基础薄弱、科技基础差、生产力落后,而部分资本主义国家和苏联通过采用先进科学技术赶上发达国家的现实,以毛泽东为代表的中国共产党人提出要运用科学技术在短期内把我国建设成"一个社会主义的现代化的强国"④。毛泽东分析中国生产力水平低导致生活水平低,而生产力"除人力以外就是机器",主张工业、农业机械化同时发展⑤,号召在几十年内努力改变经济和科学文化的落后状况,"迅速达到世界上的先进水平",倡导"现在要来一个技术革命"⑥。1956年,周恩来代表党中央提出"向现代科学进军"的口号。1957年,毛泽东提出将中国建设成为一个"具有现代工业、现代农业和现代科学文化的社会主义国家"⑦。1964年,周恩来在第三届全国人民代表大会第一次会议上宣布要"把我国建设成为一个具有现代农业、现代工业、现代国防和现代科学技术的社会主义强国"⑧。在党中央对现代化发展和科技进步的统筹部署下,中国学习苏联建设经验,以计划经济优先发展重工业。"一五"计划期间,中国通过引进苏联技术和设备开展了以一五六工程为核心、921个大中型项目为主体的工业化建设,触发了短期内的大规模技术进步,使中国工业生产水平大幅提高,奠定了坚实的现代化基础(赵

---

① 林伯渠文集编辑组.林伯渠文集[M].北京:华艺出版社,1996:128.
② 武衡.抗日战争时期解放区科学技术发展史资料(第7辑)[M].北京:中国学术出版社,1988:1.
③ 谢籛.延安自然科学院史料[M].北京:中共党史资料出版社、北京工业学院出版社,1986:40.
④ 毛泽东.毛泽东文集(第8卷)[M].北京:人民出版社,1999:341.
⑤ 毛泽东.毛泽东文集(第8卷)[M].北京:人民出版社,1999:216.
⑥ 毛泽东.毛泽东文集(第7卷)[M].北京:人民出版社,1999:2,350.
⑦ 毛泽东.毛泽东文集(第7卷)[M].北京:人民出版社,1999:207.
⑧ 周恩来.周恩来选集(下卷)[M].北京:人民出版社,1984:439.

学军,2021)。中国通过编制比较全面、长期、专门的科学技术发展规划,将科学力量组织起来与社会主义经济建设密切联系,使科技发展推动生产力发展更具有方向性。如《1956—1967年全国科学技术发展远景规划》和《1963—1972年科学技术发展规划》分别遵循"重点发展、迎头赶上""自力更生,迎头赶上"的方针,以国民经济发展需求和科学发展方向为导向,它们的制定和实施推动了中国科学技术和经济现代化发展步伐,在原子能、计算技术、火箭技术、核物理等方面取得突破性进展,发展了与工业建设和国防直接相关的新技术。此外,在党的领导下,中国科学院和各产业部门的研究机构陆续成立,推动基本科学理论研究发展和解决生产实践中的技术问题。在此过程中,人们对科技与生产力的关系的认识更加深入:(1)科学技术是生产力发展必不可少的关键因素,如毛泽东指出,"不搞科学技术,生产力无法提高"[1];周恩来主张中国建设成社会主义强国的关键在于"实现科学技术的现代化"[2]。(2)对于科技如何转化为生产力问题,强调科技面向生产,如聂荣臻强调"科学必须面向生产,但又必须走在生产的前面,为生产开辟新的途径"[3];周恩来在1957年国务院政府工作报告中指出,科学技术研究的基本任务是"为了发展,同自然界做斗争",因此"科学研究部门、教育部门和工厂要密切结合,有分工有合作"[4]。

十一届三中全会后,针对世界现代科学技术以空前的规模和速度带动新兴工业发展,而中国的生产力水平远不能满足人民日益增长的物质文化需要的现状,以邓小平、江泽民、胡锦涛为代表的中国共产党人在改革开放和社会主义现代化建设实践中积极推动科技经济全面结合,发展生产力。邓小平明确强调"四个现代化,关键是科学技术的现代化",指出"现代科学为生产技术的进步开辟道路,决定它的发展方向"[5],认为高科技领域的一个突破会带动一批产业的

---

[1] 毛泽东.毛泽东文集(第8卷)[M].北京:人民出版社,1999:351.
[2] 周恩来.周恩来选集(下卷)[M].北京:人民出版社,1984:412.
[3] 中共中央文献研究室.建国以来重要文献选编(第11册)[M].北京:中央文献出版社,1995:381-382.
[4] 周恩来.周恩来选集(下卷)[M].北京:人民出版社,1984:414.
[5] 邓小平.邓小平文选(第2卷)[M].北京:人民出版社,1994:86-87.

发展,呼吁"高科技领域,中国也要在世界占有一席之地"[①]。他主张以经济建设为中心、发展社会生产力,实施对外开放,通过学习、引进外国先进技术如电子计算机、控制论、自动化技术等来发展生产力,将计划和市场作为发展生产力的重要手段,进行经济体制改革和科技体制改革以解决科技和经济结合的问题。1985年,《中共中央关于科学技术体制改革的决定》中强调,"现代科学技术是新的社会生产力中最活跃的和决定性的因素",提出"经济建设必须依靠科学技术、科学技术工作必须面向经济"的战略方针,加强企业的技术吸收与开发能力和技术成果转化为生产能力的中间环节。江泽民主张科学技术工作要"始终把经济建设作为主战场,把攻克国民经济发展中迫切需要解决的关键问题作为主要任务"[②],新的生产技术和对自然现象的新认识会改变目前一些产业的面貌[③],以信息科技、生命科技为主要标志的现代科学技术"为世界生产力的发展打开了新的广阔前景"[④]。他鼓励原始创新,实施科教兴国战略,把科技和教育摆在经济、社会发展的重要位置,培育技术市场,建立经济技术开发区和高新技术产业开发区,通过用现代技术改造传统产业、发展高科技实现产业化等加强科技成果向现实生产力转化的能力。胡锦涛认为"科学技术迅猛发展正在引发社会生产方式深刻变革"[⑤],"能否抓住机遇、大力推进科技进步和创新,直接关系全面建设小康社会、加快社会主义现代化的进程",他倡导建立国家创新体系,培育新能源、新材料、信息技术、生物医药、节能环保等战略性新兴产业,建设"以企业为主体、市场为导向、产学研相结合的技术创新体系",提升企业自主创新能力。[⑥] 这一时期,中国在现代化建设中践行科技是第一生产力的发展原则,先后编制并实施了系列国家中长期科技发展规划(如"863"计划、《国家重点基础

---

① 邓小平.邓小平文选(第3卷)[M].北京:人民出版社,1993:377—378.
② 江泽民.江泽民文选(第1卷)[M].北京:人民出版社,2006:431.
③ 中共中央文献研究室.新时期科学技术工作重要文献选编[M].北京:中央文献出版社,1995:356.
④ 江泽民.江泽民文选(第3卷)[M].北京:人民出版社,2006:34.
⑤ 胡锦涛.胡锦涛文选(第3卷)[M].北京:人民出版社,2016:400.
⑥ 胡锦涛.胡锦涛文选(第2卷)[M].北京:人民出版社,2016:178,402—410.

研究发展计划》等),推动高新技术产业蓬勃发展,使中国生产力水平实现跨越式发展,使中国经济总量跃居世界第二,综合国力、科技实力迈上新台阶。

(四)新时代基于中国式现代化实践的生产力理论创新

十八大以来,为了有效应对国内生产力发展不平衡不充分,世界范围内新一轮科技革命和产业革命正在兴起、世界主要国家正积极制定新的科技发展战略抢占未来科技和产业发展制高点的局面,以习近平同志为代表的中国共产党人提出"新质生产力"打通科技创新与现实生产力之间的转化通道。习近平总书记指出,"全面建成小康社会,实现社会主义现代化,实现中华民族伟大复兴,最根本最紧迫的任务还是进一步解放和发展社会生产力"[1],认为科研和经济联系不紧密的问题如果解决不好,"科研和经济始终是'两张皮'"[2],科技创新效率就难以有大的提高,提出要"坚持面向世界科技前沿、面向经济主战场、面向国家重大需求、面向人民生命健康,不断向科学技术广度和深度进军"[3],最大限度解放和激发科技作为第一生产力所蕴藏的巨大潜能。[4] 这一时期,党领导人民坚持走中国特色自主创新道路,创新提出"新发展理念",发出建设世界科技强国的号召,把创新驱动发展作为国家的优先战略,把科技自立自强作为国家发展的战略支撑,依靠科技创新转换经济发展动力,优化生产力布局,强调保护生态环境就是保护生产力,并最终形成推动和加快形成"新质生产力"的共识,积极培育新能源、新材料、先进制造、电子信息等战略性新兴产业和未来产业,把企业作为科技成果转化核心载体。这一时期,中国启动实施系列科技创新规划(如《国家创新驱动发展战略纲要》《"十三五"国家科技创新规划》《2021—2035年国家中长期科技发展规划》等),科技发展进一步加快,人工智能、云计算、大数据、新能源、新材料等新技术突破,加速带动核电、高铁、电子商务、新能源汽车、绿色环保、民用航空、光电子器件等产业发展,生产力在"新"与"质"层面取

---

[1] 习近平.习近平谈治国理政(第1卷)[M].北京:外文出版社,2018:92.
[2] 中共中央文献研究室.习近平关于科技创新论述摘编[M].北京:中央文献出版社,2016:57.
[3] 习近平.在科学家座谈会上的讲话[M].北京:人民出版社,2020:4.
[4] 习近平.习近平谈治国理政(第1卷)[M].北京:外文出版社,2018:121.

得较大进展,"新质生产力已经在实践中形成并展示出对高质量发展的强劲推动力、支撑力"[①]。

四、生产关系变革:催生新质生产力理论的主动因素

生产关系是"人们在开展经济活动时形成的相互关系",体现着人与人、人与社会的关系(高帆,2023)。马克思强调,人们在自己生活的社会生产中,存在"同他们的物质生产力的一定发展阶段相适合的生产关系","社会的物质生产力发展到一定阶段,便同它们一直在其中运动的现存生产关系或财产关系(这只是生产关系的法律用语)发生矛盾"[②],推动人类社会向前发展。从长期看,生产力决定生产关系。但就科技创新推动生产力发展这一过程而言,会受到旧的生产关系的制约,良好的国家治理机制能够催生生产力变革,形成生产力发展的驱动力量。因此,生产关系变革是催生新质生产力理论的主动因素。

(一)近代中国生产关系变革的局限性对生产力发展的制约

中国在鸦片战争后从一个独立自主、以自然经济为主的封建国家逐渐沦为半殖民地半封建国家,生产关系变革的不彻底性阻碍了生产力的发展。在中国近代的现代化探索中,晚清的太平天国运动、洋务运动、维新运动、义和团运动等虽主张通过改革提出各种救国方案,强调通过技术引进提高社会财富创造能力和争取国家独立,但所涉及的生产关系变革具有局限性,并未从根本上改革束缚、破坏中国近代生产力发展的封建主义、帝国主义,辛亥革命虽然推翻了封建君主专制制度,但未能改变中国半殖民地半封建的社会性质,导致这一时期生产力发展缓慢。而苏联在十月革命胜利后建立第一个社会主义国家,通过战时共产主义政策、新经济政策等调整生产关系,整合社会资源,实施计划经济体制,改革科技体制,优先发展重工业,形成了社会主义国家探索现代化道路的"苏联模式",给中国探索独立自主的现代化道路提供了借鉴。

---

① 加快发展新质生产力 扎实推进高质量发展[N].人民日报,2024-02-02:1.
② 马克思,恩格斯.马克思恩格斯选集(第2卷)[M].北京:人民出版社,1995:32.

新民主主义革命时期，以毛泽东为代表的中国共产党人用革命形式推翻帝国主义、封建主义和官僚资本主义的生产关系，建立新民主主义经济关系，为解放生产力创造了根本的政治前提。通过学习、运用马克思的生产力思想，毛泽东指出"三座大山"破坏、束缚了中国人民的生产力，使全国的生产力已到了一个大危机，强调生产力本身的要求"是用革命方法解除这种旧有生产关系的束缚，推翻这种旧有生产关系，建立新的生产关系"①，革命的作用就是"解放中国人民的生产力"②。在这种思想指导下，党领导人民打土豪、分田地，进行土地革命，废除封建地主阶级的土地所有制，极大激发了农民的生产积极性。针对边区经济建设，毛泽东指出"边区束缚生产力发展的是过去的封建剥削关系"，已经经过土地革命得以破坏或打击，但是如果不进行从个体劳动转到集体劳动的生产方式改革，那么生产力还不能进一步发展。③ 毛泽东强调，在中国共产党的领导下，边区进行了社会的改造，改变了生产关系，生产力也就日渐发展了，"所以边区现在的社会制度是有利于自然科学发展的"④。但这一时期由于中国共产党尚未在全国范围内夺取政权，因此这种革命性的生产关系并未普及全国，直至新中国成立以后这一问题才得以从根本上解决。

(二) 新中国以改革构建适应生产力发展的生产关系

新中国成立后，为了改变生产力水平较低、工业基础薄弱的情况，保持经济上和政治上的独立，以毛泽东为代表的中国共产党人以社会主义革命调整生产关系，发展科学技术以解放和发展生产力。毛泽东强调"生产力总要向前发展，同生产关系发生矛盾，这就推动着社会不断前进"⑤，主张"要以生产力和生产关系的平衡和不平衡，生产关系和上层建筑的平衡和不平衡，作为纲，来研究社会主义社会的经济问题"，指出"搞上层建筑、搞生产关系的目的就是解放生

---

① 毛泽东. 毛泽东文集(第5卷)[M]. 北京：人民出版社，1996：61.
② 毛泽东. 毛泽东文集(第3卷)[M]. 北京：人民出版社，1996：432.
③ 毛泽东. 毛泽东文集(第3卷)[M]. 北京：人民出版社，1996：70.
④ 毛泽东. 毛泽东文集(第2卷)[M]. 北京：人民出版社，1993：269-270.
⑤ 毛泽东. 毛泽东文集(第6卷)[M]. 北京：人民出版社，1999：490.

力",在改变生产关系的基础上,"不搞科学技术,生产力无法提高"。① 这一时期,党领导人民完成土地改革,学习苏联的发展经验,逐步实现对农业、手工业和资本主义工商业的社会主义改造,消灭一切剥削制度,基本实现生产资料公有制和按劳分配,实行高度集中的计划经济体制,在生产关系调整的基础上通过计划手段使有限物资、技术资源集中到急需发展的重工业领域,以规划来发展科学技术,用法制保护社会主义经济基础,为中国在一穷二白基础上建立独立的、比较完整的工业体系提供了重要基础。

改革开放后,为了解决逐渐暴露的科研、生产"两张皮"的弊端,党中央实施经济体制改革和科技体制改革调整生产关系,解决科技和经济的结合问题。邓小平认为社会主义国家中真正的马克思主义政党"一定要致力于发展生产力",强调经济体制和科技体制改革都是为了解放生产力,"新的经济体制,应该是有利于技术进步的体制。新的科技体制,应该是有利于经济发展的体制",双管齐下比较好地解决长期存在的科技与经济脱节的问题。② 他主张实施改革开放,不断调整生产关系,激发社会生产力。1984年,《中共中央关于经济体制改革的决定》提出,正在世界范围兴起的新技术革命要求中国的经济体制要"具有吸收当代最新科技成就,推动科技进步,创造新的生产力的更加强大的能力",因此要解决好国家和全民所有制企业之间、职工和企业之间的正确关系,发挥企业作为社会生产力发展和经济技术进步的主导力量;建立合理的价格体系促进技术进步和生产结构、消费结构的合理化;积极发展多种经济形式,进一步扩大对外的和国内的经济技术交流。1993年,《中共中央关于建立社会主义市场经济体制若干问题的决定》提出,要进一步改革科技体制适应社会主义经济发展,使科技与经济密切结合,"积极发展各种所有制形式和经营方式的科技企业",积极促进科技经济一体化。1995年,《关于加速科学技术进步的决定》强调充分发挥市场机制对科技进步的促进作用,深化科技体制改革,依靠科技进步解决好

---

① 毛泽东.毛泽东文集(第8卷)[M].北京:人民出版社,1999:130—131,351.
② 邓小平.邓小平文选(第3卷)[M].北京:人民出版社,1993:28,108.

产业结构不合理、技术水平落后、劳动生产率低、经济增长质量不高等问题。江泽民认为当代科学技术的发展使自然科学、技术与社会科学之间相互影响、渗透,产生综合学科、交叉学科,"社会经济和科技已经形成一个复杂的大系统"①,主张要通过深化改革,"建立和完善科技与经济有效结合的机制,加速科技成果的商品化和向现实生产力转化"②。胡锦涛主张要进一步解放思想、深化改革,提出用创新理念破除体制机制障碍,"最大限度解放和发展科技第一生产力"③。2012 年,中共中央、国务院印发《关于深化科技体制改革加快国家创新体系建设的意见》,针对之前科技与经济结合的问题没有从根本上解决的问题,提出要促进科技与经济社会发展紧密结合,真正使企业成为主导产业技术研发创新的主体。

(三)新时代以全面深化改革塑造适应生产力发展的新型生产关系

进入新时代后,以习近平同志为核心的党中央以全面深化改革主动调整发展思路、变革生产关系,以解决生产力发展不平衡不充分的问题。习近平强调,"坚持和发展中国特色社会主义,必须不断适应社会生产力发展调整生产关系"④,提出解决科研和经济联系不紧密问题根本上要靠改革,"关键是要处理好政府和市场的关系"⑤。2013 年 11 月,十八届三中全会通过的《中共中央关于全面深化改革若干重大问题的决定》中指出,中国特色社会主义市场经济体制已经进入全面深化改革阶段,要坚持经济体制改革,"推动生产关系同生产力、上层建筑同经济基础相适应",处理好政府与市场的关系,"使市场在资源配置中起决定性作用和更好发挥政府作用";深化科技体制改革,鼓励原始创新、集成创新和引进吸收再创新,"健全技术创新市场导向机制,发挥市场对技术研发方向、路径选择、要素价格、各类创新要素配置的导向作用"。2015 年,《中共中

---

① 江泽民.论科学技术[M].北京:中央文献出版社,2001:58.
② 江泽民.江泽民文选(第 1 卷)[M].北京:人民出版社,2006:233.
③ 胡锦涛.胡锦涛文选(第 3 卷)[M].北京:人民出版社,2016:598.
④ 推动全党学习和掌握历史唯物主义 更好认识规律更加能动地推进工作[N].人民日报,2013-12-05:1.
⑤ 中共中央文献研究室.习近平关于科技创新论述摘编[M].北京:中央文献出版社,2016:57.

央国务院关于深化体制机制改革 加快实施创新驱动发展战略的若干意见》和《深化科技体制改革实施方案》强调以需求为导向,着力打通科技创新与经济社会发展通道,使科技成果向现实生产力转化,把创新成果变成实实在在的产业活动。2023年,习近平进一步强调,"发展新质生产力,必须进一步全面深化改革,形成与之相适应的新型生产关系"①,着力打通束缚新生产力发展的堵点卡点,使各类先进优质生产要素顺畅流动。2024年7月,二十届三中全会通过的《中共中央关于进一步全面深化改革 推进中国式现代化的决定》强调,健全推动经济高质量发展体制机制要"健全因地制宜发展新质生产力体制机制",主张"健全相关规则和政策,加快形成同新质生产力更相适应的生产关系"。

五、新质生产力的理论创新与现实意义

"新质生产力"继承和发展了马克思主义生产力理论,是党领导人民在中国式现代化进程中、基于中国不断解放和发展生产力的实践经验而提出的、具有鲜明中国特色和普遍世界意义的创新理论,蕴含着新时代中国人对生产力高质量发展的最新主张。新质生产力在理论内涵的发展和理论体系的构建层面开辟了马克思主义政治经济学的新境界,加快发展新质生产力,不仅有助于以高质量发展全面推进中国式现代化,更有助于为世界各国解决如何发展先进生产力这一重要问题提供中国智慧。

(一)理论创新:开辟马克思主义政治经济学新境界

新质生产力是习近平经济思想的重要组成部分,是新时代马克思主义生产力理论中国化时代化的成果。生产力是人类社会发展的根本动力,理论和实践中要解决"去哪儿"和"怎么去"两大关键问题。马克思从劳动者、劳动工具和劳动对象三个维度奠定了传统生产力理论的核心范畴,传统生产力理论虽然沿着以科技创新促进经济发展的科学方向不断前进,明确了"去哪儿"的问题,但并未从根本上解决科技创新与经济发展之间"两张皮"的难题。而新质生产力理

---

① 加快发展新质生产力 扎实推进高质量发展[N].人民日报,2024−02−02:1.

论从产业变革、要素创新性配置、生产关系三个方面进一步理顺了科技创新向现实生产力转化的逻辑,更加清晰地阐明了"怎么去"的问题,丰富和发展了马克思主义生产力理论:一是以产业变革为路径。新质生产力强调创新的主导作用,以科技创新推动产业创新,大力推进科技创新要指向催生新产业、推动产业深度转型升级,愈发强调打通科技创新成果及时向现实生产力转化的通道,积极培育经济增长新动能,探索经济发展新模式。二是以生产要素创新性配置为抓手。新质生产力以劳动者、劳动资料、劳动对象及其优化组合的跃升为基本内涵,不仅关注更高素质的劳动者队伍、更高科技含量的劳动资料、更广范围的劳动对象,还强调发挥新生产要素(如科技、管理、数据、信息、知识、文化等)在社会生产中的作用,尤其关注具有乘数效应的数据要素,以生产要素的优化组合、创新性配置构建一种更加符合中国式现代化发展的新生产函数,推动生产力能级跃升。三是以生产关系为助力。新质生产力强调形成与之适应的新型生产关系,主张进一步全面深化经济体制、科技体制改革,打通堵点卡点,破除束缚生产力发展的体制机制障碍,健全新质生产力体制机制。加快形成新质生产力,是中国应对两个大局、把握新一轮科技革命和产业革命机遇赢得未来发展战略主动权的有效举措。从生产力理论的内涵发展层面看,新质生产力是对马克思生产力中也包括科学这一重要论断在中国式现代化发展中的科学解读和最新实践,是新时代以习近平同志为核心的党中央对近代以来中国不断探索以科技创新推动生产力发展这一历史经验的高度肯定和继承发展,丰富和发展了习近平经济思想的理论内涵,标志着马克思主义政治经济学中国化时代化的新飞跃。

新质生产力是新时代中国特色社会主义政治经济学的标识性概念,表明中国正在马克思主义的指导下,独立自主、自信自立地构建中国自主的经济学知识体系。近代以来,党一直致力于领导人民不断解放和发展生产力,在短短百余年时间里实现了发达国家耗费几百年才得以实现的发展成就,完成从站起来、富起来到强起来的伟大转变,开辟了以生产力跨越式发展为核心的中国式现代化发展道路,创造了举世瞩目的"中国奇迹"。在这一过程中,党领导人民在马克思主义指导下虚心学习世界先进生产力经验和理论,将马克思主义生产力理论与中国具体经济实际相结合,不断推动实践基础上的理论创新,围绕如何解放、发展和保护生产力提出了一系列基于中国实践、具有中国特色的本土概念和话语表达,如"科学技术是第一生产力""先进生产力""新质生产力"等。从理论体系构建层面看,"新质生产力"的提出,不仅反映了中国对外来生产力理论"学徒状态"的摆脱,从近代学习西方生产力理论和马克思主义生产力思想的接受者,变成当下推动生产力理论突破创新的引领者,更体现了新时代党领导人民正以历史主动精神、战略思维、创新意识积极应对内外部环境变化,以高度的理论自觉、理论自信积极推动中国自主的经济学知识体系构建,以生产力领域的"术语革命"开拓新时代马克思主义政治经济学中国化的新境界,展现中国在生产力创新发展方面的特色、风格和气派。

(二)现实意义:以高质量发展全面推进中国式现代化

"新质生产力"是扎根中国实践、基于中国问题、面向中国式现代化发展、具有中国特色的创新性理论,它强调以科技创新催生新产业、新模式、新动能,不仅是对中国近代以来不懈探索解放和发展生产力的历史经验的系统总结,更代表着党对未来进一步解放和发展生产力的关键主张和科学部署,对如何以高质量发展全面推进中国式现代化具有重要的支撑作用和事实说服力。"新质生产力"并非凭空提出的生产力理论,而是基于中国实践基础上的理论创新:首先,它是对中国式现代化进程中既往生产力发展实践经验的理论集成和思想精粹,反映了中国近代以来科技创新与产业变革相互促进的历程,尤其是党领导人民发挥社会主义制度优势推动科技创新向现实生产力转化的历程。其次,它是立足新发展阶段、符合新发展理念的先进生产力质态,强调发挥创新的主导作用,是针对经济发展动力不足、发展不平衡不充分等现实短板提出的以促进高质量发展为目的的生产力发展思路,是推动高质量发展的内在要求和重要着力点。最后,如何有效促进颠覆性、突破性科技转化为现实生产力,不仅是当前中国推进高质量发展面临的关键问题,更是世界各国尤其是发展中国家普遍面临的现代化难题。随着中国综合国力提升、国家地位提高和科技创新能力增强,中国正从"赶跑"阶段迈向"并跑""领跑"阶段,中国目前所面临的生产力发展难题也是世界各国急需解决的生产力难题。中国提出"新质生产力"方案,通过科技创新和产业升级、因地制宜发展生产力,摆脱传统生产力简单依靠要素驱动、资源消耗大的生产方式,以创新驱动提高全要素生产率,推动经济增长和社会发展,推动生产力质量提升,不仅有助于以高质量发展全面推进中国式现代化,还有利于引领全球新一轮科技革命和产业变革、推动全球经济治理结构优化升级,为世界各国转变经济发展方式、培育发展新动能提供中国思路。

"新质生产力"强调形成与之适应的新型生产关系,主张通过主动调整生产关系来促进经济发展,对进一步全面深化改革、推进中国式现代化具有深刻的启发意义。近代以来,在中国探索现代化道路的进程中,生产力发展总是与生产关系变革相关联,如辛亥革命推翻帝制、新民主主义革命推翻"三座"大山、社会主义三大改造建立社会主义制度、经济体制改革和对外开放将政府与市场有机结合起来建立中国特色社会主义市场经济体制、全面深化改革推进国家治理体系和治理能力现代化等,实现了生产力的跨越式发展。习近平总书记强调要坚持解放和发展生产力,指出中国特色社会主义政治经济学的核心在于发展生产力,"特别是要主动研究社会主义初级阶段社会生产力发展规律、生产关系适应生产力发展的规律,提高解放和发展社会生产力的自觉性、主动性"[①]。"新质生产力"主张发挥生产关系的主动性,处理好政府与市场关系,打通堵点卡点,建立高标准市场体系让要素顺畅流通,扩大高水平开放营造良好国际环境,不仅有助于健全因地制宜发展新质生产力体制机制、推动科技向现实生产力转化,为进一步全面深化改革、推进中国式现代化提供科学指引和关键着力点;也有助于讲好中国故事、传播中国智慧,为世界各国理解中国的经济体制改革和科技体制改革提供了新视角。

---

① 中共中央研究室.习近平关于社会主义经济建设论述摘编[M].北京:中央文献出版社,2017:10.

参考文献

[1] 程恩富,陈健.大力发展新质生产力 加速推进中国式现代化[J].当代经济研究,2023(12):14-23.

[2] 高帆."新质生产力"的提出逻辑、多维内涵及时代意义[J].政治经济学评论,2023,14(6):127-145.

[3] 韩喜平,马丽娟.新质生产力的政治经济学逻辑[J].当代经济研究,2024(2):20-29.

[4] 洪银兴.新质生产力及其培育和发展[J].经济学动态,2024(1):3-11.

[5] 胡洪彬.习近平总书记关于新质生产力重要论述的理论逻辑与实践进路[J].经济学家,2023(12):16-25.

[6] 姜奇平.新质生产力:核心要素与逻辑结构[J].探索与争鸣,2024(1):132-141,179-180.

[7] 蒋永穆,乔张媛.新质生产力:逻辑、内涵及路径[J].社会科学研究,2024(1):10-18,211.

[8] 李政,廖晓东.发展"新质生产力"的理论、历史和现实"三重"逻辑[J].政治经济学评论,2023,14(6):146-159.

[9] 刘刚.工业发展阶段与新质生产力的生成逻辑[J].马克思主义研究,2023(11):111-125.

[10] 刘伟.科学认识与切实发展新质生产力[J].经济研究,2024,59(3):4-11.

[11] 孟捷,韩文龙.新质生产力论:一个历史唯物主义的阐释[J].经济研究,2024,59(3):29-33.

[12] 蒲清平,黄媛媛.习近平总书记关于新质生产力重要论述的生成逻辑、理论创新与时代价值[J].西南大学学报(社会科学版),2023,49(6):1-11.

[13] 任保平.生产力现代化转型形成新质生产力的逻辑[J].经济研究,2024,59(3):12-19.

[14] 王朝科.从生产力到新质生产力——基于经济思想史的考察[J].上海经济研究,2024(3):14-30.

[15] 王慎之.马克思的生产力理论[J].马克思主义研究,1987(3):135-153.

[16] 习近平经济思想研究中心.新质生产力的内涵特征和发展重点[N].人民日报,2024-

03—01:9.

[17]杨乔喻.探寻马克思生产力概念生成的原初语境[J].哲学研究,2013(5):3—10,127.

[18]张新宁.试论列宁科技进步思想的丰富内涵及当代价值[J].当代经济研究,2020(11):73—80.

[19]张震宇,侯冠宇.新质生产力赋能中国式现代化的历史逻辑、理论逻辑与现实路径[J].当代经济管理,2024,46(6):20—29.

[20]赵学军."156项"建设项目对中国工业化的历史贡献[J].中国经济史研究,2021(4):26—37.

[21]周文,何雨晴.新质生产力的理论框架、体制机制与未来图景[J/OL].新疆师范大学学报(哲学社会科学版),1—11[2024—08—27].https://doi.org/10.14100/j.cnki.65-1039/g4.20240613.001.

[22]周文,许凌云.论新质生产力:内涵特征与重要着力点[J].改革,2023(10):1—13.

[23]朱宝清,高岭.新质生产力的思想史探源[J].当代经济研究,2024(7):16—31.

(该文刊载于《财经研究》2024年第10期)

新质生产力概念与中国经济学知识体系建构
——基于术语革命的视角

一、引言

2023年9月,习近平总书记在黑龙江考察时指出,"积极培育新能源、新材料、先进制造、电子信息等战略性新兴产业,积极培育未来产业,加快形成新质生产力,增强发展新动能"[①]。"新质生产力"自此迅速成为社会各界关注的热点词汇。2024年1月31日,在中共中央政治局就推进高质量发展进行第十一次集体学习时,习近平总书记再次强调,"高质量发展需要新的生产力理论来指导,而新质生产力已经在实践中形成并展示出对高质量发展的强劲推动力、支撑力,需要我们从理论上进行总结、概括,用以指导新的发展实践"[②]。2024年7月18日,党的二十届三中全会通过《中共中央关于进一步全面深化改革、推进中国式现代化的决定》(后简称《决定》),将"健全因地制宜发展新质生产力体制机制"摆在"健全推动经济高质量发展体制机制"的首位。新时代建构中国自主的经济学知识体系需要以新的概念术语作为基础,而习近平总书记在科学把握高质量发展阶段经济实践基础上提出的新质生产力概念正符合这一要求,它是马克思主义政治经济学的又一次术语革命。

基金项目:国家社会科学基金重大项目(17ZDA034)、国家社会科学基金重大项目(22&ZD077)、国家社科基金重点项目(23AZD008)、国家社会科学基金一般项目(22BJL130)和上海财经大学创新团队建设项目(2020110932)。

本文作者简介:周瑞,上海财经大学人文学院博士后;陈旭东,上海财经大学经济学院副教授,中国经济思想发展研究院副院长。

① 牢牢把握东北的重要使命 奋力谱写东北全面振兴新篇章[N].人民日报,2023-09-10:1.
② 加快发展新质生产力 扎实推进高质量发展[N].人民日报,2024-02-02:1.

随着新质生产力概念在学界掀起热烈的讨论,出现了一大批研究阐释新质生产力的文献。总的来看可分为以下几个类型:一是解读新质生产力的内涵,并进一步讨论新质生产力和其他相关内容(如传统生产力)的关系等(周文和许凌云,2023;刘伟,2024;孟捷和韩文龙,2024);二是讨论提出新质生产力的逻辑和思想源泉,并阐明其时代意义和对中国式现代化的意义等(高帆,2023;周文和何雨晴,2024);三是研究新质生产力的形成方式(任保平,2024;方敏和杨虎涛,2024);四是将新质生产力和数字经济相结合进行研究(任保平和王子月,2023;周文和叶蕾,2024);五是从经济思想史的角度研究新质生产力(乔榛,2024;王朝科,2024)。

从现有文献的情况来看,有两个方面可以进一步发掘。一是大部分文献都集中于阐释新质生产力的内涵或结合中国式现代化、数字经济等内容讨论应当如何发展新质生产力。但生产力概念作为一个历史范畴,其内涵会随着经济社会发展而变化,需要结合经济思想史来研究,这也有利于我们动态地把握生产力发展的过程。二是虽然有部分文献结合经济思想史或是从术语革命等角度研究新质生产力,但并未进一步阐明这一术语革命对于建构中国自主的经济学知识体系的重要作用。鉴于此,本文着力从以下两方面对现有研究形成补充,一方面从经济思想史的角度梳理新质生产力概念的理论渊源,进而阐述它蕴含的经济思想;另一方面结合马克思、恩格斯的术语革命理论与实践,论述新质生产力概念的提出如何助推中国自主的经济学知识体系建构。相比于已有文献,本文的边际贡献主要有三点:一是从经济思想史的角度梳理新质生产力概念的理论渊源,并从对已有生产力概念的发展和对于生产力构成要素内涵的发展角度深入解析了其内涵;二是全面讨论了术语革命的概念、形式和特征,并以此为基础论证了新质生产力的提出确实是马克思主义政治经济学在中国的又一次术语革命;三是深入分析了新质生产力的提出如何从构建话语体系、构建学术体系和融合古今中外学术资源三个角度来助推中国自主的经济学知识体系建构。

二、新质生产力概念的理论渊源、内涵突破及其术语革命

(一)新质生产力概念的理论渊源

新质生产力的理论渊源主要来自两个方面:一是马克思、恩格斯的生产力理论;二是中国共产党百年以来发展的生产力思想。马克思、恩格斯在批判继承古典政治经济学生产力思想基础上,结合唯物史观提出了自己的生产力理论。生产力是马克思主义政治经济学的核心范畴。马克思主要从生产和创造财富能力角度讨论生产力概念,指出生产力主要是劳动生产力。不过,他的生产力概念具有很强的延展性,提出过诸如资本的生产力、物质生产力和精神生产力等概念(汪征鲁,2003)。马克思还分析了生产力的要素构成:劳动者、劳动资料和劳动对象。马克思以一般劳动过程为例,指出生产力要素由"有目的的活动或劳动本身、劳动对象和劳动资料"共同构成。其中,"有目的的活动"指人类的劳动,是人类生产产品时"运用的体力和智力的总和"。劳动对象指的是被劳动者加工的物体,既可以是未被加工过的原材料,也可以是已被加工过的物品。劳动资料指生产工具,它被人"当作发挥力量的手段",是"生产的骨骼系统和肌肉系统"[①]。马克思敏锐地察觉到科学技术会影响生产力,指出机器的历史表明"一般社会知识,已经在多么大的程度上变成了直接的生产力"[②]。

从唯物史观的角度看,生产力概念是唯物史观的核心概念。马克思在批判古典政治经济学的基础上,创造性地揭示了生产力对于人类社会发展的重要作用。他以生产关系为中介,提出了生产力决定生产关系、生产关系反作用于生产力的唯物史观基本原理。马克思指出:"人们在自己生活的社会生产中发生一定的、必然的、不以他们的意志为转移的关系,即同他们的物质生产力的一定发展阶段相适合的生产关系。这些生产关系的总和构成社会的经济结构……社会的物质生产力发展到一定阶段,便同它们一直在其中运动的现存生产关系

[①] 马克思,恩格斯. 马克思恩格斯全集(第23卷)[M].北京:人民出版社,1972:202,190,203,204.
[②] 马克思,恩格斯. 马克思恩格斯全集(第46卷下)[M].北京:人民出版社,1980:219—220.

或财产关系(这只是生产关系的法律用语)发生矛盾。于是这些关系便由生产力的发展形式变成生产力的桎梏。那时社会革命的时代就到来了。"①上面的论述说明了：首先，生产力不仅是一个经济概念，更是一个历史范畴。它随着人类社会发展而变化，不同时期生产力的内涵不同。其次，生产力是生产关系的决定性因素，前者的发展必然导致后者的变化。因而生产力是社会发展的根本原因，也是判断社会是否发展的根本标准。最后，生产关系虽然受到生产力的制约，但是随着新生产力的发展，旧的生产关系会同它发生"矛盾"，阻碍生产力的进一步发展，需要社会革命来破除"桎梏"。总的来看，马克思在批判继承古典政治经济学家的基础上，科学界定了生产力概念，揭示了生产力对人类社会发展的决定性作用，创造了科学全面的生产力理论，为新质生产力概念的提出奠定了坚实的理论基础。

中国共产党百年以来继承并发展了马克思、恩格斯的生产力思想。在新中国成立前，毛泽东就指出解放生产力就要打破阻碍生产力的旧有生产关系，"我们搞政治，搞政府，搞军队，为的是什么？就是要破坏妨碍生产力发展的旧政治、旧政府、旧军队"②。新中国成立后，以毛泽东为主要代表的中国共产党人对于生产力有了新认识。基于中国过渡时期的实际，主张加快生产关系变革来解放生产力。同时，毛泽东还认识到科学技术的重要性，提出了"不搞科学技术，生产力无法提高"的科学论断。③ 改革开放后，发展生产力成为时代主轴，以经济建设为中心成为党的基本路线。以邓小平为主要代表的中国共产党人将社会主义的本质和生产力相联系，指出"社会主义的本质，是解放生产力，发展生产力，消灭剥削，消除两极分化，最终达到共同富裕"④。不仅如此，邓小平对科学技术的作用有了更深刻的认识，作出了"科学技术是第一生产力"的重要论断。随后，以江泽民为主要代表的中国共产党人提出了"三个代表"重要思想，

---

① 马克思,恩格斯. 马克思恩格斯文集(第2卷)[M]. 北京:人民出版社,2009:591—592.
② 毛泽东. 毛泽东文集(第3卷)[M]. 北京:人民出版社,1996:108.
③ 龚育之,逢先知,石仲泉. 毛泽东的读书生活[M]. 北京:生活·读书·新知三联书店,2014:140.
④ 邓小平. 邓小平文选(第3卷)[M]. 北京:人民出版社,1993:373.

明确了中国共产党要"始终代表中国先进生产力的发展要求",认为"社会主义现代化必须建立在发达生产力的基础之上"。① 并提出了科教兴国战略,从教育入手推动科技发展。党的十六大后,以胡锦涛为主要代表的中国共产党人在已有思想基础上提出了科学发展观,强调"坚持以人为本,树立全面、协调、可持续的发展观",为科学发展生产力注入了新动力,并提出了要建设创新型国家,构建国家创新体系。

党的十八大以后,习近平总书记在继承已有生产力理论的基础上,进一步明确了科学技术在发展生产力中的重要作用,指出"要发展就必须充分发挥科学技术第一生产力的作用"②,强调创新驱动是发展生产力的重要源泉,新常态要求我们"努力提高创新驱动发展能力、提高产业竞争力、提高经济增长质量和效益,实现我国社会生产力水平总体跃升"③,最终解放和激发科学技术对于推动生产力发展的潜能。党的二十大以后,在国际竞争日益加剧和我国经济发展模式转型的双重背景下,习近平总书记科学把握新发展阶段的经济社会变化,适时提出了新质生产力概念,强调它是以创新驱动的先进生产力。综上,新质生产力概念继承并发展了中国共产党的生产力理论,是马克思主义基本原理同中国实际相结合的又一生动案例,是在中国共产党百余年来生产力理论的传承和创新基础上提出的具有原创性的新术语。

(二)新质生产力概念的内涵解析

习近平总书记对新质生产力概念做了清晰界定,"概括地说,新质生产力是创新起主导作用,摆脱传统经济增长方式、生产力发展路径,具有高科技、高效能、高质量特征,符合新发展理念的先进生产力质态。它由技术革命性突破、生产要素创新性配置、产业深度转型升级而催生,以劳动者、劳动资料、劳动对象及其优化组合的跃升为基本内涵,以全要素生产率大幅提升为核心标志,特点

---

① 江泽民.江泽民文选(第3卷)[M].北京:人民出版社,2006:272,274.
② 习近平.让工程科技造福人类、创造未来——在2014年国际工程科技大会上的主旨演讲[N].人民日报,2014-06-04:2.
③ 中共中央召开党外人士座谈会 习近平主持并发表重要讲话[N].人民日报,2014-07-30:1.

是创新,关键在质优,本质是先进生产力"①。基于上述界定,新质生产力概念相对于已有理论的继承和发展可从两个方面加以诠释。

1. 新质生产力概念对已有生产力概念的发展

生产力既是人类历史发展的物质基础,也是推动社会进步最活跃的、最革命的要素,是马克思主义政治经济学和唯物史观的最基本范畴。新质生产力对传统生产力概念的继承和发展主要体现在三个方面。首先,新质生产力是以创新驱动为主导的、颠覆传统生产力发展方式的先进生产力质态,既是对传统生产力的继承,也是对它的超越。从继承的角度看,正如马克思指出的,"后代继承着前代积累起来的生产力和交往形式,这就决定了他们这一代的相互关系"②,表明新质生产力也发轫于传统生产力之中。人类历史上每一次生产力的跃升都是以传统生产力发展到一定水平为基础的。习近平总书记强调,"发展新质生产力不是忽视、放弃传统产业",要科学把握传统生产力和新质生产力之间的关系,因此"各地要坚持从实际出发、先立后破、因地制宜、分类指导"的发展新质生产力。③ 从超越的角度看,传统生产力虽然重视科技创新,但并未将其上升到决定性的高度,而且传统生产力的全要素生产率提升空间有限,需要新的生产力形态来促进全要素生产率提升。新质生产力则不同。它一方面强调创新的作用,是摆脱传统生产力发展方式的先进生产力,另一方面它的核心标志是大幅提升全要素生产率,因为它能通过增加生产力科技含量、改善资源配置效率和制度创新等方式影响全要素生产率。

其次,从唯物史观的角度来看,新质生产力是经济形态发展的产物,是生产力的又一次质变,需要形成与之匹配的新型生产关系。不同的生产资料"不仅是人类劳动力发展的测量器,而且是劳动借以进行的社会关系的指示器"④,表明生产力会随生产资料的变化而发展出新形态。实际上,人类社会每一次重要

---

① 加快发展新质生产力 扎实推进高质量发展[N]. 人民日报,2024-02-02:1.
② 马克思,恩格斯. 马克思恩格斯全集(第3卷)[M]. 北京:人民出版社,1960:515.
③ 因地制宜发展新质生产力[N]. 人民日报,2024-03-06:1.
④ 马克思,恩格斯. 马克思恩格斯文集(第5卷)[M]. 北京:人民出版社,2009:210.

的科学技术革命都会伴随着生产力的质变。马克思曾指出,"手推磨产生的是封建主的社会,蒸汽磨产生的是工业资本家的社会"①,表明科学技术革命导致生产力质变,以蒸汽磨为代表的新生产力取代了以手推磨为代表的传统生产力。随着信息时代的到来,信息革命使生产力又一次发生质变。特别是近年来,数据成为重要的生产要素,由大数据、人工智能等构成的数字技术革命对人类社会的生产方式产生了深远影响。科学技术的重要性进一步提升,出现了由关注一般科学技术的传统生产力跃升为强调颠覆性科技创新的新质生产力。另外,根据唯物史观生产力决定生产关系,生产关系反作用于生产力的基本原理,新质生产力的发展需要生产关系的相应调整,形成适合于新质生产力的新型生产关系。习近平总书记指出,"发展新质生产力,必须进一步全面深化改革,形成与之相适应的新型生产关系",表明发展新质生产力,必须把握好生产力与生产关系的矛盾运动规律,通过全面深化改革加快形成与新质生产力相适应的新型生产关系。

最后,新质生产力是符合新发展理念的先进生产力,与传统生产力的发展理念存在着本质差异。中国经济进入新发展阶段后,更需要新发展理念指引生产力发展,而新质生产力既是实践新发展理念的重要手段,又是符合新发展理念的先进生产力质态。第一,新质生产力是以科技创新为主的多种类型创新的结果,注重创新是其底色和本质,与新发展理念中的创新理念相契合。第二,新质生产力体现了对于协调发展的关注。与传统生产力不同,新质生产力注重协调发展理念,可以通过创新性资源配置和产业规划等方式实现均衡协调的高质量发展(蒋永穆和乔张媛,2024)。第三,新质生产力是以绿色发展为底色的绿色生产力。"新质生产力本身就是绿色生产力"②,它不同于高耗能、高污染的传统生产力,是强调绿色技术创新的先进生产力。第四,新质生产力是注重开放理念的生产力。其核心标志是全要素生产率大幅提升,这需要通过扩大市场规

---

① 马克思,恩格斯.马克思恩格斯文集(第1卷)[M].北京:人民出版社,2009:602.
② 加快发展新质生产力 扎实推进高质量发展[N].人民日报,2024-02-02:1.

模来提高社会分工水平,在充分开发本国市场基础上,以开放理念推动对外贸易,利用好国内国外两个市场、两种资源。第五,新质生产力是强调共享的生产力。共享理念指明了中国共产党领导的经济发展的价值取向,即实现人人共建、人人共享的理想状态,而新质生产力也是以全社会共享发展成果为目标的生产力。

2. 新质生产力对于生产力构成要素内涵的发展

新质生产力同样由劳动者、劳动资料、劳动对象构成,但它本质上是颠覆性创新的产物。这种质变是整体性和根本性的,从而作为其构成要素必然也有新的含义。首先,掌握更多技能和知识的新型劳动者是新质生产力最重要的构成要素。马克思认为,劳动者是生产财富最重要的源泉,是生产力最核心的构成要素。而新质生产力发展了传统的劳动者概念,强调创新技术相关的知识和技能的作用。新质生产力本质上是先进生产力,其对劳动者的综合素质要求远高于传统生产力,从而符合新质生产力要求的劳动者也必然不同于原来的劳动者,是具有更高素质和创新能力的新型劳动者。近些年来,我国多管齐下培育了大量新型劳动者,包括战略科学家、一流科技领军人才和创新团队等高技能人才。其中,战略性人才储备尤为重要,一方面战略性人才对生产有着更为深刻、全面的认识,能够更好地指导生产实践;另一方面战略性人才的实践可以推进认识走深走实,促进认识深化升华。

其次,更高技术含量的劳动资料是新质生产力的动力源泉。劳动资料又被马克思称为劳动手段,是劳动过程中所运用的物质资料,把劳动者和劳动对象联系在一起。劳动资料是劳动力的测量器,是劳动借以进行的社会关系的指示器。进一步来看,生产工具的科学技术含量是区分新质生产力和传统生产力的重要标志。在第一次工业革命之前,人类使用的生产工具主要是手工工具;自第一次工业革命以来,生产工具变为以机器为主导;在当代,随着科技不断进步,生产工具中的能源动力系统、运输系统和信息传递系统的作用越来越大。新质生产力充分发挥工业互联网、工业软件等新型生产工具的作用,从两个方面提高生产效率:一是新型生产工具把劳动者从机械的重复劳动中解放出来,有精力投入创造性的工作;二是新型生产工具打破了原有的自然限制,使生产活动可以在更广泛的生产空间进行。

最后,新质生产力劳动对象的范围更大。劳动对象是生产活动的基础和前提。在马克思时代,劳动对象一般是指物质劳动对象,一般被分为两类:一类是没有经过加工的自然环境中的物质;另一类是经过加工的原料。但是,受益于科学技术的发展进步,与新质生产力相匹配的劳动对象无论是在广度上,还是在深度上都有了质的飞跃,一些原来不被视为劳动对象的物质也被转化为劳动对象,使得劳动对象的范围扩大。这种在广度和深度上的范围扩张,一方面表明人类从自然界获取财富的能力大大加强,另一方面人类还能通过自身的劳动创造自然界中不存在的劳动对象,这也极大地提高了生产力的发展水平。

(三)新质生产力概念与术语革命

术语革命是恩格斯从唯物史观出发对马克思提出新术语的高度评价。他认为,马克思《资本论》中的术语"不仅同它们在日常生活中的含义不同,而且和它们在普通政治经济学中的含义也不同",而"一门科学提出的每一种新见解都包含这门科学的术语的革命",并以化学为例指出,"它的全部术语大约每20年就彻底变换一次,几乎很难找到一种有机化合物不是先后拥有一系列不同的名称的"。该论述深刻地阐述了术语革命的重要意义:一是通过继承、改造、批判原有术语提出新术语、新概念,使构建一套新的概念体系成为可能;二是新概念体系的出现为理论创新奠定了坚实的基础(金民卿,2017)。

术语革命包含两种形式:提出新概念和改变原有概念内涵(顾海良,2016)。第一种方式在深入研究总结实践经验的基础上创造以前没有的新术语,比如剩余价值、劳动二重性等。剩余价值概念的提出最有代表性,它是马克思经过长期研究后揭示的资本主义制度的秘密。第二种方式是去芜存菁,批判性地继承和发展已有的概念并赋予其更科学的含义,例如资本、工资、利润和生产力等概念。比较典型的是工资概念,相比于庸俗经济学将工资视为劳动的价值和价格的错误观点,马克思站在工人的立场上第一次正确地指出工资是劳动力的价值的转化形式,在批判庸俗经济学工资概念的基础上科学地界定了它的真正含义。

术语革命有两个决定性特征(顾海良,2016)。一是术语革命在方法论上注重整体性和系统性。古典政治经济学常常直接使用日常生活中的术语,但"完全看不到这样做会使自己局限于这些术语所表达的观念的狭小范围"[①],忽视了真正重要的部分。例如,古典政治经济学家过于关注利润、地租等范畴,最终导致他们无法认识到剩余价值的存在。而马克思以唯物史观为指导的整体方法论进行研究,不仅认识到剩余价值的存在,还发展出了剩余价值理论。二是马克思从唯物史观出发,指出过去古典政治经济学的术语都属于历史范畴。与古典政治经济学家把他们所使用的术语视为永恒范畴不同,马克思认为资本主义生产只是人类经济史上一个暂时阶段,所以古典政治经济学中的术语只能在这一阶段应用,不能视为永恒范畴。总的来说,术语革命是在遵循整体性方法论和唯物史观的基础上,通过创造新术语或继承、改造原有术语,进而构建一套新概念体系来实现理论创新的科学革命,是马克思主义政治经济学的重要方法。运用该方法总结中国数十年来的理论和实践经验,提出总结提炼新的标识性概念是构建有中国特色的政治经济学的必由之路。

新质生产力及其相关的核心概念是对马克思主义政治经济学生产力理论的继承和发展。在创造新术语方面,提出了新质生产力、新型生产关系、新发展理念和高质量发展等新概念。以新质生产力为例,它既是对已有理论的继承,又是对新时代生产力发展状况的深刻总结。在批判发展原有术语方面,对于创新概念赋予更多含义,将原来主要指科技创新的创新概念进一步深化为由颠覆性技术创新、体制机制创新和产业创新共同组成的、系统全面的创新概念。不仅如此,新质生产力及其相关核心概念同样具备马克思术语革命的两个特征。

首先,新质生产力和其相关核心概念体现了整体性方法论。新质生产力及其相关核心概念共同构成了一个概念体系。第一,创新驱动的新质生产力和新型生产关系共同构成了一个新型生产方式。从新质生产力、新型生产关系同创新之间的相互联系来看:一方面,创新是新质生产力的根本特点,又是新质生产

---

① 马克思,恩格斯.马克思恩格斯文集(第5卷)[M].北京:人民出版社,2009:32—33.

力区别于传统生产力的本质要求，而新质生产力则是创新转化为具体实践的表现；另一方面，新型生产关系是创新的结果，而机制体制创新又会推动创新出现的可能性增加。同时，新型生产关系的形成又会反过来促进新质生产力的发展。三者之间构成了一个以创新为主要特点的新型生产方式。第二，新发展理念和新型生产方式的关系。新发展理念与以创新为特点的先进生产力发展密不可分。新质生产力是符合新发展理念的先进生产力质态，表明新型物质生产方式也必须符合新发展理念。第三，高质量发展和新型生产方式的联系。新型生产方式是实现高质量发展的根本途径，没有新质生产力发展，就难言高质量发展。相对地，高质量发展又是新质生产力形成和发展壮大的基础，越是高质量发展，新质生产力越是蓬勃发展。综上，新质生产力及其相关核心概念遵循了马克思主义的整体性方法论，以新质生产力为核心构建了一个成体系的、完整的术语系统。

其次，新质生产力和其相关核心概念均属于历史范畴。马克思曾批评以古典政治经济学为代表的各种经济学派以抽象的经济范畴为出发点研究经济问题，这从根本上忽视了经济范畴的历史性和社会性。基于唯物史观的新质生产力及其相关核心概念则不同，它们是中国共产党在总结新时期阶段特征的基础上提出的新概念，有着深厚的社会经济基础，彼此之间也有着深厚逻辑联系。其中，新型生产关系也是属于历史性的，反映了当前新质生产力对生产关系的要求；新发展理念则是符合中国新发展阶段实际的发展理念；高质量发展一是体现了国家对于新发展理念的贯彻执行，二是在对新时代中国经济增长阶段发生变化的深刻认识上提出的新发展路径。另外，创新概念的内容也随着历史环境改变而不断改变，早期的创新更多地指科学技术创新，而新质生产力中的创新内容更为丰富，体现了历史环境发展对于创新概念的影响。总之，从上面的分析可知，新质生产力及其相关核心概念的提出满足马克思术语革命的第二个重要特征，体现了对唯物史观的坚持，它们均是历史范畴。

三、以新质生产力概念助推中国自主的经济学知识体系建构

建构中国自主的经济学知识体系,是新时代赋予中国经济学人的重大历史使命。作为一个新概念,新质生产力及其相关理论虽然还在发展完善中,但可在多个方面对中国自主的经济学知识体系建构提供帮助[①]:其一,从话语体系建构的角度看,新质生产力概念的提出能有效增加中国经济学概念供给的数量和质量;其二,新质生产力及其概念体系和相关理论对中国经济学理论创新和理论体系构建有较大的帮助,有助于推动学术体系建构;其三,术语革命的方法对于如何融通古今中外各种学术资源来构建知识体系提供了有益指导。

(一)推动中国经济学话语体系建构

习近平总书记指出,"发挥我国哲学社会科学作用,要注意加强话语体系建设""要善于提炼标识性概念,打造易为国际社会所理解和接受的新概念、新范畴、新表述,引导国际学术界展开研究和讨论"。[②] 话语体系是经济学知识体系的重要组成部分,是具有特定思想指向和价值取向的语言系统,由概念、范畴、术语、命题等内容组成(谢伏瞻,2019)。概念是构成知识体系的基本单位,是区分、把握和理解事物的载体,是从实践出发建构理论体系的基石,是知识体系网状结构中的纽结,由它构成了范畴、命题和理论等内容,具有抽象性、一般性和概括性等特点。其中,标识性概念是由学科中最有代表性和理论价值的核心概念组成的集合,是展现一个学科思想脉络、内在逻辑和主要内容的关键路标。

中国经济学话语体系构建当前面临的主要问题是概念供给数量和供给质量均存在不足。从供给数量上看,当前学界的焦点集中于新理论和新研究方法,但对提炼标识性概念的关注不够,导致概念供给不足。从供给质量上看,现有概念供给的质量有待提高,表现为尚未形成能较好向国内外阐述中国经济实

---

① 中国特色经济学三大体系包括学科体系、学术体系、话语体系,本文主要讨论了学术体系和话语体系,而没有专门讨论学科体系,主要是考虑到新质生产力概念刚提出不久,暂时还不足以上升到从学科体系来推动中国自主的经济学知识体系建构,它更多是从话语体系和学术体系层面提供支撑。

② 习近平. 习近平在哲学社会科学工作座谈会上的讲话[N]. 人民日报,2016-05-19:2.

践成就的话语体系,存在话语权提升困境。究其原因有三:一是当前中国经济学中有不少概念是从西方经济学中直接移植过来的,这些概念没有很好地结合中国实际,容易出现"水土不服"的现象。实际上,西方经济学的概念是以西方实践为基础的抽象,要在理解它们的基础上,基于本国实践改造它们后才能用于构建中国经济学的话语体系,不能简单地照搬西方。二是随着高新技术的不断涌现和社会经济状况的发展转型,现有的西方经济学概念对如何更准确地刻画经济社会及其运行规律越来越力不从心,需要中国经济学人结合中国实践提出符合实际情况,具备传播能力的新概念。三是当前学界存在从概念到概念的问题,倾向于从重要的领导人讲话、重要的政府文件等中抽取概念。该方法本身没有问题,但是现有研究缺乏对这些概念的进一步阐发和完善,没有从学理化的高度来发展这些概念,所以无法将它们有效地转化为构建中国经济学话语体系的有效资源(陈旭东,2024)。而新质生产力概念的提出在三个方面有助于建构中国经济学话语体系。

首先,新质生产力概念的提出本身就是建构中国自主的经济学知识体系,尤其是建构话语体系的重要突破。因为基于新发展阶段实践提出的新质生产力概念不仅是当代马克思主义经济学在中国的又一次术语革命,还是中国共产党在新时期就如何增加中国特色的经济学概念供给的一个重要尝试,为学界如何提炼标识性概念提供了一个典型案例。进一步来看,新质生产力概念可以成为建构中国自主经济学知识体系的核心概念,它是具有延展和衍生能力的元概念,具有极强的涵括力和统摄力,通过它可以构建出更加系统化和条理化的知识体系。新质生产力概念之所以能成为核心概念,有两个原因。一是从新质生产力概念本身来看,它是在全球新一轮科技革命和产业变革的大背景下,中国共产党对以创新驱动的经济实践的科学总结,与中国国情特色相吻合,具备强大的生命力,可以成为构建中国经济学概念体系的支点。二是新时代需要中国经济学创造新的生产力理论来指导中国经济高质量发展,而生产力的发展又要求与之相匹配的新型生产关系,这就要求"作为中国经济学研究对象的生产力和生产关系必须适应高质量发展的新要求新特征进行新的理论创新,推进马克思生产力和生产关系理论的中国化时代化创新发展"(黄泰岩,2024)。新质生产力一方面属于生产力范畴,是中国经济学的研究对象,另一方面是生产力在新一轮科技革命作用下表现出的新质态,这意味着可以它为研究支点来开展系列研究,进一步推动中国经济学知识体系形成。

其次,新质生产力概念的提出能够有效地改善概念供给不足的问题。在汪征鲁(2003)看来,核心概念应具备"合理抽象性",即核心概念具有很强的派生新概念的能力。马克思的生产力概念就是如此,在《资本论》和《经济学手稿(1857—1858年)》中,他的生产力概念派生了诸如社会生产力、物质生产力和精神生产力等新概念。类似的,尽管新质生产力概念还有发展空间,但它可以通过三个渠道增加概念供给。第一,直接衍生新概念。新质生产力并非只限定于特定的高新技术之内,它是一个涉及多个领域的概念(高原和马九杰,2024),可以衍生出诸如数字新质生产力(任保平和王子月,2023)和农业新质生产力(高原和马九杰,2024)等新概念。第二,派生新概念。新质生产力概念的出现意味着,一方面其发展需要和它相匹配的生产关系,派生出了新型生产关系概念,另一方面生产力的构成要素也会发生改变,派生出新型劳动者、新型劳动资料和新型劳动对象等新概念(孟捷和韩文龙,2024)。第三,改变已有概念含义供给新概念。例如,传统的创新主要指科技创新,但新质生产力概念中的创新是一个不同于传统意义的多层次、多维度的创新概念。

最后,新质生产力概念的提出能够有效地提高概念的质量。习近平总书记指出的,"实际上我国哲学社会科学在国际上的声音还比较小,还处于有理说不出、说了传不开的境地"[①],表明当前中国经济学还远没有形成一套对外对内都具备较强话语权的话语体系。新质生产力及其相关概念的提出能在一定程度上改善这一困境。因为它们是基于中国特定的历史文化情境和经济发展实践形成的,对中国经济现实问题更具解释力、鲜活生命力和传播能力的概念群,对提升中国经济学的话语权有推动作用。其中,新质生产力概念尤其受到关注,

---

① 习近平.习近平在哲学社会科学工作座谈会上的讲话[N].人民日报,2016-05-19:2.

它不仅在中国学界是热门概念,在海外各界也掀起了讨论热潮。例如,新质生产力甫一问世就受到国内各界关注,入选了2023年度"汉语盘点"活动发布的中国媒体十大新词语。海外知名研究机构如剑桥大学剑桥产业创新政策(Cambridge Industrial Innovation Policy)团队和布鲁金斯学会(Brookings Institution)均撰文介绍了新质生产力相关内容。考虑到新质生产力还是一个初生概念,随着它的进一步应用和发展,能为中国经济学的话语权提升做出更大贡献。总的来看,新质生产力及其相关概念的提出在满足中国自身发展需要的同时,助推了中国经济学话语体系的发展,并为中国经济的国内外叙事传播提供了更有力的学术支撑。

(二)推动中国经济学学术体系建构

学术体系是建构中国自主的经济学知识体系的核心内容,其水平和属性决定着知识体系的水平和属性。学术体系包含两部分内容:一是理论、学说和思想等;二是研究方法和工具(谢伏瞻,2019)。纵观近代以来的学术发展史,以理论创新为抓手,构建新理论体系对于新学术体系的形成至关重要。构建高质量学术体系的关键在于提出符合科学规律和社会发展要求的创新性理论学说和独特思想观点,并在它们的基础上形成新的理论体系,不如此则学科的发展没有生命力(王炳林,2022)。就构建中国经济学学术体系而言,构建高质量的学术体系是决定中国自主的经济学知识体系水平高低的关键,同样需要构建经得起历史和实践检验的、符合中国经济实践的新理论体系。新质生产力及其理论的提出可以推动中国经济学的理论创新,加快中国经济学的理论体系形成和完善,进而助推中国经济学学术体系构建。

首先,新质生产力及其相关概念为中国经济学理论创新和理论体系构建提供了概念支撑。从理论创新的角度看,新概念的出现对于理论创新至关重要。理论一般是指对某个特定现象的系统性解释,由假定、概念和命题等构成。其中,概念是构成理论的最基本单位,命题则是构成理论的构架,是对两个或两个以上概念之间关系的说明。一般来说,理论创新是对原有理论或思想观念的新突破,是对原有理论和方法的新发展,主要包含:(1)提出新概念或变量;(2)发现已有概念或变量之间的新关联;(3)发现已有关联的新解释机制等内容(Whetten,1989)。因此,要推动理论创新,最直接的方法是提出新概念(尤其是核心概念),并基于它们发展新理论。以马克思的生产力概念为例。它是唯物史观的核心概念,是该理论具有旺盛生命力的重要原因,正是它的提出使得马克思主义理论家"有可能对生产力、生产关系以及整个唯物史观做新的解读与发展"(汪征鲁,2003),表明生产力作为核心概念对理论创新有重要的支撑作用。同样属于生产力范畴的新质生产力概念应当能对当前的中国经济学理论创新提供帮助,为中国特色社会主义政治经济学的发展注入更多活力。

从理论体系角度看,构建新理论体系需要相应的概念体系作为支撑。理论体系一般指一个完整的理论框架,由一系列相互关联的概念和理论等内容组成,具有极强的逻辑严密性和科学性。因此,仅仅只是提出新概念无法推进理论体系构建,因为依凭处于零碎、割裂和孤立状态的概念,难以有效构建起完整的理论体系。理论体系需要建立在一个相互间密切联系的、具有内在逻辑联系的概念体系之上。新质生产力及其相关概念构成的概念体系可以满足上述需求。虽然它还是一个比较新的概念,学界对其研究尚有进一步深化的空间,但它实际上已派生和发展出了一系列相关的新概念,并将已有的、有联系的重要概念加以吸收融合,初步形成了一个以其为核心概念,同时包含新发展理念、高质量发展、新型生产关系、新型劳动者、新型劳动工具、新型劳动对象、数字新质生产力、农业新质生产力和创新等重要概念的、具有较为严密逻辑的概念体系。不仅如此,随着新质生产力及其理论的发展,该体系还会越来越完善。例如,现有的文献大多从宏观层面研究如何推动新质生产力发展(如周文和许凌云,2023;刘伟,2024等),缺乏从微观或个体角度的研究。马克思从生产主体的角度区分了个人生产力和社会生产力,并认为发展生产力的根本途径在于个人生产力全面的、普遍的发展(杨耕,2024)。由于个人生产力和社会生产力概念是基于不同时期生产力状况的历史范畴,随着传统生产力跃迁为新质生产力,它们的内涵也会随之发生变化。所以未来的研究可以尝试拓展并完善个人生产力和社会生产力的概念,一方面可以提供一个研究如何推动新质生产力发展的新视角(从个体到社会),另一方面也能从新的维度拓展以新质生产力为核心的概念体系。总而言之,新质生产力及其相关概念是基于中国经济的伟大实践逐步形成的,能够精准刻画中国经济事实及其内在本质的、富有强大解释力的标识性经济学概念体系,为中国经济学理论创新和理论体系构建提供了有力的概念支撑。

其次,新质生产力及其理论为中国经济学理论创新奠定了坚实的基础。马克思一生在两个方面取得了重大理论创新,即唯物史观和剩余价值理论,生产力概念是它们的重要组成部分。马克思主义生产力理论是构建中国特色社会主义政治经济学理论体系的理论基石(田超伟和卫兴华,2017)。习近平总书记关于新质生产力的重要论述将新质生产力及其相关核心概念紧密地联系在一起,深化和拓展了马克思主义生产力理论,使它们共同构成了一个新的生产力理论,对中国特色社会主义政治经济学的理论体系构建尤其重要,是构建其理论体系的理论基石,处于核心位置。正如属于价值理论范畴的剩余价值理论作为马克思主义政治经济学的基本理论创新"必定要使全部经济学发生革命"[①]一样,属于生产力理论范畴的新质生产力理论也是当前中国特色社会主义政治经济学的基础理论创新,它的出现同样会导致中国特色社会主义政治经济学"发生革命",即在新质生产力理论的基础上出现更多的理论创新。

新质生产力理论至少在以下三个案例中作为理论基础推动了理论创新,形成了一些理论成果。(1)新质生产力与传统生产力的关系。例如,周文和许凌云(2024)指出新质生产力的发展和以传统产业为代表的传统生产力是密切相关的。因为发展新质生产力离不开现代产业体系的支撑,而传统产业则是构成后者的基底,对于保证整个产业体系的完整性、先进性和安全性有重要作用。(2)对新型生产关系的理论研究。例如,韩文龙(2024)基于对新质生产力的研究提出了一种新的所有制类型,即数据要素所有制。在数字经济时代,数据要素作为生产要素的角色愈发重要的背景下,他认为只有不断根据新质生产力的

[①] 马克思,恩格斯.马克思恩格斯文集(第6卷)[M].北京:人民出版社,2009:21.

发展状况适时调整以数据要素所有制为基础的直接生产关系、分配关系、交换关系和消费关系，才能有效释放新质生产力的发展潜力，推动高质量发展。(3)新质生产力理论发展了主流经济理论。例如，张东刚(2024)认为新质生产力理论的出现改造了传统经济增长理论。他指出，传统的经济增长理论基于对生产函数的研究，通常把经济增长归因于生产要素投入和全要素生产率提高。在高新技术越来越成为经济发展主要动力的背景下，以科技创新为核心的新质生产力理论赋予了生产函数和经济增长模型新的含义，能为新时期的产业发展提供理论指导。

最后，新质生产力概念可以发掘新研究议题，拓展理论创新的空间。一般来说，提出新概念本身就意味着新问题的出现或是对原有问题有了更深入的认知。但更为重要的是，提出新问题的重要性体现在它是科学研究的起点，对科学理论的发展有指导和推动作用。正如爱因斯坦所说，"提出新的问题，新的可能性，从新的角度去看旧的问题，却需要有创造性的想象力，而且标志着科学的真正进步"[①]。从理论创新的角度讲，随着新质生产力及其相关概念的发展，它们能为中国经济学开辟出更多新的研究领域，拓展理论创新的空间。

结合《决定》中对新质生产力的最新论述，我们认为新质生产力概念的提出至少带来了如下几个理论突破方向：(1)加强对新质生产力理论的阐述，提高其学理化程度。现有文献更多还停留在对其概念的界定上，要从理论上推动新质生产力理论学理化水平提高，为实现高质量发展提供理论指导，有必要系统全面地研究如何构建新质生产力的理论体系。例如，《决定》指出要"健全相关规则和政策，加快形成同新质生产力更相适应的生产关系"。生产关系是生产力理论的重要组成部分，可以从唯物史观角度加强对新型生产关系的研究，在已有成果的基础上研究新质生产力与新型生产关系的矛盾运动规律，推动建设与新质生产力发展相匹配的新型生产关系，从而促进各类先进生产要素集聚来推

---

① [美]爱因斯坦,[波兰]英费尔德.物理学的进化[M].周肇威,译.上海：上海科学技术出版社,1962:66.

动新质生产力发展,最终实现全要素生产率的大幅提升。(2)研究如何因地制宜发展新质生产力。中国各区域之间在地理、经济和文化等方面存在很大的异质性,导致各地区发展新质生产力的条件差异显著,所以《决定》特别强调要"健全因地制宜发展新质生产力体制机制",各个地区要考虑自身的实际情况发展新质生产力,不能搞"一窝蜂",以免造成资源浪费。其中一个可能的研究路径是发展新理论评估各地区的创新能力,并以此为基础设计符合实际情况的新质生产力发展战略。对于区域创新能力概念,已有文献认为它由各个区域的创新主体、创新资源和创新环境等要素构成(Fritsch 和 Slavtchev,2011)。可以在已有研究的基础上,结合新质生产力发展新的区域创新能力评估理论,指导各地根据自身情况制定适合本地区的新质生产力发展战略。(3)研究国家重大发展战略和新质生产力如何相互联合、相互促进。例如,新质生产力和发展数字经济之间的联系。数字经济是集大数据、云计算和物联网等高新技术于一体的新经济形态。发展数字经济是国家的重大战略需求,要以新的先进生产力作为支撑。《决定》明确指出,要"加快构建促进数字经济发展体制机制,完善促进数字产业化和产业数字化政策体系"。而新质生产力是以数字信息技术为代表的先进生产力质态,符合数字经济时代的发展要求。发展新质生产力和发展数字经济密切相关,研究两者的关系能起到事半功倍的效果,不仅对如何推动它们的发展有重要意义,还能加深对于数字经济的理论研究。(4)研究新质生产力的形成条件,加速新质生产力形成。例如,发展新质生产力的关键在于创新,其中科技创新是决定新质生产力是否能够形成的关键因素。需要从理论和实践两方面研究如何打造科技创新体系,分析如何加强"关键共性技术、前沿引领技术、现代工程技术、颠覆性技术创新"[①],为加快形成科技创新体系以推进新质生产力发展提供理论支撑和实践指引。又如,传统上认为产业政策和治理体系对于经济发展有重要作用。《决定》进一步明确了它们和新质生产力的联系,指出要"完善推动新一代信息技术、人工智能、航空航天、新能源、新材料、高端装备、

---

① 中共中央关于进一步全面深化改革 推进中国式现代化的决定[N].人民日报.2024-07-22:1.

生物医药、量子科技等战略性产业发展政策和治理体系",表明应当重点研究产业政策和治理体系促进新质生产力发展的理论机制,为政策实施提供理论支撑。

(三)术语革命方法助推中国自主的经济学知识体系建构

构建中国经济学主要有四个知识来源:马克思主义政治经济学中国化、中国经济发展改革实践理论化、西方经济学中国化和中国传统经济思想现代化(程霖等,2020)。经济学自近代传入中国以来,至今已有百余年发展历史,无论是在理论层面还是实践层面都已经累积了大量未经发掘的概念资源。通过术语革命提出新质生产力的方法为我们如何开采这些概念资源的"富矿"提供了有益指导:一是可以参考术语革命的方法发掘新概念;二是应当在坚持整体性方法论和唯物史观的基础上挖掘新概念。

第一,基于术语革命的方法挖掘古今中外各种学术资源供给新概念。术语革命提供了概念生成的两种方式。第一种方式是创造新术语。以中国经济发展改革实践理论化为例,自改革开放以来,中国通过把马克思主义基本原理同中国具体实际相结合建立了社会主义市场经济体制,这一区别于西方资本主义市场经济体制的实践探索,积累了大量不为西方经济理论与实践所见的经济现象,进而在新时代形成了习近平新时代中国特色社会主义经济思想,这是对马克思主义政治经济学的创新发展,并且中国式现代化的进程依然在如火如荼的实践推进之中,其中蕴含着巨大的本土标识性概念提炼的创设空间。例如,新发展理念概念是习近平总书记在深刻把握中国经济社会发展性质变化的基础上,为应对经济发展中的新趋势、新挑战和新机遇,以创新、协调、绿色、开放、共享为核心内容提出的新标识性概念。新发展理念是同原有发展理念有本质区别的,以中国特色社会主义经济建设实践为基础的科学提炼和总结,从术语革命的角度来看,它是对如何回答中国需要什么发展模式及如何发展的新阐释,"开辟了术语革命对中国特色'系统化的经济学说'意蕴提升的新境界"(顾海良,2016)。

第二种方法是批判发展原有术语。批判发展原有术语是指在充分借鉴的基础上,对原有的概念术语进行重新诠释,赋予其新的含义,提升其解释力、批判力。以中国传统经济思想现代化为例,传统经济思想中包含大量未被发掘的概念资源。但中国传统经济思想受制于时代的局限性,其内容中既有优秀的部分,也有糟粕的内容,因此必须以马克思主义为指导,坚持以人民为中心的基本立场,坚持把马克思主义基本原理同中华优秀传统文化相结合,才能全面挖掘中华优秀传统经济思想这座宝库。中国共产党已经做了很多尝试。例如,"小康"概念。"小康"即"小安",原意为相对安定,后演变为人民的物质生活有较大改善,达到能满足温饱以上的标准。改革开放后,邓小平创造性地将"小康"的含义引申,使其成为衡量中国是否实现以人民为中心的中国现代化的新概念。其后又逐步衍生出"小康社会""全面建设小康社会""全面建成小康社会"等系列概念,其重要性愈发凸显,一方面"小康"及其衍生概念已经成为阐述中国式现代化道路的重要话语载体,另一方面上述概念的作用也不仅在于解释和宣传中国式现代化的成就,更重要的是它们本身也体现了中国共产党以人民为中心的经济发展目标(程霖等,2024)。

第二,应当在坚持整体性方法论和唯物史观的基础上挖掘新概念。在挖掘新概念时注重整体性方法论和唯物史观不仅是术语革命的重要特点,也是中国特色社会主义政治经济学提炼其概念的内在要求。以西方经济学中国化为例,从整体性方法论和唯物史观的角度考察,西方经济学的概念大多存在以下问题:一是表达的观念范围狭小,不符合中国实际的经济社会状况;二是包含意识形态偏见。因此,转化西方经济学概念时要按照中国实际情况改造并去除其中含有意识形态偏见的部分,使其符合中国特色社会主义政治经济学的要求。例如,国有企业概念在主流的经济学中被认为是低效率的代表,既体现了西方经济学家对于国有资本根深蒂固的意识形态偏见,也在一定程度上符合西方经济社会体制的实际情况。但通过对西方经济学中国有企业的内涵改造后,中国经济学中的国有企业概念不仅有"经济人"的一面,还有"政治人"的一面,后者意味着国有企业的目标函数在考虑企业利益最大化的同时,还要考虑企业自身行为的社会影响,因此国有企业更加注重全社会公共利益的最大化(贾立政,

2002)。这种改造很好地体现了术语革命的原则,即从整体的角度看待国有企业在社会中的作用(刘元春,2001),克服了西方经济学的意识形态偏见,也表明改造后的国有企业概念是符合中国当前实际情况的精确抽象,符合唯物史观的要求。

四、结论与启示

建构中国自主的经济学知识体系,要在马克思主义基本原理的指导下,积极推动马克思主义政治经济学的中国化时代化。这一方面要求挖掘并建构更多源自中国经济发展实践的概念和理论,另一方面还要充分吸收中国传统经济思想和西方经济学中的有益部分。新质生产力概念是以习近平总书记为代表的中国共产党人在继承马克思、恩格斯生产力理论和中国共产党百年生产力思想基础上提出的重大理论创新,是马克思主义政治经济学中国化的又一次术语革命。

新质生产力可以在三个方面对建构中国自主的经济学知识体系起到助推作用。在推进话语体系构建方面,新质生产力概念的提出在为学界提炼标识性概念提供了一个典范的同时,还是构建话语体系的基石,能提升中国经济学概念供给的数量和质量。在助推学术体系构建方面,一方面,新质生产力及其相关概念形成的概念体系能为理论创新提供概念支撑并指出了新的研究方向;另一方面,新质生产力理论是中国特色社会主义政治经济学的基础理论,为其他理论创新提供了理论基础。马克思术语革命的方法为构建中国经济学自主知识体系如何融通古今中外学术资源提供了有益指导,一是提供了提炼新概念的方法,二是指明了提炼新概念时应当遵循的基本原则。新质生产力虽然是一个刚刚提出的新概念,其理论内涵和概念体系尚在发展完善的过程当中,但是通过前文的考察表明,它可以在多个方面为建构中国自主的经济学知识体系提供有益的帮助。放眼未来,随着对新质生产力及其相关概念和理论研究的不断深入,它们还能为构建中国自主的经济学知识体系提供更大的帮助。

从新质生产力的案例可以看出,只有坚持理论联系实际,通过强化源自中国的、能够充分体现中国经济发展实际的有效概念供给,我们才有可能形成中国特色的经济学学科体系、学术体系、话语体系,才能真正建构起中国自主的经济学知识体系。当然,本文强调增加源自中国的经济概念和理论供给不是要否定西方经济学原有的概念体系,构造一套完全独立于西方的、互不兼容的术语系统。事实上,要构建一个在全球具有话语权和影响力的经济学知识体系,不能将其概念和理论的来源加以限定,而是应该充分吸收人类文明中的一切有益成分。本文认为,只有在习近平新时代中国特色社会主义经济思想的指引下,通过洞察新一轮科技革命和产业变革下数字经济发展趋势,把握新时代中国经济高质量发展的内在规律,广泛汲取中华优秀传统文化中的经济思想精华,充分借鉴西方经济学话语体系和知识体系的有益养分,我们有希望逐步形成能够准确描述中国经济实践的、富有强大解释力的标识性经济学概念及其概念体系,进而构建形成具有中国特色和世界影响的经济学话语体系和学术体系,并最终完成中国自主经济学知识体系的建构使命。

参考文献

[1]陈旭东."术语革命"与中国自主的经济学知识体系建构[N].中国社会科学报,2024-04-30:5.

[2]程霖,张申,陈旭东.中国经济学的探索:一个历史考察[J].经济研究,2020(9):4-24.

[3]程霖,周瑞,陈旭东.中国传统经济思想的分析性之辨——兼谈以"第二个结合"推进中国经济学构建[J].经济研究,2024(3):185-208.

[4]方敏,杨虎涛.政治经济学视域下的新质生产力及其形成发展[J].经济研究,2024(3):20-28.

[5]高帆."新质生产力"的提出逻辑、多维内涵及时代意义[J].政治经济学评论,2023(6):127-145.

[6]高原,马九杰.农业新质生产力:一个政治经济学的视角[J].农业经济问题,2024(4):81-94.

[7]顾海良.马克思经济学"术语的革命"与中国特色"经济学说的系统化"[J].中国社会科学,2016(11):20—28.

[8]韩文龙.新质生产力的政治经济学阐释[J].马克思主义研究,2024(3):100—115.

[9]黄泰岩.马克思政治经济学的研究对象及其中国化时代化[J].政治经济学评论,2024(4):3—20.

[10]贾立政."经济人"与"政治人":国企经营者的"人格二重性"探析[J].理论与改革,2002(3):92—95.

[11]蒋永穆,乔张媛.新质生产力:符合新发展理念的先进生产力质态[J].东南学术,2024(2):52—63,246.

[12]金民卿.马克思的术语革命与习近平理论创新的话语建构特色[J].前线,2017(1):12—18.

[13]刘伟.科学认识与切实发展新质生产力[J].经济研究,2024(3):4—11.

[14]刘元春.国有企业的"效率悖论"及其深层次的解释[J].中国工业经济,2001(7):31—39.

[15]孟捷,韩文龙.新质生产力论:一个历史唯物主义的阐释[J].经济研究,2024(3):29—33.

[16]任保平,王子月.数字新质生产力推动经济高质量发展的逻辑与路径[J].湘潭大学学报(哲学社会科学版),2023(6):23—30.

[17]任保平.生产力现代化转型形成新质生产力的逻辑[J].经济研究,2024(3):12—19.

[18]乔榛.新质生产力:马克思主义经济学的术语革命[J].学习与探索,2024(1):74—81.

[19]王炳林.构建中共党史党建学科的"三大体系"[N].学习时报,2022-10-07:9—10.

[20]汪征鲁.唯物史观的历史命运——关于马克思主义文本解读的思考[J].历史研究,2003(2):3—13,189.

[21]王朝科.从生产力到新质生产力——基于经济思想史的考察[J].上海经济研究,2024(3):14—30.

[22]田超伟,卫兴华.论马克思的生产力理论与中国特色社会主义政治经济学的构建[J].教学与研究,2017(10):5—12.

[23]谢伏瞻.加快构建中国特色哲学社会科学学科体系、学术体系、话语体系[J].中国社会科学,2019(5):4−22,204.

[24]杨耕.唯物主义历史观基本范畴研究:概述与反思[J].天津社会科学,2024(3):4−29,174.

[25]张东刚.新质生产力:理论创新、形成机理与未来展望[J].应用经济学评论,2024(1):3−15.

[26]周文,何雨晴.新质生产力:中国式现代化的新动能与新路径[J].财经问题研究,2024(4):3−15.

[27]周文,许凌云.论新质生产力:内涵特征与重要着力点[J].改革,2023(10):1−13.

[28]周文,叶蕾.新质生产力与数字经济[J].浙江工商大学学报,2024(2):17−28.

[29]周文,许凌云.再论新质生产力:认识误区、形成条件与实现路径[J].改革,2024(3):26−37.

[30]Fritsch M,Slavtchev V. Determinants of the Efficiency of Regional Innovation Systems[J]. Regional Studies,2011,45(7):905−918.

[31]Whetten D A. What Constitutes a Theoretical Contribution? [J]. Academy of Management Review,1989,14(4):490−495.

(本文刊载于《财经研究》2024年第10期)

自然辩证法与新质生产力的三重逻辑

在全球新一轮科技革命与产业变革的历史时期,习近平总书记提出发展"新质生产力"这一全新概念。新质生产力的提出体现了三重逻辑,即自然科学发展与唯物史观下的生产力概念的理论抽象、自然辩证法与马克思政治经济学下生产力概念的具象回归、技术革命与生产力的辩证发展,三重逻辑共同构成了新质生产力的科学内涵。

一、唯物史观的诞生与新质生产力的第一重逻辑

自然科学是推动唯物主义哲学发展的革命力量,正如恩格斯所说,"甚至随着自然科学领域中每一个划时代的发现,唯物主义也必然要改变自己的形式"[①]。唯物主义哲学随着自然科学发展,迄今经历了古希腊时期朴素的唯物主义哲学形式、近代机械唯物主义哲学形式以及马克思和恩格斯所创立的辩证唯物主义哲学形式。

(一)自然科学与唯物主义哲学的协同流变

古希腊罗马时期,科学与哲学浑然一体,严格来说并没有产生现代意义上的科学。古希腊科学有两个特点:"恐怕最重要的成就是两个关键的方法论原理:(i)数学在理解自然中的运用;(ii)进行经验研究的主张。"[②]与这一时期科学

本文作者简介:罗山鸿,上海财经大学法学院党委书记、副教授、博士。
① 马克思,恩格斯. 马克思恩格斯文集(第4卷)[M]. 北京:人民出版社,2009:281.
② [英]G.E.R 劳埃德. 早期希腊科学——从泰勒斯到亚里士多德[M]. 孙小淳,译. 上海:上海科技教育出版社,2015:133.

水平相适应,古代唯物主义哲学也有两个特点:一是原始朴素直观,二是辩证的思维。但这种思维方式多带有主观猜测,缺乏论证,往往带有神秘色彩。

近代科学是在既有的古典物理科学中发生的变革,其代表人物是牛顿。牛顿将数学符号引入物理学,用数学概念及量化了的公式推导重铸了整个17世纪的物理学,建立起一个机械的世界图景。这一图景引领了长达两个多世纪的科学发展,由此形成了机械的唯物主义哲学。机械唯物主义哲学存在两个局限性,这就是恩格斯所指出的机械性和形而上学性。这种局限性也是由当时自然科学发展水平决定的,因为那时在所有自然科学中只有力学发展成熟,其他学科才刚刚起步或是还在襁褓之中,如热学和电磁学还在积累实验材料阶段,化学还在燃素说的形态中,生物学还在博物学的范畴中,从而限制了唯物哲学的进一步发展。正如恩格斯曾指出费尔巴哈唯物主义哲学没有向前一步的原因是,自然科学的所有这些划时代的进步,都在费尔巴哈那里擦肩而过,基本上没有触动他。[1]

(二)科学发展与唯物史观的诞生

18世纪之后,人类又迎来了一个自然科学发展高潮。这时自然科学研究成果体现出两种趋势:一是从分门别类地收集材料进入相互联系地整理材料。这体现在物理学上电学、磁学与光学统一起来产生了电磁场理论。能量守恒与转化定律则将自然界的热、光、电、磁、机械的和化学的运动联系起来,表明自然界运动是可以相互转化的。热学则依靠数学的统计方法与牛顿力学相统一。化学的元素周期表不仅揭示了各种元素之间的内在联系,还揭示了元素由量变到质变、量与质相互关联的实质。细胞学说的建立揭示了生命现象植物和动物的一致性。二是从研究并存的事物进入探索时间相继的过程。这表现在地质学中"渐变论"和生物学中"进化论"的提出,分别从不同层面证明了地球、地球的表层、地表上的植物和动物都是有时间上的历史。物理学上的两次重大的理论综合(能量守恒与转化定律和电磁场理论的建立)和生物学上的两次重大的理

---

[1] 马克思,恩格斯.马克思恩格斯文集(第9卷)[M].北京:人民出版社,2009:459.

论综合(细胞学说和生物进化论的建立),清晰地展现出自然界物质运动形式的多样性,全面地描述了这些物质运动形式之间的相互联系与相互转化,系统地描绘出一幅清晰的世界演化的图景:世界是物质的、互相联系的、相互作用的,又是无限发展着的,物质运动形式是多种多样的,又是可以相互转化的……由此,形成了一幅新的科学图景,即一个辩证的相互联系的世界图景。

马克思在自然科学提供的极其丰富、日益剧增的材料基础上,克服旧唯物主义哲学缺陷,创立了新的辩证唯物主义思想。在马克思之前辩证法的最高成就是黑格尔的唯心主义辩证法。马克思意识到了黑格尔辩证法的合理内核,他认为当黑格尔运用辩证思维方式去考察人类社会,是最后的最完善的形式,对此批判道:"辩证法在黑格尔手中神秘化了,但这绝没有妨碍我们说,他第一个全面地、有意识地叙述了辩证法的一般运动形式。在他那里,辩证法是倒立着的,为了发现神秘外壳中的合理内核,必须把它倒过来。"①马克思认为把国家当作"绝对精神",把国家理念化是黑格尔辩证哲学的缺陷和错误,理念化的国家作为独立的主体和被看作现实的客观要素的家庭、市民社会之间的派生关系完全颠倒了。归根到底,黑格尔的体系只是一种就方法和内容来说唯心主义地倒置过来的唯物主义。②马克思通过自然科学对黑格尔哲学批判道:"现在不再向哲学,而是向一切科学,提出这样的要求:在自己的特殊领域内揭示这个不断的转变过程的运动规律。"③最终,马克思扬弃了黑格尔的辩证法,以此为基础创立了辩证的唯物主义即唯物史观。

(三)新质生产力的第一重逻辑

马克思早期生产力概念停留在国民经济学领域,从人本主义框架对其进行批判,随着唯物史观的创立,马克思生产力概念也随之发生变化。

首先,生产力是人类社会发展的基础。在《德意志意识形态》中,马克思、恩格斯在开篇立足于人类物质生产,详尽考察由此产生的人类社会四个最原初的

---

① 马克思,恩格斯. 马克思恩格斯文集(第4卷)[M]. 北京:人民出版社,2009:280.
② 马克思,恩格斯. 马克思恩格斯文集(第4卷)[M]. 北京:人民出版社,2009:280.
③ 马克思,恩格斯. 马克思恩格斯文集(第9卷)[M]. 北京:人民出版社,2009:26.

关系:物质资料生产、物质资料再生产、人口生产、社会关系生产,并在这个语境下提出生产力概念,他们认为,一定的生产方式或一定的工业阶段始终是与一定的共同活动方式或一定的社会阶段联系着的,而这种共同活动方式本身就是"生产力"。[①] 这就彻底清算了过往哲学从思维建构历史的方法论。同时,马克思认为生产力是一种客观的力量,这种客观力量包括分工、协作产生的集体力量,并认为人们不能自由选择生产力,因为生产力是一种继承的既得力量,这种既得的力量构成了人类的全部历史的基础。

其次,生产力跃升成为社会制度评判的尺度。马克思、恩格斯强调物质资料生产是人类赖以存在和发展的基础,而人们所达到的生产力的总和决定着社会状况。[②] 根据生产力发展水平,马克思划分了五种社会形态。之后马克思写下《资本论》,全面分析资本主义生产方式和资本主义社会规律,也对这一观点进行验证,他指出,作为生产力要素的"劳动资料不仅是人类劳动力发展的测量器,而且是劳动借以进行的社会关系的指示器"[③]。

最后,生产力与生产关系的辩证运动构建历史发展的一般规律。马克思创建了生产力与生产关系这一组辩证概念,认为生产是双重关系的表现,"一方面是自然关系,另一方面是社会关系"[④]。在人类一切社会关系当中,生产关系是最基本的关系,并决定人类社会其他关系。马克思认为生产力又决定生产关系,生产力的发展必然会推动生产关系的改变,生产关系的变化带来人类社会的变化,由此,生产力与生产关系辩证运动,不断推动人类社会向前发展。

此时,马克思生产力概念已从具体走向抽象,是一种"共同活动方式",是一种"生产力的总和",是一种"既得的力量"。这些高度抽象的概念不涉及经济学内容,与生产关系、经济基础、上层建筑等概念共同成为唯物史观构建的理论基石,成为批判唯心主义历史观的武器,由此构成新质生产力的第一重逻辑。

---

① 马克思,恩格斯. 马克思恩格斯文集(第1卷)[M]. 北京:人民出版社,2009:532-533.
② 马克思,恩格斯. 马克思恩格斯文集(第1卷)[M]. 北京:人民出版社,2009:533.
③ 马克思,恩格斯. 马克思恩格斯文集(第5卷)[M]. 北京:人民出版社,2009:210.
④ 马克思,恩格斯. 马克思恩格斯文集(第1卷)[M]. 北京:人民出版社,2009:532.

二、政治经济学的重塑与新质生产力的第二重逻辑

19世纪自然科学发展带来的不仅是唯物主义哲学变革,同时也深刻影响了社会科学的发展,马克思政治经济学便在这种新的科学思维形式和研究方法中产生。

(一)近代科学研究方法在社会科学的运用

以牛顿为代表的科学在无生命的自然界连连取得胜利,使得人们相信,人类社会领域也存在着一门关于人类演绎的科学。众多学者纷纷提出社会科学领域的公理,根据演绎方法推导出支配人类思想和行为的规律,这些理论不仅是理性的、演绎的,而且还是定量的,如边沁的代数道德观点,洛克的理性政府,奥古斯特·孔德物理学化的社会学,数学性的文件《独立宣言》等。近代政治经济学正是在这种研究传统中产生,如孟德斯鸠将自然观念运用到社会领域,从而提出自然权利说。社会契约论者则受机械论的影响,将国家视同一台人造机器,国家由孤零零的个人组合而成,他们"所需做的只是把伽利略在物理学中应用的综合和分析的方法应用于政治领域"①。李嘉图将数学模式运用到经济学中成为西方经济学的主流。

将政治经济学的知识建立在演绎推理和数学模型之上,使得政治经济学发生了深刻变革,但也留下众多问题成为后续思想家们批判的对象。如在价值领域强调事实判断,不做价值判断;在世界观上将人类社会理解为一架机器,忽略以人为中心的所有问题;在思维方式上以机械的因果关系解释经济现象,用孤立片面的观点看待资本主义生产方式等。

(二)自然辩证法与西方政治经济学的重塑

与古典政治经济学家一样,马克思也将新近自然科学研究铺展在政治经济学领域中。但与他们不一样的是,马克思把19世纪自然科学成果发展所呈现的相互联系和相互转化的辩证方法运用到了政治经济学。恩格斯在《卡尔·马

---

① [德]E.卡西尔.启蒙哲学[M].顾伟铭,等译.济南:山东人民出版社,1988:236.

克思〈政治经济学批判〉(第一分册)》中指出这种方法,认为马克思不仅发现了黑格尔辩证法的合理内核,而且还将这种倒置的摆脱了唯心主义外壳的辩证法成功地运用到政治经济学批判中,"马克思对于政治经济学的批判就是以这个方法做基础的,这个方法的制定,在我们看来是一个其意义不亚于唯物主义基本观点的成果"①。

首先,这种辩证方法赋予马克思政治经济学历史维度。当代著名经济学家熊彼特在《经济分析史》中用数学模型的方式将马克思唯物史观概括为三个方面,他认为与其他经济理论相比,马克思所建立的政治经济学理论机制是一种模型,不借助外部助力,只要模型中的变量发生变化(生产关系不适应生产力),人类社会便可以从一种社会形态转变为另一种社会形态。在这一模型中,马克思并未将资本主义生产关系看作永恒的自然形式,而是一种历史的辩证发展过程。马克思政治经济学的理论问题就从表面经济学现象转化为深层的生产关系,全力批判资本主义生产关系和剖析资本主义社会形态,"马克思政治经济学研究中逻辑方法和历史方法的辩证统一,由此揭示经济学研究的不是物,而是人和人之间的关系,归根到底是阶级和阶级之间的关系"②。由此,马克思政治经济学超越了古典政治经济学。

其次,马克思借助数学来丰富辩证法的表达方式。恩格斯在《自然辩证法》中明确提出"数学:辩证的辅助手段和表达方式"。③ 马克思撰写《资本论》时专门研究数学,并写了一千多页的《数学手稿》专门论述微积分理论。翻开《资本论》,马克思的论证方法与数学一样,具有严密的逻辑推理,他试图为资本主义生产过程建立一个清晰的模型,他详细剖析了资本主义社会物质资料的生产、分配、交换和消费的模式,并对经济学中的数学模型进行量化分析。他在信中多次提到在写经济危机、工资时数学公式与数学计算的问题,试图用数学公式从中得出危机的主要规律。

---

① 马克思,恩格斯. 马克思恩格斯文集(第2卷)[M]. 北京:人民出版社,2009:603.
② 马克思,恩格斯. 马克思恩格斯文集(第2卷)[M]. 北京:人民出版社,2009:604.
③ 马克思,恩格斯. 马克思恩格斯文集(第9卷)[M]. 北京:人民出版社,2009:401.

最后，在《资本论》撰写过程中，马克思将自然与社会作为一个辩证发展的整体进行研究，他在《资本论》中多次指出自然辩证法在政治经济学上的表现，在第一卷中指出政治经济学中质与量的辩证关系。马克思经常使用生物学、物理学、化学等最新的自然科学方法与例证进行借鉴和类比，运用自然科学常识和自然科学研究方法逐步剥去黑格尔辩证法的神秘光环。在批判资本主义地租时引用了"新陈代谢"这一科学术语，来强调自然科学对现代农业也有破坏性的一面。借助自然科学中细胞来剖析商品，称之为经济的细胞形式。马克思在撰写《资本论》的几十年中研究了各门自然科学，尤其是农业、化学、土壤科学等自然科学，他试图从政治经济学的视角，将自然科学知识整合为一个统一的理论性哲学框架。

（三）新质生产力的第二重逻辑

在政治经济学领域，马克思的生产力概念回归到经济领域和物资生产领域，其表现是具体生动的。马克思在《资本论》中具体阐述了生产力概念：生产力当然始终是有用的、具体的劳动的生产力，它事实上只决定有目的的生产活动在一定时间内的效率。[1]

从这一描述来看，马克思在政治经济学领域中对生产力的理解：其一是劳动的生产力，强调生产力始终是在人类有目的的劳动生产中产生，因而劳动生产力成为马克思在《资本论》中使用频次最高的概念；其二是强调某种具体形式的劳动，是劳动主体在具体的物质生产中所发生的具体行为，而不是某种思辨或是精神；其三是在实际效果中这种具体的劳动形式能产生有用的效果，产生生产力。基于此，马克思在分析资本主义生产方式时对生产力给予了极其丰富的形式，在主体层面上有自然生产力、国家自然生产力、社会生产力、劳动的社会生产力、个人生产力；在考察资本主义生产过程时有活劳动生产力、死劳动生产力；在考察剩余价值时有资本生产力、实际生产力、潜在生产力、直接生产力；在考察生产力要素时有主观生产力、客观生产力、联合生产力；在谈到科学技术

---

[1] 马克思,恩格斯. 马克思恩格斯文集(第5卷)[M]. 北京:人民出版社,2009:59.

时，又分物质生产力和精神生产力；考察某个行业又会用到运输生产力等词，从而构建了一个丰富的生产力理论体系，成为马克思主义理论最全面、最深刻、最详尽的证明和运用。

马克思还对生产力要素进行了详细考察，马克思将生产力要素大致可分为两种：简单要素和复杂要素。从劳动过程来看，简单要素包括劳动者、劳动对象、劳动资料。这也是学界经典的生产力三要素说，这三要素在生产劳动过程中是实体性要素，是其他要素存在和发挥的承担者。马克思还提出了决定生产力发展的多种情况（即复杂要素），这包括科学技术、生产管理和资本等。科学技术是一种渗透性因素，贯穿于实体要素的各个方面，并随着科技发展在生产力中起着越来越重要的作用。生产管理是驾驭生产力系统各种要素成分的运筹性要素，这包括马克思考察过的劳动分工、简单协作和机器大工业生产，通过协作创造一种生产力。资本增殖是社会产生的内在驱动力，因而资本是一种引导性要素，支配雇佣劳动，主导生产与分配，对生产力各要素都有着引导的作用。

这些生产力要素通过劳动组织在一起，要素之间相互流动、相互影响、相互渗透、相互转化，在劳动生产中展现出更为丰富、复杂的形式，甚至会出现新的生产要素。由此形成了马克思充满辩证思想的生产力系统。这构成了新质生产力的第二重逻辑。

三、技术革命与新质生产力的第三重逻辑

马克思的唯物史观与政治经济学耦合，不仅为马克思生产力理论奠定了逻辑基础，更为重要的是为生产力理论发展提供了方法论的指导，生产力在历史发展、劳动生产中形成了自身独立的辩证的发展规律。从生产力构成要素来看，对生产力影响最直接、最重要的生产要素便是科学技术。人类的每一次技术革命，都会带来生产力的飞跃发展，从而推动生产力理论前进。正如恩格斯所说，推动哲学家前进的，"决不像他们所想象的那样，只是纯粹思想的力量。恰恰相反，真正推动他们前进的，主要是自然科学和工业的强大而日益迅猛的

进步"①。由此,构成新质生产力的第三重逻辑。

(一)从一门科学到另一种生产力

马克思认为劳动创造人,人与动物的区别在于人类通过劳动生产自己的生活资料。自然界对于人来说是感性的,人类是通过劳动实践创造对象世界,全部所谓世界史不外是人通过人的劳动的诞生。由此,马克思提出"一门科学"的思想。马克思指出:历史本身是自然史的一个现实部分,即自然界生成为人这一过程的一个现实部分。自然科学往后将包括关于人的科学,正像关于人的科学包括自然科学一样:这将是一门科学。② 之后,马克思试图在物质生产的基础上把握将自然与社会作为一个统一整体的历史观,在《德意志意识形态》中也详细阐述了"一门科学"的思想。

"一门科学"思想赋予自然科学双重属性,即生产力和社会意识形态。自然科学作为一种生产力,首先是随着资本主义生产方式开始,并第一次有意识地广泛地运用在资本主义生产方式中,使得生产规模远远超过以往任何时代。自然科学作为一种社会意识形态,日益异化为资产阶级谋求利益的工具,它使自然科学从属于资本③,自然科学也就成为资本家致富的手段。

马克思充分意识到自然科学所带来的巨大生产力,认为资本主义生产方式诞生不到一百年,但所创造的生产力比之前一切世代所创造的生产力总和还要多。因此,他不仅强调"在这些生产力中包括科学"④,还将自然科学应用所产生的生产力称为"另一种生产力":科学的力量也是不费资本家分文的另一种生产力。⑤

马克思的"另一种生产力"有三层意蕴:其一,自然科学是一种精神生产力。马克思将生产力分为物质生产力和精神生产力,将科学划分在精神生产的领

---

① 马克思,恩格斯. 马克思恩格斯文集(第4卷)[M]. 北京:人民出版社,2009:280.
② 马克思,恩格斯. 马克思恩格斯文集(第1卷)[M]. 北京:人民出版社,2009:194.
③ 马克思,恩格斯. 马克思恩格斯文集(第1卷)[M]. 北京:人民出版社,2009:566.
④ 马克思,恩格斯. 马克思恩格斯选集(第8卷)[M]. 北京:人民出版社,2009:188.
⑤ [德]马克思. 机器、自然力和科学的应用[M]. 中国科学院自然科学史研究所/中共中央马克思恩格斯列宁斯大林著作编译局,译. 北京:人民出版社,1978:190.

域,这是马克思对科学所具有的双重属性的辩证和解,既肯定了自然科学的生产力属性,同时突出了其社会意识属性,对生产关系、上层建筑同样有推动作用。其二,自然科学是一种不费分文的自然力。所谓自然力是一种能无偿用于生产过程产生额外生产力的要素。科学技术运用到物质生产中,就会无偿服务生产,正如马克思所说的科学所产生的生产力不费资本家分文。其三,自然科学是一种渗透性生产力要素。科学技术必须渗透在生产力其他要素中才能转化为具体的生产力,随着科技进步,自然科学转化路径更为多样,无论是在自然界新能源的自然力提升还是在信息技术的时空拓展上,都提供了无限多的可能。

(二)从新兴生产力到新质生产力

马克思将科学技术渗透下的生产力统称为"16世纪以来新兴生产力[①]。"20世纪40年代发生了第三次技术革命,中国改革开放总设计师邓小平结合我国国情提出"科学技术是第一生产力"的命题。这一命题首先明确发展生产力是社会主义社会的根本任务,其次是怎样发展生产力?至关重要的一点便是科学技术。1988年邓小平进一步指出:"马克思说过,科学技术是生产力,事实证明这话讲得很对。依我看,科学技术是第一生产力。"[②]这是从"新兴生产力"到"第一生产力"的改变,将科学技术提升到生产力体系的首要位置,为我国生产力的发展指明了方向和重点。

当前中国正面临着第四次技术革命,以提高资源生产率和减少污染排放为实质和特征,并将引领新能源产业发展。习近平总书记在马克思生产力理论逻辑推动下,站在第四次技术革命的浪潮中提出新质生产力概念,为我国生产力的发展再次指明了方向和重点。从"第一生产力"到"新质生产力",是在科技主导下生产力各要素全面升级演化,从而推动生产力发展由量变到质变的一次跃迁。

(三)准确把握新质生产力的三重逻辑内涵

综上所述,将马克思生产力理论发展逻辑画一张示意图(见图1),准确把握

[①] 马克思,恩格斯.马克思恩格斯文集(第8卷)[M].北京:人民出版社,2009:5.
[②] 邓小平.邓小平文选(第3卷)[M].北京:人民出版社,1993:274.

新质生产力的生成逻辑和科学内涵。

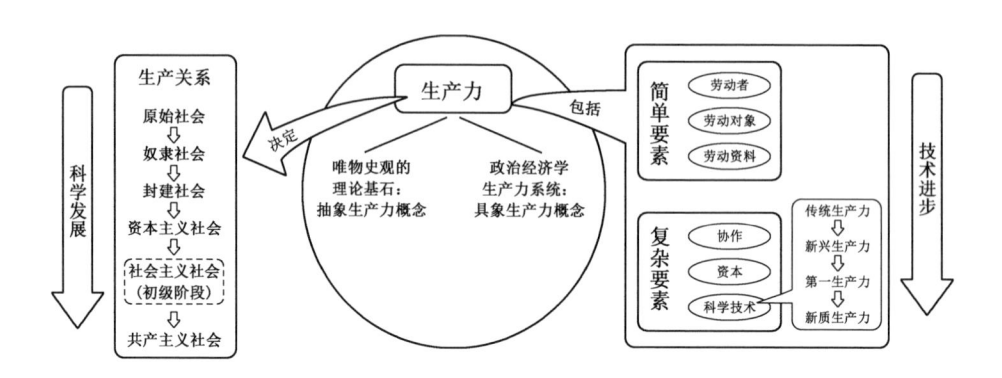

图 1　新质生产力的三重逻辑

从第一重逻辑来看，新质生产力表现中国特色社会主义初级阶段的基本国情和中国特色社会主义制度的自我完善和发展，是中国进入新时代发展的既得力量。新质生产力的提出，必然会带来生产关系的改变，必定触发生产力与生产关系所构成的历史模型的变化，引起经济基础与上层建筑之间的矛盾。因而，应推动政治经济体制机制改革，自觉调整现有的不适应新质生产力发展的某些方面或环节，主动解放生产力；推进教育、科技和人才体制创新，建立人才强国和培养高素质的劳动者；尊重产业规律，因地制宜制定新兴产业和未来产业的战略布局，释放更多的新质生产力，彰显社会主义制度的优越性。

从第二重逻辑来看，新质生产力丰富和发展了生产力要素，深化了马克思生产力要素理论。新质生产力是以高素质劳动者、新科技为主导，以新质料的生产资料、以新兴产业和未来产业为阵地，以高质量发展为旨归的生产力，是以科技为主导的生产力要素的全面升级。同时，这些全面升级的生产力要素还打破时空界限，实现资源高效匹配和快速流动，不断推动新质生产力的创新发展。

从第三重逻辑来看，科学技术成为生产力的自参量，新质生产力是第四次技术革命背景下中国共产党人对马克思主义生产力理论的创新与发展。20 世纪之后科学发展进入一个"大科学"时代。所谓的大科学，就是具有新质的庞大研究机构,以新的管理进行研究的科学。① 例如,美国20世纪30年代田纳西河流域综合开发计划,40年代曼哈顿计划即原子弹研制计划,50年代国防计划(即SAGE系统、BMEWS系统),60年代阿波罗计划等。大科学的发展是各个国家科技实力的展现,对每个国家的工业、经济、军事等方面都有着重要影响,成为每个国家的发展战略。因而新质生产力发展还需要创新我国新型的举国体制,集中力量打赢核心攻坚战,推动新质生产力的跨越式发展。

参考文献

[1] 马克思,恩格斯. 马克思恩格斯文集(第4卷)[M]. 北京:人民出版社,2009.

[2] [英]G. E. R. 劳埃德. 早期希腊科学——从泰勒斯到亚里士多德[M]. 孙小淳,译,上海:上海世纪出版集团,2015.

[3] 马克思,恩格斯. 马克思恩格斯文集(第9卷)[M]. 北京:人民出版社,2009.

[4] 马克思,恩格斯. 马克思恩格斯文集(第1卷)[M]. 北京:人民出版社,2009.

[5] 马克思,恩格斯. 马克思恩格斯文集(第5卷)[M]. 北京:人民出版社,2009.

[6] [德]E. 卡西尔. 启蒙哲学[M]. 顾伟铭,等译. 济南:山东人民出版社,1988.

[7] 马克思,恩格斯. 马克思恩格斯文集(第2卷)[M]. 北京:人民出版社,2009.

[8] 马克思,恩格斯. 马克思恩格斯文集(第8卷)[M]. 北京:人民出版社,2009.

[9] [德]马克思. 机器、自然力和科学的应用[M]. 中国科学院自然科学史研究所/中共中央马克思恩格斯列宁斯大林著作编译局,译. 北京:人民出版社,1978.

[10] 邓小平. 邓小平文选(第3卷)[M]. 北京:人民出版社,1993.

[11] [日]汤浅光朝. 解说科学文化史年表[M]. 张利华,译. 北京:科学普及出版社,1984.

(本论文已被《海派经济学》录用,刊期待定)

---

① [日]汤浅光朝. 解说科学文化史年表[M]. 张利华,译,北京:科学普及出版社,1984:141.

第二章 生产力理论的学说史研究

中国共产党生产力理论的百年建构和逻辑演进

一、引言

解放和发展生产力是社会主义的根本任务,中国共产党历代领导人都高度重视生产力问题,并在长期实践中推动生产力理论创新。十八大以来,以习近平同志为领导核心的中国共产党立足新发展阶段,深刻总结生产力发展规律,继承了党在各时期的生产力理论精髓,创造性地提出新质生产力理论。习近平总书记2023年9月上旬在黑龙江考察时提出"新质生产力"的概念。[①] 中共中央政治局第十一次集体学习中,习近平总书记进一步阐释了新质生产力的内涵和维度,确立了新质生产力的理论框架。2024年3月5日的十四届全国人大二次会议中,习近平总书记强调要因地制宜发展新质生产力,从方法论上为全国各地培育新质生产力提供了指导。

新质生产力理论与历代党的领导人所提出的生产力理论一脉相承,是党在中国特色社会主义建设长期实践中总结和升华的智慧结晶。目前学术界围绕

基金项目:国家社科基金重点项目(22AZD144)。
本文作者简介:孙孟子,上海财经大学商学院博士研究生;刘志阳,上海财经大学商学院讲席教授,博士生导师,上海财经大学中国经济思想发展研究院教授。

① 新华网.第一观察|习近平总书记首次提到"新质生产力"[EB/OL].(2023-9-10)[2024-2-1]. http://www.news.cn/politics/leaders/2023-09/10/c_1129855743.htm.

新质生产力的基本内涵（周文和许凌云，2023；刘伟，2024；方敏和杨虎涛，2024）、要素特质（李晓华，2023；黄群慧和盛方富，2024）、生成逻辑（任保平，2024）、时代价值（高帆，2023）、实践路径（程恩富和陈健，2023）、培育发展（刘志彪等，2023；洪银兴，2024）等关键问题做了许多建设性研究，但是对新质生产力的历史渊源尚未做出深入探讨。新质生产力理论的形成有着厚重的历史积淀，体现了中国共产党高瞻远瞩的发展眼光。少量文献讨论了新质生产力形成的历史逻辑（张江和周玲，2005；孟捷和韩文龙，2024），或者从新质生产力的某一维度探讨了中国共产党经济和生态建设的百年实践（刘志阳和庄欣荷，2021），但是并没有系统梳理中国共产党生产力理论的发展脉络，也没有将党已有的生产力理论与新质生产力理论进行纵向比较，未能厘清中国共产党生产力理论的阶段性特征和演进逻辑。

本文从历史演化的角度，梳理中国共产党生产力理论百年演变脉络，系统研究新质生产力理论形成的历史渊源。本文研究发现，中国共产党生产力理论的发展经历了新民主主义革命时期的萌芽发育阶段、社会主义革命和建设时期的初步形成阶段、改革开放和社会主义现代化建设时期的稳步发展阶段、中国特色社会主义新时代的创新深化阶段。中国共产党生产力理论主线经历了"注重生产关系变革—强调生产力增量发展—重视生产力高质量发展"的转变，对生产力构成要素的认识从注重传统生产力要素的发展，向强调新型生产力要素升级及其组合优化转变。新质生产力理论发展了马克思主义生产力理论，丰富了马克思主义中国化的理论成果。

本文尝试从以下几个方面拓展现有研究。第一，从历史演化视角讨论中国共产党生产力理论的发展脉络，归纳各时期中国共产党生产力理论的阶段性特征，对比党的已有生产力理论和新质生产力理论，论证了新质生产力的历史继承性和创新性。第二，探讨了中国共产党生产力理论的演进逻辑，从理论主线和理论要素创新维度上分析了中国共产党生产力理论发展规律，拓展了研究生产力思想演化的新思路。第三，总结中国共产党在解放和发展生产力中的历史经验，发现不同历史时期生产力发展的共性规律，明晰了中国共产党生产力理论创新的实践意义。

二、萌芽发育阶段：新民主主义革命时期的生产力理论

中国共产党生产力理论在继承马克思主义生产力理论精髓同时，又根据中国国情对马克思主义生产力理论进行了丰富和发展。在马克思主义生产力理论中，劳动者、劳动资料、劳动对象是构成生产力的三要素。劳动者是生产力构成要素中的决定性因素，一切科学技术都由劳动者创造，也由劳动者操作。劳动资料是生产力的物质基础，是劳动者在劳动过程中用于改造劳动对象的一切物质工具。劳动对象是劳动者通过劳动资料将劳动施加于其上的事物，是被劳动直接加工改造的对象。[①] 劳动者、劳动资料和劳动对象的有机结合形成了社会生产力。[②] 中国共产党始终以马克思主义生产力理论为指导，在不同的历史时期优化生产力各构成要素，变革和调整生产关系，积极探索解放和发展生产力的中国方案。中国共产党在长期的生产力建设实践中积累一系列宝贵经验，形成了中国化的马克思主义生产力理论，为新质生产力理论的提出奠定了基础。

新民主主义革命时期，中国共产党经济工作的着眼点和主要方向都是推动革命事业的发展，保障根据地军需民用，为最终夺取政权提供物质基础。党在根据地建设中积累了发展生产力的经验，并形成了发展新民主主义经济的系统性认识。

第一，开展土地革命，变革生产关系。在半殖民地半封建社会的中国，农民长期受到封建地主阶级的压迫。土地是农民生活的主要来源，发动农民的根本举措是对土地所有制度的彻底变革，保障农民对土地的所有权。毛泽东同志在《新民主主义论》中提出"没收地主的土地，分配给无地和少地的农民，实行中山先生'耕者有其田'的口号，扫除农村中的封建关系"。[③] 中国共产党在新民主

[①] 马克思,恩格斯. 马克思恩格斯文集(第5卷)[M]. 北京：人民出版社,2009:207-210.
[②] 马克思,恩格斯. 马克思恩格斯文集(第8卷)[M]. 北京：人民出版社,2009:456-460.
[③] 毛泽东. 毛泽东选集(第2卷)[M]. 北京：人民出版社,1991:678.

义革命不同时期采取不同的土地革命政策,逐步瓦解旧社会生产关系,解放了社会生产力,为革命胜利打下了坚实的物质和群众基础。第二次国内革命战争时期,中国共产党在根据地推行土地革命,废除封建土地所有制,巩固红色政权;抗日战争时期,中国共产党推行减租减息政策,缓和农民和地主间的矛盾;解放战争时期,中国共产党在解放区广泛发起土地改革运动,在全国范围内废除封建和半封建土地所有制。中国广大农民群众分到土地,生产和革命热情空前高涨,有力地支援了中国共产党领导的革命武装斗争。

第二,以支援武装斗争为目的发展根据地的生产力。武装斗争是争取国家独立和民族解放的出路。只有革命斗争的顺利进行,才能为解放和发展生产力创造良好的外部环境。因此,发展生产力的目的是支援武装斗争,消灭外国侵略势力和国内阶级敌人。党的领导人认识到经济工作对于支持革命战争的重要性,只有发展根据地的生产力,才能为赢得革命胜利打下物质基础。党在根据地生产力的建设中,一方面注意满足人民群众日常生产生活需要,另一方面着力发展军事相关工业,支援人民军队打击侵略者和阶级敌人。土地革命时期,苏维埃政府在进行土地改革的同时,积极发展兵器工业,建立官田中央兵工厂,支持红军打击反动军队。抗日战争时期,党领导根据地人民开展了延安大生产运动,"自己动手,丰衣足食",战胜了日军和国民党的经济封锁。

第三,坚持国营经济的领导地位,同时允许多种经济成分并存。毛泽东同志指出要争取国营经济对私人经济的领导,在私人经济不越出政府法律范围之外的情况下,提倡和奖励私人经济的发展。[①] 在革命根据地,中国共产党领导的国营经济保证了生产力发展质量和稳定性,有效抵御敌对势力对根据地经济的破坏,捍卫了根据地的经济安全。与此同时,中国共产党允许多种经济成分并存,支持合作社经济和私人经济的发展,发挥了各类有利要素在生产力发展中的积极作用,更好地满足了根据地军民的生产生活需求,为革命斗争筑牢物质基础。中国共产党在发展生产力中主次分明,灵活包容,取得了良好的根据地

[①] 毛泽东.毛泽东选集(第1卷)[M].北京:人民出版社,1991:133-135.

经济建设成果。

在新民主主义革命时期,中国共产党在发展生产力的过程中受到国内外反动势力的联合破坏,这一阶段的主要任务是武装夺取政权、消灭阶级敌人、争取民族解放。因此,在这一特殊时期,中国共产党在生产力发展和生产关系变革上受到反动势力和半殖民地半封建社会的限制,党的生产力理论更多是基于根据地建设经验总结,未能在全国范围内予以实践,因此理论体系并不成熟。

三、初步形成阶段:社会主义革命和建设时期的生产力理论

新中国成立后,我国生产力发展的内外部环境十分严峻。从国内经济形势上看,我国生产力水平仍然比较落后,社会上还存在大量阻碍生产力发展的因素。从国外政治局势上看,帝国主义封锁、孤立新中国,企图把新生人民政权扼杀在摇篮里。在这种情况下,中国共产党为了稳固人民政权和保护革命成果,系统性地变革生产关系和上层建筑,解放、发展和保护生产力。

第一,加快生产关系变革,解放生产力。毛泽东同志承认生产力的决定性作用,但是他一直强调必须重视生产关系的研究(张俊国,2006)。毛泽东同志曾说:"我注意得较多的是制度方面的问题,生产关系方面的问题"[①]。经历了长期革命斗争,毛泽东同志常用革命的眼光看待生产力发展问题。在新民主主义社会向社会主义社会过渡时期和全面建设社会主义时期,毛泽东同志的生产力理论更侧重于强调生产关系变革,破除旧社会生产关系,扫清生产力发展的制度障碍,建立新生产关系。在毛泽东同志的领导下,中国共产党通过土地改革、没收官僚资本、镇压反革命等工作,从根本上解放了社会生产力,加快了国民经济恢复。国民经济恢复后,党领导全国人民开展了"三大改造",积极变革生产关系,建立社会主义制度。随着我国进入全面建设社会主义时期,毛泽东同志进一步提出,党的根本任务从解放生产力向在新的生产关系下保护和发展生产力转变。毛泽东同志根据国内经济社会发展新形势,对生产关系变革和生产力

---

① 毛泽东.毛泽东文集(第8卷)[M].北京:人民出版社,1999:302—303.

发展的关系进行适时调整,为新中国初期生产力发展提供了良好的制度保障。

第二,坚持人民在生产力发展中的主体地位,提高人民生活水平。一方面,毛泽东同志始终坚持人民的历史主体地位,强调人的因素是促进生产力发展的关键。中国共产党通过破除旧的生产关系,变革旧社会制度,调动广大人民群众发展生产力的积极性,激发人民群众建设社会主义的热情。另一方面,提高人民生活水平、改善民生是中国共产党发展社会生产力的目的。中国共产党自成立以来就以为人民谋幸福为己任。在革命战争年代,中国共产党通过武装斗争和发展生产保护人民群众;进入社会主义革命和建设时期,中国共产党集中力量发展生产力、变革生产关系,领导人民群众创造社会财富,满足人民物质文化需要,切实提高人民生活水平(卫兴华,2013)。

第三,发展科学技术事业。毛泽东同志始终把科学技术作为发展生产力的必要条件,并基于革命观点和全球视野探索发展科技事业的道路(卫兴华,2013)。毛泽东同志提出要进行"技术革命",鼓励中国知识分子"为迅速赶上世界科学先进水平而奋斗",号召全国人民"向科学进军"。这充分体现了毛泽东同志在科学技术发展上长远的战略眼光。毛泽东同志高度重视科学技术和我国科技事业的发展,认为社会主义建设必须依靠科学技术。毛泽东同志指出"不搞科学技术,生产力无法提高"[①]。在解放和发展生产力中,毛泽东同志要求全党认真学习科学技术,用科学的知识和手段发现社会主义建设中的规律,解决生产力发展中的问题。在毛泽东同志的领导下,中国共产党积极扩大中国自己的科学技术力量,团结全国知识分子,共同建设社会主义科学文化事业,并在原子弹、氢弹、人造卫星、杂交水稻、人工合成牛胰岛素等尖端领域取得了重大突破。

第四,绿化祖国,保护环境。毛泽东同志在重视生产力发展的同时,还兼顾生态环境保护。毛泽东同志在1956年3月提出"绿化祖国"的号召,动员全国人民保护环境,通过绿化荒山荒地"实行大地园林化"。毛泽东同志意识到了生

---

① 毛泽东.毛泽东文集(第8卷)[M].北京:人民出版社,1999:351.

态环境的重要性，也进行了保护生态环境的相关实践，改善了中国生态环境，为生产力发展创造了良好的自然条件。但是受时代局限，毛泽东同志的生产力理论较少涉及生态文明建设的内容，没有形成系统的生态文明建设和绿色发展的思想，未能将生态环境保护和生产力发展有机结合起来。

在社会主义革命和建设时期，中国共产党领导全国人民迅速恢复国民经济并确立了社会主义制度。在这一阶段，中国共产党生产力理论得以在全国经济建设的实践中逐步形成和完善，党的生产力理论主线在生产关系的系统性变革上。由于缺乏社会主义建设经验，党在发展生产力的过程中出现了一些失误，这为后续党在经济建设和生产关系调整上积累了经验教训。

四、稳步发展阶段：改革开放和社会主义现代化建设新时期的生产力理论

结束了十年"文革"后，全党的工作重心转变为以经济建设为中心，大力发展生产力。从国际形势上看，和平与发展成为时代主题，这为我国发展生产力提供了良好的国际环境。第三次科技革命后，科学技术和知识成为推动生产力发展的根本性因素。以美国为代表的发达国家在电子计算机、原子能、空间技术和生物工程等领域取得突破性进展，我国与西方发达资本主义国家的距离进一步拉大。在这种情况下，中国共产党进一步厘清社会主义本质，将全党的工作重心到经济建设上，解放和发展生产力（杜金亮和张义忠，1999）。

第一，发展才是硬道理。在改革开放和社会主义现代化建设新时期，为了尽快缩小我国与发达国家的差距，满足人民日益增长的物质文化需求，中国共产党着力推动生产力高速发展。贫穷落后不是社会主义，邓小平在南方谈话中说"我们穷了几千年了，是时候了，不能再等了"，体现了邓小平同志希望我国尽快摆脱贫穷落后状况的殷切心愿。只有发展生产力，才能实现全体人民共同富裕。江泽民同志在"七一"讲话中指出："社会主义的根本任务是发展生产力"。胡锦涛同志更是在党的十七大报告上指出必须坚持把发展作为党执政兴国的第一要务，促进国民经济又好又快发展。我国处于社会主义初级阶段，只有靠发展才能解决前进道路上的风险挑战,只有靠发展才能提高我国综合国力和国际竞争力。

第二,重视科学技术在生产力发展中的"第一性"作用。科学技术是生产力的论断来源于马克思主义基本原理。"科学是一种在历史上起推动作用的、革命的力量"[1],科学技术改进了生产工具和生产方式,有力地提高了劳动者的劳动生产率。邓小平同志继承和发展了马克思主义生产力理论,创造性地提出"科学技术是第一生产力"[2]。1985年3月,邓小平出席全国科技工作会议并发表讲话,提出"科学技术是生产力""中国的知识分子已经成为工人阶级的一部分"。1988年9月5日,邓小平会见捷克斯洛伐克总统古斯塔夫·胡萨克时提出了"科学技术是第一生产力"的论断。科学技术是第一生产力的论断,准确地概括了科学技术在生产力发展中的地位和作用,深刻地影响了中国共产党生产力理论的发展。江泽民同志进一步强调了科技和教育在生产力发展中的关键作用,高度重视高素质人才在社会主义现代化建设中的地位。劳动者是生产力各要素中起决定性作用的要素,劳动者只有和劳动工具有机结合才能推动生产力发展。劳动者素质决定了劳动力与劳动工具的结合效率,极大地影响科技创新成果的转化和应用。发展生产力必须首先着眼于劳动力素质的提高,而提高劳动力素质的关键在于教育(龙观华,2003)。因此,为了推动科学技术的长足进步和生产力持续发展,1995年,以江泽民同志为领导核心的党中央首次提出在全国实施科教兴国战略,通过教育培养高素质人才,进而推动科技进步。科学发展观进一步强调创新的重要性,认为我国科学技术发展不能总是跟在他人后面亦步亦趋,而是要在关键核心技术领域进行创新突破,占领世界科技和产业发展的制高点。只有提高自主创新能力,建设创新型国家才能推进社会主义的现代化向纵深发展。

第三,平衡生态环境保护和生产力的关系。改革开放后,经济高速发展带

---

[1] 马克思,恩格斯.马克思恩格斯文集(第3卷)[M].北京:人民出版社,2009:602.
[2] 邓小平.邓小平文选(第3卷)[M].北京:人民出版社,1993:274.

来的生态破坏和环境污染问题日益严重,以邓小平为核心的党的第二代领导集体认识到了生态环境保护的重要性和紧迫性。邓小平同志在毛泽东同志"绿化祖国"号召的基础上,提出"植树造林,绿化祖国,造福后代"的新举措、新目标和新使命。第二次全国环境保护会议将环境保护定为我国的基本国策,把环境保护上升到了国家战略的高度。邓小平同志推动了我国环境保护走上常态化、制度化道路,但是仍然处于被动保护生态环境阶段,未能发现生态文明建设和生产力发展之间的内在联系。江泽民同志将环境保护与保护生产力联系起来,认为"保护环境的实质就是保护生产力"。这是我们党首次将生态环境与发展生产力置于同等重要的地位,为绿色生产力的提出做了理论铺垫。江泽民同志将可持续发展的理念融入生产力建设,要求协调经济发展和环境保护的关系。当代人的发展不能以影响下一代人的发展为代价。要保护好生态环境,节约自然资源,为后代发展留有余地。可持续发展观把生产力建设和生态环境保护视为对立统一的两个方面,将生产力发展和生态环境保护联系在一起,是中国共产党生态文明思想的巨大飞跃(刘志阳和庄欣荷,2021)。胡锦涛同志进一步提出生产力的发展必须建立在可持续发展的基础上,将生产力发展、人民生活质量提升和生态环境保护紧密联系在一起。可持续发展是生产力跨越式发展的基础,"竭泽而渔"式的增长模式最终会损害生产力发展的物质根基(吴仁平和刘荣春,2008),只有人与自然和谐共生才是平衡发展生产力和生态环境建设的最优解。

第四,以人为本发展生产力。在改革开放和社会主义现代化建设新时期,中国共产党进一步明确把人民利益作为党制定各项政策方针的出发点和落脚点(魏世梅,2004)。邓小平生产力理论的核心论断之一是社会主义本质论。邓小平同志重申了发展生产力是马克思主义的基本原则,并指出了社会主义的本质是"解放生产力,发展生产力,消灭剥削,消除两极分化,最终达到共同富裕"[①]。邓小平同志提出的"三个有利于"中,强调了"是否有利于提高人民的生

[①] 邓小平.邓小平文选(第3卷)[M].北京:人民出版社,1993:373.

活水平"是判断改革是非得失的标准之一。生产力发展的目的是实现人的全面发展。江泽民同志提出发展先进生产力是发展先进文化、实现最广大人民利益的基础条件。[①] 胡锦涛同志强调科学发展观的核心立场是以人为本。[②] 科学发展观提出要维护最广大人民群众的根本利益,尊重人的价值,注重人的全面发展。经济发展、社会发展和人的发展是统一的,没有人的全面发展,经济发展和社会发展是不可持续的。要让广大人民群众共享发展成果,调动人民群众发展生产力的积极性创造性,共同构建和谐社会(林琼斌,2009)。生产力发展凝聚了广大人民群众的心血和智慧,人民是发展生产力的主体力量,也应是生产力发展的主要受益者。这一时期,中国共产党对生产力发展和人的全面发展的相互关系有了更深刻的认识。人民共同富裕是发展生产力的最终目的,人民群众也是发展生产力的核心力量。既要发挥人民群众在生产力发展中的积极性和首创精神,又要让生产力发展成果更多地惠及广大人民群众,实现人的全面发展,为生产力持续进步筑牢群众基础。

第五,重视市场作用,正确处理政府与市场的关系。改革开放后,中国共产党重新审视市场的地位和作用,在实践中逐渐深化对社会主义市场经济的认识。中共十二大报告提出了"经济体制改革的中心问题是坚持计划经济为主、市场调节为辅的原则"。中国共产党认识到了高度集中的计划经济体制的弊端,有限地承认了市场调节的作用。随着改革开放的深入推进,党在经济体制改革上大胆创新,于十二届三中全会上提出"坚持有计划的商品经济的改革方向,逐步实现计划经济与商品经济、计划调节与市场调节的有机结合"。虽然我国尝试发挥市场的积极作用,重新调整政府与市场的关系,但是我国市场经济体制改革的历程并非一帆风顺。20世纪80年代中后期我国出现严重的通货膨胀,"价格闯关"受挫,国家经济下滑,市场经济改革面临瓶颈。为了解决中国的改革和发展方向问题,邓小平同志进行南方视察,并提出"市场经济不等于资本

---

① 江泽民. 论"三个代表"[M]. 北京:中央文献出版社,2001:163.
② 胡锦涛. 高举中国特色社会主义伟大旗帜 为夺取全面建设小康社会新胜利而奋斗[EB/OL]. (2007-10-16)[2024-2-1]. https://www.gmw.cn/01gmrb/2007-10/16/content_683789.htm.

主义,社会主义也有市场"的论断,解决了人们对市场经济改革的迷茫。此后,中共十四大报告正式提出,要"使市场在社会主义国家宏观调控下对资源配置起基础性作用"。中国共产党对市场地位和作用的认识实现了从"调节作用"向"基础性作用"的巨大飞跃,这也为党加快建立社会主义市场经济体制指明了方向。进一步地,党的十七大报告中,胡锦涛同志提出从制度上更好地发挥市场在资源配置中的基础性作用,明确了保障市场基础性作用的方法论。随着社会主义市场经济深入发展,中国共产党对市场地位和作用的认知更科学准确,从社会主义生产关系优化调整的角度与时俱进地丰富和发展了马克思主义生产力理论。

改革开放以来,中国共产党致力于发展我国社会生产力,调整生产关系,推动我国经济高速增长。在这一时期,中国共产党对社会主义现代化建设的认识更加全面,从重视经济建设发展为经济建设、政治建设、文化建设和社会建设并重,党的生产力理论逐步走向成熟。

五、创新深化阶段:中国特色社会主义新时代的生产力理论

在中国特色社会主义新时代,我国已经迈上全面建设社会主义现代化国家新征程,所面临的国际国内形势更加复杂。在国际形势上,全球局势日趋复杂动荡,新兴市场国家和发展中国家的崛起,冲击着世界经济和政治格局;逆全球化现象蔓延,以美国为首的西方国家对华遏制力度加大,贸易保护主义抬头。在国内形势上,我国在高质量发展的道路上取得了丰硕成果,但随着我国社会主要矛盾转变,经济社会发展过程中面临着更多挑战,制约高质量发展的因素依然大量存在。因此,中国共产党审时度势,深刻把握生产力发展的新特征和新要求,在继承和发展党的已有理论基础上,提出新质生产力理论。十八大以来,以习近平同志为核心的党中央围绕科技创新、产业升级、绿色发展、深化改革、人才培育等方面对发展生产力做了系统部署,并提出了一系列重要论断。新质生产力理论是对中国特色社会主义新时代党的经济思想的高度凝练,标志着党对生产力的认识又实现了巨大飞跃。

第一,科技创新是发展新质生产力的核心要素。科技创新使劳动资料更加先进,持续地被发明与使用先进的劳动资料是新质生产力的直接标志。随着数字经济迅猛发展,以数智技术为代表的高新科技逐渐成为各经济部门最重要的生产工具之一。习近平总书记指出,"要加强核心技术攻关,牵住自主创新这个'牛鼻子'""提高数字技术基础研发能力"[①]。数智技术以其强大的计算能力、存储能力、分析能力和连接能力,提高了社会各部门的协同性,极大地提高了企业创新和生产效率(杜传忠,2023)。数据要素和数字技术的深度融合,促进了生产方式、商业模式、管理方式和思维模式的变革。在数据要素和数字技术的驱动下,数字化产业迅速成长并成为支柱产业。同时,围绕数智技术的科技创新与高素质新型劳动者相结合,推动了传统生产力要素的数智化、高端化转型,也加快了传统产业优化升级。

第二,现代化产业体系是新质生产力的产业基础。人类历史上的重大技术革命,往往伴随着产业革命。随着新一轮科技革命的深化,战略性新兴产业和未来产业成为新质生产力的重要载体,也是现代化产业体系的关键组成部分。科技创新成果只有实现市场化和产业化,赋能战略性新兴产业和未来产业的集聚和发展,才能最终形成新质生产力。习近平总书记指出要以高质量科技成果转化推进高水平科技自立自强,跑好科技创新和转化的"接力赛"[②]。科技创新成果成功转化和产业化的关键路径是产学研协同。只有通过高校和科研机构、企业、金融机构、政府之间的跨部门协同,加快信息、技术、资金、知识融通,才能实现科技成果从实验室走向生产线和市场,应用到人民群众的生活中,造福千家万户。

第三,"绿水青山就是金山银山。"习近平总书记指出,绿色发展是高质量发

[①] 习近平在中共中央政治局第三十四次集体学习时强调 把握数字经济发展趋势和规律 推动我国数字经济健康发展[EB/OL]. (2021-10-19)[2024-2-1]. http://www.news.cn/politics/leaders/2021-10/19/c_1127973979.htm.

[②] 习近平. 在中国科学院第二十次院士大会、中国工程院第十五次院士大会、中国科协第十次全国代表大会上的讲话[EB/OL]. (2021-5-28)[2024-2-1]. http://www.xinhuanet.com/politics/leaders/2021-05/28/c_1127505377.htm.

展的底色,新质生产力本身就是绿色生产力。新质生产力理论深化了对生态环境保护和发展生产力辩证关系的认识,提出绿色生产力的全新概念,将生态环境保护和生产力发展视为相辅相成、相互转化的对立统一体,实现了对马克思主义生产力理论的重大突破。绿色生产力的概念是对"绿水青山就是金山银山"理念的高度凝练。早在2005年,时任浙江省委书记的习近平就首次提出了"绿水青山就是金山银山"。2013年习近平总书记进一步提出"我们既要绿水青山,也要金山银山。宁要绿水青山,不要金山银山,而且绿水青山就是金山银山。"在"两山"理论中,良好的生态环境本身就蕴含着巨大的财富。经济发展为生态环境保护提供了充足的物质基础,使得人类有更先进的技术、更充足的资金、更科学的管理方式合理保护生态环境。绿色生产力对"两山"理论精髓的高度概括。绿色生产力创造性地将生态环境作为经济发展的潜在要素,认为人类应当在科学保护生态环境的基础上,开发利用生态环境并创造经济、社会和环境价值。在实践中,随着美丽乡村建设深入推进,蕴含在乡村地区的生态环境资源正在得到科学开发,许多生态产品正在走入市场,走进人民生活,乡村生态旅游也逐渐成为乡村经济重要增长点。在"两山"理论的指导下,许多乡村地区利用现代科学技术和市场化手段,实现了生态环境的可持续保护和生态资源的价值化,越来越多的"绿水青山"正在转化为"金山银山"。

第四,要形成与新质生产力相适应的新型生产关系。数字经济时代,数智技术成为关键生产工具,数据也成为新质生产力的构成要素,社会生产方式和组织方式在数智技术和数据要素的赋能和重塑下发生了巨大变化。新一轮科技革命带来的生产力的跃迁要求新型生产关系的构建。生产要素创新性配置与优化组合的过程,也就是建立新型生产关系的过程。具体来说,建立新型生产关系,必须全面深化改革,破除不合理的体制机制,构建新型生产关系发展体系。习近平总书记在中共中央政治局第十一次集体学习时强调,要深化经济体制、科技体制等改革,着力打通束缚新质生产力发展的堵点卡点,建立高标准市场体系,创新生产要素配置方式,让各类先进优质生产要素向发展新质生产力顺畅流动。① 以往适应传统生产力的体制机制是新质生产力发展道路上的"绊脚石"。要对生产制度、分配制度、交换制度、消费制度、法律制度、文化制度等领域的制度性障碍因素进行改革,让有利于新质生产力发展的各类新型生产要素充分涌流。新型生产关系的形成并不是一蹴而就,而是需要中国共产党根据生产力发展规律并结合中国国情,循序渐进、因地制宜、与时俱进地深化体制机制改革,构建有利于科技创新、战略性新兴产业和未来产业发展、新质生产要素流通的制度体系。

第五,高质量人才是新质生产力的动力。劳动者是生产力构成要素中的决定性因素,一切科学技术都由劳动者创造,也由劳动者操作。劳动者的素质决定着科技创新水平以及科技创新积极作用的发挥程度(张军,2024)。在数字经济时代,新质生产力下的新型劳动者掌握了以数智技术为代表的科技创新成果,具有更高的科学素养和更强的创新思维。这些高素质新型劳动者能够发掘数据要素的潜在经济、社会和环境价值,利用数智技术提高全要素生产率。同时,新型劳动者还是科技创新及成果转化的主要驱动力量,为我国实现引领性创新提供智力支持。新型劳动者通过持续学习和探索,突破关键核心技术,加快实现前沿科技领域的引领性创新。新型劳动者敏锐的市场意识又进一步推动了科技创新成果的转化,通过科学家创业和学术创业的模式加速了战略性新兴产业和未来产业的落地和发展,进而推动新质生产力的形成。

进入中国特色社会主义新时代,以习近平同志为核心的党中央对新发展阶段做出准确判断,从重视生产力增量发展转变为强调生产力高质量发展,积极培育新动能,从劳动者、劳动资料和劳动对象及其组合优化的视角提出了新质生产力理论。

六、中国共产党生产力理论的演进逻辑及启示

中国共产党始终重视解放和发展生产力,并在长期实践中与时俱进地创新

---

① 加快发展新质生产力 扎实推进高质量发展[N]. 人民日报,2024-02-02:1.

和完善党的生产力理论。党的历代领导人始终不渝地探索符合中国国情的生产力发展道路,坚定不移推动生产力发展并在此基础上不断提高人民生活水平。中国共产党坚持通过改革的方式调整生产关系以促进生产力发展,坚持通过发展科教事业提高劳动者素质和科学技术水平,优化生产力要素。在不同历史阶段,中国共产党生产力理论主线存在差异,对生产力构成要素的认识逐步深化。在社会主义现代化建设的伟大实践中,中国共产党根据国际形势和具体国情,从不同角度创新马克思主义生产力理论。从生产力理论主线看,中国共产党生产力理论主线经历了"注重生产关系变革—强调生产力增量发展—重视生产力高质量发展"的转变。从生产力理论的构成要素看,中国共产党生产力理论从注重传统生产力要素的发展,向强调新型生产力要素升级及组合优化转变。

(一)生产力理论主线的转变

党的生产力理论主线经历了"强调生产关系变革—注重生产力增量发展—重视生产力高质量发展"的演变。新民主主义革命时期,我国正处于深重的民族危机之中。这一时期,中国共产党领导广大无产阶级开展新民主主义革命,与国内外反动势力展开全方位的斗争,谋求国家独立和民族解放。为了增强革命斗争的物质基础,中国共产党通过改变旧生产关系,团结一切可以团结的力量,发展生产力以支援武装斗争和保障根据地人民生活。社会主义革命和建设时期,我国实现了国家独立和民族解放,但是由于经历长期战乱和国内外反动势力的破坏,我国生产力水平十分落后,人民生活水平仍然较低。为了摆脱贫穷落后的境况,中国共产党集中力量发展社会生产力。早在七届二中全会上,毛泽东同志就提出全党的工作中心要转到生产建设上来。由于旧社会的生产关系严重阻碍了生产力发展,因此中国共产党在恢复了国民经济的基础上,对旧社会生产关系进行彻底变革,建立新的社会主义制度,以社会主义生产关系促进生产力发展。进入改革开放和社会主义现代化建设新时期,我国仍面临着严峻的挑战。从国内形势上看,高度集中的计划经济体制已经难以适应生产力发展,也不利于改善人民生活水平。从国际形势上看,我国与世界发达国家的差距正在拉大。通过改革的方式完善社会主义制度成为解放和发展生产力的必由之路。因此,中国共产党以经济建设为中心,大力发展生产力,通过改革的方式调整不合理的生产关系,排除生产力发展的体制性障碍。为了缩小中国与发达国家的差距,中国共产党通过科教兴国、社会主义市场经济体制改革、对外开放等诸多方式激发各类生产要素的创造活力,推动社会生产力高速发展。在中国特色社会主义新时代,中国共产党面临"逆全球化"加剧、贸易保护主义抬头的复杂国际局势和社会主要矛盾转变的国内新形势。中国共产党深入研判新发展阶段特征,领导全国人民以中国式现代化全面推进中华民族伟大复兴。实现高质量发展是中国式现代化的本质要求,而传统发展方式已难以满足新形势新要求。在新发展阶段,我国急需转变发展方式,加快推动科技创新,发展战略性新兴产业和未来产业,构建现代化产业体系,积极培育新动能。因此,中国共产党从追求生产力高速增长向注重生产力高质量发展转变,并与时俱进地提出了新质生产力理论(见表1)。

表1 中国共产党生产力理论的演变过程

历史时期	新民主主义革命时期	社会主义革命和建设时期	改革开放和社会主义现代化建设新时期			中国特色社会主义新时代
党的代表性生产力理论	毛泽东生产力理论		邓小平生产力理论	江泽民先进生产力理论	胡锦涛科学发展观下的生产力理论	习近平新质生产力理论
时代背景	中国处于半殖民地半封建社会,帝国主义、封建主义、官僚主义"三座大山"长期压迫中国人民,中国陷入巨大的民族危机	1.美苏争霸,帝国主义对华封锁,我国加入社会主义阵营 2.国内生产力落后,旧社会生产关系亟待破除,建立社会主义新生产力关系	1.第三次科技革命 2.和平与发展成为时代主题 3.国内生产关系阻碍了生产力发展	1.第四次科技革命开始,知识经济兴起 2.经济全球化、世界多极化趋势增强 3.我国实现计划经济向社会主义市场经济体制转变	1.新世纪新阶段,党和人民要抓住前20年战略机遇期 2.我国实现的小康,还是低水平、不全面、发展很不平衡的小康	1.世界正经历百年未有之大变局 2.我国进入全面建设社会主义现代化国家新征程

续表

历史时期	新民主主义革命时期	社会主义革命和建设时期	改革开放和社会主义现代化建设新时期			中国特色社会主义新时代
生产力理论核心内容	以支援武装斗争和保障根据地民生为发展生产力的目的	解放、发展和保护生产力,提高人民生活水平	社会主义的本质论。科学技术是第一生产力	中国共产党必须始终代表中国先进生产力的发展要求	第一要义是发展,核心是以人为本,基本要求是全面协调可持续,根本方法是统筹兼顾	新质生产力是由技术革命性突破、生产要素创新性配置、产业深度转型升级而催生的先进生产力质态
理论主线	有限地变革生产关系	系统性变革生产关系	生产力增量发展			生产力高质量发展

资料来源:作者整理。

(二)生产力理论构成要素的创新

党的生产力理论从注重传统生产力要素的发展,向强调新型生产力要素升级及组合优化转变。新民主主义革命时期、社会主义革命和建设时期、改革开放和社会主义现代化建设新时期的生产力理论都关注到了生产力发展中高素质劳动者和高水平科学技术的地位和作用,一致认同高素质人才和高科技相结合是推动生产力发展的关键。以往生产力理论主要关注劳动力、资本、技术等传统生产力要素的改进与整合,新质生产力理论下的生产力要素实现了质态的跃迁,数智技术和数据要素在生产力发展中的重要作用得到高度重视。随着新一轮科技革命和产业革命深入发展,数字经济蓬勃兴起,数智技术和数据要素成为推动生产力进步的新型生产力要素。新质生产力理论把数智技术和数据要素融入生产力构成要素,强调数智技术和数据要素对劳动者、劳动资料和劳动对象的赋能优化和改造升级,为马克思主义生产力要素理论赋予了数字时代的新内涵。数智技术和数据要素与劳动者、劳动资料和劳动对象融合,形成新质生产力所必备的新型高素质劳动力、新质劳动资料和新质劳动对象。三者在数智技术建构的经济社会体系内高度耦合,既促进了传统产业转型升级,又催生了数字经济新形态,推动了全要素生产率的极大提升。新质生产力理论进一步深化了中国共产党对新型生产力构成要素的认识,丰富了马克思主义生产力要素理论。

(三)中国共产党在发展生产力中的经验启示

中国共产党领导全国人民持续探索符合中国国情的社会主义现代化建设道路,不断创新马克思主义生产力理论,在发展社会主义生产力上取得了巨大成就,为当下培育新质生产力积累了宝贵经验。

第一,生产关系应根据生产力发展要求及时调整,以持续深化改革促进经济基础与上层建筑的适配。中国共产党勇于向旧事物挑战,善于分析发展过程中生产力和生产关系的动态矛盾,始终致力于破除制约生产力的障碍因素,解放和发展社会生产力。在调整生产关系中,中国共产党循序渐进,稳中求进。虽然在社会主义建设中曾经犯过急躁冒进的错误,但是中国共产党秉承实事求是的态度,基于实际国情对生产关系做出调整,具体表现为科学调整经济结构、适时转变经济发展方式、正确处理政府和市场的关系。在经济结构调整上,党在不同历史时期根据国内国际形势调整产业比例。新中国成立初期至改革开放前,我国面对帝国主义封锁和落后的工业现状,实行优先发展重工业的战略。改革开放初期,针对我国轻重工业比例失调的问题,党和国家着力提升轻工业比重。在经济发展方式转变上,党积极推动经济发展方式向集约型、高质量发展方式转变。改革开放后,我国经历了一段高速经济增长时期,但却采取高资源消耗、高污染的粗放型经济增长方式。面临日益严重的资源环境问题,党的十七大提出了"转变经济发展方式"的命题,推动中国经济向集约型发展方式转变。十八大以后,中国共产党在新发展理念下,通过供给侧结构性改革、新旧动能转换、深化财税体制改革等举措推动经济高质量发展。在处理政府和市场关系上,党逐步深化对市场的认识,促进政府和市场的协调。改革开放至党的十八届三中全会以前,中国共产党对市场在资源配置中的作用认识是"调节作用"和"基础性作用"。随着中国共产党对社会主义市场经济认识的逐步深化,党在十八届三中全会上提出使市场在资源配置中起决定性作用。中国共产党始终以国家前途和人民需要为根本着眼点,审时度势,及时调整生产关系,保障了中国社会生产力的跨越式进步。

第二,注重科技创新和高素质劳动力在生产力发展中的关键作用。科学技术不仅关乎中国社会生产力的进步和人民生活水平的提高,而且是综合国力的战略支撑。党的历届领导人不断深化对科学技术和生产力发展的关系的认识,在社会主义现代化建设的长期实践中积累了一系列宝贵经验。首先,要重视高素质人才的培养。通过深化教育改革为社会主义现代化建设培养人才是积累高质量人力资本的主要路径。其次要加快科技创新成果转化。科技创新成果要走出实验室,实现市场化和产业化,才能推动生产力进步并造福人民(尹西明等,2024)。完善科技创新成果转化机制,促进创新链产业链价值链融合。最后要全面深化科技创新体制机制改革,激发科研人员创新热情和创造活力,鼓励科技工作者在世界前沿领域攻坚克难,推动关键核心技术领域的原创性、突破性和引领性创新。

第三,切实处理好保护生态环境和发展生产力的辩证统一关系,实现人与自然和谐共生,坚持绿色发展。发展生产力不能以牺牲环境为代价,人与自然和谐共生始终是中国共产党追求的目标。中国共产党在平衡生态环境保护和生产力发展上,从被动保护环境向合理开发利用生态环境转变。生态环境保护和生产力发展不是非此即彼,而是相辅相成、相互转化的关系。良好的生态环境也是生产力,绿水青山也能转化为金山银山。新质生产力理论中的绿色生产力论述,把生态环境视为生产力发展的潜在要素,认为生态环境中蕴藏着丰富的经济和社会价值。保护、改善和合理开发生态环境不仅是马克思主义生产力理论的本质要求,更是新时代新征程上实现经济社会高质量发展、推进美丽中国建设的题中应有之义。

第四,生产力发展要以人民至上为根本原则。生产力发展要依靠人民群众的力量,生产力发展成果也要与人民共享。人民群众是历史的创造者,也是社会主义现代化建设的主体。中国共产党始终坚持全心全意为人民服务,调动人民群众在生产力发展中的积极性和创造性,尊重人民群众的首创精神,激发人民群众创新创业的智慧和活力,以人民为主体推动生产力发展。同时,发展生产力的目的是满足人民美好生活需要,中国共产党以共同富裕为根本奋斗目标,努力完善以按劳分配为主、多种分配方式并存的分配制度,将改革和发展成果最大程度地惠及广大人民群众。

参考文献

[1] 程恩富,陈健.大力发展新质生产力 加速推进中国式现代化[J].当代经济研究,2023(12):14-23.

[2] 杜传忠.新质生产力形成发展的强大动力[J].人民论坛,2023(21):26-30.

[3] 杜金亮,张义忠.生产力与当代中国社会的整体建构:毛泽东和邓小平的思想比较[J].毛泽东思想研究,1999(3):92-95.

[4] 方敏,杨虎涛.政治经济学视域下的新质生产力及其形成发展[J].经济研究,2024,59(3):20-28.

[5] 高帆."新质生产力"的提出逻辑、多维内涵及时代意义[J].政治经济学评论,2023,14(6):127-145.

[6] 洪银兴.新质生产力及其培育和发展[J].经济学动态,2024(1):3-11.

[7] 黄群慧,盛方富.新质生产力系统:要素特质、结构承载与功能取向[J].改革,2024(2):15-24.

[8] 李晓华.新质生产力的主要特征与形成机制[J].人民论坛,2023(21):15-17.

[9] 林琼斌.论科学发展观对生产力理论的发展[J].毛泽东思想研究,2009,26(6):88-91.

[10] 刘伟.科学认识与切实发展新质生产力[J].经济研究,2024,59(3):4-11.

[11] 刘志彪,凌永辉,孙瑞东.新质生产力下产业发展方向与战略——以江苏为例[J].南京社会科学,2023(11):59-66.

[12] 刘志阳,庄欣荷.中国共产党百年绿色治理的探索进程与逻辑演进[J].经济社会体制比较,2022,(1):36-44.

[13] 龙观华.论江泽民发展生产力思想的科学内涵[J].生产力研究,2003(2):80-82,

297.

[14] 孟捷,韩文龙.新质生产力论:一个历史唯物主义的阐释[J].经济研究,2024,59(3):29－33.

[15] 任保平.生产力现代化转型形成新质生产力的逻辑[J].经济研究,2024,59(3):12－19.

[16] 卫兴华.毛泽东关于解放与发展生产力和正确对待资本主义经济的思想[J].党的文献,2013(S1):110－116.

[17] 魏世梅.三代领导人生产力理论比较研究[J].社会主义研究,2004(3):87－89.

[18] 吴仁平,刘荣春.科学发展观视野中的生产力跨越式发展[J].求实,2008(8):44－47.

[19] 尹西明,陈劲,王华峰,刘冬梅.强化科技创新引领 加快发展新质生产力[J/OL].科学学与科学技术管理,1－10[2024－08－03].http://kns.cnki.net/kcms/detail/12.1117.G3.20240221.1012.002.html.

[20] 张江,周玲.邓小平对马克思主义生产力理论的继承和发展[J].生产力研究,2005(12):97－99,265.

[21] 张军.为推动新质生产力加快发展贡献新时代高等教育力量[J].红旗文稿,2024(5):4－8,1.

[22] 张俊国.毛泽东发展生产力若干思想探析[J].毛泽东思想研究,2006(3):14－19.

[23] 周文,许凌云.论新质生产力:内涵特征与重要着力点[J].改革,2023(10):1－13.

(本文刊载于《外国经济与管理》2024年第9期)

党的领导是新质生产力形成与发展的重要政治保证
——论新中国成立以来生产力跃迁的三个历史阶段

新中国成立以来,中国共产党领导人民筚路蓝缕,奋楫笃行,不断解放和发展社会生产力,开辟了以人民为中心的现代化道路,彰显了实现共同富裕目标的价值追求。新中国七十多年的奋斗进程中,中国共产党领导人民彻底终结了山河破碎的历史悲剧,在各个历史阶段始终坚持以人民为中心推进生产力发展。在党的领导下,中国迎来了从站起来、富起来到强起来的伟大历史性飞跃,书写了空前罕见的经济快速发展和社会长期稳定奇迹。2021年,中国脱贫攻坚战取得全面胜利,完成了消除绝对贫困的艰巨任务,创造了又一个彪炳史册的人间奇迹。[①]历史与现实表明,举凡社会主义建设过程中生产力发展出现历史性的跃迁,都离不开中国共产党的坚强领导。党的领导是做好各项工作的根本保证,是我国政治得以稳定、经济得以发展、民族得以团结、社会得以稳定的根本所在。

当前对于中国共产党领导生产力发展的研究呈现出多视角多元化的特点,取得了丰富的研究成果,为进一步研究提供了理论基础和启发。但是,对于中国共产党引领新质生产力形成与发展的相关研究还较少涉及,而这个重大议题直接关涉为未来生产力发展和民族复兴的重大目标提供坚定保障和根本信心。因此,面向新一轮科技革命和产业革命加速演进,与迈向现代化强国交汇期,梳

基金项目:国家社会科学基金重大项目"新时代中国马克思主义经济哲学重大理论问题研究"(22&ZD033)、中央高校基本科研业务费专项资金资助"面向新质生产力发展的中国绿色低碳循环经济水平测度和空间格局分析"(CXJJ-2024-393)。
本文作者简介:曹东勃,上海财经大学党委常委、宣传部部长、马克思主义学院党委书记,教授、博士生导师;蔡煜,上海财经大学马克思主义学院博士研究生。
① 习近平.在全国脱贫攻坚总结表彰大会上的讲话[J].中华人民共和国国务院公报,2021(7):5—11.

理新中国成立以来党领导生产力发展的历史进程,透视中国共产党生产力发展观的演进,进而提炼中国共产党全面领导生产力发展的经验,这既是中国共产党始终代表先进生产力发展要求的有力印证,更是以形成和发展新质生产力唱响中国经济光明论的政治保证。

一、艰难与辉煌:新中国成立以来党推进生产力发展的历史进程

1840年鸦片战争之后,中国被迫纳入了资本主义世界体系之中。帝国主义、封建主义和官僚资本主义成为阻碍中国生产力发展的"三座大山"。毋庸置疑,近代以来中国生产力发展水平落后、科学技术水平低、发展极为不平衡、收入分配也不合理几乎是注定的。新中国成立初期,面对执政考验,中国共产党开启了带领中国人民克服严峻困难的历史新阶段。生产萎缩、民众困苦,尚未完全实行土地改革的内部境况极大地束缚了生产力的发展,国际政治孤立和经济封锁的外部环境又是一个严峻考验。美国国务卿艾奇逊甚至放言:"中国共产党解决不了自己的经济问题,中国将永远是天下大乱,只有靠美国的面粉,才有出路。"[1]因此,稳定经济形势、恢复生产成为中国共产党彼时最为重要的发展任务,走工业化道路也无可辩驳地成为社会主义建设的必然要求。百年来中国共产党立足于发展实际,坚持以人民为中心的发展,不断推动生产力进步,取得了脱贫攻坚战的全面胜利,在实现中国式现代化的道路上不断迈出新步伐。

(一)初步探索:以"从农业国向工业国转变"为目标的生产力发展阶段(1949—1978年)

"农业立国"还是"工业立国",是新中国成立前长期争论不绝的问题。新中国成立初期,中国共产党审时度势,形成中国必须走以优先发展重工业为特征的社会主义工业化道路的认识。在党的领导下,新中国经济的恢复在质和量上业已有了提升,也取得了历史上最高经济增长的好成绩,使农业国向工业国转变有了好的开端。一条适合当时国情的社会主义道路由此开启,人民至上在中

---

[1] 毛泽东.毛泽东选集(第4卷)[M].北京:人民出版社,1991:1511.

国共产党的艰难探索中逐渐从生产力发展包蕴的价值理念转变为社会主义实践的价值目标。

第一,党领导建立社会主义制度为生产力发展创造了根本制度前提。如何在半殖民地半封建性质的国情基础上,使风雨飘摇、发展涣散的破碎中国经过大刀阔斧的改造组织起来,形成万众一心、齐心奋进的共同体?以历史的眼光来看,社会主义计划经济体制的建立在中国工业化和现代化进程中具有重要的里程碑意义。中国共产党全面解放和发展生产力的历程中,充分认识到生产关系调整对生产力发展的促进作用。由此,新中国初期的财经统一、赶超战略和工业化战略的制定、社会主义改造和计划经济奠基等一系列目标逐步达成。毛泽东同志认为,可以通过改造旧的生产关系来发展生产力,即通过社会革命,建立起社会主义制度,从而解放和发展社会生产力。因而中国共产党通过创造三个条件即土地改革的完成、现有工商业的合理调整、国家机构所需经费的大量节减来获得财政经济状况的根本好转。[①] 这些政策和制度设计不仅凸显由共产党领导的社会主义的人民立场和人民观点,还为社会主义经济制度的探索提供了宝贵的历史经验。正是党领导社会主义制度以其与社会化大生产的一致性和具有能够在经济落后条件下尽可能地集中力量办大事的优势,为发展社会生产力开辟了广阔的道路。

第二,党领导经济工作的探索为生产力发展提供了重要物质保障。1956年,经由社会主义革命建立社会主义基本制度后,毛泽东提出了"社会主义革命的目的是解放生产力"[②]这一论断。这既体现了面对执政考验的共产党坚守初心与使命,将社会主义建设的要求嵌入民族复兴目标和满足人民所向的政治决断之中,同时也与彼时百废待兴的社会主义创业初期人民生活水平低、工业亟待发展的国情相符。国家工业化道路于这样的历史图景中起步,筚路蓝缕,循序渐进,累积改善。这一时期有如下值得关注的重要探索:一是建立了独立的

[①] 中共中央党史研究室.中国共产党的九十年[M].北京:中共党史出版社、党建读物出版社,2016:373.

[②] 毛泽东.毛泽东文集(第7卷)[M].北京:人民出版社,1999:1.

比较完整的工业体系和国民经济体系。在过渡时期总路线指导下,作为中国推动大规模现代经济建设开端的第一个五年计划在1957年年底全面完成,这既对工业化起步起着决定性作用,又为社会主义积累了宝贵的经验,初步改变了我国工农业总产值以农业为主的局面,各项事业得到较快发展,人民生活水平逐步有所提高。二是注重科学技术的革命性作用。为避免落入帝国主义经济附庸的窠臼,毛泽东主张走独立自主的发展道路,以科技创新初步探索社会主义建设,通过实现国家工业化推动生产力发展,形成从科技研发到整个工业链条的全面、独立的工业制造能力。三是明确提出"四个现代化"目标。随着"四个现代化"目标的确立,党对于集中统一领导生产力与发展目标相结合的指向也更加明确。正如陈云所说,"实现四个现代化,必须靠我们党的领导"[①]。于当下视角回顾中国共产党的危机应对,乃至于几十年后中国工业化道路的发展,不难看出,在一穷二白的基础上,党领导人民在短短三年间奇迹般在战争废墟上恢复了中国的国民经济。在西方封锁、中苏破裂的局势下建立了独立的比较完整的工业体系和国民经济体系,从根本上改变中国人民前途命运,为当代中国发展进步奠定坚实基础。

第三,党领导经济工作的探索为生产力发展准备了强大的人力资源。20世纪50年代中期,全球范围内科学技术迅猛发展,我国的科技人才无论是数量还是质量都远远无法满足国家建设的需要。新中国在经济和文化上的严重约束条件,不得不要求有一个相当长的时期提高科学文化水平。中国共产党深刻意识到,发展工业和技术是提高人民生活水平、建设好国家的重要因素。"人是建设中的主要因素,大量培养人才是国家建设的根本之道"[②]。由此,30万技术人员和管理人员被视为"国宝",是实现国家工业化不可缺少的力量。[③] 正是在经济建设大潮中的技术人员短缺问题"浮出水面",科学教育由此也获得迅速发展。

[①] 陈云.陈云文选(第3卷)[M].北京:人民出版社,1995:281.
[②] 中国社会科学院、中央档案馆.1949—1952中华人民共和国经济档案资料选编(工业卷)[M].北京:中国物资出版社,1996:580.
[③] 陈云.陈云文选(第2卷)[M].北京:人民出版社,1995:46.

为适应大规模经济建设和国家各项事业发展的需要,通过一系列统一调整、重点配备、大胆提拔、加快培养的工作,满足了工业化建设初期对人才的需求。

(二)创新实践:以"社会生产与人民日益增长的物质文化需要相适应"为目标的生产力发展阶段(1978—2012年)

随着社会主义建设的需要,如何解放和发展生产力成为中国共产党人赶考路上面临的重大问题。在改革开放和社会主义建设新时期的实践探索中,中国共产党对生产力发展的认识有了进一步的提升,经济释放出强大活力,使我国实现人民生活从温饱不足到总体小康再到奔向全面小康的重要阶段性进展。

第一,改革开放是决定当代中国前途命运的关键一招。在20世纪五六十年代的艰难探索过程中,传统计划经济体制的弊病逐渐显现,经济结构失衡加剧。社会生产与人民物质文化需要的矛盾已然深刻显现于社会主义初级阶段经济社会运行和社会生活发展的方方面面。面对这些问题,中国共产党始终将解放和发展生产力贯穿于中国经济改革实践的全过程。1978年党的十一届三中全会提出,"把全党工作的着重点和全国人民的注意力转移到社会主义现代化建设上来",同时,"在自力更生的基础上积极发展同世界各国平等互利的经济合作"。[①] 这一时期,中国共产党以改革为根本动力、发展为鲜明主题、中国特色社会主义建设为目标,有力地推动经济快速发展。一方面,肇始于小岗村的家庭联产承包责任制拉开农村改革的序幕,通过生产关系的因地制宜调整,极大解放了农业生产力。另一方面,经济特区的设立,率先实行对外开放,逐步形成开放条件下系统的、具有纵深梯度的全新区域生产力布局。上述经济实践,反映了中国共产党在正确处理好改革、发展、稳定的关系,推动发展目标由单向向多维,发展方式由封闭逐渐走向开放等方面发挥着举足轻重的作用。

第二,走出一条"中国式的现代化道路"。改革开放之后,中国建立什么样的现代化目标,走什么样的现代化道路成为邓小平反复思考的战略问题。1979

---

① 中共中央文献研究室.三中全会以来重要文献选编(上、下册)[M].北京:人民出版社,1982:4—6.

年,他明确提出要"走出一条中国式的现代化道路"。即是说,一方面必须坚持走社会主义道路,另一方面则要坚定不移引进科学技术、管理经验。在新的历史条件下,中国共产党以社会生产力的不断提升作为擘画与量度"在中国建立一个小康社会"[①]奋斗目标的重要标准。其一,在家庭承包经营基础上的统分结合与农业机械化程度提升、农村社会化服务体系构建,在全面发展农业农村生产力的过程中极大促进了农民增收。其二,农业生产力的发展将农民从单一性的农作劳动中解放出来,以就近就业为主要特征的乡村企业异军突起,进一步推动了乡镇工业化进程和县域经济发展。在这一点上,改革开放前关于农村全面发展的重要政治遗产同改革开放后突破贫困陷阱、由边缘地带搞活中国经济的伟大创举一以贯之地达致默契,中国的工业化运动走上了康庄大道。[②] 其三,社会生产大量消费品,抢占劳动密集型为主的产品国际市场。尽管改革初期我国整体处于产业链下游,但这一"两头在外、大进大出"的产业战略定位,在解决了大量劳动力就业的同时,也为后续国际大循环中地位的持续提升创造了客观条件,为经济格局的调整优化奠定了基础,持续带动全要素生产率的提高。其四,推动全国性的能源、动力、铁路和内陆交通基础设施建设。以铁路、高速公路、机场等为代表的大规模基础设施建设在国内经济低迷及国际经济周期低谷时期顺势推开,本身就是经济逆周期调节的重要环节,同时也为后续经济的逆势转进打下坚实基础。其五,以资本密集型产业为主的重工业快速腾飞,相关新兴产业迎来黄金时代。上述各个环节,都是在中国共产党的坚强领导、总揽全局、协调各方之下,得以稳妥推进和实施。从这个意义上说,党的领导在处理好远大目标与实事求是的统一、坚持人民至上和实现社会主义本质要求的统一等问题上的重要性不言而喻。

第三,建立社会主义市场经济体制,把中国特色社会主义推向21世纪。确立社会主义市场经济体制,是改革开放发展实践水到渠成的结果,也是中国共

---

① 邓小平. 邓小平文选(第3卷)[M]. 北京:人民出版社,1993:54.
② 文一. 伟大的中国工业革命:"发展政治经济学"一般原理批判纲要[M]. 北京:清华大学出版社,2016:58.

产党在风云变幻的特殊历史时刻于变局中开新局、在危机中觅新机的大手笔。在经历了价格"闯关"、治理整顿的曲折之后,党的十四大确立了社会主义市场经济的经济体制改革目标,我国生产力发展驶入快车道。这一时期,党坚持解放思想、实事求是,大胆改革同生产力迅速发展不相适应的体制机制障碍,开始了由计划经济向社会主义市场经济的转型。经济体制改革为生产力发展提供了体制保证和物质条件,描绘了中国特色社会主义道路"先富带动后富,最后实现共同富裕"的愿景蓝图。21世纪的最初十年,中国共产党坚定战略定力,抓住发展这个党执政兴国的第一要务,牢牢把握重要战略机遇期,大力推进新型工业化建设,明确"把建设创新型国家作为面向未来的重大战略"和现代化国家建设的重要内容。

(三)全面推进:以"解决不平衡不充分发展与人民日益增长的美好生活需要相适应"为目标的生产力发展阶段(2012年至今)

党的十八大之后,中国经济发展进入新常态。新一轮工业革命在全球孕育兴起、全球贸易体系重构等深刻变化,使得高质量发展成为塑造中国生产力发展未来图景的重要逻辑。在新时代以来的经济发展实践中,形成了指导经济工作、推动生产力发展的习近平经济思想。实际上,习近平经济思想的发轫和逐渐成熟,早在习近平同志地方工作实践中就已形成了十分明晰的线索。在陕西梁家河的七年知青岁月中,习近平同志凭借惠民、利民的朴实信念和实干行动,带领当地人民初步改善了生活。1985年习近平同志到福建工作后,注重改革创新,提出农业经济依托于科技的思路,实施和推广科技特派员制度,切实将农业科技转化为先进生产力,推动科技致富,极大缩小了省内贫富差距。在浙江工作期间,习近平同志高度重视科技创新,深刻指出其对生产力发展产生的"幂次效应"。他提出的"八八战略",成为后来创新、协调、绿色、开放、共享的新发展理念和以人民为中心的发展思想的先声,为浙江改革开辟了全面协调可持续发展的新境界。在上海工作期间,习近平同志着重强调要"加快提高自主创新能力,努力走出一条依靠科技进步带动社会发展的新路"①。习近平总书记早年在各地推动生产力发展的这些工作实践,反映了党与人民同心同德的实践基础,积淀了党领导和推动生产力发展的宝贵经验,是习近平经济思想的重要来源。

第一,党领导人民取得脱贫攻坚战的全面胜利。消除贫困、改善民生,逐步实现共同富裕,是社会主义的本质要求,是中国共产党的重要使命。② 党的十八大以来,以习近平同志为核心的党中央将"不断解放和发展社会生产力,努力解决群众的生产生活困难,坚定不移走共同富裕的道路"作为推动生产力发展和社会主义现代化建设的发展目标。为消除绝对贫困问题,中国共产党在扎实推进共同富裕道路上解决好"扶持谁、谁来扶、怎么扶、如何退"的问题,实施精准扶贫与全面脱贫相结合、扶贫与保障生态相结合、扶贫与扶智相结合的策略。为确保如期全面建成小康社会,国家还实施了一批具有标志性的重大战略、重大工程、重大举措,着力解决突出问题和明显短板③,最终在2020年年底实现了9 899万农村贫困人口全部脱贫,完成了消除绝对贫困的艰巨任务④。脱贫攻坚战考验着中国共产党的精神状态、干事能力、工作作风,既要运筹帷幄,也要冲锋陷阵,越是脱贫攻坚战,越是要加强和改善党的领导。⑤ 中国共产党在推动生产力发展的历史进程中,完成了全面建成小康社会的重大任务,彰显了中国共产党干事创业的精神状态、以人民为中心的发展理念和社会主义共同富裕的价值追求。

第二,贯彻新发展理念,实现高质量发展。中国社会生产力水平的提高,使人民群众对物质文化生活的需求由量转向了质。对于推动生产力创新发展,突出表现在创新、协调、绿色、开放、共享这五大新发展理念上。新发展理念是转变生产力发展方式,实现高质量发展的要求,集中体现了发展思路、发展方向、

---

① 本书编写组.当好改革开放的排头兵 习近平上海足迹[M].上海:上海人民出版社、人民出版社,2022:117.
② 习近平.习近平谈治国理政(第2卷)[M].北京:外文出版社,2017:83.
③ 本书编写组.中华人民共和国简史[M].北京:人民出版社、当代中国出版社,2021:363—364.
④ 习近平.习近平谈治国理政(第4卷)[M].北京:外文出版社,2022:125.
⑤ 习近平.论"三农"工作[M].北京:中央文献出版社,2022:187.

发展着力点。为人民谋幸福、为民族谋复兴,是新发展理念的"根"和"魂",也是党领导现代化建设的初心使命和目标任务。进入新发展阶段,党和国家以新发展理念为指导,始终将发展生产同改善人民生活恰当地结合起来,以满足人民物质文化生活需要进行社会主义建设,以社会主义本质规定与社会生产力发展要求的更高实现和更强组合,稳步推进高质量发展。

第三,构建新发展格局,推进中国式现代化。加快构建以国内大循环为主体、国内国际双循环相互促进的新发展格局是一项关系我国发展全局的重大战略任务,需要从战略全局来准确把握和积极推进。构建以国内大循环为主体、国内国际双循环相互促进的新发展格局,"明确了我国经济现代化的路径选择"[1]。习近平总书记强调,"中国式现代化,是中国共产党领导的社会主义现代化"[2],中国共产党不断深化现代化建设规律,逐步调整发展目标、发展步骤、发展手段等,不断丰富中国式现代化道路的发展内涵。在党的坚强领导下,团结带领最广大人民,聚焦经济建设这一中心工作和高质量发展这一首要任务,把中国式现代化宏伟蓝图一步步变成美好现实。[3]

二、经验与启示:中国共产党全面推进生产力发展的特点

以史为鉴,可以明得失,知兴替。新中国成立七十多年的发展史,蕴含着党遵循经济规律、推动社会主义生产力发展的治国理政大智慧。回顾新中国七十多年栉风沐雨、筚路蓝缕的探索历程,党在领导人民推进生产力发展中发挥了决定性作用,不仅回答了"谁来养活中国人"的历史之问,而且不断锻炼解决好中国经济问题的能力,带领人民走上中国式现代化道路。为历史和人民所选择的中国共产党不断总结历史经验,坚持守正创新的生产力发展理念,牢牢把握以人民为中心的生产力发展的价值指向,始终坚持把解放和发展生产力作为中

---

[1] 把握新发展阶段,贯彻新发展理念,构建新发展格局[J].求是,2021(9):17.
[2] 习近平.高举中国特色社会主义伟大旗帜 为全面建设社会主义现代化国家而团结奋斗——在中国共产党第二十次全国代表大会上的报告[N].人民日报,2022-10-26:1.
[3] 中央经济工作会议在北京举行 习近平发表重要讲话 李强作总结讲话 赵乐际王沪宁蔡奇丁薛祥李希出席会议[N].人民日报,2023-12-13:1.

心任务,以科技创新为核心引领生产力发展,不断调整变革适应生产力发展的生产关系,持续提升发展生产力的工作策略、方法智慧,以其有利于推进生产力发展的优良作风,带领人民在中华大地上写下了艰难困苦、玉汝于成的新篇章。

(一)指导理念:坚持守正创新不断推进生产力发展

中国共产党成功推进生产力发展的根本逻辑在于始终坚持正确的发展理念。"发展理念是发展行动的先导,一定的实践都是由一定的发展理念来引领的。"[1]发展理念是否对头,从根本上决定发展的成效乃至成败。[2] 中国共产党积极吸取生产力发展的经验教训,探索社会主义经济发展的规律,坚持守正创新的重要治国理政思想方法,把握发展理念之中的"变"与"不变"。其一,作为先进生产力的代表,中国共产党必须始终坚持以马克思主义理论为指导,坚持社会主义发展方向,坚持人民至上,这是发展理念之"不变"。其二,"社会实践是不断发展的,我们的思想认识也应不断前进,应勇于和善于根据实践的要求进行创新"[3]。中国共产党在推进生产力发展的历史进程中,始终坚持与时俱进,不断更新发展理念。从"两步走"到"三步走",再到"两个一百年"的发展战略变化,从"科学技术是第一生产力",到科学发展观,再到"创新、协调、绿色、开放、共享"的新发展理念的不断深化,从"独立自主,自力更生"到"高水平科技自立自强"的发展基点的转变,从"四个现代化"到"中国式现代化"的发展目标演变……党在坚持社会主义道路和以人民为中心的发展思想的基础上实现生产力发展的指导理念创新,为推进我国生产力发展、转变发展方式提供了科学指引。

(二)价值遵循:以人民至上推进生产力发展

不同于西方的现代化,无论困于何种经济重围,中国共产党将人民对美好生活的向往作为生产力发展的出发点和落脚点从未改变。坚持人民至上,是中

---

[1] 习近平.习近平谈治国理政(第2卷)[M].北京:外文出版社,2017:197.
[2] 中共中央宣传部,国家发展和改革委员会.习近平经济思想学习纲要[M].北京:人民出版社、学习出版社,2022:40.
[3] 江泽民.论"三个代表"[M].北京:中央文献出版社,2001:166.

国共产党百年奋斗取得的宝贵历史经验。① 从外部的经济封锁到新中国成立初期落后的社会生产和经济发展,党自身面临着严峻的执政考验。中国共产党以"时时放心不下"的精神状态,把发展生产与改善人民生活紧密联系起来,为政策制定及其实践站稳了人民立场,在恢复生产的同时将民众聚合成利益共同体、命运共同体。"生产力标准"和"人民利益标准"成为当此之时一切工作的目标导向,也蕴含社会主义的政治属性和党为人民服务的根本宗旨。即便在20世纪六七十年代,周恩来同志也在毛泽东主席支持下坚持"抓革命、促生产"的基本方针,除"两弹一星"外,在杂交水稻、人工合成牛胰岛素等一系列关涉基本民生的领域取得原创性突破。正如陈云同志所言,这样的标准是有实质性效果的。"我们搞社会主义,只搞了三十多年,不仅解决了十亿人口的吃饭、穿衣问题,而且使人民的生活水平有了明显的提高。"②1975 年,邓小平同志主持全面整顿工作期间,高度重视通过发展科技促进生产力发展。南方谈话时,"三个有利于"科学标准的提出,充分表明中国共产党已然有了深刻认识。进入新时代,以习近平同志为核心的党中央始终坚持"把人民拥护不拥护、赞成不赞成、高兴不高兴、答应不答应作为衡量一切工作得失的根本标准"③。可见,人民是中国共产党的力量根基,人民至上是我们党"作出正确抉择的根本前提"④,也是党做好经济社会发展工作的重要指针。党在领导社会主义建设的历程中,将发展生产力与实现最广大人民的根本利益统一起来,将人民实现共同富裕的愿望与民族复兴的信念统一起来,从根本上解决了中国共产党动力之源和力量整合的问题。

(三)中心任务:解放和发展生产力

中国共产党领导生产力发展的历史跃迁反映了党治国理政的重要着力点,同时也凸显了党领导经济工作不断走向成熟。新中国成立以来,社会生产力发

---

① 习近平.坚持人民至上 创造历史伟业[J].求是,2024(7):27.
② 中共中央文献研究室.陈云年谱(下册)[M].北京:中央文献出版社,2015:393.
③ 习近平.习近平在第十三届全国人民代表大会第一次会议上的讲话[J].求是,2020(10):7-9.
④ 习近平.习近平谈治国理政(第4卷)[M].北京:外文出版社,2022:392.

展再现了社会主义工业化道路"开拓农村市场——抢占海外市场——推动基础设施建设——重工业起飞"的发展逻辑所带来的生产力由重点到方面再到整体的提升。中国人告别了"吃饭问题",从追求温饱的历史场景转向实现具有中国式现代化特质的共同富裕的生活愿景。究其根本,是其始终明确"党是代表先进生产力的发展要求的,所以全党一切奋斗归根到底都是为了解放和发展生产力"[1]。党在社会主义建设道路的探索中凸显出以发展生产力为中心的思想,践行"动员一切力量恢复和发展生产事业"是一切工作的重点所在。此后,党始终将解放和发展社会生产力作为社会主义的根本任务,坚定不移地走共同富裕的道路。这就全面诠释了在推进生产力发展的历史进程中,经济建设是党的中心工作,党的领导要在中心工作中得到充分体现。[2]

(四)关键要素:以科技创新为核心引领生产力发展

中国共产党历来高度重视科学技术在生产力发展中的作用。新中国成立以后,面对技术封锁,党领导人民坚持走独立自主、自力更生的社会主义科技发展道路,不断突破外部重围,在艰难险阻之中建立了较为完备的工业体系和国民经济体系,取得了"两弹一星"等重大科技成果。毛泽东指出:"科学技术这一仗,一定要打,而且必须打好。不搞科学技术,生产力无法提高。"[3]改革开放以后,以"科技是第一生产力,而且是先进生产力的集中体现和主要标志"[4]作为谋划社会主义建设的重要内容。通过科教兴国战略、创新驱动战略等推动生产力发展,党带领人民走上了中国式现代化道路。但值得注意的是,国内外发展环境的变化对科技创新不断提出新要求,高水平科技自立自强成为高质量发展的重要任务。这反映出党始终明确"推进科技进步,关键要创新。科技创新是提高科技实力的中心环节。没有自主创新,就没有我们在世界科技领域中的位

---

[1] 江泽民.论"三个代表"[M].北京:中央文献出版社,2001:2.
[2] 中共中央宣传部,国家发展和改革委员会.习近平经济思想学习纲要[M].北京:人民出版社、学习出版社,2022:15.
[3] 毛泽东.毛泽东文集(第8卷)[M].北京:人民出版社,1999:351.
[4] 江泽民.论"三个代表"[M].北京:中央文献出版社,2001:156.

置"①。党中央强调"要把创新摆在国家发展全局的突出位置……不断开辟发展新领域新赛道,塑造发展新动能新优势"②,将"科技是第一生产力、人才是第一资源、创新是第一动力"统一起来,始终将创新摆在现代化建设全局的核心地位,发挥人才的关键性作用,以科技创新为核心引领社会发展。

(五)基本方法:不断调整变革生产关系以适应生产力发展

在不同的历史发展阶段,中国共产党都非常关注生产力与生产关系问题。马克思、恩格斯曾指出,"一切历史冲突都根源于生产力和交往形式之间的矛盾"③。不同社会发展阶段的社会主要矛盾会变化,人民的利益诉求也不同,这就要求党在不同发展阶段以实事求是的原则制定正确的方针政策。党的一切方针、政策都要最终以促进生产力发展为目标,对于仍然存在的不适应先进生产力和时代发展要求的一些落后生产方式,要立足实际,逐步使它们向先进适用的生产方式转变④,这决定是否能顺利实现社会主义初级阶段的发展目标。历史证明,在生产力发展的各个不同历史阶段,中国共产党人根据不同发展情况不断调整生产力发展目标、实现步骤、方针政策等,使其符合生产力发展的规律。中国共产党之所以始终保持先进性,在于其敏锐地把握我国社会生产力的发展要求,始终坚持以经济建设为中心,在于制定实施适应生产力发展的路线、方针和政策,采取切实的发展步骤,不断推动先进生产力发展。总之,不断调整和变革适应生产力发展的生产关系,实际上也就是"形成了调动一切积极因素为社会主义事业服务"。

(六)自我要求:持续提升发展生产力的工作策略和方法智慧

中国共产党在推进生产力发展的探索实践中,始终注重提升工作策略和方法智慧,以其中道包容的发展策略、稳中求进的工作基调、目标导向与问题导向相结合的思想方法和工作方法等,将制度优势转化为治理效能。其一,中道包

---

① 江泽民.论"三个代表"[M].北京:中央文献出版社,2001:68.
② 习近平.推进中国式现代化需要处理好若干重大关系[J].求是,2023(19):4—5.
③ 马克思,恩格斯.马克思恩格斯文集(第1卷)[M].北京:人民出版社,2009:576—577.
④ 江泽民.论"三个代表"[M].北京:中央文献出版社,2001:157.

容的发展策略,是我们党领导经济工作的重要经验。体现在科学把握经济社会发展中的宏观和微观、当前和长远、供给和需求、总量和结构、速度和质量、长期性与渐进性、国内外发展大势与经济发展全局等一系列重大关系上。新中国成立以来,中国共产党在把握经济建设的规模、速度、效益问题上,坚持经济建设规模大小、速度高低,从中国实际出发,与国力相适应、量力而行。① 其二,坚持稳中求进的工作总基调,是党领导生产力发展历史经验的重要结晶。在新中国工业化起步和社会主义改造的过程中,中国共产党坚持在综合平衡中"积极领导,稳步前进",推动生产力的恢复与发展。面对"两个大局"的新背景,"稳中求进、以进促稳、先立后破"的发展基调深刻体现出党领导生产力历史进程中坚持问题导向和目标导向的统一性,再现了由国民经济全面恢复转向推动经济高质量发展,反映出不同历史阶段生产力发展状况以及党的历史应对,凸显了中国共产党的底线思维和价值指向。历史证明"稳中求进工作总基调是我们治国理政的重要原则,也是做好经济工作的方法论"②。

(七)思想底色:有利于推动生产力发展的优良作风

党的百年奋斗赶考之路是党领导人民独立自主探索开辟出来的。"赶考",考的是能力水平,更是信念作风。中国共产党以全力保持自身的革命本色、尊重知识和人才的优良作风、独立自主的探索创新精神、走自己路的决心和信仰若山的勇气,以强有力的思想指引、实事求是的思想路线以及人民至上的价值理念,在挫折和围困之中不断总结经验规律,不断从胜利走向胜利。历史证明,只有在党的统一指挥和领导下,才能持续打赢经济突围的"胜仗",确保经济发展安全。其一,新中国成立以后,面临中苏关系变化的困境,中国共产党一以贯之的独立自主、自力更生的立场和精神推动社会主义建设。独立自主作为中国共产党的优良传统,使进入全球科技竞争新赛道的中国选择了高水平科技自立

---

① 中共中央党史研究室.中国共产党历史第二卷(1949—1978)(上册)[M].北京:中共党史出版社,2011:205.
② 中共中央宣传部,国家发展和改革委员会.习近平经济思想学习纲要[M].北京:人民出版社、学习出版社,2022:161.

自强,这一策略显现出一脉相承的发展内涵。其二,在改革开放和发展社会主义市场经济的重要阶段,社会经济成分、组织形式和分配方式等日益复杂化。中国共产党之所以能够领导人民"历经沧桑而初心不改,饱经风霜而本色依旧",根本在于坚持解放思想、实事求是,坚持"两个结合",不断推进实现理论创新、制度创新、文化创新以及其他各方面创新。邓小平强调,"搞好安定团结,发展社会主义经济,需要加强党的领导,把我们党的优良作风发扬起来,坚持下去"①。中国共产党正是在发扬和坚持优良作风之中锚定奋斗目标,沿着正确方向勇毅前行,实现了"日月换新天"的生产力历史性跃迁。

三、实现高质量发展的历史抉择:党的领导是新质生产力形成与发展的根本保证

党领导生产力发展,既是由问题导向顺势推动的,又是在解决问题的过程中不断完善成熟的。党推动历史性变革、取得伟大飞跃和伟大成就的百年奋斗历程,也是中国由半殖民地半封建社会而山河易色、一跃千年、大踏步奔向现代化目标的翻天覆地的实践过程。中国特色社会主义进入新时代以来,中国共产党一以贯之坚持解放和发展社会生产力,做出一系列重大决策部署,推动高质量发展成为当前党推动经济社会发展各项工作的一条主线。面对百年未有之大变局加速演进的外部局势,最根本的应对之策仍然是"练好内功"。新质生产力是构筑新竞争优势和赢得发展主动权的战略选择的"一剂良方",是新技术革命和产业变革趋势的实践回响。党的领导是我们创造"两个奇迹"的根本原因,同样是未来发展新质生产力推进强国建设、民族复兴的根本保证。因为坚持党的领导与坚持解放和发展生产力是统一的,党的初心使命与社会主义的本质要求高度契合,这也是"办好中国的事情,关键在党"②的有效明证。只有坚持党的领导,才能保证新质生产力的评价目标、基本要求和发展方向。③党的领导是社

---

① 邓小平.邓小平文选(第2卷)[M].北京:人民出版社,1994:12.
② 胡锦涛.胡锦涛文选(第3卷)[M].北京:人民出版社,2016:527.
③ 曹东勃,蔡煜.新质生产力指标体系构建研究[J].教学与研究,2024(4):50—62.

会主义生产力生成和不断跃迁的根本保证,这不仅体现于中国共产党具有将集中力量办大事的领导优势、制度优势转化为先进生产力的发展优势,还体现于党始终是把握生产力发展的社会主义方向、未来生产力发展要求和光明发展前景的领导力量。

(一)守正创新:以新的生产力理论指导高质量发展

中国共产党的历史,是一部不断推进中国特色社会主义生产力发展的历史,也是一部不断推进理论创新、理论指导实践的历史。不断更新推进生产力发展的理念,是中国共产党的重要发展经验。当前,党领导人民踏上全面建成社会主义现代化强国的新征程,同时中国也进入了生产要素创新性配置、技术革命性突破和产业深度转型升级的关键时期,成为这一时期经济社会发展鲜明主题的高质量发展,亟须呼唤新的生产力指导理论。习近平总书记指出,以创新为主导作用,具有高科技、高效能、高质量特征的新的生产力,已经在实践中形成并展示出对高质量发展的强劲推动力、支撑力,它内在地需要以新的理论形态指导新的发展实践,使生产力水平实现巨大提升、突破性发展,形成生产力发展新的质态。[①] 作为形成于新时代经济发展的伟大实践,又是被实践证明了的经济工作的根本遵循,习近平经济思想为新时代高质量发展提供了方向指引和理论基础。因此,要坚持习近平经济思想为指导,就要不断以党的理论创新推动社会主义先进生产力新的发展实践,实现高质量发展。

(二)根本动力:以创新培育发展新质生产力

科技创新是党领导人民塑造发展信心、打破发展迷思、走出发展困境的关键一环,也是构建新的增长动能的核心支点。创新之所以是把握发展新质生产力的核心要素和全新动力,在于原创性、颠覆性的科技创新能够催生新产业、新模式、新动能。因此,一方面,在新形势下,"必须加强科技创新特别是原创性、颠覆性科技创新,加快实现高水平科技自立自强,打好关键核心技术攻坚战"[②],

---

[①] 《求是》杂志评论员.深刻认识和加快发展新质生产力[J].求是,2024(5):39—41.
[②] 加快发展新质生产力 扎实推进高质量发展[N].人民日报,2024−02−02:1.

实现关键核心技术的重大突破,以创新培育各类战略性新兴产业和未来产业,在方式方法上与时俱进、创新发展、提质升级[①],跨领域技术深度交叉融合,使技术创新呈现多点突破和群发性突破的态势。另一方面,凭借各地产业基础、资源禀赋等,因地制宜地推动新质生产力发展。既要实现"旧土重建",以新技术改造提升传统产业,促进实现高端化、智能化和绿色化。又要以"新地迁移"催生新业态、新模式、新动能,不断推动生产力实现新时代质的跃迁。要在2035年实现全面建设社会主义现代化国家的宏伟目标,就必须在党领导下,加快高水平科技自立自强,继续写好创新这篇大文章,为新质生产力发展提供强大动力,推动中国的经济实力、科技实力和综合国力大幅跃升。

(三)发展底色:以绿色生产力推动高质量发展

坚持以绿色生产力推动高质量发展、满足人民美好生活需要,之所以是党领导新质生产力发展的内在要求,根本在于"绿色发展是高质量发展的底色,绿色生产力本身就是新质生产力"[②]。一方面,绿色生产力能处理好生态与经济的关系。绿色生产力以传统产业升级改造为支撑、以发展绿色新型产业为导向,通过转变经济发展方式、促进技术创新、降低资源消耗,提升国际竞争力。另一方面,以发展绿色生产力推动生产方式转型升级,形成新的经济增长点,是高质量发展的应有之义。绿色生产力是实现高质量发展的必要条件,是可持续发展的必然要求和满足人民日益增长的美好生活需要的重要体现。这就突显了党的初心使命与新质生产力服务于人民美好生活需要的统一性。因此,完整、准确、全面贯彻党的新发展理念,坚持绿色生产力推动高质量发展,就是按照绿色成为普遍形态的要求,推动传统产业绿色化转型,发展新型绿色产业,推动发展方式绿色转型,助力碳达峰、碳中和,构建绿色低碳循环经济体系。总之,党的领导是坚定不移走绿色发展之路,推动构建人与自然命运共同体的根本力量。

(四)关键环节:加快科技成果转化,完善现代化产业体系

加快科技成果转化,完善现代化产业体系不仅是党领导新质生产力发展的

---

① 金观平.发展新质生产力要从实际出发[N].经济日报,2024-03-13:1.
② 加快发展新质生产力 扎实推进高质量发展[N].人民日报,2024-02-02:1.

关键环节,还是党推动高质量发展的重要着力点。在党的全面领导下,完善现代化产业体系,需要聚焦高质量发展的战略需求,围绕产业核心技术的"变革临界点"和"突破切入口",抓住新技术的"战略窗口期"。同时需要注意,既要避免一哄而上、重复低效的产业布局,也要避免重要产业的"断层与空白"。其一,积极培育新兴产业和未来产业。从实际出发,谋划布局高新技术产业,打造原始创新和产业创新高地,积极培育新兴产业集群,以新兴产业和未来产业发展引领新质生产力形成。其二,推动新质生产力要素快速传导、渗透至传统产业领域。依靠产业结构不断升级推动现代化产业体系不断完善,驱动社会生产力水平全面跃升,不断开辟新的巨大增长空间。其三,推动产业链供应链优化升级。加快科技成果向现实生产力转化,推动科技成果向行业渗透,推动创新链、产业链、资金链、人才链深度融合,将技术变迁与产业深度转型升级、融合发展,实现产业链与创新链的"共融共舞"[1]。其四,深入推进数字经济创新发展。当前,科技革命与产业联系更加紧密,产业数字化、智能化和绿色化发展趋势已经确立,加快重构现代产业体系,提升科技成果转化效率,使新质生产力的各个要素、功能、效用充分发挥,以科技现代化推动中国式现代化。

(五)重要保障:全面深化改革,形成与完善新型生产关系

党领导全面深化改革,形成新的管理模式、新的体制机制,是促进新质生产力不断发展的重要保障。[2] 从历史发展进程来看,举凡科技革命,必然会推动生产力发展及引起生产关系的变革。中国共产党深谙把握长远性、前瞻性的生产力与生产关系的经济发展规律,进一步全面深化改革,积极推动适应经济发展的制度变革,推动形成与新质生产力发展相适应的新型生产关系。中国共产党治国理政的丰富实践经验表明,党一如既往地基于恰当的治理、正确的发展战略和经济运行机制来发展新质生产力,同时从根本上不断调整其经济政策使其适应生产力的发展。一方面,处理好政府与市场的关系,实现有效市场推动要

---

[1] 金观平.发展新质生产力要从实际出发[N].经济日报,2024—03—13:1.
[2] 《求是》杂志评论员.深刻认识和加快发展新质生产力[J].求是,2024(5):39—41.

素流动与有为政府推动产业链优化升级,激发创新活力。另一方面,深化重点领域改革,优化培育新质生产力的外部生态。破除妨碍生产力发展的体制机制顽瘴痼疾,不断改善营商环境、解放和增强社会活力,通过充分发挥社会主义的制度优势,为新质生产力提供政策支持和物质支撑,为共同富裕奠定坚实基础。

(本文已被《海派经济学》录用,刊期待定)

第二篇

路径实现

新质生产力的显著特点是创新,既包括技术和业态模式层面的创新,也包括管理和制度层面的创新。必须继续做好创新这篇大文章,推动新质生产力加快发展。

——习近平:《发展新质生产力是推动高质量发展的内在要求和重要着力点》,《求是》2024 年第 11 期

第三章 新质生产力动能研究

数据要素市场化赋能新质生产力：
基于高端要素集聚的视角

一、引言

随着数字经济时代的到来，以传统生产要素为驱动的经济增长模式受阻。在经济增长放缓、结构调整加速、新旧动能转换的新阶段，中国正面临内生动力不足和外部环境不确定的双重挑战。在此背景下，习近平总书记提出"新质生产力"的概念，为经济高质量发展带来契机，成为实现中国式现代化建设的新动能。2023年12月的中央经济工作会议上，习近平总书记强调"以科技创新推动新质生产力的发展"，即新质生产力是以"科技创新"为核心，是新发展阶段生产力的具体表现。数字经济本身代表着先进生产力，而数据要素作为数字经济的核心生产要素，可以实现对于新质生产力的赋能。

数据要素具有可复制、非消耗、边际成本等于零等特性，其作为新兴生产要素打破了传统生产要素稀有性对经济发展的限制[1]，为国家经济增长提供了不竭的动力。中共中央国务院2020年3月颁发的《关于构建更加完善的要素市

基金项目：国家社会科学基金(20BGL287)；中央高校基本科研业务费项目(2023110139)。
本文作者简介：刘雪，上海财经大学信息管理与工程学院博士研究生；郝晓玲，上海财经大学信息管理与工程学院教授、博士生导师；王诣铭，上海财经大学信息管理与工程学院博士研究生。

[1] Maryam Farboodi, Roxana Mihet, Thomas Philippon, Laura Veldkamp. Big Data and Firm Dynamics[J]. AEA Papers and Proceedings, 2019(109):38—42.

场化配置体制机制的意见》首次提出了数据要素的概念,明确了数据在数字经济时代的重要地位。2022年12月颁布的《关于构建数据基础制度更好发挥数据要素作用的意见》进一步强调要架构基础制度体系,加快数据要素市场的培育,促进数据在更大范围内的畅通流动,使数据要素的价值得到最大限度的发挥。[1] 2023年12月发布的《"数据要素×"三年行动计划(2024—2026年)》为充分发挥数据要素的乘数效应指明了具体的方向。结合数据要素的作用可以发现,新质生产力的核心是提升全要素生产率[2],而数据要素通过优化资源配置、提高创新效能可以实现全要素生产率的提升[3],从而以数据流牵引资金流、人才流等,催生全新的数字经济产业和模态,以推动新质生产力的发展。

习近平总书记在二十大报告中强调了推动数字经济高质量发展的关键之一是"增强国内大循环内生动力",而高端要素的集聚是促进区域发展的重要因素,数据对于创新资本、战略科技和研发人才等高端要素的集聚具有放大、倍增效果,可以推动高端要素高效流动。[4] 当前技术的发展和开放使得高端要素的集聚呈现协同化、多向化、依附化等多个新特征。在数字经济时代,深刻理解高端要素集聚的新特征能够有效发挥数据要素的乘数效应。目前,学术界对于数据要素的影响进行了初步的探索。研究主要集中于数据要素价值[5]、数据要素环境[6]、数据要素配置水平[7]等,探究数据要素的某一方面对于制造业或者区域发展的影响。随着数据要素作为基础性和战略性资源的认定,数据要素市场化对于高端要素集聚和赋能受到更多的关注。

---

[1] 国务院.关于构建更加完善的要素市场化配置体制机制的意见[EB/OL]. http://www.gov.cn/zhengce/2020-04/09/content_5500622.htm.
[2] 刘伟.加快培育新质生产力推进实现高质量发展[J].经济理论与经济管理,2024,44(4):1—11.
[3] 史丹,孙光林.数据要素与新质生产力:基于企业全要素生产率视角[J].经济理论与经济管理,2024,44(4):12—30.
[4] 刘志阳.发挥数据在全球高端要素集聚中的乘数效应[N].光明日报,2023-01-19:10.
[5] 熊英.数据要素价值化与实体经济高质量发展[J].技术经济与管理研究,2023(7):79—84.
[6] 董影,何伟,仇泸毅等.中国数据要素流动环境适宜度评价及预测[J].统计与决策,2023,39(20):56—60.
[7] 范德成,肖文雪.数据要素配置与区域创新:赋能效果及作用路径[J].科技进步与对策,2023,40(20):30—41.

数据要素市场化是将数据转化为新质生产力的过程,其可以链接数据供求关系,实现数据的有效流动,并挖掘数据中隐藏的价值,从而催生大量的数据相关的行业。因此,能够吸引资本的投入、科技的集聚,促进人才的配置和流动,对于数字经济发展具有重要意义。[①] 数据要素市场化推动新质生产力发展的途径主要有:(1)提供充足资源,通过各种方式获取的公共数据、企业数据和个人数据为新质生产力的发展提供资源支持。(2)畅通流动渠道,通过对数据管理平台的构建实现资源的有效配置,为新质生产力的发展提供支撑。(3)激发潜在价值,通过对数据的定价以及数据的赋能,数据要素可以更好地融入新质生产力的体系。党中央、国务院出台多项政策支持数据要素市场化,目前国内对于数据要素市场化和新质生产力的理论研究相对丰富,张夏恒和刘彩霞从内在机制的角度出发,探究了数据要素对于新质生产力的影响。[②] 陆岷峰从不同阶段探讨了数据市场化对于新质生产力的推动作用。[③] 然而鲜有研究从数据要素产业链的角度出发,构建完善的数据要素市场化衡量指标体系,探究其对于高端要素集聚的影响,以及如何推动新质生产力的发展。

基于数据要素市场化与新质生产力的关系,本文从数据要素市场化的三个环节——数据供给、数据流通和数据价值的增值出发,构建数据要素指标体系,探究其对创新资本、战略科技和研发人才等高端要素的集聚效应。本文的边际贡献如下:(1)通过构建综合评价指标,从多个环节测度我国数据要素市场化水平,丰富了数据要素市场化的衡量指标,为新质生产力的测度提供参考。(2)首次探究了数据要素市场化对于高端要素集聚的影响,为发挥数据要素乘数效应、赋能新质生产力的发展提供理论支撑。

[①] 孔艳芳,刘建旭,赵忠秀.数据要素市场化配置研究:内涵解构、运行机理与实践路径[J].经济学家,2021(11):24—32.

[②] 张夏恒,刘彩霞.数据要素推进新质生产力实现的内在机制与路径研究[J].产业经济评论,2024(3):171—184.

[③] 陆岷峰.数据市场化赋能新质生产力:理论逻辑、实施模式与发展趋势[J/OL].新疆社会科学,(2024—01—15).

二、理论分析与研究假设

随着数据要素作为新型生产要素得到高度重视，数据要素市场化成为推动新质生产力发展的重要途径，通过作用于高端要素，可以升级数据要素的性能，挖掘新的价值。数据要素供给、流通和使用离不开资本的支持，积极探索数据要素的资源化、资产化和资本化对于新质生产力的形成至关重要。数据要素的发展催生了对于相关技术的需求，例如人工智能、云计算等，因此，"以技术革新促进生态建设"体现了技术对于新质生产力发展的基石作用。[①] 数据要素的应用对于人才具有迫切的需求，数据领域相关人才培养为加速新质生产力的发展提供了坚实的支撑。从数据"供得出""流得动""用得好"角度出发，探究了数据要素市场化在数据供给、数据流通和数据价值的增值三个方面推动新质生产力发展的实现路径，研究框架如图 1 所示。

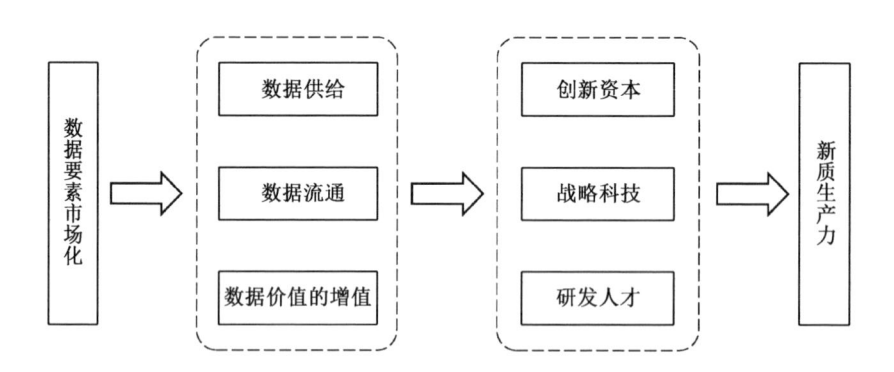

图 1　数据要素市场化对高端要素的作用过程

（一）高端要素

当代经济学家迈克尔·波特将生产要素分为初级生产要素和高级生产要素，初级生产要素一般是指土地、劳动力和资本等传统生产要素，而高级生产要

---

① 黄群慧,盛方富.新质生产力系统:要素特质、结构承载与功能取向[J].改革,2024(2):15-24.

素具有更高的技术含量、创新性和附加值[①],其形成需要大量且持续的投资。[②] 随着基于价值链分工的表现的出现,从价值链角度出发,生产要素又被分为低端要素和高端要素,土地、劳动力等初级要素密集投入的生产环节往往处于价值链的低端,被认为是低端要素,而知识、技术密集投入的生产环节处于价值链的高端,也被称为高端要素。[③]

构建国内大循环为主体、国内国际双循环相互促进的新发展格局是推动高质量发展的关键,而新发展格局的构建依赖高端要素的集聚和利用。高端要素具有稀缺性、高价值等特点,能够提高区域竞争力,对于经济发展具有战略意义。创新被认为是高端要素的典型特征,创新要素是影响创新活动的投入资源,其中,资金、技术和人才是最为普遍的三类创新要素。创新资金和研发人才对于地区和企业发展具有重要作用,其可以促进创新发展。[④] 创新资金体现了政府或者企业对于区域发展的支持,能够展现区域的投入水平和融资水平,为新质生产力发展提供了资本保障。研发人才具有更高的知识密度,可以通过不断地理解和洞察吸收知识并且创造新的知识,为形成新质生产力提供支撑。[⑤] 除此之外,随着科技的不断发展,技术作为新质生产力的支撑[⑥],是体现区域竞争力的重要指标,对于经济的高质量发展具有决定性的意义。因此,技术要素也被纳入高端要素做进一步的研究。基于要素的一致性和特殊性,学者们认为资本、人才和技术依托于创新主体,在功能上互相关联,能够形成协同发展[⑦],共

[①] 戴翔,邹小奕.自贸试验区制度创新的高端要素流入效应[J].国际商务(对外经济贸易大学学报),2024(3):20—38.
[②] 杜宇玮.工业化后期区域如何集聚高端要素——来自美国奥克兰郡的经验与启示[J].经济研究参考,2020(15):92—102.
[③] 杜宇玮.工业化后期区域如何集聚高端要素——来自美国奥克兰郡的经验与启示[J].经济研究参考,2020(15):92—102.
[④] 周元元,冯南平.创新要素集聚对于区域自主创新能力的影响——基于中国各省市面板数据的实证研究[J].合肥工业大学学报(社会科学版),2015,29(3):57—64.
[⑤] 任保平.生产力现代化转型形成新质生产力的逻辑[J].经济研究,2024,59(3):12—19.
[⑥] 孙亚男,刘燕伟,傅念豪,等.中国新质生产力的增长模式、区域差异与协调发展[J].财经研究,2024(6):1—17.
[⑦] 杨博旭,王玉荣,李兴光,等.从分散到协同:高新技术产业创新要素集聚发展路径[J].科技管理研究,2020,40(12):142—149.

同影响科技成果的产出,因此倾向于将三者纳入同一指标系统考虑。

在数字经济时代,数据所具备的易复制、非排他、高流通等新特性,深刻改变了社会的运作方式,成为经济增长的动力和引擎。我国具有丰富的数据资源,然而数据能够直接产生的经济效益有限,只有与其他生产要素结合,实现对其他要素的赋能,才能使得数据要素最终转化为经济产出[①],实现新质生产力的发展。数据对于创新资本、战略科技和研发人才等的高端要素具有乘数效应,可以推动高端要素的集聚和快捷流动。因此,本文选择创新资本、战略科技和研发人才作为促进经济高质量发展的高端要素。

(二)数据要素市场化对于高端要素集聚的影响

数据是数字化、网络化、智能化的基础,而数据要素作为新型生产要素已经融入日常的生产、生活中。[②] 我国具有海量的数据资源且应用场景丰富,充分发挥数据的优势有利于激活数据要素的潜能,数据要素对于其他生产要素的赋能可以催生新市场、新产业、新模态,从而促进新质生产力的发展。其中,将数据转化为数据要素实现价值的产出和增值是新质生产力发展的关键。《中国数据要素发展报告》中指出,数据要素市场化就是根据一系列基础设施和政策措施实现数据要素供给方和需求方之间的价值交换和创造[③],其本质就是将数据商业化为可交易的商品,是数据要素转化为新质生产力的具体表现。因此,数据要素市场化的过程主要包括数据供给、数据流通和数据价值的增值,从数据要素产业链的全过程体现数据的价值创造。

数据供给是数据要素能够发挥其价值的前提,是新质生产力发展的根基。只有当数据规模达到足够大的程度,数据的价值才能体现。当前,我国数据产量已经超过 6.6ZB,仅次于美国,证明我国具有丰富的数据资源,这为数据要素的市场化提供有利条件。然而,数据制度环境的保障,基础设施的提供是数据

---

① 丁煜. 数字经济对创新要素配置的作用机制研究[D]. 江西财经大学,2022:42.
② 马建堂. 建设高标准市场体系与构建新发展格局[J]. 管理世界,2021,37(5):1—10.
③ 国家工业信息安全发展研究中心. 中国数据要素市场发展报告(2020—2021)[R],2021-05-07.

能否有序供给和生产的关键。从2014年开始,政府工作报告中频繁提到"大数据"等关键词,直到2020年国务院发布的《意见》将数据要素定义为新的生产要素,随之各地也出台了关于数据要素的相关政策,为数据要素的供给提供了良好环境和制度保障。第53次《中国互联网络发展状况统计报告》显示,截至2023年年底,我国累计建成5G基站337万个,发展蜂窝物联网终端用户23亿户,这为数据要素的供给提供了坚实的物质基础。

数据供给可以推动产业数字化升级,优化企业资源配置。[①] 数字化产业升级需要战略技术和研发人才的支撑,从而实现对于数据的挖掘和分析,指导企业战略制定,从而提高企业竞争力,吸引到更多资源的集聚。国家已经明确数据要素作为新的生产要素所具有的独特优势,因此,政府提供资金和制度以实现保障和引领功能,可以吸引更多地方和企业资金的投入。其次,政策的支持可以为技术和人才的引进提供良好的环境,更好地服务于数据要素。综上所述,在良好的制度环境和完备的基础设施的前提下,数据供给能够促进资金集聚,推动产业发展,从而进一步吸引到高端技术和人才。因此,本文做出以下假设:

H1:数据供给对于高端要素集聚具有促进作用。

数据流通是数据要素能够发挥乘数效应的关键,是新质生产力发展的保障。单独的数据对于企业效益的提升和经济发展的作用有限,其价值的实现更依赖于对其他要素的赋能。[②] 只有畅通数据流通渠道,打破传统模式下的数据孤单现象,才能使数据参与各种经济活动,使得数据要素的价值得到体现。[③] 市场环境、中介服务环境等是数据能够自由、高效流通的关键。贵阳大数据交易所作为国内首个大数据交易所,使得数据能够通过平台流通和交易。北京数据交易所首创了依托区块链技术的全新交易模式,不仅激活了数据的潜在价值,

---

[①] 史青春,牛悦,徐慧.企业数据要素利用水平影响投资效率机理研究——利用数据要素激活冗余资源的中介作用[J].中央财经大学学报,2023(11):105-115.
[②] 丁煜.数字经济对创新要素配置的作用机制研究[D].江西财经大学,2022:96.
[③] 杨膨宇.数字要素赋能下的产业结构优化效应研究[J].统计与决策,2023,39(22):57-62.

而且拓宽了数据资产的交易范围。

大数据交易中心的建立为数据高效流通提供了平台。数据交易中心使得大数据产业集聚,产业的集聚增加了对于高新技术的需求。而人力资本是研发过程的核心,可以驱动企业的科技创新。[1] 因此,大数据中心的建立提高了对于研发人才的需求,使得研发人才由分散转变为集聚状态[2],有利于研发人才的流动和配置,进一步促进人力资本的集聚。另外,数据流通可以使得高端要素集聚从碎片化走向多维协同[3],实现跨地域、跨领域的交流。由于区域差异显著,数据流通实现了单向集聚向多向流动的转变,使得各区域之间的要素可以重新配置,为不同区域的发展带来机会。综上所述,数据流通能够优化人才配置、促进资本集聚、提高科技需求。因此,本文做出如下假设:

H2:数据流通对于高端要素集聚具有促进作用。

数据转化为数据要素并发挥价值的过程称为数据价值的增值,是新质生产力发展的具象化。数据价值增值是数字经济发展的基础,其在高端要素集聚中起着至关重要的作用。随着数据中心建设、隐私计算、智能合约等交易技术的发展,数据成为全球竞争的焦点。技术是数据演化为生产要素的必要条件[4],"数据+算力+算法"使得数据的价值得以发掘,国家超级计算深圳中心、雄安城市计算中心等实现了对于新质生产力全要素生产率的提升。数据价值的增值不仅仅体现在数据要素本身,其对于其他要素的赋能可以进一步推动价值的实现。[5] 随着信息技术的发展,海量的数据提高了对于存储、运行等技术的要

---

[1] 刘传明,陈梁,魏晓敏.数据要素集聚对科技创新的影响研究——基于大数据综合试验区的准自然实验[J].上海财经大学学报,2023,25(5):107-121.

[2] 郑国强,张馨元,赵新宇.数据要素市场化如何驱动企业数字化转型?[J].产业经济研究,2023(2):56-68.

[3] 马涛,刘秉源.跨境数据流动、数据要素价值化与全球数字贸易治理[J].国际经济评论,2024(1):1-26.

[4] 戚聿东,刘欢欢.数字经济下数据的生产要素属性及其市场化配置机制研究[J].经济纵横,2020(11):63-76,2.

[5] 冯永琦,林凰锋.数据要素赋能新质生产力:理论逻辑与实践路径[J].经济学家,2024(5):15-24.

求,因此技术的发展可以降低相应成本。① 除此之外,对于数据的解析和处理能力,以及运用数据创造知识的能力需要大量相关人才。只有对于数据要素所运载的信息不断思考,产生可执行的战略才能发挥数据的倍增效应。因此,数据价值的增值的实现需要与人力资本相结合,对于人才具有极大需求。② 综上所述,数据价值的增值为全球高端要素集聚提供了强大的动力和支持,其依托网络空间,实现跨领域、跨行业的创新,从而催生新产业、新业态、新模式。因此,本文提出如下假设:

H3:数据价值的增值对于高端要素的集聚具有促进作用。

三、研究设计

(一)数据说明

考虑到数据的可得性,以国内30个省域为研究对象(不包含西藏和港澳台,数据缺失严重),获取了2013—2020年共8年的规模以上企业的平衡面板数据。数据主要来源于国家统计局、《中国统计年鉴》《中国信息产业年鉴》《中国企业年鉴》《中国分省份市场化指数报告》等,个别缺失数据通过线性插值法补全。

(二)变量设定

1. 被解释变量

《中共中央国务院关于构建数据基础制度更好发挥数据要素作用的意见》中强调了数据要素作为新质生产力的核心要素,对于促进高端要素流动的重要作用。其中,数据对于创新资本、战略科技和研发人才等高端生产要素具有放大、叠加、倍增的作用。③ 因此,借鉴以往文献④,本文将创新资本、战略科技和研

---

① 邹叔君.数据要素助力科技信息高端交流与技术转移平台建设[J].图书与情报,2021(6):9-10.
② 刘传明,陈梁,魏晓敏.数据要素集聚对科技创新的影响研究——基于大数据综合试验区的准自然实验[J].上海财经大学学报,2023,25(5):107-121.
③ 国务院.中共中央国务院关于构建数据基础制度更好发挥数据要素作用的意见[EB/OL].https://www.gov.cn/zhengce/2022-12/19/content_5732695.htm.
④ 杨博旭,王玉荣,李兴光,等.从分散到协同:高新技术产业创新要素集聚发展路径[J].科技管理研究,2020,40(12):142-149.

发人才作为一级指标,系统化地构建高端要素的指标体系(如表1所示)。

表1 高端要素集聚指标体系

综合指标	一级指标	二级指标
高端要素	创新资本	R&D经费内部支出
		政府资金
		企业资金
		R&D经费外部支出
	战略科技	购买境内技术经费支出
		技术改造经费支出
		专利申请数
		新产品开发项目数
	研发人才	有研发机构的企业数
		机构数
		R&D人员折合全时当量

借鉴杨博旭等[①]和田时中等[②]研究,采用熵权赋值法构建高端要素集聚水平。该方法基于差异驱动原理赋值,过程透明且可重复操作,能够客观挖掘定量数据包含的信息。其次,无量纲数据处理不受数据单位类别影响,可以简化处理过程、降低处理误差。具体的过程如下:

(1)数据归一化处理。先对各省域的创新资本、战略科技和研发人才的二级指标分别进行标准化处理,公式如下:

$$\text{正向指标}: x'_{ij} = \frac{x_{ij} - \min x_{ij}}{\max x_{ij} - \min x_{ij}} \tag{1}$$

$$\text{负向指标}: x'_{ij} = \frac{\max x_{ij} - x_{ij}}{\max x_{ij} - \min x_{ij}} \tag{2}$$

---

① 杨博旭,王玉荣,李兴光,等.从分散到协同:高新技术产业创新要素集聚发展路径[J].科技管理研究,2020,40(12):142-149.

② 田时中,许玉久,范宇翔.数据要素新动能对制造业高质量发展的影响研究[J].统计与信息论坛,2023,38(8):55-66.

为方便起见,归一化的数据 x'_{ij} 仍记为 x_{ij}。

(2)计算指标占比。第 j 项指标下第 i 个指标值占该指标的比重:

$$p_{ij} = \frac{x_{ij}}{\sum_{i=1}^{m} x_{ij}} \tag{3}$$

(3)计算各指标熵值(e_j)。熵值的大小代表了信息不确定性的大小,熵值越大,代表该指标所包含信息越少,则该指标的重要性相应越小;熵值越小,代表该指标包含的信息越大,则该指标的重要性越大。

$$E_{ij} = \sum_{i=1}^{m} p_{ij} \ln p_{ij} \tag{4}$$

$$e_j = -\frac{1}{\ln m} \sum_{i=1}^{m} p_{ij} \ln p_{ij} \tag{5}$$

(4)计算各指标差异系数。对于同一指标体系下,指标熵值越小,代表差异系数越大,包含的信息越多;指标熵值越大,代表差异系数越小,包含的信息越少。

$$g_j = 1 - e_j \tag{6}$$

(5)基于熵权法确定各指标值的权重。

$$w_j = \frac{g_j}{\sum_{j=1}^{n} g_j} \tag{7}$$

(6)计算一级指标综合评价值(s_i)。基于线性加权的方法,分别得到创新资本、战略科技和研发人才 3 个一级指标的评价值。

$$s_i = \sum_{j=1}^{n} w_j p_{ij} \tag{8}$$

(7)计算最终的综合指标。综合三个一级指标评价值,重新进行熵权法的计算过程,得到最终的高端要素集聚水平。

2.核心解释变量

数据要素市场化是数据要素价值创造和增值的体现,是数据要素转化为新质生产力的过程,作用在产业链的全过程,对不同主体和区域的经济发展产生影响。本文借鉴国家工业信息安全发展研究中心发布的《中国数据要素市场发展报告》中数据要素市场化的指标体系,并参考以往的文献[1][2],构建了数据要素市场化指标体系,主要包括"数据供给""数据流通"和"数据价值增值"三个一级指标,具体构建体系如表2所示。借鉴报告中数据要素市场化指数构建方法,首先利用阈值法对指标进行归一化处理,其次对处理后的各级无量纲数据进行线性加权得到最终的市场化指数。

表 2　数据要素市场化指标体系

综合指标	一级指标	二级指标
数据要素	数据供给指数	电信业务总量
		域名数
		网页数
	数据流通指数	有电子商务交易活动的企业数
		互联网宽带接入端口
		互联网宽带接入用户
	数据价值增值指数	电子商务销售额
		企业电子商务采购额
		软件和信息技术服务业人员年末数

3.控制变量

为避免其他因素对于高端要素集聚的影响,参考以往文献[3][4],选取以下变量作为控制变量:(1)经济发展水平。采用人均国内生产总值的对数衡量。(2)产业结构升级水平。采用第三产业与第二产业的比值衡量。(3)基础设施发展水平。以地区公路总里程数与地区人口数的比值衡量。(4)对外开放水平。以

---

[1] 董影,何伟,仇泸毅,等.中国数据要素流动环境适宜度评价及预测[J].统计与决策,2023,39(20):56-60.
[2] 范德成,肖文雪.数据要素配置与区域创新:赋能效果及作用路径[J].科技进步与对策,2023,40(20):30-41.
[3] 陈婷,段尧清,吴瑾.数据要素市场化能否提升城市创新能力——来自准自然实验的证据[J].科技进步与对策,2024(1):1-10.
[4] 尹西明,林镇阳,陈劲,等.数据要素价值化生态系统建构与市场化配置机制研究[J].科技进步与对策,2022,39(22):1-8.

进出口贸易总额与地区人均国内生产总值的比值衡量。(5)市场化水平。以市场化指数衡量①,包括政府与市场关系、非国有经济的发展、产品市场的发育程度、要素市场的发育程度和市场中介组织发育和法律制度环境。

变量的描述性统计和相关性分析如表3和表4所示。

表3 描述性统计分析

变量类别	变量名称	标识符号	N	Mean	SD	Min	Max
被解释变量	高端要素	qua	240	0.106	0.158	0	0.999
核心解释变量	数据供给	sup	240	0.094	0.124	0	0.665
	数据流通	flow	240	0.224	0.197	0	1
	数据价值增值	value	240	0.138	0.187	0	0.988
控制变量	经济发展水平	gdp	240	10.91	0.411	10.05	12.01
	产业结构水平	ind	240	1.300	0.711	0.572	5.297
	基础设施水平	inf	240	39.53	24.77	5.161	143.6
	对外开放水平	open	240	0.253	0.269	0.008	1.342
	市场化水平	mar	240	8.141	1.824	3.580	11.93

表4 相关性分析

变量	qua	sup	flow	value	gdp	ind	inf	open	mar
qua	1								
sup	0.560***	1							
flow	0.872***	0.668***	1						
value	0.776***	0.817***	0.753***	1					
gdp	0.472***	0.633***	0.484***	0.691***	1				
ind	−0.0510	0.580***	0.0230	0.426***	0.448***	1			
inf	−0.380***	−0.441***	−0.434***	−0.476***	−0.425***	−0.253***	1		
open	0.436***	0.608***	0.376***	0.724***	0.701***	0.501***	−0.585***	1	
mar	0.614***	0.561***	0.674***	0.665***	0.719***	0.156**	−0.742***	0.659***	1

注:***、**、*分别表示在1%、5%、10%的水平下显著。

---

① 樊纲,王小鲁,马光荣.中国市场化进程对经济增长的贡献[J].经济研究,2011,46(9):4—16.

(三)模型构建

根据以往研究内容和理论分析,构建了本文的理论模型,研究采用双向固定效应模型探究数据对于高端要素集聚的影响,基准模型如下所示:

$$Qua_{i,t}=\beta_0+\beta_1 sup_{i,t}+\beta_2 flow_{i,t}+\beta_3 value_{i,t}+\sum controls_{i,t}+\delta_i+\mu_t+\varepsilon_{i,t} \quad (9)$$

其中,i 和 t 分别表示省域和年份,Qua_{it} 表示省域 i 在第 t 年的高端要素集聚水平,sup_{it} 表示省域 i 在第 t 年的数据供给水平,$flow_{it}$ 表示省域 i 在第 t 年的数据流通水平,$value_{it}$ 表示省域 i 在第 t 年的数据价值增值水平,$\sum controls_{i,t}$ 表示可能对高端要素集聚产生影响的多个控制变量,δ_i 表示省域个体固定效应,μ_t 表示时间固定效应,$\varepsilon_{i,t}$ 表示随机误差项。

四、实证分析

(一)基准回归

表5报告了数据市场化对于高端要素集聚水平的影响,主要从数据供给、数据流通和数据价值的增值三个环节展开研究,所有变量的 $VIF<10$,证明不存在多重共线性值问题。模型1表示数据要素市场化综合指标对于高端要素集聚的影响,模型2是未加入控制变量的前提下数据要素一级指标对于高端要素的影响,模型3是在模型2的基础上加入控制变量的进一步分析。结果显示,数据要素市场化对于高端要素的聚集水平具有正向的影响,即数据要素可以促进创新资本、战略科技和研发人才的集聚,为区域内产业和经济发展提供支撑,促进区域间交流合作和协同发展,更大程度发挥新质生产力的作用。

表5 基准回归

变量	模型1	模型2	模型3
$data$	0.873*** (0.084)		
sup		0.061 (0.081)	0.111 (0.087)

续表

变量	模型1	模型2	模型3
$flow$		0.377*** (0.071)	0.341*** (0.083)
$value$		0.447*** (0.073)	0.503*** (0.090)
$constant$	1.521*** (0.440)	−0.264*** (0.041)	1.596*** (0.427)
$controls$	YES	NO	YES
个体固定效应	YES	YES	YES
时间固定效应	YES	YES	YES
观测数	240	240	240
R^2	0.949	0.855	0.955

注：括号内为标准误，***、**、*分别表示在1%、5%、10%的水平下显著，下同。

具体而言：(1)数据流通对于高端要素集聚水平具有显著的正向影响。数据要素的流动性是其创造价值的渠道，只有打破数据流动壁垒，实现数据自由、高效的流动，才能使数据得到充分利用，发挥其对于高端要素集聚的新动能，更好地促进新质生产力的涌现。(2)数据价值的增值对于高端要素集聚水平具有显著的正向影响，且数据价值的增值的影响显著高于流通指数。数据要素作为一种新型生产要素，其具有规模经济性、可再生性、非排他性和强渗透性，可以实现对于其他要素的赋能，从而发挥数据要素的乘数效应。因此，数据价值的增值是各地区数据要素市场发展的重中之重，只有实现对于数据价值增值的挖掘，才能更好地流通和赋能以及更好地促进新质生产力的发展，从而服务于社会和企业。(3)数据供给对于高端要素集聚水平的影响并不显著。可能的原因如下：首先，中国虽然具有天然的数据优势，各行各业具备丰富的数据资源，然而"数据不出域、可用不可见"的规定阻碍了数据的供给。其次，数据本身对于经济增长和企业的发展有限[1]，如果缺乏对数据的进一步处理和分析能力，就难

---

[1] Maryam Ghasemaghaei, Goran Calic. Assessing the impact of big data on firm innovation performance: Big data is not always better data[J]. Journal of Business Research, 2020, 108(C): 147−162.

以将数据的价值转化为实际生产力,不能有效发挥数据要素的效能。

高端要素包含创新资本、战略科技和研发人才三个类别,因此进一步探究数据要素对于三类高端要素的集聚影响。结果如表6所示,数据要素市场化对于创新资本、战略科技和研发人才都具有显著的正向影响,其中对于研发人才集聚的作用最大。

表6 数据对于创新资本、战略科技和研发人才的影响

变量	(1) 创新资本		(2) 战略科技		(3) 研发人才	
$Data$	0.714***		0.765***		0.902***	
	(0.061)		(0.092)		(0.098)	
sup		0.043		0.183*		0.080
		(0.060)		(0.099)		(0.103)
$flow$		0.398***		0.176*		0.369***
		(0.057)		(0.094)		(0.098)
$value$		0.309***		0.514***		0.529***
		(0.062)		(0.103)		(0.106)
$constant$	0.669**	0.880***	1.796*	1.726***	1.587***	1.675***
	(0.318)	(0.294)	(0.481)	(0.485)	(0.515)	(0.502)
$controls$	控制	控制	控制	控制	控制	控制
个体固定效应	是	是	是	是	是	是
时间固定效应	是	是	是	是	是	是
观测数	240	240	240	240	240	240
R^2	0.970	0.976	0.774	0.888	0.947	0.953

针对创新资本,数据流通和数据价值的增值对于创新资本具有正向影响,且对于资本而言,数据的流通具有更重要的作用。数据价值的增值是市场化的基础,只有数据的价值得以确认,数据的确权得以清晰,数据才能够实现交易。而数据的有序流动是数据产生价值的渠道,只有数据自由流动,才能实现数据的赋能,才能吸引更多资本的投入,为新质生产力高效发展提供基础保障。针

对战略科技,数据供给、数据流通和数据价值的增值都具有正向的影响,其中数据价值的增值影响最为重要。原始数据资源的收集、整理、分析,数据的确权,流通渠道的建设,数据价值的确定以及交易,都需要科技的支撑,因此,三个环节对于科技的集聚都产生显著影响,而科技也为新质生产力的发展提供技术保障。针对研发人才,数据流通和数据价值的增值具有正向的影响,其中,数据价值的增值作用更为显著。数据的挖掘、使用和流通需要与人力资本匹配才能实现数据的价值增值,因此能够吸引大量人才的集聚,人才对于数据的利用和再创造为新质生产力的发展注入了强大的动力,能够促进数字经济社会的升级,赋能国家高质量发展。

(二)稳健性检验

为了验证本文研究结果的稳健性,从多个方面检验模型。首先,解释变量滞后一期。由于当期数据可能受到滞后数据的影响,因此采用滞后一期的数据要素分析高端要素集聚的影响,结果如表7列(1)所示,与主模型的显著性和影响方向具有一致性。其次,添加控制变量。政府的财政支出能够在一定程度上反映对于公共事务的关注程度,可能会对高端要素的集聚产生影响,因此在模型中添加政府财政支出进行分析。结果如列(2)所示,与主模型保持一致,可以证明主模型的稳健性。最后,替换被解释变量。有效发明专利可以体现地区的科技水平,因此可以用有效发明专利代替专利申请数。有R&D活动的企业数可以证明企业从事一定形式的科研活动,因此可以作为有研发机构企业数的替换。对替换的指标进行重新实验,结果如列(3)所示,研究结果与主模型一致,进一步证明了本文构建模型的稳健性。

表7 稳健性检验结果

变量	(1) 滞后一期	(2) 添加控制变量	(3) 替换被解释变量
$Data$	0.749*** (0.099)	0.873*** (0.084)	0.877*** (0.078)

续表

变量	(1) 滞后一期		(2) 添加控制变量		(3) 替换被解释变量	
sup		−0.021 (0.094)		0.108 (0.088)		0.101 (0.079)
$flow$		0.375*** (0.093)		0.342*** (0.083)		0.399*** (0.076)
$value$		0.456*** (0.104)		0.504*** (0.091)		0.447*** (0.082)
$constant$	1.545*** (0.532)	1.565*** (0.512)	1.666*** (0.626)	1.464** (0.600)	1.352*** (0.407)	1.503*** (0.390)
$controls$	控制	控制	控制	控制	控制	控制
个体固定效应	是	是	是	是	是	是
时间固定效应	是	是	是	是	是	是
观测数	210	210	240	240	240	240
R^2	0.948	0.956	0.949	0.955	0.957	0.963

(三)异质性分析

由于中国幅员辽阔,不同区域发展水平差异较大[①],因此,除了综合分析全国省域,还需要分区域展开讨论。根据全国人大会议及相关参考文献,本文将全国省域划分为东部城市、中部城市和西部城市三个子样本,就数据要素对高端要素集聚的影响进行研究,结果如表8所示。

表8　异质性检验

变量	(1) 东部城市	(2) 中部城市	(3) 西部城市
sup	0.026 (0.104)	−0.129 (0.083)	−0.065 (0.153)
$flow$	0.799*** (0.083)	0.249*** (0.068)	0.125* (0.067)

---

① 张帅,吴珍玮,陆朝阳,等.中国省域数字经济与实体经济融合的演变特征及驱动因素[J].经济地理,2022,42(7):22—32.

续表

变量	（1）东部城市	（2）中部城市	（3）西部城市
$value$	0.395*** (0.077)	0.188** (0.087)	0.074 (0.116)
$constant$	−3.379*** (0.690)	−0.349 (0.377)	0.349 (0.232)
$controls$	控制	控制	控制
时间固定效应	是	是	是
观测数	88	80	72
R^2	0.917	0.974	0.786

列（1）和列（2）展示了对于东部和中部省域的研究结果。数据流通和数据价值的增值对于高端要素的集聚具有显著的正向影响，而数据供给的影响则不显著。相对于西部地区，东中部省域的经济更为发达，拥有丰富的数据资源，然而数据的使用和流通受到规则和设施的限制，使得数据供给的作用并不明显。在目前可用的数据基础上，数据的流通和数据的价值增值更具有意义，只有数据要素被赋予相应的价值并能够流通顺畅，才可以实现价值增值从而吸引更多资本的集聚。同时，数据的存储和流动需要大数据、区块链等技术的支撑，因此数据要素促进了创新资本和科技资源的集聚。科技的发展离不开对于人才的需求，大数据平台、数据交易中心的设立吸引了大量人才的集聚，专业人才可以挖掘数据并实现数据价值增值。因此数据要素有利于人才的配置和流动，可以实现对人才资本的提升。

列（3）展示了对于西部省域的研究结果。结果显示只有数据流通具有显著的正向影响，其他因素的作用并不显著。西部城市经济发展相对落后，数据资源也相对匮乏，国家"东数西算"政策的出台，促进了西部城市大数据平台和数据交易中心的建立，使得数据可以有效流通和交易，研究证明政策的实施具有明显的成效。但是由于西部城市经济发展相对落后，数据资源也相对匮乏，目前在西部城市难以形成数字支撑产业，因此导致对于高端要素的吸引能力相对较低。

五、总结与启示

（一）研究结论

数据要素是基础性和战略性资源，也是新质生产力的重要组成部分，其对于创新资本、战略科技和研发人才等高端要素的集聚具有重要影响。高效利用丰富的数据资源，可以推动高端要素的流动和融合，释放更多的发展潜力，从而推动国家经济高质量发展。本文基于2013—2020年中国30个省域的数据，利用熵权法构建了数据市场化和高端要素集聚指标体系，并进行双向固定效应模型分析。研究探究了数据供给、数据流通和数据价值的增值对于高端要素集聚的影响，并针对研究结果进行了多项稳健性检验。考虑到省域之间的发展水平差异较大，本文进一步对东中西部省域的集聚效应进行分析。

研究结果显示：(1)数据流通和数据价值的增值能够促进高端要素的集聚，且在目前发展阶段，数据价值的增值影响更为显著，而数据供给并未产生显著影响。(2)数据要素对于创新资本、战略科技和研发人才的影响具有差异。从数据要素市场化总的指标出发，研发人才的集聚受数据要素的影响最为显著，其次是战略科技、创新资本。从数据要素的三个环节出发，数据流通和数据价值的增值对于创新资本和研发人才具有显著的正向影响，而战略科技受到数据要素的三个环节的影响。(3)数据要素市场化对于不同省域的影响具有显著差异。东部和中部省域的经济发展水平更高，数据资源更为丰富，使得数据供给的作用并不明显。数据流通和数据价值的增值对于高端要素的集聚则具有重要影响。相比较东中部省域，西部省域的资源相对匮乏，企业数量更少，整体发展水平更低。我国"东数西算"工程的规划，加大了对于西部地区的数据中心布局和投资建设，实现了数据的跨区域流动，使得数据流通对于高端要素的集聚具有显著的作用，也证明我国工程的实施得到了有效的反馈，展现了目前促进新质生产力发展的成果。

(二)对策建议

数据作为数字经济的核心要素,可以吸引高端要素的集聚,加速创新主体的融合和创新效能的提升。有针对性地发挥数据要素各个环节的作用,能够吸引政府和企业资金的投入,推动战略技术的流动和研发人才的集聚,有助于更好地发挥数字经济的引领作用。

从数据供给角度出发,强化数据要素的供给质量,降低数据供给的成本,促进新质生产力的形成。中国具有丰富的数据资源,然而数据的质量参差不齐,考虑到数据本身的价值有限,单纯的数据量的增加并不足以产生直接的经济效益。高质量的数据供给往往意味着具有较高的发展潜力和竞争优势,可以吸引到更多资金、技术和人才,从而进一步推动区域的发展。研究结果表明,数据供给对于战略科技集聚的影响最为显著。数据集聚过程受到数据环境构建的影响。数字基础设施是数据环境的重要组成部分,是数据供给的基础条件。基础设施构建的过程中涉及大数据、云计算、区块链等战略技术,因此能够吸引高端技术的集聚。其次,"数据不出域,可用不可见"在很大程度上限制了数据要素的供给,因此,需要加快管理体系的建立和完善,形成整套的保障机制,使得数据"敢于供"以及"供得出"。我们通过脱敏技术、加密技术等整理、统计、汇总数据,实现供给数据的规模化、品质化,同时能够汇集全球有价值的数据,发挥数据的基础性和战略性功能,为新质生产力的形成奠定基础。

从数据流通角度,加快构建数据流通和交易平台,促进数据良序、高效流动,实现新质生产力的发展。目前,我国数据流动环境的适宜度整体偏低,导致数据难以有效流动。构建流通平台、完善基础设施和流通制度是目前亟须解决的问题。良好的流通环境有利于数据的充分流动,而环境的建立涉及资金流、技术流和人才流,因此需要不断整合人力资源,提高战略技术的发展。研究表明,数据流通对于战略科技集聚的影响最为显著,而科技的发展制约着数据的价值增益。因此,需要做好数据确权工作,制定健全的数据产权制度和规则[①],逐步构建数字化平台,使得脱敏数据可以快速、高效流通。政府和企业之间需要协同治理,充分利用互联网、云计算、大数据等数据技术,实现对于流动和交易过程的监管。同时也需要法律、审计等行业的协同合作,建立并完善数据要素流动合法性的制度,并在实施的过程中提供服务支持,以充分发挥数据要素的作用,实现对于经济发展的赋能。

从数据流通的地域差异性,数据交易平台的构建应因地制宜,增强政策执行的灵活度。虽然数据要素打破了地理位置上的限制,但是不同地区之间的数据要素类型和渠道畅通水平存在差异,造成了数据流通的不平衡,使得各类数据不能得到充分挖掘和利用,制约了新质生产力的发展。因此,以发展新质生产力为重要契机[②],拓宽数据要素的延伸领域,实现不同区域不同数据类型的精准匹配,是数据资源能够自主有序流动、高效公平配置的关键。国家实施的"东数西算"工程为东部丰富的数据资源提供了流动和交易的渠道,研究结论也表明工程的实施得到了正向的反馈,在西部地区,数据要素流动对于高端要素的集聚具有正向的影响。因此,充分利用数据要素特性,结合区域特色,优化各地数据交易平台的建立,实现东西部协同发展,这也符合"东数西算"政策的倡导。

从数据价值的增值角度,加快数据价值的确定,完善数据要素价值核算体系,为新质生产力的发展注入持续的活力。数据要素价值是数据能够交易的核心,从数字自身而言,数据资源化、资产化和资本化是实现价值的关键途径。然而,数据价值的增值不仅意味着数据量和数据种类的丰富,更多的是指其对于其他要素的赋能。[③][④] 数据的获取、存储、挖掘可以使得数据价值的增值更为具象化,从而帮助优化资源的配置。数据的分析过程需要技术和人才的支持,技

---

① 许中缘,郑煌杰.数据要素赋能新质生产力:内在机理、现实障碍与法治进路[J].上海经济研究,2024(5):37—52.
② 贾若祥,王继源,窦红涛.以新质生产力推动区域高质量发展[J].改革,2024(3):38—47.
③ Wu L,Hitt L,Lou B. Data analytics,innovation,and firm productivity[J]. Management Science,2020,66(5):2017—2039.
④ Ghasemaghaei M,Calic G. Assessing the impact of big data on firm innovation performance:Big data is not always better data[J]. Journal of Business Research,2020(108):147—162.

术的存在可以降低数据存储等的成本,而真正实现数据价值的增值则需要人力的判断和解析。研究结果发现,从总体出发,数据价值的增值对于高端要素集聚的作用最为显著,这也符合目前实业界对于数据的聚焦点。因此,根据数据要素的性质和领域,构建精确的数据价值核算体系,使得数据可以实现在数据链上的流通。同时,数据安全、数据隐私等问题制约数据交易,其涉及的法律条款也需要相应建立,为数据的价值化转换提供保障。

参考文献

[1] Maryam Farboodi, Roxana Mihet, Thomas Philippon, Laura Veldkamp. Big Data and Firm Dynamics[J]. AEA Papers and Proceedings, 2019(109):38—42.

[2] 国务院. 关于构建更加完善的要素市场化配置体制机制的意见[EB/OL]. http://www.gov.cn/zhengce/2020-04/09/content_5500622.htm.

[3] 刘伟. 加快培育新质生产力推进实现高质量发展[J]. 经济理论与经济管理, 2024, 44(4):1—11.

[4] 史丹, 孙光林. 数据要素与新质生产力:基于企业全要素生产率视角[J]. 经济理论与经济管理, 2024, 44(4):12—30.

[5] 刘志阳. 发挥数据在全球高端要素集聚中的乘数效应[N]. 光明日报, 2023-01-19:10.

[6] 熊英. 数据要素价值化与实体经济高质量发展[J]. 技术经济与管理研究, 2023(7):79—84.

[7] 董影, 何伟, 仇泸毅等. 中国数据要素流动环境适宜度评价及预测[J]. 统计与决策, 2023, 39(20):56—60.

[8] 范德成, 肖文雪. 数据要素配置与区域创新:赋能效果及作用路径[J]. 科技进步与对策, 2023, 40(20):30—41.

[9] 孔艳芳, 刘建旭, 赵忠秀. 数据要素市场化配置研究:内涵解构、运行机理与实践路径[J]. 经济学家, 2021(11):24—32.

[10] 张夏恒, 刘彩霞. 数据要素推进新质生产力实现的内在机制与路径研究[J/OL]. 产

业经济评论,2024(3):171—184.

[11] 陆岷峰. 数据市场化赋能新质生产力:理论逻辑、实施模式与发展趋势[J/OL]. 新疆社会科学,[2024—01—15].

[12] 黄群慧,盛方富. 新质生产力系统:要素特质、结构承载与功能取向[J]. 改革,2024(2):15—24.

[13] 戴翔,邹小奕. 自贸试验区制度创新的高端要素流入效应[J]. 国际商务(对外经济贸易大学学报),2024(3):20—38.

[14] 杜宇玮. 工业化后期区域如何集聚高端要素——来自美国奥克兰郡的经验与启示[J]. 经济研究参考,2020(15):92—102.

[15] 周元元,冯南平. 创新要素集聚对于区域自主创新能力的影响——基于中国各省市面板数据的实证研究[J]. 合肥工业大学学报(社会科学版),2015,29(3):57—64.

[16] 任保平. 生产力现代化转型形成新质生产力的逻辑[J]. 经济研究,2024,59(3):12—19.

[17] 孙亚男,刘燕伟,傅念豪,等. 中国新质生产力的增长模式、区域差异与协调发展[J]. 财经研究,2024(6):1—17.

[18] 杨博旭,王玉荣,李兴光,等. 从分散到协同:高新技术产业创新要素集聚发展路径[J]. 科技管理研究,2020,40(12):142—149.

[19] 丁煜. 数字经济对创新要素配置的作用机制研究[D]. 江西财经大学,2022.

[20] 马建堂. 建设高标准市场体系与构建新发展格局[J]. 管理世界,2021,37(5):1—10.

[21] 国家工业信息安全发展研究中心. 中国数据要素市场发展报告(2020—2021)[R],2021—05—07.

[22] 史青春,牛悦,徐慧. 企业数据要素利用水平影响投资效率机理研究——利用数据要素激活冗余资源的中介作用[J]. 中央财经大学学报,2023(11):105—115.

[23] 杨膨宇. 数字要素赋能下的产业结构优化效应研究[J]. 统计与决策,2023,39(22):57—62.

[24] 刘传明,陈梁,魏晓敏. 数据要素集聚对科技创新的影响研究——基于大数据综合试验区的准自然实验[J]. 上海财经大学学报,2023,25(5):107—121.

[25] 郑国强,张馨元,赵新宇. 数据要素市场化如何驱动企业数字化转型?[J]. 产业经济研究,2023(2):56—68.

[26]马涛,刘秉源.跨境数据流动、数据要素价值化与全球数字贸易治理[J].国际经济评论,2024(1):1—26.

[27]戚聿东,刘欢欢.数字经济下数据的生产要素属性及其市场化配置机制研究[J].经济纵横,2020(11):63—76,2.

[28]冯永琦,林凰锋.数据要素赋能新质生产力:理论逻辑与实践路径[J].经济学家,2024(5):15—24.

[29]邹叔君.数据要素助力科技信息高端交流与技术转移平台建设[J].图书与情报,2021(6):9—10.

[30]国务院.中共中央国务院关于构建数据基础制度更好发挥数据要素作用的意见[EB/OL].https://www.gov.cn/zhengce/2022-12/19/content_5732695.htm.

[31]田时中,许玉久,范宇翔.数据要素新动能对制造业高质量发展的影响研究[J].统计与信息论坛,2023,38(8):55—66.

[32]陈婷,段尧清,吴瑾.数据要素市场化能否提升城市创新能力——来自准自然实验的证据[J].科技进步与对策,2024(1):1—10.

[33]尹西明,林镇阳,陈劲等.数据要素价值化生态系统建构与市场化配置机制研究[J].科技进步与对策,2022,39(22):1—8.

[34]樊纲,王小鲁,马光荣.中国市场化进程对经济增长的贡献[J].经济研究,2011,46(9):4—16.

[35]Maryam Ghasemaghaei,Goran Calic. Assessing the Impact of Big Data on Firm Innovation Performance:Big Data is not Always Better Data[J]. Journal of Business Research,2020,108(C):147—162.

[36]张帅,吴珍玮,陆朝阳等.中国省域数字经济与实体经济融合的演变特征及驱动因素[J].经济地理,2022,42(7):22—32.

[37]许中缘,郑煌杰.数据要素赋能新质生产力:内在机理、现实障碍与法治进路[J].上海经济研究,2024(5):37—52.

[38]贾若祥,王继源,窦红涛.以新质生产力推动区域高质量发展[J].改革,2024(3):38—47.

[39]Wu L,Hitt L,Lou B. Data Analytics,Innovation,and Firm Productivity[J]. Management Science,2020,66(5):2017—2039.

对新质生产力的投资能否推动制造业企业的数字化转型？

一、引言

数字经济时代，数字技术起到了倍增效应，赋予生产力更高的效率，驱动制造业向智能制造等高质量发展方向转型升级。在此背景下，强调数字化、智能化的新质生产力成为制造业激活发展新势能、开展数字化转型的重要引擎，以新质生产力来培育制造业企业转型升级具有重要的战略价值（徐政和张姣玉，2024）。近年来，得益于我国在数字新基建方面的大力投入，以及人工智能等战略性新兴产业的持续布局，如何紧抓数字革命带来的发展机遇，利用数字化转型突破发展瓶颈，强化中国在全球价值链中的地位（张培和张苗苗，2021），也成为我国制造业企业高质量发展的新使命。从实践来看，制造业企业依托有利的数字生态环境陆续开展了如智能工厂、平台化组织模式、产品和商业模式创新等数字化转型的探索，并取得了一定的成效。但整体而言，目前我国制造业企业的数字化转型进展和发达国家相比仍存在一定差距。为此，制造业企业如何建设与数字化相适配的新质生产力以推动自身的数字化转型，不仅成为我国社会各界关注的重要议题，也是下阶段各国制造业企业深层次角逐的方向。

从现有文献来看，不少研究尝试从不同视角或维度来分析企业数字化转型

基金项目：国家自然科学基金面上项目"'鱼水相依'抑或'与鲨共舞'：公司风险投资的作用机制与双重效应研究——基于多元主体互动的视角"(71872108)。

本文作者简介：董静，上海财经大学商学院教授，国际文化交流学院院长；吕孟丽，上海财经大学商学院博士研究生；孙传超，上海财经大学商学院博士研究生；谢韵典，武汉科技大学法学与经济学院讲师。

的驱动因素。其中较大一部分研究将视野置于企业外部,探讨了外部环境因素如数字基础设施和技术条件(Tilson等,2010)、政策赋能(孙伟增等,2023)、行业技术变革速度(Wamba和Chatfield,2009)等对于企业数字化转型决策的影响;同时,还关注了外部利益相关者如投资者、消费者、供应商和媒体的期望压力,以及企业间的同群效应在企业数字化转型中的推动作用(Benlian等,2018;杜勇等,2023)。另一部分研究则考察了组织层面的因素,包括企业数字化相关高管岗位的设置(Firk等,2021),以及高管团队数字化背景等在企业数字化转型中的效用(武立东等,2024)。上述研究为理解企业数字化转型提供了有价值的见解,但仍然存有继续拓展和深化的空间:一方面,关注外部因素的研究主要回答了企业数字化转型的前因,如国家政策、技术背景等宏观因素,而对如何培育和建设自身新质生产力以助推企业数字化转型未能加以讨论。另一方面,探讨组织层面因素的研究虽然涉及开展数字化转型的措施和路径,但着眼点局限于组织边界之内,对于企业是否能够以及如何利用外部环境中的新质生产力未做进一步展开。由于制造业企业的数字化转型具有高繁杂性、过程性和渐进性等特性(张培和张苗苗,2021),同时面临组织惯性、员工抵触、领导力不足等挑战(Vial,2019),因此仅依靠"内生式"数字化发展策略不易打破桎梏、克服惰性且见效缓慢;而"外生式"数字化方案供给则难以精准把握企业数字化转型中的关键问题,致使"药不对症"、收效甚微。这较大程度上限制了目前我国制造业企业的数字化转型和高质量发展。为了弥补现有研究的不足,本文将视角拓展至组织层面的外部学习活动,尝试讨论制造业企业的外部学习活动(如公司风险投资)能否作用于数字化转型。同时,由于新质生产力在数字经济时代中得以孕育和发展,其深刻强调了数字化和智能化(余东华和马路萌,2023),因此代表新质生产力的创业企业往往具有较高的数字化资源和能力禀赋。那么,这类企业可能是制造业企业在开展数字化转型过程中重要的外部学习对象。鉴于此,本文具体以公司风险投资这一典型的外部学习活动为例,探讨制造业企业对新质生产力的投资（Venture Capital for New Quality Productive Forces, NVC[①]）能否助推自身的数字化转型。

在企业发展演进的过程中，不免会面临内部知识发展的障碍，从外部环境中学习和吸收新知识成为可行的策略（Cohen 和 Levinthal，1990；Rosenkopf 和 Nerkar，2001），尤其随着技术周期不断缩短，提前部署和持续监测新质生产力的发展动向变得至关重要（洪银兴，2024）。而利用 NVC 活动与战略性新兴产业建立联结，是制造业企业通过学习外部知识培育其新质生产力的重要战略举措（Schildt 等，2010；Wadhwa 和 Kotha，2006）。置于数字化转型情境中，对大多数制造业企业而言，仅依赖内部力量培植新质生产力仍是一件耗时且艰巨的工作。而通过 NVC 活动，制造业企业也许能从组织边界之外孵化和培育出新质生产力的技术和知识，进而提升其数字化转型成效，但鲜有文献从此视角进行探讨。基于此，本文选取 2010—2020 年 A 股制造业上市公司作为研究样本进行实证分析。结果表明，制造业企业对新质生产力的投资能够促进其数字化转型；同时，制造业企业占据的技术生态位的多样性和重叠度强化了 NVC 活动对自身数字化转型的积极效用。进一步分析中，本文考察了产权性质、营商环境和企业生命周期阶段在 NVC 活动的外部学习效果上的异质性作用，发现当制造业企业为民营企业、所在地区营商环境较好以及处于成长期和成熟期阶段时，新质生产力投资对企业数字化转型的促进效用更为明显。

本文潜在的研究贡献主要体现在以下几个方面：第一，通过引入新质生产力投资的概念，为企业如何建设新质生产力，特别是为新质生产力具体实施路径的相关文献提供了新的经验证据。第二，考察了 NVC 活动对制造业企业数字化转型的效果，打开了外部学习对企业数字化转型影响机制的黑箱，不仅弥补了数字化转型策略研究的不足，还丰富了组织间学习的研究情境，细化了对公司风险投资的战略结果研究。第三，揭示了技术生态位是新质生产力投资影

[①] 对新质生产力的投资是对具体包含计算机通信和其他电子设备制造业、电信广播电视和卫星传输服务、高端装备制造产业、互联网和相关服务、软件和信息技术服务业等行业的企业的投资。这些领域主要集中在战略性新兴产业。

响制造业数字化转型的重要边界条件,进一步丰富了企业自身知识属性与学习成效间关系的相关研究。

二、研究假设

(一)新质生产力及其建设

2023年9月,习近平总书记首次提出新质生产力的概念,这不仅是立足国内国际两个大局对生产力发展方向做出的战略性研判,更为我国企业指明了一条高质量发展的路径(孟捷和韩文龙,2024),引发了学者们对其内在逻辑、潜在价值、实现路径等方面的探讨。从其内在逻辑来看,新质生产力开场于数字经济时代,强调数字化、智能化(余东华和马路萌,2023),是以战略性新兴产业为核心载体的高阶生产力形态(洪银兴,2024;王国成和程振锋,2024;张森和温军,2024)。因此,新质生产力与传统生产力有着本质区别,它是一种以科技为主导的新质态生产力,强调创新能力、学习能力以及开放的系统性整合能力(高帆,2023),期望在关键核心技术领域以创新引领经济高质量发展(任保平,2024;尹西明等,2024)。

潜在价值方面,首先,新质生产力是推动社会经济发展的关键驱动力量(张姣玉等,2024),通过提高生产效率、优化资源配置、推动产业升级,有效促进经济的高质量发展。其次,新质生产力不仅助力经济高质量发展,提升国家竞争力,更在促进社会进步以及解决全球性问题上发挥着独一无二的作用(王国成和程振锋,2024)。在全球竞争日益加剧的背景下,新质生产力正逐步成为衡量国家社会经济发展水平的重要标志。

从实现路径来看,新质生产力的发展不能局限于表面的存量增长,而必须依靠主体的创新驱动。徐政等(2023)认为,我国应积极吸引和培养国际性高层次人才,全面提升科技人才培养的质量和效率,人才是建设新质生产力的基础。王国成和程振锋(2024)指出,应聚焦战略性新兴产业,加强科技创新能力,攻占战略性新兴产业制高点和未来发展的新赛道,是实现新质生产力建设的关键所在。洪银兴(2024)则提出要超前部署和培育未来产业所培育和发展的新质生产力,促进产业的转型升级,逐步使未来产业成为战略性新兴产业,指出超前布局和培育新质生产力的迫切性。

现有的大多数研究主要从宏观视角提出新质生产力建设路径及其对国家发展的重要性,但如何发展新质生产力亦成为微观企业当今发展的重大课题。从以往企业建设生产力的方式来看,主要分为两种:内生式培育和外生式获取。内生式培育,即企业完全依靠内部资源自主建设新质生产力,这种方式能够贴合企业自身的数字化转型需求,但因投入周期长而面临较高的风险和时间成本(周鹏等,2024);外生式获取,则是通过外部购买的方式快速获取相应的新质生产力,这种方式短期内见效快,但长期来看可能面临融合困难和创新难题。在技术更新生命周期短的数字经济时代,通过公司风险投资的方式,以少量股权的形式从公司外部动态且长期学习与获取创新知识(Cirillo,2019),强化或进一步开发其内部能力(Tong和Li,2011;郭蓉和文巧甜,2019),成为越来越多在位企业的选择(董静和徐婉渔,2018)。以海尔为例,由于其早期对智能家居和物联网技术相关企业的投资,提前布局战略性新兴产业,孵化出与数字化发展相适配的新质生产力,在我国制造业数字化转型中取得领先地位。然而,现有针对新质生产力建设的研究较为稀缺,尤其是从风险投资角度进行外部探索的研究更是鲜见,导致对于通过投资手段促进新质生产力建设的具体效果仍然知之甚少。因此,深入探索新质生产力投资及其对数字化转型升级的潜在贡献,是当前学术界亟待填补的研究空白。

(二)对新质生产力的投资与企业数字化转型

有关组织学习的研究越来越重视组织边界外部的创新源,并指出外部知识对企业的发展至关重要(Cohen和Levinthal,1990)。就NVC活动的被投企业而言,其依托于互联网和新型数字技术发展而来(Monaghan等,2020),通常掌握先进的数字化技术并具备优异的数字化运营能力,是引领未来发展的新支柱,也是加快形成新质生产力的基础。当制造业企业面向该类企业开展风险投资时,可以在投前尽调阶段全面了解拟投企业的技术资源、发展动向等知识和信息,也可以在投后阶段通过占据董事会席位、合作联盟等方式更深入地学习和获取新质生产力的相关知识和技术等（Dushnitsky和Lenox，2005），进而为自身创造了低成本、低风险、高灵活性的新质生产力培育路径（董静和徐婉渔，2018）。因此，从外部学习视角来看，本文认为NVC活动可以在制造业企业数字化转型的情境下发挥效用。

首先，NVC活动为制造业企业提供了从被投企业学习新质生产力相关技术和知识的潜在途径，推动制造业企业拓展现有关于新质生产力的知识边界，增加了探索和发展新质生产力的选择集（Leiponen和Helfat，2011）。对于传统制造业企业而言，接触不同的知识集可以防止其在数字化转型过程中坠入因过度依赖原有知识和合作体系而形成的学习陷阱（Ahuja和Katila，2001）。以往研究表明，获得新的外部知识可以影响企业内部的知识创造（Dushnitsky和Lenox，2005），提高企业的吸收能力。NVC活动为制造业企业吸收更多外部有关新质生产力的知识、推进数字化进程创造了条件。例如，制造业企业可以通过组织间学习获取互补性新质生产力，更新自身生产力体系，更好地培育出契合自身发展的新质生产力，从而支持和检验现有数字化转型成果。

其次，NVC为制造业企业构建了与被投企业基于股权的、稳定的长期合作关系和互动学习机制（Wadhwa和Kotha，2006），有利于制造业企业嵌入以新质生产力为代表的产业创新网络，获得新质生产力的特质知识，尤其是难以溢出行业和企业边界外的隐性知识。这种基于股权投资的长期关系实际上为制造业企业提供了获取创新技术资源的实物期权（乔明哲等，2017；肖珉等，2022）。实物期权的核心思想在于，通过期权创建和期权行使，充分利用所投资项目的跨期价值；不仅包括直接产生的现金价值，还包含因拥有对未来投资机会的选择权所隐含的期权价值，有利于企业在不确定的环境中保持柔性（Van de Vrande和Vanhaverbeke，2013；乔明哲等，2017）。这种实物期权一方面有利于制造业企业在投资阶段长期学习，为制造业企业提供了一种低成本学习途径（乔明哲等，2017），缓解了传统制造业企业转型中面临的投入强度大、投资专用性强和转换成本高等问题（唐浩丹和蒋殿春，2021）；另一方面，有利于制造业企业深入了解新质生产力中的核心技术资源和知识，在与被投企业的组织间互动学习中,充分了解"新质生产力"背后的运行机制和操作原理,获得更为前沿的新质生产力发展动态,从而激活组织的数字灵活性,使得制造业企业能对现有的新质生产力进行动态调整和持续优化,为数字化转型持久续航。

简言之,NVC活动为制造业企业提供了外部学习途径,以实物期权的方式帮助制造业企业嵌入被投企业的创新网络,获取和培育出数字化转型所需的新质生产力,助推其数字化转型程度。基于上述分析,本文提出以下假设:

H1:制造业企业对新质生产力的投资活动能够促进其数字化转型。

(三)企业技术生态位的调节作用

如果对新质生产力的投资活动可以产生外部学习效应,推动企业的新质生产力建设,进而促进制造业企业的数字化转型,那么这种促进作用理应受到企业自身知识属性的影响。近年来,技术生态位因其对技术能力培育和技术发展变革的重要推动作用引起了学者们的关注。技术生态位由Podolny和Stuart(1995)在研究重叠度和生态状况对未来技术创新的效应时首次提出,并将技术生态位定义为与技术变迁共同演进的关联创新。Schot和Geels(2008)在后续研究中指出,技术生态位是技术主体的可持续发展能力,是技术"准演化"的微观环境,是技术个体发展所需的技术资源及功能的综合(苏屹和付宁宁,2022)。对于企业来说,技术生态位反映其当前在创新生态系统中的生态地位,体现了其技术领域宽广程度以及现有创新实力和潜力,即生态位多样性和重叠度(何郁冰和伍静,2020),因而对企业的学习效果具有重要影响,是企业有效培育和建设自身新质生产力的重要基础。企业占据良好的生态位意味着其对内外部资源具有较强的整合能力,相关技术和知识能够实现高效转化落地。因此,在讨论NVC活动对于制造业企业数字化转型的作用时,有必要将企业占据的技术生态位这一因素纳入分析框架。鉴于此,本文进一步探讨制造业企业的技术生态位在NVC活动和其数字化转型之间的调节作用。

(1)生态位多样性的调节作用。技术生态位多样性指企业利用的技术资源的总和,反映了企业技术涵盖领域的丰富程度(郭妍和徐向艺,2009)。企业生态位具有多样性,意味着企业技术布局广泛且方向多样,体现了企业技术外延范围以及知识异质性。在创新生态系统中,企业的创新资源越多样,就越能有效率地吸收和利用外部异质性资源,以更加多样的方式整合不同领域的知识资源(Shipilov,2006)。制造业企业多样的技术和知识存储不仅能帮助制造业企业提高知识吸收能力,也能增加对新质生产力的开发机会,促进其数字化转型。首先,制造业企业生态位多样性越高,意味着其知识结构的覆盖范围越广,知识运用的灵活性相对越强,能够有效利用先验知识更好地获取和理解通过组织间学习所得的新质生产力新知识,有利于提升相关新质生产力的成果转化(Lyu等,2020)。其次,生态位多样性有助于制造业企业新质生产力的迭代重组。相关研究指出,企业涉足的知识领域越广,能够产生的知识组合相对越多(Candiani等,2022),且异质性知识的介入也会提高学习能力和创新可能性。因此,生态位多样性利于制造业企业在新质生产力的要素组合上创新配置,其生态位多样性越高,越容易将新质生产力进行融合、集成,形成加积效应(何郁冰和伍静,2020)。基于此,本文提出以下假设:

H2:生态位多样性强化了针对新质生产力的投资活动对制造业企业数字化转型的积极效应。

(2)生态位重叠度的调节作用。技术生态位重叠度是指占有相同技术生态位因素的比例,或技术资源相似程度(郭妍和徐向艺,2009),重叠度越高,说明技术应用领域的重合程度越高,技术资源的分布模式越相似。然而,这种技术结构相近性易导致技术生态位接近,可能带来潜在冲突,增加两者之间的竞争程度(Nonnis等,2023)。制造业企业本身已培育出数字相关的新质生产力,说明其在数字领域中的纵深资源积累越多,其与数字技术相关的知识的重叠度也越高,这有可能抑制数字化转型情境下NVC活动的外部学习效应,从而在新质生产力的建设作用上效果不明显。首先,生态位重叠度高的制造业企业,其自身的数字知识相对丰富,使得通过NVC活动获取和学习到的互补知识变得相对有限。其次,随着相关的冗余资源不断涌入,制造业企业的学习成本和学习负担反而会持续增加(Wang等,2014)。再者,传统制造业企业的知识相对固化,生态位重叠度越高,越容易形成认知惯性和路径依赖,从而使企业内部数字知识无法与外部数字知识产生协同,甚至带来技术思维冲突,阻碍制造业企业的数字化转型。最后,当生态位重叠度较高时,制造业企业更可能具有跨界布局战略性新兴数字产业的"野心",出于竞争威胁和技术侵占的考虑,被投资企业可能会刻意避免与制造业企业在技术上的交流和合作(Wadhwa 和 Basu,2013),继而阻碍制造业企业的学习过程,不利于其数字化转型。基于此,本文提出以下假设:

H3:生态位重叠度削弱了针对新质生产力的投资活动对制造业企业数字化转型的积极效应。

本文的概念模型如图1所示。

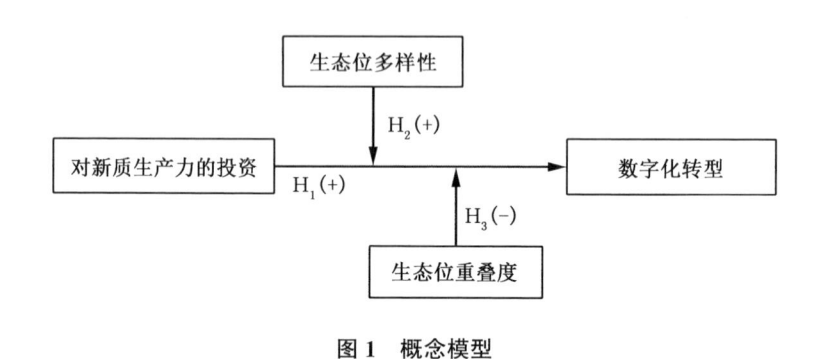

图 1　概念模型

三、研究设计

(一)样本与数据

本文选取 2010—2020 年 A 股制造业上市公司为研究样本。样本筛选过程如下:首先,根据 CVSource 投中数据库披露的风险投资事件信息,匹配出制造业上市公司对符合新质生产力特征的行业和领域的投资事件的年度数据集,具体包含计算机通信和其他电子设备制造业、电信广播电视和卫星传输服务、高端装备制造产业、互联网和相关服务、软件和信息技术服务业等行业的企业,主要集中在战略性新兴产业。其次,剔除具有财务不良状况或其他异常情况的 ST 公司;最后,剔除无法从数据库、企业年报或者搜索引擎中获取完整确切数据信息的企业样本。本文中企业基本信息、财务情况等数据均来自 CVSource 投中数据库、Wind 数据库和 CSMAR 国泰安数据库,专利相关数据来源于国家知识产权局,缺失信息通过查阅公司年报补充。为了保证实证分析模型估计的有效性与一致性,我们对连续性变量数据进行 1% 水平的缩尾处理,以避免极端值的影响。

(二)变量定义

因变量:数字化转型程度(Dig_transf)。借鉴肖土盛等(2022)和赵宸宇(2021)构建的数字化术语词典作为关键词,以年报中的管理层讨论与分析(MD&A)部分作为分析对象,利用文本分析法获取制造业数字化转型的数据,具体为数字化转型程度关键词词频总数与 MD&A 报告每 10 000 个字符的比值。

自变量:对新质生产力的投资(NVC)。参照 Lee 等(2015)的做法,以制造业企业对相关行业的年度累计投资次数作为代理变量,该数值越大,代表新质生产力的建设成效越显著。其中,投资数据集借鉴董静和谢韵典(2022)的方法搜集和整理,再根据数据集甄选出对新质生产力的投资项目。由于商业机密保护,风险投资项目的披露一般具有时滞性,为保证投资数据的完整性,本文收集的投资项目数据集年份跨度为 2010—2020 年。

调节变量:

(1)生态位多样性(ED)。选用专利数据 IPC 分类号的前三位衡量企业涉及的技术类型和丰富度,采用 Shannon-Wiener 指数测度技术生态多样性:

$$ED_{it} = -\sum P_{ir} \mathrm{Ln} P_{ir}$$

其中,ED_{it} 代表 t 年内制造业企业 i 的生态位多样性,r 为专利 IPC 分类号的前 3 位所代表的类别,P_{ir} 代表企业 i 在 r 类 IPC 分类号上的专利数量与专利总数的比例,数值越大,代表制造业企业所拥有的异质性知识越多。

(2)生态位重叠度(EO)。采用 Pinaka 公式测度技术生态位重叠度(Diestre 和 Rajagopalan,2012),该指标反映了制造业企业与所属行业在以数字为代表的新质生产力技术或知识上的相似度：

$$EO_{ij} = \sum P_{ik}P_{jk} / \sqrt{\sum P_{ik}^2 \sum P_{jk}^2}$$

其中，P_{ik} 表示 t 年制造业企业 i 在第 k 类的数字专利申请数，k 为数字专利涉及的前三位 IPC 类别；P_{jk} 表示在 t 年内企业 i 所在的 j 类行业中有关第 k 类数字专利的申请总数，j 类行业以 SIC 行业代码前三位衡量。本文的数字专利具体根据《战略性新兴产业分类与国际专利分类参照关系表（2021）》文件界定，该文件详细披露了数字产业领域以及对应的 IPC 专利分类号和关键词，依据 IPC 分类号识别出制造业企业所申请的数字专利，据此构建出制造业企业的数字专利库进行计算。EO 数值越大，代表企业在所属细分行业中的数字知识重叠度越高。

此外，参考以往研究（杜勇等，2023；Firk 等，2021），本文控制了其他可能影响企业数字化转型的混淆因素：(1)企业年龄（$Firmage$），即企业的经营年限；(2)企业规模（$Firmsize$），年末总资产的自然对数；(3)所有权性质（$Ownership$），国有企业取值为 1，否则为 0；(4)资产回报率（Roa），即税后净利润与总资产的比值；(5)研发强度（$R\&D$），研发支出与资产总额的比值；(6)母公司投资组合多元化程度（$Diversity$），先计算母公司向各个行业进行风险投资的事件数占投资总数的比值 pi，再用 1 减去所有行业投资事件数占比 pi 的平方和；(7)股权集中度（$TOP10$），前十大股东的持股比例；(8)两职合一（$Duality$），若董事长和总经理为同一人赋值为 1，否则赋值为 0；(9)行业集中度（HHI），利用赫芬达尔指数计算制造行业（SIC 三位数分类）的集中度；(10)区域层面（$Region$），制造业企业注册地位于中国东部、中部以及西部地区的公司编码分别为 1、2、3。

（三）模型构建

本文构建如下模型检验 NVC 活动、技术生态位与制造业数字化转型间的关系：

$$Dig\_transf_{it} = \alpha_0 + \alpha_1 NVC_{i(t-1)} + \alpha_2 Control_{i(t-1)} + \sum Year$$

$$+\sum Industry+\varepsilon_{it} \tag{1}$$

$$Dig\_transf_{it}=\beta_0+\beta_1 NVC_{i(t-1)}+\beta_2 Niche_{i(t-1)}+\beta_3 NVC_{i(t-1)}\times Niche_{i(t-1)}$$
$$+\beta_4 Control_{i(t-1)}+\sum Year+\sum Industry+\varepsilon_{it} \tag{2}$$

其中,Dig_transf_{it} 为因变量,代表制造业企业 i 在 t 期的数字化转型程度;$NVC_{i(t-1)}$ 为自变量,表示制造业企业 i 在 $t-1$ 期对新质生产力的投资数;$Niche_{i(t-1)}$ 表示制造业企业 i 在 $t-1$ 期的技术生态位,包含生态位多样性 $[ED_{i(t-1)}]$ 和生态位重叠度 $[EO_{i(t-1)}]$;$\alpha_0-\alpha_2$,$\beta_0-\beta_4$ 为参数。考虑到实践中具有时滞性,本文对解释变量相对被解释变量滞后一期取值,尽可能减少内生性干扰问题。此外,本文控制了时间($Year$)和行业($Industry$)的虚拟变量,以尽可能吸收固定效应。

四、实证结果分析

(一)描述性统计和相关系数表

表1为主要变量的描述性统计。数字化转型程度的均值为3.656,最小值为0,最大值为116.662,标准差为8.551,说明我国制造业企业间的数字化转型存在一定差距;对新质生产力的投资均值为0.035,最大值和最小值分别为0和11,标准差为0.401,表明制造业企业新质生产力的投资数量存在较大差异,为本文提供了良好的研究基础。

表1 主要变量的描述性统计(观测值:13 552)

变量	均值	标准差	最小值	最大值
Dig_transf	3.656	8.551	0	116.662
NVC	0.035	0.401	0	11
ED	0.571	0.518	0	2.956
EO	0.411	0.463	0	1
$Firmage$	17.761	5.171	8	35
$Firmsize$	22.05	1.168	19.756	25.569
$Ownership$	0.35	0.477	0	1

续表

变量	均值	标准差	最小值	最大值
ROA	0.052	0.066	−0.236	0.245
R&D	0.162	0.055	0	0.217
Diversity	0.021	0.123	0	0.943
TOP10	0.567	0.146	0.225	0.879
Duality	0.268	0.443	0	1
HHI	0.864	0.65	0.224	2.962
Region	1.481	0.74	1	3

表 2 为主要变量的相关系数矩阵表,其中对新质生产力的投资与制造业企业数字化转型程度存在显著相关性,初步验证了本文的研究假设。此外,各变量中方差膨胀因子(VIF)的最大值为 1.69,远远小于 10,表明变量间不存在显著的共线性问题。

表 2　主要变量的相关系数矩阵

变量	1	2	3	4	5	6	7
Dig_transf	1						
NVC	0.123***	1					
ED	0.126***	0.071***	1				
EO	0.140***	0.045***	0.597***	1			
Firmage	0.013	0.061***	−0.042***	−0.068***	1		
Firmsize	0.034***	0.124***	0.269***	0.139***	0.133***	1	
Ownership	−0.097***	−0.008	0.027***	−0.001	0.076***	0.280***	1
ROA	0.021**	0.017*	0.059***	−0.016*	−0.018**	0.096***	−0.082***
R&D	0.108***	0.042***	0.252***	0.201***	0.071***	0.232***	−0.119***
Diversity	0.148***	0.520***	0.096***	0.059***	0.084***	0.183***	−0.01
TOP10	0.014	0	0.063***	0.030***	−0.170***	0.126***	−0.081***
Duality	0.060***	0.018**	0.001	−0.002	−0.044***	−0.132***	−0.284***
HHI	−0.045***	0.034***	−0.023***	−0.013	0.025***	0.075***	0.045***
Region	−0.097***	−0.038***	−0.096***	−0.086***	−0.028***	0.062***	0.224***
VIF	/	1.38	1.69	1.58	1.08	1.35	1.26

续表

变量	8	9	10	11	12	13	14
ROA	1						
$R\&D$	0.060***	1					
$Diversity$	0.019**	0.062***	1				
$TOP10$	0.182***	0.138***	−0.047***	1			
$Duality$	0.016*	0.053***	0.028***	0.052***	1		
HHI	−0.031***	−0.072***	−0.004	0.069***	−0.039***	1	
$Region$	−0.045***	−0.132***	−0.068***	−0.084***	−0.117***	−0.009	1
VIF	1.06	1.19	1.42	1.13	1.1	1.03	1.09

注：*、**、***分别表示10％、5％、1％统计意义上的显著。

（二）基准回归结果

表3报告了本文的回归结果。列(1)是基于控制变量的基准回归，列(2)在基准回归上加入对新质生产力的投资（NVC），检验其对制造业企业数字化转型程度（Dig_transf）的影响效应，回归系数在1％水平上显著为正，结果表明制造业企业对新质生产力的投资对其自身数字化转型具有推动作用，假设H1得到支持。列(3)为技术生态位多样性的调节作用结果，交互项$NVC \times ED$对数字化转型的回归系数在1％的统计水平上显著为正，表明生态位多样性在公司新质生产力投资和制造业企业数字化转型的正向关系中起到了强化作用，假设H2得到验证。列(4)为技术生态位重叠度的调节作用结果，交互项$NVC \times EO$对数字化转型的回归系数在1％的统计水平上显著为正，表明生态位重叠度增强了公司新质生产力投资对制造业企业数字化转型的积极影响，假设H3未得到支持。其原因可能在于，我国制造业企业的数字化转型目前仍处于探索阶段，如国家信息中心的数据显示，2022年我国制造业的数字化渗透率仅为24％，不仅低于发达国家33％的平均水平，更与制造强国德国45.3％的数字化渗透率相差甚远，这说明我国制造业企业在数字技术生态位重叠度方面整体处于低位。在此情形下，被投企业通常不太可能将制造业企业视为潜在的竞争对手，反而更有可能成为制造业企业数字化转型的方案提供者而增加互动意愿

(Van de Vrande 和 Vanhaverbeke,2013);相比尚未在数字知识上占据生态位重叠度的制造业企业,生态位重叠度较高的制造业企业因具有较好的数字化知识基础,对于数字化相关知识会表现出更强的吸收能力(Cohen 和 Levinthal,1990),从而能更有效地发挥 NVC 活动的外部学习效应,建设自身的新质生产力。

表 3　基准回归结果

模型 变量	(1) Dig_transf	(2) Dig_transf	(3) Dig_transf	(4) Dig_transf	(5) Dig_transf
$Firmage_{(t-1)}$	−0.035**	−0.036**	−0.028*	−0.032**	−0.028*
	(−2.362)	(−2.429)	(−1.914)	(−2.156)	(−1.904)
$Firmsize_{(t-1)}$	0.216***	0.209***	0.070	0.164**	0.067
	(3.177)	(3.076)	(1.009)	(2.407)	(0.973)
$Ownership_{(t-1)}$	−0.369**	−0.364**	−0.383**	−0.369**	−0.384**
	(−2.256)	(−2.229)	(−2.351)	(−2.259)	(−2.357)
$ROA_{(t-1)}$	5.514***	5.494***	4.848***	5.336***	4.863***
	(5.131)	(5.114)	(4.514)	(4.969)	(4.529)
$R\&D_{(t-1)}$	1.388	1.400	−0.167	0.806	−0.172
	(0.914)	(0.922)	(−0.109)	(0.529)	(−0.113)
$Diversity_{(t-1)}$	5.722***	4.704***	4.765***	4.826***	4.773***
	(10.178)	(7.256)	(7.350)	(7.448)	(7.363)
$TOP10_{(t-1)}$	0.729	0.692	0.798	0.772	0.806
	(1.472)	(1.398)	(1.615)	(1.561)	(1.633)
$Duality_{(t-1)}$	0.388**	0.388**	0.387**	0.405**	0.385**
	(2.462)	(2.460)	(2.461)	(2.573)	(2.451)
$HHI_{(t-1)}$	−1.745	−1.744	−1.858*	−1.837*	−1.856*
	(−1.633)	(−1.633)	(−1.745)	(−1.721)	(−1.743)
$Region_{(t-1)}$	−0.180*	−0.183*	−0.145	−0.179*	−0.145
	(−1.878)	(−1.905)	(−1.513)	(−1.872)	(−1.520)
$NVC_{(t-1)}$		0.617***	0.124	0.095	−0.033
		(3.151)	(0.541)	(0.416)	(−0.138)
$ED_{(t-1)}$			1.234***		1.224***
			(8.607)		(7.281)
$NVC_{(t-1)} \times ED_{(t-1)}$			0.902***		0.545**
			(3.903)		(1.992)

续表

模型	(1)	(2)	(3)	(4)	(5)
$EO_{(t-1)}$				0.775***	0.035
				(4.700)	(0.184)
$NVC_{(t-1)} \times EO_{(t-1)}$				1.853***	1.230**
				(4.363)	(2.453)
年份固定效应	YES	YES	YES	YES	YES
行业固定效应	YES	YES	YES	YES	YES
常数项	−1.410	−1.220	1.563	−0.290	1.597
	(−0.713)	(−0.617)	(0.784)	(−0.146)	(0.801)
N	13 552	13 552	13 552	13 552	13 552
Adj. R^2	0.176	0.177	0.183	0.179	0.183

注：*、**、*** 分别表示 10%、5%、1%统计意义上的显著，括号内为 t 统计量，下同。

（三）稳健性检验

（1）倾向得分匹配（PSM）。由于企业是否对新质生产力进行风险投资并非完全随机选择的结果，因此本文采用 PSM 方法解决可能存在的自选择问题。首先，将有对新质生产力投资的样本归为处理组，否则为控制组；其次，利用近邻匹配法对本文的控制变量进行有放回的样本匹配；再次，进行平衡性检验，t 检验结果基本接受处理组与控制组无系统差异的假设，通过了平衡性检验；最后，根据匹配样本进行回归分析，结果见表4，与前文结果一致。

表 4　PSM 的稳健性检验

模型 变量	(1) Dig_transf	(2) Dig_transf	(3) Dig_transf	(4) Dig_transf	(5) Dig_transf
$NVC_{(t-1)}$		0.690***	0.212	0.174	0.056
		(3.488)	(0.920)	(0.757)	(0.233)
$ED_{(t-1)}$			1.337***		1.345***
			(8.818)		(7.568)
$NVC_{(t-1)} \times ED_{(t-1)}$			0.870***		0.509*
			(3.730)		(1.846)
$EO_{(t-1)}$				0.820***	−0.005
				(4.622)	(−0.024)

续表

模型	(1)	(2)	(3)	(4)	(5)
$NVC_{(t-1)} \times EO_{(t-1)}$				1.830***	1.237**
				(4.272)	(2.447)
控制变量	YES	YES	YES	YES	YES
年份固定效应	YES	YES	YES	YES	YES
行业固定效应	YES	YES	YES	YES	YES
常数项	3.045*	3.269**	5.609***	3.614**	5.675***
	(1.945)	(2.088)	(3.555)	(2.310)	(3.587)
N	11 977	11 977	11 977	11 977	11 977
Adj. R^2	0.173	0.173	0.180	0.176	0.180

(2) 工具变量法。对新质生产力的投资和制造业企业的数字化转型之间可能存在反向因果关系，原因在于致力于增强数字化转型程度的制造业企业，倾向培育新质生产力而对相关企业进行风险投资。因此，本文进一步使用工具变量法以期克服反向因果带来的内生性问题。首先，本文参考前人的研究（杜勇等，2023），选取制造业企业同行业（NVC_ind）、同省份（NVC_pro）的新质生产力投资事件的平均数量作为工具变量，拟合出外生解释变量（$NVCiv$）；其次，采用IV-2SLS法重新估计。实证结果见表5，结果表明采用工具变量后本文结论依然稳健可靠。

表5 工具变量法的稳健性检验

	阶段一	阶段二				
模型 变量	(stage1) NVC	(1) Dig_transf	(2) Dig_transf	(3) Dig_transf	(4) Dig_transf	(5) Dig_transf
$NVC\_ind_{(t-1)}$	0.896***					
	(22.097)					
$NVC\_pro_{(t-1)}$	0.367***					
	(5.294)					
$NVCiv_{(t-1)}$		7.294***	7.428***	7.506***	7.488***	
		(6.675)	(6.816)	(6.876)	(6.872)	
$ED_{(t-1)}$			1.212***		1.205***	
			(8.432)		(7.148)	
$NVCiv_{(t-1)} \times ED_{(t-1)}$				1.901***		0.754
				(3.792)		(1.222)

续表

模型 变量	阶段一 (stage1) NVC	阶段二 (1) Dig_transf	(2) Dig_transf	(3) Dig_transf	(4) Dig_transf	(5) Dig_transf
$EO_{(t-1)}$					0.772***	0.042
					(4.690)	(0.220)
$NVCiv_{(t-1)} \times EO_{(t-1)}$					3.652***	2.778***
					(5.170)	(3.198)
控制变量	YES	YES	YES	YES	YES	YES
年份固定效应	YES	YES	YES	YES	YES	YES
行业固定效应	YES	YES	YES	YES	YES	YES
常数项	−0.300***	−1.410	0.856	3.722*	1.877	3.716*
	(−3.869)	(−0.713)	(0.428)	(1.844)	(0.936)	(1.842)
N	15 875	13 552	13 552	13 552	13 552	13 552
Adj. R^2	0.293	0.176	0.179	0.185	0.182	0.185

(3)其他稳健性检验。①替换自变量。制造业企业数字化的学习创新效应不仅受到对新质生产力年度投资数量的影响,还受到已有同类投资的影响。借鉴以往研究,以三年时间为窗口期,计算出制造业企业对新质生产力的前三年累计投资数量作为自变量的替换变量(Belderbos 等,2018)。此外,进一步选取制造业企业对新质生产力的投资数与公司风险投资总数的比值作为自变量的替代变量。稳健性回归结果见表 6①,与前文结果基本一致。

表 6　更换自变量的稳健性检验

替换自变量指标	前三年对新质生产力的投资数			对新质生产力投资数的占比		
模型 变量	(1) Dig_transf	(2) Dig_transf	(3) Dig_transf	(4) Dig_transf	(5) Dig_transf	(5) Dig_transf
$NVC_{(t-1)}$	0.448***	0.252***	0.292***	1.798*	−0.438	0.967
	(6.572)	(3.048)	(3.465)	(1.808)	(−0.392)	(0.909)
$ED_{(t-1)}$		1.220***			1.237***	
		(8.517)			(8.624)	
$NVC_{(t-1)} \times ED_{(t-1)}$		0.321***			4.874***	
		(3.856)			(3.910)	
$EO_{(t-1)}$			0.763***			0.774***

---

① 由于篇幅限制,稳健性检验部分控制变量的回归结果未列出,可向作者索取(下同)。

续表

替换自变量指标	前三年对新质生产力的投资数			对新质生产力投资数的占比		
模型	(1)	(2)	(3)	(4)	(5)	(5)
变量	Dig_transf	Dig_transf	Dig_transf	Dig_transf	Dig_transf	Dig_transf
$NVC_{(t-1)} \times EO_{(t-1)}$			(4.630) 0.490*** (3.052)			(4.689) 4.178** (2.134)
控制变量	YES	YES	YES	YES	YES	YES
年份固定效应	YES	YES	YES	YES	YES	YES
行业固定效应	YES	YES	YES	YES	YES	YES
常数项	−0.853 (−0.432)	1.888 (0.948)	−0.004 (−0.002)	−1.373 (−0.695)	1.420 (0.713)	−0.564 (−0.284)
N	13 552	13 552	13 552	13 552	13 552	13 552
Adj. R^2	0.179	0.184	0.181	0.177	0.182	0.178

②替换调节变量。技术生态位多样性代表着技术领域的宽广程度，而生态位重叠度是在某一领域的现有创新实力和潜力的表征，基于此本文选取制造业企业所申请专利中涉及的 IPC 大类(共 8 类)的类别数作为技术生态位多样性的替代变量($ED1$)，利用制造业企业在数字专利的申请数与总专利申请数的比值作为生态位重叠度的替代变量($EO1$)，回归结果与前文保持一致(见表7)。

表 7　稳健性检验——替换调节变量

模型	(1)	(2)	(3)	(4)	(5)
变量	Dig_transf	Dig_transf	Dig_transf	Dig_transf	Dig_transf
$NVC_{(t-1)}$		0.617*** (3.151)	−0.295 (−1.098)	0.390* (1.925)	−0.449* (−1.657)
$ED1_{(t-1)}$			0.252*** (6.303)		0.238*** (5.819)
$NVC_{(t-1)} \times ED1_{(t-1)}$			0.323*** (4.675)		0.302*** (4.367)
$EO1_{(t-1)}$				1.012*** (3.113)	0.610* (1.836)
$NVC_{(t-1)} \times EO1_{(t-1)}$				2.635*** (4.263)	2.463*** (3.980)
控制变量	YES	YES	YES	YES	YES
年份固定效应	YES	YES	YES	YES	YES
行业固定效应	YES	YES	YES	YES	YES

续表

模型	(1)	(2)	(3)	(4)	(5)
常数项	−1.410	−1.220	1.259	−0.943	1.361
	(−0.713)	(−0.617)	(0.629)	(−0.477)	(0.680)
N	13 552	13 552	13 552	13 552	13 552
Adj.R^2	0.176	0.177	0.181	0.179	0.182

五、异质性分析

(一)产权性质和营商环境的异质性分析

在实践中,当制造业企业的产权性质或所处的制度环境不同,企业通过NVC活动培育新质生产力的外部学习效果或有异质性表现。就产权性质而言,国有产权对于价值创造的激励效用往往劣于私有产权(Schulze 和 Zellweger,2021),主要体现在,国有企业内部激励制度不足,导致其创新效率表现不佳。由此,国有企业在激励制度上的约束同样会削弱相关人员开展外部学习的积极性,这意味着国有企业的 NVC 活动对于数字化转型的促进作用会低于民营企业。在营商环境方面,市场化、法治化的营商环境往往伴随着开放的市场和信息的自由流通(夏后学等,2019),鼓励创新和学习、减少投资的不确定性(王朝阳等,2018)。因此,较好的营商环境为制造业企业营造了投资新质生产力的市场氛围。由于法治基础牢固和市场信息的透明度高,企业间能够通过股权投资等资本纽带来构建牢固的外部合作和学习关系,帮助企业深入参与被投资伙伴的业务运营,从而促进相关知识和技术的共享与传播,加速制造业企业对新质生产力的获取和学习过程。因而推测,制造业企业所处地区的营商环境越好,NVC 活动对其数字化转型的促进作用可能越强。

在实证分析中,本文按母公司是否为国有企业进行分样本回归。对于营商环境,本文借鉴于文超和梁平汉(2019)的做法,利用市场化指数加以衡量,并按营商环境得分均值将样本分为"较差营商环境"和"较好营商环境"进行回归,回归结果见表8。其中(1)和(2)列结果显示,NVC 在民营企业和国有企业组样本中的系数均显著为正,进一步通过邹检验发现,两组回归具有显著的结构差异

$[Chow\ Test=2.72, P\text{-}Value>F(45,13\ 459)=0.000]$,这说明 NVC 活动对于数字化转型的促进效用在民营企业中要优于国有企业,与前文的设想相符。(3)和(4)列结果显示,在营商环境好的样本组中 NVC 活动对于数字化转型的正向效应保持显著,而在营商环境差的样本组中该效应不显著,这与本文的推测保持一致。

表 8 产权性质和营商环境的异质性分析

变量	Dig_transf			
	民营企业	国有企业	较差营商环境	较好营商环境
	(1)	(2)	(3)	(4)
$NVC_{(t-1)}$	0.658**	0.528**	−0.566	0.969***
	(2.521)	(1.964)	(−1.559)	(3.975)
控制变量	YES	YES	YES	YES
年份固定效应	YES	YES	YES	YES
行业固定效应	YES	YES	YES	YES
常数项	−1.883	−1.111	0.557	−4.691
	(−0.633)	(−0.465)	(0.203)	(−1.517)
N	8805	4747	6240	7312
Adj. R^2	0.158	0.230	0.233	0.146

(二)企业生命周期的异质性分析

根据前文研究,NVC 活动影响制造业企业数字化转型的关键机制表现为组织外部学习,而组织学习一直被视为动态过程(Eriksson 等,1997),企业的吸收能力、学习意愿和学习效果会随着企业发展状况或所处生命周期不同而有所差异。具体表现为,处于成长期的企业普遍具有强烈的学习意愿和创新精神,注重从外部环境中获取相关知识进行融合和创新,相对更容易培育出新质生产力;成熟期阶段的制造业企业往往积累了一定的学习能力和创新资源,对异质性知识的吸收能力显著提高,能够将外部学习到的新质生产力进行解构和转换,优化自身的知识和技术结构,在数字化转型上产生更强的潜能;然而对于衰退期的制造业企业而言,一般表现为组织僵化、技术相对老旧、学习意愿降低、创新动力不足等问题(李云鹤等,2011),加之数字技术迭代期较短,即使面对外部新质生产力的输入,企业也很难进行大规模的变革学习和更新,在发展新质生产力的效果上欠佳,导致数字化转型效果不明显。

为检验这一推测,本文根据现金流模式法来划分企业的生命周期阶段(Dickinson,2011),具体分为成长期、成熟期和衰退期,结果见表9。结果表明,在成长期和成熟期样本组中 NVC 活动仍显著促进制造业企业数字化转型,但在显著性水平和回归系数上成长期样本组要高于成熟期;而在衰退期样本组中,此效应并不显著。这意味着,成长期和成熟期企业通过 NVC 活动可以有效促进制造业企业的数字化转型,与上述的理论推测相符。

表9 企业生命周期的异质性检验

企业生命周期 变量	成长期 Dig_transf	成熟期 Dig_transf	衰退期 Dig_transf
NVC	0.979***	0.666**	0.462
	(3.664)	(1.998)	(1.192)
控制变量	YES	YES	YES
年份固定效应	YES	YES	YES
行业固定效应	YES	YES	YES
常数项	2.788	−4.669*	−5.064
	(1.002)	(−1.659)	(−1.467)
N	6 842	5 951	3 064
Adj. R^2	0.176	0.183	0.175

六、结论与启示

当前,我国制造业正处于全面提质增效、提档升级的关键时期,激发制造业企业数字化转型动能、加快推进制造业企业数字化转型步伐,对我国建设制造强国、打造国际产业链竞争新优势具有重大意义。本文基于外部学习视角探究了对新质生产力的投资和制造业企业数字化转型之间的关系,研究发现:(1)制造业企业对新质生产力的投资促进了其数字化转型。公司风险投资作为一种外部学习策略,能帮助制造业企业学习和获取组织边界外的技术和知识以培育出新质生产力,从而助推其数字化转型。(2)制造业企业占据的技术生态位可以调节其NVC活动的外部学习效应,即生态位多样性和重叠度增强了NVC活动对于制造业企业数字化转型的促进作用。(3)进一步分析发现,当制造业企业为民营企业、所在地区营商环境较好,以及处于成长期和成熟期阶段时,其NVC活动对新质生产力的培育作用更强,从而对数字化转型的促进效用更为明显。

本文的理论贡献在于:(1)本文尝试提出了新质生产力投资的概念,并较为系统地检验了其可行性和效果,丰富了培育和建设新质生产力的具体方法和可行路径的研究。虽然已有学者指出提前布局和发展新质生产力的重要性(洪银兴,2024),但仍缺乏对具体实施路径和实施效果的检验。本文发展和检验了对新质生产力投资的概念,不仅为企业在新质生产力领域的研究补充了经验数据和证据支持,而且为企业在新质生产力的孵化和培养上提供了具体可行的实践方向。(2)本文着眼于企业外部学习活动对于自身数字化转型的效用,拓宽了探讨企业数字化转型策略的研究视角。以往研究大多关注环境和组织因素对于数字化转型的影响作用(杜勇等,2023;孙伟增等,2023),但关于数字化转型有效路径的讨论则较为欠缺。虽然少量研究探讨了数字化转型的措施,但多局限于企业的内部活动(Firk等,2021),如对员工进行数字化培训,跨部门学习等,忽略了跨越组织边界的活动也可能成为推进数字化转型的重要途径。随着环境不确定性和动态性的增加,跨组织的外部学习被认为是企业打破自身学习陷阱的重要途径(Schildt等,2010)。本文基于外部学习的视角,考察了作为培育自身新质生产力的NVC活动之于制造业企业数字化转型的效用,填补了制造业企业利用组织间学习推进数字化转型的研究空白。(3)本文通过识别公司风险投资在企业数字化转型情境中所能发挥的作用,进一步细化了有关公司风险投资战略效应的研究。现有研究主要关注公司风险投资对整体技术创新和企业价值的影响(Belderbos等,2018;Dushnitsky和Lenox,2005),但关于公司风险投资活动具体获取何种资源、学习何种知识以及对母公司产生的具体效果的研究较为有限。本文将公司风险投资研究领域的理论逻辑引入数字化转型情境,聚焦于制造业企业针对新质生产力的风险投资活动对数字化转型的影响。这一研究不仅丰富了对公司风险投资后果的理解,还拓展了公司风险投资活动后果的情景,揭示了公司风险投资在促进母公司数字化转型中的关键作用。(4)企业现有的知识属性是影响企业组织间学习成效的重要因素(Cohen和Levinthal,1990)。面对外部战略性新兴数字资源,制造业企业的创新实力和技术资源分布是影响其培育新质生产力和数字化转型的关键变量。本文引入技术生态位的概念,讨论了生态位多样性以及重叠度的调节作用,不仅丰富了企业数字化转型的理论框架和理论边界,还为企业在审视自身知识分布状态时提供了新的视角和工具。

  本文的研究结论具有一定的管理实践启示:(1)对制造业企业而言,数字化转型是一个连续的过程,制造业企业应持续跟踪相关战略性新兴产业的发展动向,不断提升以数字化和智能化为主的新质生产力。一方面要加强建设跨越组织边界的学习和交流机制,增加企业获取外部新知识的机会,摆脱因路径依赖而产生的学习陷阱。制造业企业可以尝试利用公司风险投资的形式发展新质生产力,通过外部学习与自身的"内生式"探索形成合力,共同推进企业实现高质量数字化转型;另一方面要努力占据有利的技术生态位,提升开展组织间学习的吸收能力,加强对于外部技术和知识的吸收转化,确保内外部知识得以充分融合以培育出自身的新质生产力,从而更好实现数字化转型。(2)对政府而言,要为制造业数字化转型提供配套支持,大力引导制造业企业、数字企业、产业组织、以及科研院所等在新质生产力领域开展深度合作,为加速孕育和孵化新质生产力提供有力支撑。一是要加快构建制造业企业数字化转型的支撑体系,如进行数字基础设施布局,数字化转型公共服务平台等的建设,以及为具有基础研究和基础架构属性的数字化转型项目提供专项资金支持;二是要着力推进"政产学研"一体化建设,探索更具价值的复合型数字人才培养模式,以及重点引进和培育一批专业化水平高、服务能力强的制造业企业数字化转型服务商,为制造业数字化转型提供必要的决策咨询、人才输送等支撑;三是积极营造良好的营商环境,推动我国制造业企业融入全球数字创新网络,拓宽其外部学习视野,助推其数字化能力迈向国际一流水平。

　　本文存在一定的局限性:(1)本文仅检验了制造业企业新质生产力投资的数量与制造业企业数字化转型间的关系,未来可进一步细化对新质生产力投资的具体类别以及投资金额与数字化转型结果间关系的比较研究。(2)本研究未能考虑管理者因素与数字化转型间的关系,而无论是战略决策、组织变革还是企业文化的塑造,高管都扮演着关键角色。未来研究还需加入高管特征、团队异质性等对数字化转型效果的分析。(3)虽然本文结果证实制造业可通过外部学习的方式建设和培育新质生产力,进而促进其数字化转型,但培育壮大新质生产力是一项长期任务和系统工程,其具体培育过程仍是未知解。未来的研究可以进行质性分析,深入探讨新质生产力的培育和发展过程,揭示其中的关键环节和有效方法。

参考文献

　　[1] 董静,谢韵典.绩效反馈与公司风险投资的行业选择[J].南开管理评论,2022,25(2):101—114.

　　[2] 董静,徐婉渔.公司风险投资:"鱼水相依"抑或"与鲨共舞"?——文献评述与理论建构[J].外国经济与管理,2018,40(2):16.

　　[3] 杜勇,娄靖,胡红燕.供应链共同股权网络下企业数字化转型同群效应研究[J].中国工业经济,2023(5):136—155.

　　[4] 高帆."新质生产力"的提出逻辑、多维内涵及时代意义[J].政治经济学评论,2023(14):127—145.

　　[5] 郭蓉,文巧甜.业绩反馈与公司创业投资行为关系——来自中国上市公司的数据检验[J].系统管理学报,2019,28(2):1041—1056.

　　[6] 郭妍,徐向艺.企业生态位研究综述:概念、测度及战略运用[J].产业经济评论,2009(2):105—119.

[7] 何郁冰,伍静.企业生态位对跨组织技术协同创新的影响研究[J].科学学研究,2020,38(6):1108-1120.

[8] 洪银兴.新质生产力及其培育和发展[J].经济学动态,2024(5):3-11.

[9] 李云鹤,李湛,唐松莲.企业生命周期、公司治理与公司资本配置效率[J].南开管理评论,2011,14(3):110-121.

[10] 孟捷,韩文龙.新质生产力论:一个历史唯物主义的阐释,经济研究,2024(59):29-33.

[11] 乔明哲,张玉利,张玮倩,虞星星.公司创业投资与企业技术创新绩效——基于实物期权视角的研究[J].外国经济与管理,2017,39(12):38-52.

[12] 任保平.生产力现代化转型形成新质生产力的逻辑[J].经济研究,2024(59):12-19.

[13] 苏屹,付宁宁.智能制造企业创新关联网络结构对技术生态位的影响[J].系统管理学报,2022,31(3):545-554.

[14] 孙伟增,毛宁,兰峰,王立.政策赋能、数字生态与企业数字化转型——基于国家大数据综合试验区的准自然实验[J].中国工业经济,2023(10):117-135.

[15] 唐浩丹,蒋殿春.数字并购与企业数字化转型:内涵、事实与经验[J].经济学家,2021(4):22-29.

[16] 王朝阳,张雪兰,包慧娜.经济政策不确定性与企业资本结构动态调整及稳杠杆[J].中国工业经济,2018(12):134-151.

[17] 王国成,程振锋.新质生产力与基本经济模态转换[J].当代经济科学,2024:1-10.

[18] 武立东,李思嘉,王晗,崔勋.基于"公司治理-组织能力"组态模型的制造业企业数字化转型进阶机制研究[J].南开管理评论,2024(9):1-27.

[19] 夏后学,谭清美,白俊红.营商环境、企业寻租与市场创新——来自中国企业营商环境调查的经验证据[J].经济研究,2019,54(4):84-98.

[20] 肖珉,陈闯,黄利平.公司风险投资与新创企业创新——基于母公司战略意图的视角[J].管理科学学报,2022,25(7):61-84.

[21] 肖土盛,孙瑞琦,袁淳,孙健.企业数字化转型、人力资本结构调整与劳动收入份额[J].管理世界,2022,38(12):220-237.

[22] 徐政,张姣玉.新质生产力促进制造业转型升级:价值旨向、逻辑机理与重要举措

[J].湖南师范大学社会科学学报,2024(2):104-113.

[23] 徐政,郑霖豪,程梦瑶.新质生产力赋能高质量发展的内在逻辑与实践构想[J].当代经济研究,2023(11):51-58.

[24] 尹西明,陈劲,王华峰,刘冬梅.强化科技创新引领 加快发展新质生产力[J].科学学与科学技术管理,2024(2):1-10.

[25] 余东华,马路萌.新质生产力与新型工业化:理论阐释和互动路径[J].天津社会科学,2023(6):90-102.

[26] 张姣玉,徐政,丁守海.数实深度融合与新质生产力双向交互的逻辑机理、战略价值与实践路径[J].北京工业大学学报(社会科学版),2024,24(3):114-124.

[27] 张培,张苗苗.动态能力视角下制造企业数字化转型路径——基于步科公司的案例研究[J].管理学季刊,2021,6(2):79-100,149-150.

[28] 张淼,温军.数字经济赋能新质生产力:一个分析框架[J].当代经济管理,2024,46(7):1-9.

[29] 赵宸宇.数字化发展与服务化转型——来自制造业上市公司的经验证据[J].南开管理评论,2021,137(2):149-163.

[30] 周鹏,王卓,谭常春,宋敏.数字技术创新的价值——基于并购视角和机器学习方法的分析,中国工业经济,2024(3):137-154.

[31] Ahuja G,Katila R. Technological Acquisitions and the Innovation Performance of Acquiring Firms:A Longitudinal Study[J]. Strategic Management Journal,2001,22(3):197-220.

[32] Belderbos R,Jacob J,Lokshin B. CVC Investments and Technological Performance:Geographic Diversity and the Interplay with Technology Alliances[J]. Journal of Business Venturing,2018(33):20-34.

[33] Benlian A,Kettinger W J,Sunyaev A,Winkler T J. The Transformative Value of Cloud Computing:A Decoupling,Platformization,and Recombination Theoretical Framework[J]. Journal of Management Information Systems,2018,35(3):719-739.

[34] Candiani J A,Gilsing V,Mastrogiorgio M. Technological Entry in New Niches:Diversity,Crowding and Generalism[J]. Technovation,2022(116):102478.

[35] Cirillo B. External Learning Strategies and Technological Search Output:Spinout

Strategy and Corporate Invention Quality[J]. Organization Science,2019,30(2):361—382.

[36] Cohen W M,Levinthal D A. Absorptive Capacity:A New Perspective on Learning and Innovation[J]. Administrative Science Quarterly,1990,35(1):128—152.

[37] Dickinson V. Cash Flow Patterns as a Proxy for Firm Life Cycle[J]. The Accounting Review,2011,86(6):1969—1994.

[38] Diestre L,Rajagopalan N. Are All "Sharks" Dangerous? New Biotechnology Ventures and Partner Selection in R&D Alliances[J]. Strategic Management Journal,2012,33(10):1115—1134.

[39] Dushnitsky G,Lenox M J. When do Incumbents Learn from Entrepreneurial Ventures? Corporate Venture Capital and Investing Firm Innovation Rates[J]. Research Policy,2005(34):615—639.

[40] Eriksson K,Johanson J,Majkgard A,Sharma D D. Experiential Knowledge and Cost in the Internationalization Process[J]. Journal of International Business Studies,1997,28(2):1—25.

[41] Firk S,Hanelt A,Oehmichen J,Wolff M. Chief Digital Officers:An Analysis of the Presence of a Centralized Digital Transformation Role[J]. Journal of Management Studies,2021,58(7):1800—1831.

[42] Lee S M,Kim T,Jang S H. Inter-organizational Knowledge Transfer Through Corporate Venture Capital Investment[J]. Management Decision,2015,53(7):1601—1618.

[43] Leiponen A,Helfat C E. Location,Decentralization,and Knowledge Sources for Innovation[J]. Organization Science,2011,22(3):641—658.

[44] Lyu C,Yang J,Zhang F,Teo T S H,Mu T. How do Knowledge Characteristics Affect Firm's Knowledge Sharing Intention in Interfirm Cooperation? An empirical study[J]. Journal of Business Research,2020,115(C):48—60.

[45] Monaghan S,Tippmann E,Coviello N. Born digitals:Thoughts on Their Internationalization and a Research Agenda[J]. Journal of International Business Studies,2020,51(1):11—22.

[46] Nonnis A,Bounfour A,Kim K. Knowledge Spillovers and Intangible Complementarities:Empirical Case of European Countries[J]. Research policy,2023,52(1):104611.

[47] Podolny J M, Stuart T E. A Role-based Ecology of Technological Change[J]. American Journal of Sociology, 1995, 100(5): 1224—1260.

[48] Rosenkopf L, Nerkar A. Beyond Local Search: Boundary-panning, Exploration, and Impact in the Optical Disk Industry[J]. Strategic Management Journal, 2001, 22(4): 287—306.

[49] Schildt H A, Maula M, Keil T. Explorative and Exploitative Learning from External Corporate Ventures[J]. Entrepreneurship Theory Practice, 2010, 29(4): 493—515.

[50] Schot J, Geels F W. Strategic Niche Management and Sustainable Innovation Journeys: Theory, Findings, Research Agenda, and Policy[J]. Technology Analysis Strategic Management Journal, 2008, 20(5): 537—554.

[51] Schulze W, Zellweger T. Property Rights, Owner-management, and Value Creation[J]. Academy of Management Review, 2021, 46(3): 489—511.

[52] Shipilov A V. Network Strategies and Performance of Canadian Investment Banks[J]. Academy of Management Journal, 2006, 49(3): 590—604.

[53] Tilson D, Lyytinen K, Carsten S. Research Commentary—Digital Infrastructures: The missing IS Research Agenda[J]. Information Systems Research, 2010, 21(4): 748—759.

[54] Tong T W, Li Y. Real Options and Investment Mode: Evidence from Corporate Venture Capital and Acquisition[J]. Organization Science, 2011, 22(3): 659—674.

[55] Van de Vrande V, Vanhaverbeke W. How Prior Corporate Venture Capital Investments Shape Technological Alliances: A Real Options Approach[J]. Entrepreneurship Theory Practice, 2013, 37(5): 1019—1043.

[56] Vial G. Understanding Digital Transformation: A Review and a Research Agenda[J]. The Journal of Strategic Information Systems, 2019, 28(2): 118—144.

[57] Wadhwa A, Basu S. Exploration and Resource Commitments in Unequal Partnerships: An Examination of Corporate Venture Capital Investments[J]. Journal of Product Innovation Management, 2013, 30(5): 916—936.

[58] Wadhwa A, Kotha S. Knowledge Creation through External Venturing: Evidence from the Telecommunications Equipment Manufacturing Industry[J]. Academy of Management Journal, 2006, 49(4): 819—835.

[59] Wamba S F, Chatfield A T. A Contingency Model for Creating Value from RFID supply Chain Network Projects in Logistics and Manufacturing Environments[J]. European Journal of Information Systems, 2009, 18(6): 615−636.

[60] Wang C, Rodan S, Fruin M, Xiaoyan X U. Knowledge Networks, Collaboration Networks, and Exploratory Innovation[J]. Academy of Management Journal, 2014, 57(2): 484−514.

（本文刊载于《外国经济与管理》2024年第9期）

第四章 完善现代化产业体系研究

以科技创新引领现代化产业体系建设

以科技创新引领现代化产业体系建设,要聚焦经济建设这一中心工作和高质量发展这一首要任务,促进科技创新与实体经济深度融合,加快发展新质生产力,推进产业智能化、绿色化、融合化。

去年底召开的中央经济工作会议系统部署2024年经济工作,围绕推动高质量发展提出九项重点任务,其中"以科技创新引领现代化产业体系建设"排在首位。这是把握新一轮科技革命和产业变革机遇的战略选择,也是推动我国在未来发展和国际竞争中赢得战略主动的必然之举。我们要聚焦经济建设这一中心工作和高质量发展这一首要任务,促进科技创新与实体经济深度融合,加快发展新质生产力,推进产业智能化、绿色化、融合化,为加快构建新发展格局奠定坚实基础,不断增强发展的安全性主动权。

一、以科技创新为支撑,加快形成和发展新质生产力

生产力发展是人类社会进步的根本动力,也是实现宏观经济长期稳定发展的根本力量。习近平总书记指出:"科技创新能够催生新产业、新模式、新动能,是发展新质生产力的核心要素。"中央经济工作会议提出:"要以科技创新推动

本文作者简介: 刘元春,教授,上海财经大学校长,中国式现代化研究院院长,习近平经济思想研究院院长。

产业创新，特别是以颠覆性技术和前沿技术催生新产业、新模式、新动能，发展新质生产力。"这是对马克思主义生产力理论的创新和发展，为我们在实践中建设现代化产业体系提供了根本遵循。形成和发展新质生产力，关键在于以科技创新为核心驱动力，以劳动者、劳动资料、劳动对象及其优化组合的跃升，催生新产业、新业态、新模式，不断塑造发展新动能、新优势。

坚持科技是第一生产力，抓好科技创新成果转化。科技自立自强是国家强盛之基、安全之要，也是形成和发展新质生产力的题中应有之义。党的十八大以来，以习近平同志为核心的党中央坚持把科技自立自强作为国家发展的战略支撑，不断加强基础研究和原始创新，一些关键核心技术实现突破，我国跻身创新型国家行列。但也要看到，我国在工业"四基"即关键基础材料、核心基础零部件（元器件）、先进基础工艺、产业技术基础方面同发达国家相比仍有差距。要立足当前，重视科技创新成果转化，补齐工业"四基"的技术短板，筑牢基础设施建设、移动支付、数字经济等领域的技术长板，重视以人工智能为代表的通用技术发展，为营造良好创新生态、实现关键核心技术自主可控提供可行方案。同时要着眼长远，重视应用技术的研究探索，加强应用基础研究和前沿研究的前瞻性、战略性、系统性布局，把握世界科技发展大趋势，下好布局未来产业前瞻研发"先手棋"。

坚持人才是第一资源，打造新型劳动者队伍。当今世界，综合国力竞争归根到底是人才的竞争、劳动者素质的竞争。形成和发展新质生产力，需要打造一支新型劳动者队伍，包括能够创造新质生产力的战略人才和能够熟练掌握新质生产资料的应用型人才。要根据科技发展新趋势，优化高等学校学科设置、人才培养模式，为发展新质生产力、推动高质量发展培养急需人才。健全人才评价激励制度，营造有利于新型劳动者成长发展的良好环境。加快建设知识型、技能型、创新型劳动者大军，为新产业、新业态、新模式的形成与发展提供有力支撑。

坚持创新是第一动力，激发产业转型升级的发展潜能。创新在我国现代化建设全局中居于核心地位。只有推动以科技创新为核心的全面创新，才能更好把握发展的时与势,在形成和发展新质生产力中实现"以进促稳"。要坚持以科技创新成果的产业化为导向,支持培育有助于我国重塑国际合作和竞争新优势、提升在全球产业链中地位的重点产业板块,构建一批各具特色、优势互补、结构合理的战略性新兴产业增长引擎,打造生物制造、商业航天、低空经济等若干战略性新兴产业。提前布局量子、生命科学等未来产业,为支撑经济中长期增长开辟新领域新赛道。同时,依托我国强大生产能力的优势,推动传统产业转型升级、集群式发展,以高质量供给创造有效需求。

二、以新质生产力推进产业智能化、绿色化、融合化

新质生产力是由技术革命性突破、生产要素创新性配置、产业深度转型升级而催生的先进生产力质态,是推动构建现代化产业体系的关键力量。新时代,我国陆续出台一系列发展规划,推动新型工业化发展,培育壮大战略性新兴产业,推动一些关键核心技术实现突破,一些领域正在由跟跑变为并跑甚至领跑,数智技术、绿色技术等先进适用技术成为我国主动适应和引领新一轮科技革命和产业变革的重要力量。面对新的形势和任务,必须坚持智能制造这一制造强国建设的主攻方向,加快推进产业智能化、绿色化、融合化,建设具有完整性、先进性、安全性的现代化产业体系,不断夯实新发展格局的产业基础,为全面建设社会主义现代化国家提供有力支撑。

推进数智技术与实体经济深度融合,抢占全球产业体系智能化制高点。这是把握人工智能等新科技革命浪潮、加快建设以实体经济为支撑的现代化产业体系的必然要求。数智技术不仅包括以数据要素为核心的数字技术,而且包括与实体经济发展相关的一系列智能技术。要以数字技术进一步推动各类生产要素有机组合,以智能技术持续提高全要素生产率和经济潜在增长率,在激发各类生产要素活力、企业降本增效、产业链资源整合集成、产业结构优化升级等方面发挥更大作用,着力破解我国在推动高质量发展过程中供求结构不匹配的问题,推动经济发展实现质量变革、效率变革、动力变革。

推进绿色技术与工业化深度融合,形成产业体系绿色化的发展模式。绿色发展是高质量发展的底色。习近平总书记强调："加快绿色科技创新和先进绿色技术推广应用，做强绿色制造业，发展绿色服务业，壮大绿色能源产业，发展绿色低碳产业和供应链，构建绿色低碳循环经济体系。"要积极稳妥推动工业绿色低碳发展，深入落实工业领域碳达峰实施方案，推进能源绿色化、资源集约化利用，完善能源消耗总量和强度调控，逐步转向碳排放总量和强度双控制度，积极培育绿色增长新动能，以更小的生产成本实现更大的经济社会发展效益。

推进产业深度融合，实现产业体系融合化的发展格局。融合化是提升产业体系整体效能的必然要求。推动三次产业之间、大中小企业之间、上中下游企业之间高度协同耦合，有利于推动实现产业发展供求高水平动态平衡、产业链向高端化跃升、产业经济循环畅通，形成良好产业生态，更好释放产业网络的综合效益。要大力推进战略性新兴产业融合集群发展，在深度融合中实现创新资源整合集聚、技术力量发展壮大，形成分工细化和协同合作的产业发展格局。积极推动现代服务业同先进制造业深度融合，以全生命周期管理、供应链管理、系统化的管理流程再造，不断强化生产性服务业在发展和壮大实体经济中的重要作用，推动我国制造业发展向价值链高端延伸。

三、为建设现代化产业体系提供有力保障

构建现代化产业体系，不仅要坚持走中国特色新型工业化道路、加快形成和发展新质生产力，而且要推动形成与之相适应的生产关系。加快完善新型举国体制，发挥好政府的战略导向作用，让企业真正成为创新主体，让人才、资金等各类创新要素向企业聚集，能够有效解决建设现代化产业体系过程中遇到的各种矛盾和问题，为我国统筹高质量发展和高水平安全、实现经济发展行稳致远提供有力保障。

加强关键核心技术攻关和战略性资源支撑。构建现代化产业体系，关键在于推动创新体系和产业体系更好融合。在科技创新方面，要统筹推进科技、教育、人才工作，以重大目标任务和发展规划为导向，形成政产学研用深度融合的整体性研发框架，优化包括国家科研机构、高水平研究型大学、科技领军企业等

在内的国家战略科技力量的创新资源配置，实现原始创新、集成创新、开放创新的一体设计、有效贯通，更好催生科技新潜力、找准教育着力点、培养人才生力军。在产业发展方面，要加快形成"科技—产业—金融"的良性循环，鼓励发展创业投资、股权投资，推动科技创新成果转化和产业化，更好实现金融链与创新链、产业链的精准对接。

着力推动国民经济循环畅通。统筹发挥国内大循环的主体作用和国内国际双循环相互促进作用，是充分发挥各类生产要素作用的重要条件，也是促进战略性新兴产业和未来产业发展的重要支撑。要加快推进全国统一大市场建设，充分发挥超大规模市场和强大生产能力的优势，集聚资源、释放内需、推动增长、激励创新，加快培育链主企业和关键节点控制企业，在推动我国实现更高水平供求动态平衡的同时，形成自主可控的核心技术掌控能力。持续深化高水平对外开放，扩大国际经贸合作范围、促进国际产能合作、引进国际先进技术，在不断提升国际循环质量和水平的同时，构筑与高水平对外开放相匹配的监管和风险防控体系，以新安全格局保障新发展格局。

切实加强质量支撑和标准引领。加强计量、标准、认证认可等方面建设，对于形成合理创新收益、完善科技激励具有重要作用。要充分认识质量支撑和标准引领对于产业良性发展的重要作用，大力发展新兴产业和生产性服务业的团体标准，形成延伸产业链、提升价值链、完善供应链的制度功能，增加中高端产品和服务供给，提升产业体系的完整性、先进性和安全性。要围绕我国具有技术主导优势的重要产业、重点产品和服务，促进同"一带一路"共建国家和地区、主要贸易国家和地区的质量国际合作，推动质量基础设施互联互通和共建共享，从先进标准"引进来"迈向中国标准"走出去"，提升"中国制造"的产业集中度和市场美誉度，巩固提升我国在全球产业链、供应链、创新链中的地位。

（该文章刊载于《人民日报》2024年2月21日）

中国式现代化情境下推进新型工业化的着力点

加快推进新型工业化,是党中央着眼全面建成社会主义现代化强国做出的重要战略部署,是建设制造强国、质量强国、数字中国,实现中国式现代化的重要支撑。习近平总书记就推进新型工业化做出重要指示,新时代新征程,以中国式现代化全面推进强国建设、民族复兴伟业,实现新型工业化是关键任务。要完整、准确、全面贯彻新发展理念,统筹发展和安全,深刻把握新时代新征程推进新型工业化的基本规律,积极主动适应和引领新一轮科技革命和产业变革,把高质量发展的要求贯穿新型工业化全过程,把建设制造强国同发展数字经济、产业信息化等有机结合,为中国式现代化构筑强大物质技术基础。[①] 这为推进新型工业化提供了根本遵循和行动指南。工业化是综合国力的根基、经济增长的主引擎、技术创新的主战场,是一个国家以及产业走向现代化、成为强国的必由之路。新型工业化的推进是一个长期的动态过程。新形势下,新型工业化的时代背景、战略定位、阶段性特征以及面临的环境条件出现了新变化。这就需要深刻理解新型工业化的新内涵,厘清面临的新形势,完整、准确、全面贯彻创新、协调、绿色、开放、共享的新发展理念(刘元春,2021),把推进新型工业化放在中国式现代化建设的大局中,放在新一轮科技革命和产业变革的变局中,放在国内外竞争格局重塑的时局中加以统筹与推进。要走出一条中国特色新型工业化道路(刘元春和陈金至,2020),为2035年基本实现社会主义现代化

本文作者简介:刘元春,教授,上海财经大学校长,中国式现代化研究院院长,习近平经济思想研究院院长。

① 习近平.习近平就推进新型工业化作出重要指示[EB/OL].新华网,2023-09-23.

以及实现全面建成小康社会这一宪法规定的国家根本任务提供坚实支撑。

一、深刻理解新型工业化的新内涵

新型工业化作为我国重要的战略部署,并不是一个全新的概念,而是随着时代发展不断动态演进的(中国社会科学院工业经济研究所课题组,2023)。2002年党的十六大报告首次提出"新型工业化"至今已有20多年,党的十六大报告明确提出新型工业化是"坚持以信息化带动工业化,以工业化促进信息化,走出一条科技含量高、经济效益好、资源消耗低、环境污染少、人力资源优势得到充分发挥的新型工业化路子"。党的十六大后历次全国代表大会均提到新型工业化,其中工业化与信息化融合发展贯穿始终。党的二十大报告提出,到2035年基本实现新型工业化,强调坚持把发展经济的着力点放在实体经济上,推进新型工业化,加快建设制造强国,体现了高质量发展的新主线。工业化的底层逻辑在于随着人均收入水平的提高,经济结构不断优化升级,资源要素升级与优化配置、驱动力的转换、产业关联深化、空间拓展、效率提升等是高质量工业化的核心元素(黄群慧等,2021)。新发展理念赋予新型工业化新的内涵,主要体现为数据成为新要素、创新成为新主驱动力、协调融合发展成为新思路、绿色低碳成为发展新底色、高水平开放成为新拓展空间、共享发展成果成为新目的。

(一)数据成为新要素

新型工业化的根本在于工业化,而工业化的基础是要素。在数字经济时代,数据成为继劳动、资本、土地、管理、组织等之外的重要生产要素,也是新型工业化最关键最核心的资源。非竞争性、可完整复制性和及时性等特征使数据有着近乎为零的边际成本,数据的复制、传输、共享成本极低,相比于其他要素,更容易实现规模经济和范围经济(蔡跃洲和马文君,2021)。数据不仅作为生产函数新的要素改变了要素投入的结构,更为重要的是基于数据的数字经济可以赋能其他生产要素,数据的应用催生了大数据、人工智能、元宇宙等新技术和新商业模式,重塑了要素结构和组织结构,显著提高了其他要素的创新能力和配置效率，成为产业创新和价值创造的新来源。如数据的合理利用对于资本和劳动的跨境、跨区域、跨行业优化配置具有显著的促进效应，大数据的应用可以优化生产流程，提高企业决策效率，数据的生产、交易与使用是新型工业化水平和国际竞争力提升的底座。我国完整的产业体系和庞大的工业规模也蕴含着潜力巨大的数据金矿，为新型工业化助力的潜在能力巨大。国家互联网信息办公室发布的数据显示，我国数据产出量 2022 年达到 8.1ZB，同比增长 22.7%，高居世界第二（占全球 10.5%）；我国数据存储量达 724.5EB，同比增长 21.1%，占全球比重达 14.4%。

（二）创新成为新驱动

从工业化的发展阶段来看，我国已经进入传统工业化的中后期，新型工业化战略需要从赶超跨越式的速度型工业化转向创新驱动的高质量工业化。与传统工业化主要靠资本、劳动等要素拉动不同，新型工业化主要靠创新和全要素生产率作为驱动力，从而实现内涵式发展。按照全球公认的创新型国家的共同特征，2022 年我国 R&D 经费投入强度为 2.54%，已经连续 10 年高于 2% 的门槛；根据世界知识产权组织等发布的全球创新指数排名，2023 年中国创新能力排名全球第 12 位，是唯一进入前 30 强的发展中国家；目前我国科技进步对经济社会发展贡献率在 60% 以上，不断接近 70% 的标准；但关键核心技术对外技术依存度还比较高。新形势下创新驱动的要义在于加快实现高水平科技自立自强，实现科技现代化，这是新型工业化和中国式现代化的关键所在。自力更生是中华民族自立于世界民族之林的奋斗基点。党的十八大以来我国创新型国家建设取得历史性成就，但是在集成电路、高端制造、关键材料等实体经济的关键领域，诸多底层技术和关键核心技术仍然存在"卡脖子"难题。实现高水平的科技自立自强，需要我们立足实体经济，发挥新型举国体制优势和超大规模市场优势，积聚力量进行原创性、引领性科技攻关，为现代化产业体系的安全发展提供坚实保障。能否掌握实体经济中的关键核心技术，能否实现实体经济中的科技自立自强，既决定了我国在全球产业体系和价值分配体系中的地位，也决定了我国的现代化产业体系能否在激烈的国际竞争和动荡的地缘政治局势中守住安全底线、行稳致远(刘元春,2023)。要以科技创新开辟新领域、新赛道,实现工业化的动力变革和动能转换。其中的关键是强化企业的科技创新主体地位,在研发要素投入、创新人才集聚、前沿技术和关键核心技术突破上发挥主力军作用。国有企业和大企业在技术相对成熟的赛道上有动员和集中资源的优势,"专精特新"的中小企业在未来技术和未来产业的发现上具有灵活优势,增强各类企业创新动力,形成新型工业化创新驱动的支点,才能实现创新链的优势和工业化的创新提升。要以体制机制创新推动有效市场和有为政府更好结合,充分发挥市场在创新资源配置中的决定性作用,完善动力机制、资源配置机制、科技管理体制、社会化服务机制以及政府推进机制等创新体系建设,形成推进科技创新与产业化的强大合力。

(三)协调成为新思路

中国的新型工业化整体上是并联型、叠加型的工业化,习近平总书记对此明确指出:"我国现代化同西方发达国家有很大不同。西方发达国家是一个'串联式'的发展过程,工业化、城镇化、农业现代化、信息化顺序发展,发展到目前水平用了二百多年时间。我们要后来居上,把'失去的二百年'找回来,决定了我国发展必然是一个'并联式'的过程,工业化、信息化、城镇化、农业现代化是叠加发展的。"①这意味着新型工业化不是单兵突进的工业化,需要高度重视新型工业化的战略协同性,通过促进城乡、区域、产业的融合发展,提高新型工业化战略的内生动力。其中的关键在于健全相应的体制机制,打破各种显性和隐性壁垒,促进要素和产品在城乡之间、区域之间、产业之间的双向自由流动,真正形成全国统一的大市场(刘志彪,2022)。要强化以工补农、以城带乡,加快形成工农互促、城乡互补、协调发展、共同繁荣的新型工农城乡关系,以产业兴旺促进乡村振兴可持续发展。区域之间融合的关键是形成新的区际产业分工格局,构建协同的产业价值链体系。新型工业化也并不是新兴产业唱独角戏的工

---

① 习近平.在十八届中央政治局第九次集体学习时的讲话[C].2013年9月30日//中共中央文献研究室.习近平关于社会主义经济建设论述摘编[M].北京:中央文献出版社,2017:159.

业化,而是传统产业不断改造升级,新兴产业不断扩张,新旧产业不断融合、制造和服务双向融合发展的工业化道路。

(四)绿色成为新底色

与"先污染、后治理"的模式不同,我国新型工业化走的是降低资源消耗、保护环境的绿色工业化之路。在2030年实现"碳达峰"、2060年实现"碳中和"是我国对全世界做出的承诺(习近平,2022),也是推进新型工业化新的硬约束。目前工业在我国国民经济中占据重要地位,也是传统化石能源消费的重点领域,是实现"双碳"战略目标、支撑我国经济社会全面绿色低碳转型的关键。在我国工业化转型的关键时期,协同推动经济高质量发展和工业部门的减排降碳是新的发展要求。除了供给侧方面加快调整优化产业结构、加大落后产能的技术改造、大力发展战略性新兴产业以外,从需求侧引导生活方式和消费方式,形成产业全生命周期的绿色发展亦是工业化的新途径。绿色低碳的产品和服务也是全球的通行证,是新形势下我国产业链供应链融入全球产业体系的新名片。

(五)开放成为新空间

在新发展格局下,新型工业化是高水平开放的工业化,这不仅要求我国产业加强与全球产业链供应链的对接与融合,也需要在重要产业领域对国内各类市场主体开放,营造准入准营的市场氛围,以高水准的国内市场对接高水平的国际市场,真正形成国内国际对等竞争的产业发展新空间。新型工业化开放新空间的拓展需要对标全球高标准,在工业化的核心资源如数据跨境流动,规则、规制、管理、标准等制度型开放上形成全方位、多层次、宽领域的全面开放新格局。通过加强对话,在美欧薄弱产业链环节以补短方式铆住中美、中欧之间产业发展大盘,以产业合作进一步拓展东亚、"一带一路"等区域合作空间。我国高水平开放平台也在不断增加,进博会、服贸会、广交会、消博会、链博会等一系列重大展会,已经成为我国与全球产业共享中国新开放机遇与红利、促进产业创新合作的重要平台,在开放合作中助力全球产业生产效率提升和价值链升级,实现合作共赢。

(六)共享成为新目的

党的二十大报告指出,中国式现代化是人口规模巨大的现代化。我国14亿多人口整体迈进现代化社会,规模超过现有发达国家人口的总和,艰巨性和复杂性前所未有。重视实现全体人民共同富裕(刘元春和刘晓光,2021)、增强工业发展的国内外共享是我国新型工业化新的包容性特点。与其他国家的工业化不同,我国新型工业化道路是充分发挥潜在大市场优势的工业化。工业化的本质就是人均收入水平提高和经济结构优化的过程,同时,收入水平提高后能从需求侧拉动产业结构进一步升级。因此,低收入水平、过大的收入差距、不充分的就业等均不符合新型工业化的要求。工业化带来的结构变化会不可避免地破坏甚至消灭一些岗位,影响收入分配甚至导致收入极化现象,但新型工业化的重要目的在于通过创造高质量就业提高收入水平(刘元春和丁洋,2023)、缩小收入差距,促进全体人民共享发展成果,不断增强人民群众获得感和幸福感,从而实现共同富裕(洪银兴,2018)。比如平台经济的发展就体现了这样的调适过程。技术发展催生了平台经济,网上交易大幅度增长,线下交易大幅度下降,一度出现了实体店的倒闭。但社会进步的浪潮是难以阻挡的,要在平台经济进一步的发展过程中,协调好与利益受损者的关系。平台经济一些业态、生产场景、消费场景、配送场景出现,又诞生了很多新的就业、新的行业。这就弥补了实体店消失时所产生的社会损失,从而使整个新的经济形态得到了可持续发展的社会支撑和经济支撑。必须创造能够协调新要素与传统要素所有者利益之间关系的体系,让创新者享受创新的红利,让利益受损者适当得到补偿,这是一种新的经济形态可持续发展的核心要点。

二、准确把握新型工业化的新形势

(一)新型工业化承载着中华民族伟大复兴的多重战略重任

党的二十大报告提出,到2035年基本实现社会主义现代化,人均GDP达到中等发达国家水平(即2万~4万美元)。2022年我国人均GDP在1.27万美元左右,正处于向高收入阶段爬坡的关键阶段,同时意味着目前我国人均

GDP要翻1~1.5番,这就需要经济增长维持在一个较高的增速。经济发展规律表明,以制造业为主体的工业由于能享受规模经济效应,是经济增长的主要力量。现阶段,保持制造业相对稳定的比例比较重要,历史上成功进入发达经济行列的经济体在我国同等发展水平时工业大多维持在30%~40%的比重,继续做大做强实体经济,重中之重在新型工业化。党的十八大以来,我国实体经济特别是工业领域取得了举世瞩目的成绩。首先是工业体系健全,我国拥有41个工业大类、207个工业中类、666个工业小类,是全球唯一拥有联合国产业分类中全部工业门类的国家。其次是规模庞大,我国工业增加值2022年突破40万亿元,占GDP比重达到33.2%,对经济大盘起到了压舱石作用。其中制造业规模已经连续13年居世界首位,制造业所贡献的增加值占GDP比重为27.7%。再次是结构持续优化,高技术制造业占规模以上工业增加值比重达到15.5%,传统产业改造升级加快,数字化绿色化转型成效明显,数字经济加快发展。最后是重点领域重大成果涌现,载人航天、探月探火、深海深地探测等领域取得突破,高铁、商用大飞机等复杂制造自主创新能力不断提高。但我国离制造强国的目标还有一段距离,中国工程院发布的制造强国指数显示,我国还处在第三梯队。以基础零部件、基础材料、基础工艺、基础技术、基础软件为核心的工业"五基"对外依赖度较高,产业基础还不牢固;关键核心技术和产业环节"卡脖子"问题还比较突出;在全球具有创新引领的跨国企业还较少。按照我国制造强国"三步走"的战略目标,到2035年,达到世界制造业强国第二方阵前列国家的水平,成为名副其实的制造强国;到2045年,进入世界制造业强国第一方阵,成为具有全球引领影响力的制造强国。在此过程中,全球领先技术体系和产业体系的形成需要高质量新型工业化作为支撑。可见,未来十年是中国经济社会发展最关键的十年,社会主义现代化、制造强国、中国式现代化的阶段性目标都需要新型工业化来助推,实现上述目标必须抓住新型工业化的"牛鼻子"。

(二)以数字技术为核心的科技革命和产业变革全面赋能工业化

当前,以人工智能、大数据等为代表的数字技术方兴未艾,建设数字中国是推进中国式现代化的重要引擎,是构筑国家竞争新优势的强大支撑。数实融合直接决定着工业的先进水平和全球竞争格局。数字经济以其战略性、基础性、强渗透性、普惠性等赋予了中国式现代化产业体系新的内涵,为产业的转型升级带来了新的机遇,也对现有的组织方式、制度创新形成了较大的挑战。相比于传统产业,数字产业更难监测和管理。在卡位产业新赛道以及面对负面冲击下,数字经济都显示了极强的创新力与显示度。数字化以其强大的引领性、渗透性和创新性在经济社会中发挥着越来越重要的作用。数字技术促进了现有产品和服务的重组,产生了以数据化、虚拟化为典型特征的数字产品,极大地改变了工业经济时代的规模经济与范围经济特征(江小涓和靳景,2022),使得经济效率大大提高。数字基础设施连接市场主体或服务,大大降低了包括搜索、复制、运输、追踪、验证等方面的交易成本,提高了全产业链的效率。数字技术优化了企业生产技术和生产流程,不仅提高了企业内部生产、管理效率,也形成了新的交易流程和关系,催生了如电子商务等新业态。同时,数字技术和数字产品为其他产业的数字化转型赋能,可以改变传统产业的生产组织方式,企业自身的生产、服务边界不断拓展,全要素生产率不断提高。

数字赋能的核心在于数据价值化、数字产业化、产业数字化以及数字化的治理。我国数据要素市场建设还存在着确权难、交易难、应用难、监管难等掣肘,高质量数据挖掘和应用能力还有待提高。国家工业信息安全发展研究中心测算显示,数据要素对 2021 年 GDP 增长的贡献率为 14.7%,贡献度为 0.83 个百分点;第一产业、第二产业、第三产业数据的经济贡献度大概在 0.07%、0.16%、1.07% 的水平,即相应产业万元 GDP 中大概有 7 元、16 元、107 元是由数据贡献的,这一水平与数字经济的快速发展极不相称。特别是在数据应用市场潜力较大的工业领域,工业数据的沉淀、开放、共享还远远不够,导致数据的交易、场景应用与推广相对滞后。在数字产业化的核心数字新基建上,还存在一些结构性、非对称的问题。中西部相比东部而言,在数字基建以及数字链接的资源配置上还存在较大的差距,这就有可能导致在新一轮以数字经济为代表的产业分工中,东部和中西部的分工会"脱钩"。部分地区传统比较优势不断弱化,在高技能劳动力、技术、资本、数据等高质量发展要素上"断层",难以参与新经济、新产业体系的分工,原有产业链合作体系面临"解链"风险,制约产业链整体升级的进程。数据资源共享难度大,"一企一策"的数字化诉求制约了数字产业化与产业数字化,以及不同产业数字化的协同。数字经济的发展一方面有利于资源的加速流动与优化配置,另一方面也会出现新的国家、区域、行业之间发展不平衡的问题,这对治理特别是跨界治理带来了更大挑战,其中的要素替代、产业转化、组织变革需要新的协调机制。特别是在数字全球化、全球产业链合作中涉及数据的跨境流动与治理(胡炜,2018),标准与规则成为工业化新的竞争手段。

(三)发达经济体再工业化对我国工业化的全球参与带来新挑战

2008年全球金融危机爆发以来,全球出现了"经济再平衡"的趋势,加之贸易保护主义的抬头,主要发达经济体都在尝试通过再工业化实现经济结构的调整,纷纷出台多种措施促进制造业回流和本地化、多元化、分散化,加快实施再工业化。奥巴马、特朗普和拜登三届美国政府一直致力于推动制造业特别是高端制造业回流(胡鞍钢等,2018),通过美国等经济体再工业化和产业链重构对我国重点产业形成立体式、多方位的"五大极限遏制"。一是加征关税遏制我国制造业出口,关键产品被替代的风险在上升,有可能出现部分产业的产能过剩。根据UNComtrade的数据库分析发现,集成电路产品美国对中国进口呈下降趋势,并且更多回流至美国;新能源汽车美国对中国进口占比由2018年的20.64%下降到2022年的14.37%,而对越南、墨西哥以及印度的进口分别由0.94%、27.59%、1.70%增加至2.96%、28.59%、2.74%;机器人中来自中国的进口份额相比10年前减少了将近一半,而越南、墨西哥、印度等地的占比持续上升。二是通过"小院高墙"加码高技术领域的技术出口、投资限制,中美在关键供应链领域合作减少。FactSet数据库显示,市场准入和技术水平较高的汽车、半导体和船舶制造行业中的供应链合作大幅减少。三是扩充实体清单精准打击我国科技企业,目前已经有1 300多家中国企业被列入实体清单。其中半导体、人工智能、高性能计算、航空航天、新能源等领域是美国打击的重点领域。这限制了中国企业的出口以及高技术的获取,使我国关键企业运营、产业链安全受到影响,加大了我国重点产业市场预期风险。四是重构国际经贸规则打乱中国全球产业链的参与。对传统的自由贸易规则进行重构与改造,通过构建"友链"、利用"共同价值观"和"意识形态"等排挤我国供应链,更加强调安全与对等原则。在国企改革、知识产权保护、ESG等方面有意识地为我国供应链全球化参与设置高门槛。五是在关键技术、关键环节、关键人才等资源方面通过长臂管辖对中国实施产业链精准熔断,为我国企业以及供应链参与树立高的"网络壁垒",全方位限制我国产业升级。

(四)产业链供应链韧性和安全导向重塑我国新型工业化逻辑

产业链供应链是实体经济的筋骨和血脉,是现代化产业体系的支柱和纽带,产业链供应链韧性直接影响实体经济和现代化产业体系的安全与稳定(刘元春,2023)。在大国博弈以及突发事件频发的背景下,全球供应链安全和对等权重不断上升,供应链多元化和收缩趋势加速,推动全球产业分工格局、布局逻辑、制度规则、竞争范式等发生深刻变革。传统基于成本—效率的分工合作范式演变为安全—成本—效率范式,对我国依靠传统比较优势建立起来的产业合作方式带来了较大冲击;基于安全和去风险考虑,横向近岸化、分散化、智慧化、敏捷化、集群化和短链化成为产业布局新的逻辑(石建勋和卢丹宁,2023),我国部分产业面临全球产业链合作脱链风险;更多高水平的投资贸易规则向区域性协定集中,数字贸易、竞争中立、环境保护、国有企业改革等条款对我国发展挑战大;供应链组织形式从跨国公司主导逐步向大型平台企业主导转变,产业集群成为产业竞争的重要方式。上述变化对我国传统工业化发展模式和路径提出了新的调整逻辑。党的二十大报告中明确提出要"着力提升产业链供应链韧性和安全水平""确保粮食、能源资源、重要产业链供应链安全",这是我国新型工业化新的着力点与方向。

在产业韧性和安全导向下,各主要经济体加强对产业链供应链的"国家干预",通过产业立法、产业链分级管理、对外结盟等方式重构全球产业链格局,强化产业链供应链安全优先的同时遏制中国,对我国经济发展与重点产业链的国际参与造成了较大的冲击。一是更多通过立法形式对重点产业领域进行支持,如美国陆续出台的《制造业促进法案》《基建法案》《芯片法案》《削减通胀法案》

等均以政府补贴、直接投资、税收减免、直接采购等方式不断对美国供应链本土化加大支持力度,对美国的再工业化和产业链重构起到了非常重要的作用。欧盟近期对我国电动汽车启动反补贴调查,通过实施碳边界调整机制等方式对我国重点产业进行精准限制。同时,针对重点发展领域,美国和欧盟在供应链政策导向上更加重视数字经济和绿色化转型,并明确在上述领域对我国保持高强度打压与竞争,在诸如芯片、5G、精准农业、量子信息、生物经济、自动驾驶汽车、氢技术及其系统、智能健康、工业互联网、低碳产业和网络安全等重点领域,通过立法等多种方式,在提高其竞争力的同时对我国形成打压。二是从广泛支持逐渐过渡到聚焦重点领域,对产业链进行分级管理。对于关键必不可少的供应链环节自主研发或者制造,如拜登政府对半导体、电动车、清洁能源等重点支持;对于战略性的供应链构建"友岸(商)共赢链",如美国和日本达成了在电动汽车领域加强关键矿产供应链的协议、汽车产业链向墨西哥转移等;对于可替代的非必要供应链进行"区域化"调整,分散市场来源降低"集中度"风险,如在纺织服装、原材料加工等领域以东南亚等地供应替代中国等。三是形成产业链"友岸联盟"遏制中国高端产业发展,如通过构建 Chip4 联盟吸引集成电路关键制造环节在美本土投资建厂,降低对外依赖风险等。

三、稳步推进中国特色新型工业化的新着力点

(一)以数据要素市场建设为着力点,激发产业链数字化协同转型的动力与活力

第一,加快探索国家层面的数据确权立法,逐步明确数据权属。立足分类分级的原则,在法律层面按照数据的人格权和财产权,对"公共数据、企业数据、个人数据"分别探索确权方式。鼓励有条件的地方先行先试,进行立法实践的试点探索,在不同的场景领域,针对数据全生命周期权益为全国立法总结经验。逐步构建完整的规则体系,保护数据来源者权益,以及数据持有权、使用权、收益权、处置权、财产权等财产权益免受侵害,为数据充分流动、避免数据滥用和垄断提供基本遵循。规范数据生产,保障数据要素市场参与主体合法权益。

第二，统筹数据交易平台建设，鼓励多元化的数据交易流通。针对各地数据交易所盲目扩张、低效运营的问题，出台国家层面的数据交易所管理办法，强化标准体系建设，规范区域以及行业层面的交易机构，建立全国层面的数据交易场所和平台，推动跨区域、跨领域的数据交易流通。

第三，积极探索并完善数据服务商模式、数据信托、数据管理以及针对具体领域的个性化数据应用等多种数据交易模式。借鉴德国工业数据空间的做法，率先在应用市场广阔的工业等领域建设安全可信的数据共享空间。建议重点行业主管部门、行业协会、链主企业牵头制定工业数据空间行业建设标准和应用指南。统筹现有行业的各类重大专项、产业基金、示范项目等资源对工业数据空间建设进行叠加支持，打造并推广相应的示范应用场景，带动产业链上下游数据共享和价值释放。

第四，推进数据质量体系建设，提升数据产业链的价值。支持产业链链主牵头，汇聚行业内跨组织、跨区域数据资源和技术力量，建立大规模、高质量行业数据集，开展相关领域的数据标准研制工作。鼓励市场主体利用高质量数据进行深度加工，研究开发高附加值的数据产品和服务，加大力度培育在数据集成、数据经纪、数据公证、数据保险、数据托管等方面具有多样专业的数据服务机构。建议教育部门探索试点数据方面特色人才培养，夯实人才基础。

第五，靶向施策，激发各类企业做强数字化业务的内在动力（余典范，2021）。国有大企业集团拥有复杂的数字化应用场景，可以在重点行业中出台示范性应用场景的标杆计划。应鼓励国有企业以市场化方式打造"数字化链主"计划，整合上下游的优势企业。民营数字化服务商市场敏锐性高，可以向其开放一些个性化的应用场景，提升其解决专业、精深数字化需求的能力。鼓励工业互联网等平台针对每个工业门类开发一些小切口应用场景，提高中小企业数字化转型获得感。外资企业数字化服务商业务能力高端、综合性强，利用海南自贸港、临港新片区等高水平改革开放的制度优势，引进数字化功能型机构，探索在一些市场化程度高、潜力大、数据安全可控的领域积极向外企开放合作，在可控的范围内推动其数字化改造服务的溢出，在竞合中提升企业的竞争力。

第六,强化数字化产业链政策,提升产业数字化协同转型能力。推动对产业链上下游企业数字化政策的双向支持,通过交易撮合、专项补贴、平台搭建等方式完善企业数字化协同发展的体制机制。在政策联动、叠加优惠上积极创新,发挥政策的集成性、时效性和精准性,增强整个产业链数字化转型的政策获得感。围绕重点产业领域加快推动"产业电商平台"集群发展,形成相应领域数字化供应链产业联盟。

(二)以"四链"融合推动创新生态建设,为工业化创新驱动装上加速器

党的二十大报告提出,推动创新链产业链资金链人才链深度融合。这是促进创新驱动,发挥大国技术和市场的双重优势,实现高质量发展的重要途径,也是现代化产业体系建设的应有之义。"四链"融合是一个系统工程,在现代经济增长分析的范式中,创新链资金链人才链是核心输入变量,而产业链则是输出变量,主要通过市场机制实现供需联动与融合。因此,"四链"融合的关键是要建立良好的激励机制,降低"四链"优化配置的障碍。

一是推动创新全链条贯通,优化创新资金全链条配置。在兴趣以及使命导向的基础研究上建立持续性支持机制和"孵化器",考虑基础研究的战略性溢出收益,鼓励设立超长周期的创新基金,降低短期财务压力,解决好耐心资本、长期资本不足的问题。对于部分应用型基础研究和后端的应用研究,大力发展创新成果市场化推广的中介组织,充分发挥市场牵引作用。实施更大力度的研发费用加计扣除、高新技术企业税收优惠等普惠性创新政策,提高创新主体积极性。形成科学家敢干、资本敢投、企业敢闯、政府敢支持的创新资源优化配置方式。

二是从单点的激励政策向畅通"四链"协同的"串链"政策转型,激发"四链"深度融合的内在动力。针对亟须突破的关键技术和产业环节,推出攻关清单和合作事项,采取揭榜挂帅方式加快推进,实施创新链的协同增效行动。推动新兴技术加速孵化,形成技术—市场的闭环,融通产业链与创新链。积极发挥供应链金融对产业链的"共赢链"效应,形成资金链产业链优化升级共同体。鼓励创新主体和产业主体共推示范应用场景、共育创新和产业人才、共创产业创新

生态,推动创新链产业链人才链深度融合。加大对劳动力转型的支持力度,夯实创新人才、产业人才的基础。支持重点企业以"人才订单"的方式委托培养关键岗位的高层次人才。同时,许多新的高级岗位人才来源于相应产业人才的转移,如智能网联汽车的员工很多就来自燃油汽车产业,人工智能人才很多来自计算机软件领域。因此,提供相应的技能培训项目对创造高质量的人才、解决增量人才不足的问题就显得比较重要。政府相关部门可以联合行业协会、大学、企业制定培训项目,建立相应的职业发展中心,帮助高级管理人才和工人的培训与再培训,满足新的市场需求。

三是高标准建设要素市场体系,促进"四链"要素在各区域之间自由流动与合理配置。在长三角、京津冀、珠三角等区域一体化示范区积极推动要素和创新资源的跨区域协同试点,逐步在全国推广。首先,在各地具有共识的领域构建创新共同体,推进创新链产业链的协同发展。如在集成电路、新能源汽车等领域,长三角、珠三角已经形成了较大的科技创新和产业集群优势,各地可以联合推动国际级、区域级和国家级的科技创新平台落地和建设,针对亟须突破的关键技术和产业环节,推出联合攻关清单和合作事项,采取揭榜挂帅方式加快推进,实施创新链的协同增效行动,做大科技创新和产业发展的蛋糕。构建并完善创新项目信息一体化发布和科技成果共享机制,推广创新券在区域内的互认互通。探索各地共同出资组建科技成果转化基金和产业发展基金,实现跨区域的资源配置和利益共享。其次,以补短方式完善区域产业链纵向合作机制,强化产业链的双向融合。推动区域内联合编制创新资源和产业链图谱,建立区域内产业链优势与短板清单,各地以优势产业链匹配其他地区产业发展需求,以补短方式实现区域之间的共赢。最后,重点推进政策协同、标准趋同等方面的互通互认,形成制度型协同共识,共同拓展国际发展空间。加强各地改革举措的协同配合,推动一体化向更深层次、更宽领域拓展,实质性降低资源要素的交易、流通成本。充分发挥区域一体化示范区高水平对外开放的优势,协同推进优势产业"整链出海",促进适用技术、创新模式、标准共同"走出去",拓展国际发展空间。

(三)持续推动产业结构优化升级,巩固壮大实体经济根基

以实体经济为支撑构建现代化产业体系,促进产业融合,坚持开放合作,维护产业安全,是我们在新时代新征程上以中国式现代化全面推进中华民族伟大复兴的必然选择(刘元春,2023)。巩固完整产业体系优势和实体经济根基,实现新兴产业更高端、传统产业更前沿的产业内涵式发展,避免实体经济"脱实向虚"(黄群慧,2023)。一是加快改造升级传统产业,增加企业设备更新和技术改造资金的投入,推动钢铁石化等重点产业兼并重组,提升技术能级和在全球分工体系的治理能力和竞争力(金壮龙,2023)。二是巩固优势产业领先地位,增强新能源汽车、光伏等领域全产业链条的优势,通过拓展海外市场,擦亮中国制造名片。三是培育壮大新兴产业,加强技术攻关和成果转化,构建新的经济增长引擎。包括新一代信息技术、生物技术、高端装备制造、新材料等在内的战略性新兴产业代表着科技创新和产业发展的方向,是先进制造业的核心主体,是推动实体经济高质量发展、提升我国产业体系现代化水平的决定性力量。四是创新体制机制,优化适应数字、绿色、低碳等"新赛道"的产业生态建设。前瞻布局未来产业,丰富完善应用场景,培育产业生态,抢占未来竞争制高点。在新赛道上,传统的体制机制已经不能适应这些领域的发展,因此,需要成立专门机构,创新组织管理体制机制,推进"新赛道"领域前沿技术的产生与发展。可率先在重点行业试点建立健全碳标签制度,重点产品实行"一品一标",提高企业碳管理水平,大力支持有发展基础和发展需求的领域,如汽车关键零部件、高端医疗设备等的再制造业务。

深入推进制造和服务的双向赋能。在工业和信息化融合、制造和服务融合、产业边界越来越模糊的趋势下(周振华,2003),传统制造和服务的产值结构指标无法体现制造与服务融合发展的趋势。不管是制造业还是服务业,其内部结构变动的本质是高生产率部门替代低生产率部门的过程,因此,产业高质量发展的核心应是生产率导向。促进制造与服务的融合发展,需要在一些关键因素,如放松基础性产业的规制、降低产业的进入退出壁垒、消除产业要素的流动障碍、创新监管方式等入手,完善制造与服务的长效关联机制。首先,完善需求

拉动与供给推动的双向互促机制,重塑制造业与服务业的融合发展效应。应鼓励企业延伸制造业产业链和促进制造业服务外部化,摆脱先天资源禀赋边际成本上升的约束,培育和提升新的比较优势。对标国际最高标准或规则,在产业开放、知识产权保护、新标准的制定、风险防控等方面对标甚至引领国际规则,以高标准的制度建设引领基础要素能量的迸发,增强在重点产业领域的话语权。其次,以技术创新与制度创新双管齐下促进制造业与现代服务业的融合发展,不断催生新产业业态、新商业模式的涌现。一方面,可以从政府购买、消费补贴等需求侧方面重点鼓励通用性技术如人工智能、智能制造、大数据、新能源技术等的推广和应用,并鼓励这些技术与服务业态相结合,实现制造技术与服务形态的深度融合,拓展整个产业系统的发展空间和获利能力。另一方面,需创新产业跨界治理体制机制,以有效制度供给推动产业动能再造。与产业跨界融合现象越来越普遍不匹配的是,产业管理还停留在适用于单一产业的模式上,要优化包容性创新体制机制的建设,减少融合发展新行业的前置性审批,加强对服务市场的一线监管,加强市场监管的事中跟进评估、反馈调整和事后监管。产业的跨界会涉及不同产业、技术领域的交叉,针对政府部门各自为政、政出多门的问题,需要通过机构合并、职能整合、信息共享、监管共认等方式,创新大部制、部门间联席会议制度、工作领导小组等机制,并利用大数据、智能化技术等优化监管手段,实现政府监管"无缝对接",形成多部门联动的常态化。

(四)深入推进制度政策创新,不断提升产业链供应链韧性和安全水平

对于中国这样的大国,提升产业链供应链韧性和安全水平不仅有利于自身产业竞争力的提升,也是推动世界经济发展的重要保障。产业链供应链韧性和安全水平主要指其受到外部冲击后能恢复原样甚至达到更理想状态,在极端情况下能够有效运转,在关键时刻能够反制封锁打压,并能够在价值链中获利的能力(余典范,2023)。大国产业链韧性和安全水平主要体现在"点线面"上的有机统一。"点"主要包括以五基(基础零部件、基础元器件、基础材料、基础软件、基础工艺)为核心的产业基础建设,以及具有产业链治理能力的链主企业;"线"主要体现为产业的链接能力和协同能力,包括产业各环节的协作、空间的优化

配置；"面"主要体现为价值创造和治理能力的提升，产业链供应链韧性和安全水平的提高不仅是安全导向，也需要有可持续的盈利和效率体现。

第一，打好"市场双向拓展"牌、"规则引领"牌，增强对全球产业链供应链的渗透力和引领力，提升重点区域产业链供应链的联通性与根植性。一是在安全可控的原则下进一步降低外商外资的进入门槛，构建集成电路、人工智能、生物医药、新能源汽车等新兴产业、未来产业发展所需的准入机制。对标国际高标准，加快关键领域改革开放试点。在海南自贸港、临港新片区等地方积极推动、充分利用中国加入CPTPP、DEPA、RCEP等区域性多边贸易协定的机会，加快推进数据跨境流动、合资企业股权比例放宽、数字知识产权保护、数字贸易相关税收、政府采购、投资者—政府争端解决机制等核心议题先行先试。引导"走出去"企业在目的国产业链薄弱环节发力，通过优势互补赢得供应链合作机会。在重要产业链上积极回应东道国利益诉求，推动品牌、供应链、人才队伍及产品开发等在目的国的本地化发展。二是积极主动承担提升全球供应链弹性的国际责任，在跨国议题中寻求国际产业链合作最大公约数，稳住产业链供应链韧性的大盘。在应对气候变化和能源转型的ESG领域、大宗商品供应链领域、数字跨境贸易、全球债务问题等方面寻求合作机会，以解决全球供应链瓶颈问题并应对长期挑战。将"一带一路"倡议项目更多地与现有多边合作机制如RCEP、上合组织等结合，让区域合作伙伴发挥更重要的作用。紧扣产业链绿色化、数字化、ESG化等转型趋势，深化"绿色一带一路""数字一带一路""科技一带一路""ESG一带一路"等领域合作建设，提升我国产业链供应链的国际发展空间。在东亚区域进一步强化RCEP、CPTPP等多边机制功能，特别是利用RCEP对中日、日韩双边贸易的推进作用，适时推动中日韩自贸协定的新一轮谈判，铆住东亚供应链。

第二，探索产业领域的立法保障制度，发挥"政策集成"效果，加快产业政策向畅通产业链协同的产业链政策转型。首先，对重点产业链供应链安全和韧性政策进行顶层设计、评估、推进与监督。强化各部门之间的协同机制，推动各行业、各地区供应链的协同，降低供应链的脆弱性。同时，配置相应的特别工作小组,该工作小组应包括国家发改委、工信部、商务部、科技部、国家安全部等,以及来自产业界的重点企业,并主要对重点产业链的安全进行长期的动态跟踪分析,负责供应链公共基础设施的规划与推进。充分发挥数字化作用,对我国重点产业链进行建模和模拟,保障应急状态下供应链安全。其次,积极探索我国在促进产业创新、提高产业韧性与安全水平方面的产业立法实践。强化立法部门与产业主管部门的协同,明确产业立法的领域与边界,同时加快已有产业立法的深化与政策配套。建议重点将具备基础性、安全性、战略性特征的领域作为产业立法的调整范畴。立法的重点应放在保障基础要素如数据的流动、创新资源配置、体制机制的突破上,特别需要对标国际高标准,在技术与产业亟须突破的关键环节进行创造性立法。同时,建议在产业立法过程中重点关注中小企业,特别是在应对国际制裁上维护相关产业和企业的正当发展权益。以立法形式保护企业的公平竞争地位,以立法方式对受到不公平对待的重点产业及企业提供相应扶持,如政府优先采购、税收优惠、财政补贴等。

第三,积极推进单点产业政策向集成的产业链政策转型,重点应实现"节点"政策、"链接"政策的聚焦,提升产业链韧性与价值。与传统产业政策相比,产业链政策更注重统筹发展与安全、注重链接过程。一是强化产业"节点"政策,加强产业链补短锻长。优先支持产业网络中节点产业和企业的发展,发挥"重点企业服务包"政策的作用,解决政策"最后一公里"难题。提高产业政策精准性形成支持合力,在关键核心领域用足各项政策,鼓励部门、央地政策联动与配套,形成政策支持的"爆点"。支持重点区域优化分工合作,打造具有韧性的全球特色产业集群。国家层面可以通过重点产业链韧性试点项目建设,引导具有条件的省市牵头整合相应的政策、资源、重点企业,组建韧性产业链联盟,形成重点产业链新增长极。二是强化产业"链接"政策,鼓励产业链上下游合作与协同。发挥链主企业的引领带动作用。鼓励整机企业牵头或参与原材料、零部件的技术攻关与验证,搭建零部件和原材料的标准与验证平台,提升上下游企业原材料和零部件的可用性和工艺水平。鼓励链主企业牵头建立创新联合体、产业链共同体、产业研究院等公共服务平台,提高产业链的稳定性与韧性。支持链主企业提供应用场景。支持大企业、大平台提供技术验证场景;通过推出融合试验场景,支持大企业和科研院所联合打造"中试基地"和验证平台,推动重点产业加速孵化;通过发布综合推广场景,加速应用迭代与产业化。围绕重点产业领域,优化供需对接,促进产业链平台发展。

参考文献

[1]蔡跃洲、马文君.数据要素对高质量发展影响与数据流动制约[J].数量经济技术经济研究,2021(3):64—83.

[2]胡鞍钢、任皓、高宇宁.国际金融危机以来美国制造业回流政策评述[J].国际经济评论,2018(2):7,112—130.

[3]胡炜.跨境数据流动立法的价值取向与我国选择[J].社会科学,2018(4):95—102.

[4]黄群慧、贺俊、倪红福.新征程两个阶段的中国新型工业化目标及战略研究[J].南京社会科学,2021(1):1—14.

[5]黄群慧.论新型工业化与中国式现代化[J].世界社会科学,2023(2):5—19,242.

[6]洪银兴.新时代社会主义现代化的新视角——新型工业化、信息化、城镇化、农业现代化的同步发展[J].南京大学学报(哲学·人文科学·社会科学),2018(2):5—11,157.

[7]金壮龙.加快推进新型工业化[J].新型工业化,2023(3):3—4.

[8]江小涓、靳景.数字技术提升经济效率:服务分工、产业协同和数实孪生[J].管理世界,2022(12):9—26.

[9]刘元春、陈金至.土地制度、融资模式与中国特色工业化[J].中国工业经济,2020(3):5—23.

[10]刘元春.在总结中国共产党百年奋斗史中认识中国道路[J].教学与研究,2021(12):6—10.

[11]刘元春、刘晓光.在三大超越中准确把握共同富裕的理论基础、实践基础和规划纲领[J].经济理论与经济管理,2021(12):4—10.

[12]刘元春、丁洋.论就业管理模式的变革趋势:从逆周期到跨周期[J].管理世界,2023(1):68—77.

[13]刘元春.以实体经济为支撑构建现代化产业体系[N].文汇报,2023-05-23:11.

[14]刘志彪.全国统一大市场[J].经济研究,2022(5):13-22.

[15]石建勋,卢丹宁.着力提升产业链供应链韧性和安全水平研究[J].财经问题研究,2023(2):3-13.

[16]习近平.努力建设人与自然和谐共生的现代化[J].求是,2022(11):1-3.

[17]余典范.成为数字强国:企业协同数字化破解"数字化悖论"[J].清华管理评论,2021(10):73-77.

[18]余典范.持续提升我国产业链供应链韧性和安全水平[N].光明日报,2023-01-05:6.

[19]中国社会科学院工业经济研究所课题组.新型工业化内涵特征、体系构建与实施路径[J].中国工业经济,2023(3):5-19.

[20]周振华.产业融合:产业发展及经济增长的新动力[J].中国工业经济,2003(4):46-52.

（该文刊载于《财贸经济》2024年第1期）

新质生产力推进农业现代化：
理论内涵、关键问题与实施路径

一、引言

生产力是推动人类社会发展的核心力量，也是经济社会变迁的核心力量。2024年2月，习近平总书记在中央政治局第十一次集体学习时强调，"高质量发展需要新的生产力理论来指导，而新质生产力已经在实践中形成并展示出对高质量发展的强劲推动力、支撑力"[①]。当前，我国农业高质量发展正面临创新滞后和功能弱化的双重挑战，迫切需要实现农业产业转型升级与提质增效。一方面，种质资源优势不明显、农机结构不均衡、生产布局不合理等问题突出；另一方面，农业劳动力质量不高，符合新农业发展要求的新农人欠缺，以农业机器人、智能化装备为代表的新型工具应用不足，农业天空地数据等新型劳动对象则存在积累不足、应用面狭窄的现实困境。

以上种种挑战表明，农业对新质生产力的需求十分迫切，也意味着，培育新质生产力对当前农业高质量发展具有至关重要的作用。作为传统生产力的能级跃升，新质生产力能够实现农业生产中劳动者、劳动资料、劳动对象的组合优化，带来全要素生产率大幅提升（许恒兵，2024），为中国式现代化奠定生产力基

基金项目：国家自然科学基金面上项目"'推—拉'力重构下中国农业转移劳动力空间再配置研究"（72373089）。

本文作者简介：赵鑫，上海财经大学财经研究所博士研究生；吴方卫（通讯作者），上海财经大学财经研究所教授；秦国庆，西北农林科技大学经济管理学院副教授。

① 加快发展新质生产力 扎实推进高质量发展[N].人民日报，2024-02-02:1.

础(孟捷和韩文龙,2024)。比如,合成生物学等颠覆性技术能够催生出人造食品、植物饮料等新业态,在带来食品健康新突破的同时,还能大幅降低农业面源污染,实现"节耗增值"的提质增效;再如,基于人工智能大数据技术的农业信息化革新,既能够使农业生产变得精准可控,也能够使农产品供应链溯源更加透明,实现"优质优价"的转型升级。因此,深入理解新形势下农业现代化的发展状态,利用新质生产力推进和发展农业现代化,探索出既具备普遍规律又具有本土特色的中国式农业现代化道路,是实现农业高质量发展、建设农业强国的必要之举。

当前,学术界已围绕新质生产力从多个角度进行了研究。相关文献从马克思主义政治经济学的角度阐释了新质生产力的理论内涵(方敏和杨虎涛,2024),讨论了其本质特征与现实价值(黄群慧和盛方富,2024),并提出新质生产力是新技术持续涌现和新生产要素相互交织的结果(盛朝迅,2024)。周文(2023)则基于科技创新的角度,提出新质生产力是实现关键性颠覆性技术突破而产生的生产力,能够实现对传统生产力的超越。在价值意义上,已有文献认为新质生产力能够推动产业转型升级,提升资源配置效率(石建勋和徐玲,2024),有助于转变经济发展的旧模式(孙绍勇,2024),实现对传统生产力系统的全面重塑(蒋永穆和乔张媛,2024)。

实质上,生产力是质与量有机统一的整体,现代化的过程也正是生产力发生量变与质变的过程(周文和李吉良,2024),新质生产力需要与经典生产力共同融合发展(张文武和张为付,2024),新兴产业也需要与传统产业相互协调,才能构建起完善的现代化产业体系(任保平和王子月,2024)。作为最为传统的产业,农业新质生产力得到了诸多学者的关注。例如,部分文献研究了新质生产力对农业产业的现实作用(杨颖,2024),分析了农业新质生产力的基本生成逻辑(毛世平和张琛,2024),结合现实案例讨论了新质生产力对传统农业的改造作用(刘志彪等,2024)。此外,从农业生产力的角度看,部分学者认为农业新质生产力已经具备了形成条件(高原和马九杰,2024),也有部分学者从可行性的角度出发,认为当前农业的改革创新有待深入,农业新质生产力的形成面临一系列结构性和政策性难题(马晓河和杨祥雪,2024)。

已有研究对新质生产力的理论内涵、生成逻辑及现实意义进行了分析,为本文提供了一定的启发和理论基础,然而,这些研究仍存在有待深化和完善之处。首先,新质生产力作为一个新兴概念,其理论解释不足,尤其缺少针对不同产业的差异化解释。其次,现有研究主要聚焦于新质生产力的产业化本身,而对其在改造传统产业,尤其是在农业领域的作用探讨不足。此外,尽管少数研究关注了新质生产力对农业高质量发展的影响,但对新质生产力与农业现代化之间的内在联系及其逻辑的分析尚显不足,这也是本文的关键着力点。鉴于此,本文基于生产力与生产关系的视角,从新质生产力与农业现代化的理论内涵出发,通过分析农业现代化的历史发展路径,探讨了新质生产力与农业现代化的内在关系,提出新质生产力推进农业现代化的实施路径,以期对新质生产力推进农业强国建设、实现高质量发展提供理论参考和现实指引。

二、新质生产力与农业现代化的理论内涵和特征

(一)新质生产力与农业现代化的理论内涵

当前,随着全球经济环境的深刻调整,外部环境的复杂性、严峻性、不确定性日益增加,经济增长的目标也从追求高速增长转向高质量发展。新质生产力便是在此情况下,为适应当前生产环境所出现的,由创新起主导作用,摆脱传统经济增长方式、生产力发展路径,具有高科技、高效能、高质量特征,符合新发展理念的先进生产力质态。[①] 新质生产力有别于传统生产力,是新的生产方式、新的科学技术和新的产业形态的总和,符合当前我国经济转型所需要的发展模式(徐政等,2023)。本质上,新质生产力是通过创新和技术进步而引发的先进生产力。这种生产力的变革不仅源自新的生产要素的引入,更体现在新技术、新产品和新的生产方法对原有的、传统的生产要素的改造当中。新的生产力能够促使传统的劳动者、劳动资料与劳动对象得以重新配置,从而突破既有的生产

---

① 加快发展新质生产力 扎实推进高质量发展[N]. 人民日报,2024-02-02:1.

模式,并显著提升了生产效率。

农业现代化是由传统的、低生产力的农业产业形态向现代、高质量发展转化的一个动态的历史进程,意味着生产工具、生产方式等多个方面的跨越式转型。从实践经验上讲,农业现代化是指依靠科技创新和制度变革,通过改善农业生产条件、培育新型农业经营主体、创新农业组织形式,促进土地、资本、劳动力、技术等要素均衡配置,从而提升土地产出率、劳动生产率和资源利用率,达到农业产业的目的。农业现代化不仅意味着要素投入与配置的优化,还标志着农业从传统生产部门转变为现代产业部门。

在某种程度上,新质生产力与农业现代化拥有共同的价值意蕴和现实目标。一方面,生产力指的是人类改变自然的能力,而农业生产蕴含着经济再生产和自然再生产相互交织的属性,生产力的跨越式发展也就意味着农业生产对自然的利用程度的提升,这也就意味着实现了农业的现代化。另一方面,农业现代化与新质生产力有共同的愿景,农业现代化与新质生产力的目的都在于提升生产效率,包含了对技术进步和生产方式革新的现实追求。因此,可以认为,新质生产力与农业现代化实现了价值内涵的统一。

(二)新质生产力与农业现代化的主要特征

新质生产力是生产力在新的技术革命和产业发展中实现的跃迁,传统生产力能够在新的生产条件下,基于科学技术的创新突破与产业的不断升级发展进而衍生出新的生产力(杜传忠等,2023)。具体而言,新质生产力具有科技创新、绿色低碳、融合协同、以人为本的内涵特性。

第一,科技创新。科技是决定农业现代化进程的核心要素,也是实现生产力跨越式发展的基石。关键性技术和颠覆性技术是形成新质生产力的关键,这些技术通过与劳动者、劳动资料和劳动对象的结合实现其在生产中的应用,从而产生新的创新驱动力(周文和许凌云,2023)。第二,绿色低碳。生产力的发展是人类认识自然、改造自然并由此获得进步的物质化过程。新质生产力则代表了这一进步的最新阶段,强调环境保护和资源的可持续性,以新一代高新技术为关键载体,推动产业结构从资本和劳动密集型逐渐向技术密集型转型,降低产业能耗,使得经济增长摆脱了对高耗能和高排放发展路径的依赖,实现了生产模式的绿色化改造(田华文,2023)。第三,融合协同。生产力系统中各要素是相互间共生互嵌、融合渗透的有机组合。新质生产力便是在科学技术的推动下,通过分工协作、组织管理等非实体性要素作用于实体性要素,从而导致生产过程不断优化的过程(翟青和曹守新,2024)。第四,以人为本。新质生产力是人类利用新的生产要素改造自然的产物,体现的是人在价值创造与生产力发展中的核心作用。"新质"不仅代表着人对新技术的创造,也意味着生产力的价值重心从物体价值转向人的价值(姜奇平,2024),突出人与社会、人与自然之间新的关系,实现的是对于人的改造和超越。

农业现代化本质上是利用现代科学技术提高农业生产的质量与效益,创造新型生产关系,实现全要素生产率的提升。从这一角度看,农业现代化就是新质生产力在农业产业领域应用的过程。新质生产力推进下的农业现代化,既具有现代化的一般特征,又具有"新与质"的根本性提升。

第一,供给安全。保证粮食及重要农产品的稳定安全供给是生产力发展的基本目的,也是农业现代化的关键特征。纵观全球农业发达国家,提升农产品生产和供给能力,满足对粮食等重要农产品的供给需求,是实现农业现代化的重要目标。从"中度或严重粮食不安全发生率"这一指标来看,2020年多数农业强国在10%以下,而中国远低于世界平均水平的27.6%(宋洪远和江帆,2023)。利用科技创新提升粮食及农产品的生产效率,保证供给安全,既是应对全球市场波动的重要举措,也是农业现代化的应有之义。

第二,创新驱动。科技创新是农业现代化的核心驱动力,农业现代化的显著标志就是科学技术对传统生产要素的深刻影响,这一过程不仅转变了农业的生产和资源结构,也重塑了生产者的思维方式和价值观念(金文成和靳少泽,2023)。随着新一代创新型技术的发展,尖端化、规模化、智慧化的农业生产装备应用已经成为全球发达国家农业的普遍特征,以大数据、物联网、人工智能为代表的前沿科技在农业生产中的运用已经成为现实(魏后凯和崔凯,2022)。

第三,产业融通。完善健全的产业体系是农业现代化的重要基础,从全球范围看,产业交叉融合是普遍趋势,日韩等东亚小农经济体通过产业融合构建起高质量农业供给体系,美国、荷兰等国家在产业融合的过程中塑造了农业引领型的发展优势(涂圣伟,2023)。现代农业生产不再是孤立的种植养殖,而是农业与服务业、旅游业、文化产业等非农产业的协同创新。这推动了农业生产向全产业链融合转型,从而显著提升了农业的价值和创新能力。

第四,生产绿色。农业的绿色低碳转型不仅是农业生产力提升的显著标志,更是建设现代化农业的必由之路。农业生产从手工劳动向机械化、电气化发展,再进一步发展到信息化、智能化,这一过程中新兴技术与传统农业技术的深度融合,有效降低了生产对自然环境的负外部性。绿色经营便是通过生产力的升级提升,摆脱高污染、高能耗的生产模式,兼顾安全与可持续发展,实现农业的现代化转型。

第五,效率突出。农业现代化的本质就是用现代科学技术改造传统生产要素,用新的生产关系组织农业生产,以此提升农业生产的质量与效益,增强农业的创新力、竞争力,实现全要素生产率的提升。在农业全要素生产率提升的过程中,劳动力、土地等传统要素投入日益紧张的现状将得到有效缓解,劳均产出、亩均产出将实现显著提升(龚斌磊和张启正,2023)。

三、新质生产力与农业现代化的内在关系

无论从新古典经济学还是马克思主义政治经济学的视角看,新质生产力与农业现代化有着相辅相成的关系。从新古典经济学的角度看,农业现代化代表着生产前沿面的外移,新质生产力代表着技术进步、新型生产要素的使用以及技术效率、要素配置效率的提升。这意味着发展农业新质生产力必然促成农业现代化,而农业现代化的实现必然伴随着新质生产力的涌现。从"生产力—生产关系"的角度看,新质生产力推动下的农业现代化既包含生产力的提升所带来的生产方式的转变,也包含生产关系与生产力相适配的过程。这一过程既体现为现代化生产要素持续融入农业生产经营,推动农业产业与现代经济体系的有机整合,又表现为农业生产中生产关系的持续优化,实现工具理性与价值理

性的有机统一。

(一)农业现代化是生产力由"旧质"演变为"新质"的过程

农业现代化本质上是一个新生产力不断涌现、进步和更新的过程。随着新技术的突破和新型要素配置方式的应用,农业生产的主导要素逐渐从人力转变为技术,从单纯依靠体能劳动转变为依靠精细化的管理策略与经营思维,从原始生产转变为智能化生产,进而实现了从传统农业向现代农业的转型。

追溯全球农业发展历史,农业现代化是一个涵盖创新与改造的复杂过程。在第一次工业革命之前,农业生产主要依赖于土地和畜力,使用的工具简陋,生产目的仅限于满足基本的温饱需求,这种自给自足的封闭式生产模式直接导致了低下的生产效率。随着第一次工业革命的到来,蒸汽机、纺织机等技术开始应用于农业生产,极大地提升了农业的生产效率。同时,工业革命促使农村人口向城市迁移,城市人口的快速增长带来了对粮食和其他农产品的大量需求,这进一步推动了农业向更高效、更现代的生产方式的转变。第二次工业革命以后,化学农业的革命性进步显著增强了土地的肥力和产量,机械动力的普及又使得农业生产具备了自动化的基础,传统农业逐渐被现代农业所取代。随着以信息技术革命为标志的第三次、第四次工业革命的到来,农业自动化技术在各个领域得到了深入应用,现代农业发展模式已经形成并不断完善。人工智能、物联网等先进技术的加速发展,进一步转变了传统的精耕细作的农业生产模式,例如,美国的智能化农业模式、日本的集约化智慧农业模式均有效提升了各自国家的农业生产效率。

农业现代化的过程与生产力的演化、替代、发展的整体性过程具有突出的一致性。农业技术革新已经成为传统农业变革的重要力量,历史上每一次农具农技创新、工程创新、生产模式创新,都极大地推动了农业生产力的发展与进步,也蕴含着技术对农业生产的现代化改造。首先,新型生产力并非凭空出现,而是在继承现有生产力的基础上逐步发展而来,不是一蹴而就的。其次,农业现代化的过程就是生产力实现飞跃的过程,是新的生产力替代旧的生产力的过程,也是由劳动密集型生产转向技术和资本密集型生产,提高全要素生产率的过程。最后,技术进步是农业现代化发展的主要推动力,也是新质生产力的核心来源。生产力中渗透的新科技因素从量变到质变,逐步代替传统生产力,是生产力现代化转型的运行方式(任保平,2024)。由新型生产力引发的农业技术革新,已成为塑造和改造传统农业的重要力量,同时也将引领农业的现代化新变革,实现农业高质量发展。

(二)新质生产力是农业由"传统"向"现代"变革的动力

不同时代的生产力只有与特定的生产关系紧密结合才能推动社会的进步。随着生产力从量变到质变的演进,原有的生产关系逐渐成为新生产力发展的障碍,因此,改革与创新成为应对时代变迁的客观要求(曹洪滔,2016)。农业生产力的快速增长需要与之相匹配的生产关系,农业现代化的过程实质上是现代技术取代传统技术,新型生产关系消灭旧有生产关系的过程。

改革开放以来,农业现代化经历了三次重要调整。第一次是1998年党的十五届三中全会,提出发展农村生产力,推进农业现代化的目标,并建立了以家庭承包经营为核心、统分结合的经营制度,标志着农业和农村经济结构开始向市场化的方向调整,农村建设与改革因此获得了前所未有的重视。第二次是2008年党的十七届三中全会,提出破除城乡二元结构,推进城乡经济社会发展一体化发展,建设社会主义新农村。随着生产力的持续增强,传统的城乡关系已无法满足新的生产力发展需求,农业现代化与工业现代化需要协调发展。第三次是2017年党的十九大,提出了坚持农业农村优先发展,深化农村体制改革,实施乡村振兴战略的改革措施。随后2018年与2019年的"中央一号文件"均提出,坚持农业农村优先发展,走中国特色社会主义乡村振兴道路,推进农业农村现代化。农业现代化与农村现代化的重要性被同时强调,更加注重农业生产力的提升和农村社会结构的改革,突破了原本仅重视农业现代化的局限性。

从上述过程可以看出,进入新世纪以来,农业农村领域的社会改革逐渐加快,突出表现为从农业现代化到农业农村现代化的转变。农业农村的现代化问题逐渐从产业部门范畴扩展至区域社会性范畴,农业现代化的路径已经超越了单纯追求生产力增长的目标,转而更多关注生产关系与生产力之间的适应性和协调性。

对新质生产力的追求,催生了从农业现代化到农业农村现代化的理念转变,而发展新质生产力则是落实这种转变的重要动力。当新质生产力发展到一定程度,便与旧的生产关系发生冲突,产生出一种与新质生产力发展基本相适应的新型生产关系,而旧的生产关系则逐渐被扬弃,进而会引起社会制度和社会形态的变革(李政和廖晓东,2023)。新质生产力在改变农业生产方式、提升农业生产力的同时,农业农村也会经历新的生产关系替代旧生产关系的过程,通过经济体制的改革实现从传统向现代的跨越式转型。

(三)农业现代化是生产力由"分割"向"融合"的转变

新质生产力的本质是先进生产力,代表了当前时代科技和社会生产方式发展的前沿力量,其核心在于利用科技创新来提高生产效率和生产质量。从生产力与生产关系的规律出发,现代化则意味着产业结构的转变、城乡结构的转换、生产效率的提升(高帆,2023)。农业现代化与新质生产力有共同的目标,农业现代化与新质生产力的目的都在于提升生产效率,包含了对技术进步和生产方式革新的现实追求。在这一语境下,新质生产力与现代化的发展达到了价值旨归的统一。因此,新质生产力的发展,并不意味着对传统产业的抛弃,而是通过技术创新的溢出和推广,实现对传统农业的改造,达到提升整体生产效率的目的。一方面,传统产业与战略性新兴产业共同构成新质生产力的产业基础,传统产业是新兴产业和未来产业的基石,新质生产力的实现也需要各类生产力的联合(周文和许凌云,2024)。随着数字化和智能化的发展,农业已经成为生产链、创新链、价值链的重要组成部分,不仅为其他产业提供生产基础,同时也能够提供市场需求和资本积累,缺乏农业的生产力发展将阻碍新质生产力的形成。另一方面,新质生产力是对传统农业现代化的超越与发展。在新一轮科技革命和产业变革的数字经济时代,技术进步能够将劳动者从机械束缚中解放出来,智能化的生产模式也使得农业生产将不再局限于土地之上,突破空间、时间的限制,实现更加紧密的连接。进一步而言,农业现代化提升了新质生产力的内在价值。新质生产力不再局限为提高生产效率和经济增长,其能够通过技术创新和社会应用,转化为促进农业现代化发展的动力,达到农村社会进步、提高农民生活质量、实现高质量发展的现实效果。

四、新质生产力推进农业现代化面临的问题

新质生产力作为先进生产力,是推进农业产业转型升级、实现现代化发展的重要动力。当前,我国农业现代化面临机遇与挑战并存的现实局面。在生产状况不断改善、农产品消费需求不断升级的同时,农业劳动力成本增高、外部冲突加剧的现实问题不断涌现,农业现代化进程存在较大的不确定性。新质生产力推进农业现代化的过程中,既有现代化过程中必然面临的普遍性问题,又有新质生产力与农业现代化适配过程中的个性化问题,呈现出新旧交织、相互影响的特点,能否解决这些挑战是实现农业现代化的关键所在。

(一)农业产业基础薄弱,技术创新不足

产业是生产力发展的核心,也是实现农业现代化的重要基础,但目前我国农业产业体系薄弱,基础设施相对落后,农业生产技术与国际领先水平存在显著差距。此外,农业生产的机械化和智能化水平与新质生产力的发展需求的匹配度较低,进一步制约了农业生产效率和质量的提升。主要体现在以下三个方面:一是农业基础设施落后。供水、供电、供气条件不佳,物流经营成本居高不下。此外,在烘干设备、预冷设施、冷链储运等方面的配套不足,农业生产标准化、绿色高效技术应用等方面更为欠缺(陈明星,2020),严重制约了新质生产技术的推广应用。二是农业创新能力较弱,企业市场竞争力不足。以生物育种领域为例,尽管种业市场规模庞大,但本土企业的市场占有率较低,关键核心专利多被外国企业控制,我国仅持有全球7%的生物种业相关核心专利,而美国占比高达80%(迟培娟等,2023)。三是智能化技术应用不足,我国数字农业比较薄弱,数字资源分散,天空地一体化的数据获取能力较弱、覆盖率低,生产信息化和精准化水平与发达国家相比还有一定的差距(钟文晶等,2021)。

(二)区域与城乡差异显著,生产力发展不均衡

当前,我国的社会主要矛盾已转变为"人民日益增长的美好生活需要和不

平衡不充分的发展之间的矛盾",区域与城乡差距已经成为制约农业现代化的关键问题。首先,生产力分布不均衡,以高精尖技术、智能产业为代表的先进生产力主要集中于经济发达的地区,而东北及中西部地区的现代工业和农业产业化的基础较为薄弱,无法有效发挥其农业要素禀赋优势,这与新质生产力的发展需求存在差距。此外,受到要素成本与制度壁垒的双重影响,东部发达地区的技术与资本难以大规模向西部地区转移,区域间的经济发展不平衡问题较为突出。2022年,东部地区的人均GDP为119 135元,西部地区、东北地区与东部地区的人均GDP绝对差距已分别达到51 949元、60 461元。[①] 在这种情况下,新质生产力难以高效配置资源和要素。其次,城乡经济发展差异显著。2023年,城镇居民人均可支配收入为51 821元,而农村居民人均可支配收入仅为21 691元[②],城乡居民收入比达到2.39,城乡差距已经成为农业现代化的关键制约因素。同时,新质生产力的发展需要依靠产业技术进行彻底替代或开拓,要求良好的产业基础、高端的市场需求为支撑,从而不可避免地导致资源向大型城市、超大型城市集中,进一步加剧了城乡差距(赵儒煜,2023)。

(三)人力资本供给不足,难以适应生产力发展需求

农业现代化的核心表现是农业生产由依赖传统耕作技术转变为融合现代信息技术、生物技术,这需要足够高质量的农业劳动力来应用与实现。然而,目前我国农业劳动力的整体水平不高,城乡人力资本的差异较大。2021年中国农村劳动力人口平均年龄为39.8岁,平均受教育年限仅为9.24年,大专及以上受教育程度仅占5.84%,而城镇劳动力中大专及以上受教育程度人口达到34.07%。[③] 绝大部分农村劳动力的劳动技能较为单一,技能培训不足。2023年千村调查数据显示,我国农村居民的数字技能得分为2.32(5分制),介于"差"与"一般"之间,农村地区面临着更为艰巨的数字鸿沟的挑战。随着生产力

---

① 依据各省《2022年国民经济和社会发展统计公报》测算得出。
② 国家统计局.2023年国民经济和社会发展统计公报[R/OL]. https://www.stats.gov.cn/sj/zxfb/202402/t20240228_1947915.html.
③ 中央财经大学人力资本与劳动经济研究中心.2023中国人力资本指数报告[R/OL]. https://humancapital.cufe.edu.cn/rlzbzsxm/zgrlzbzsxm2023/zgrlzbzsbgqw_zw_.htm.

的发展,这种低质量的人力资本限制了农民理解、采纳和应用新技术的能力,农业劳动者的劳动技能供给与新兴的需求之间出现了不匹配的情况(陈航英,2024),缺乏新质劳动者成为制约新质生产力发展的主要因素。

(四)新旧动能转换面临多重矛盾,生产模式转型受困

新质生产力的发展是新生产力替代旧生产力的过程,这要求农业生产从传统生产模式转向高效、生态、智能的新型生产模式。当前,数字化等农业生产的新动能尚未建立,农业生产大而不强,集中表现为三个矛盾。一是绿色化的发展要求与粗放发展方式的矛盾。片面追求经济增长、掠夺式开发对绿色发展产生了严重制约,经济系统对生态系统需求超出了生态系统自身的承载能力(王茹,2023)。数据显示,2022年,全国监测的1 890个国家地下水环境质量考核点位中,Ⅴ类水质监测点占22.4%。[①] 此外,农业生产还存在路径依赖,化肥和农药的使用量居高不下,农业面源污染问题持续存在,与生态农业的发展要求存在差距。二是粮食安全与农民收入增长的矛盾。当前,农民收入水平持续增高,收入结构也在加快转型,外出务工带来的工资性收入已经成为农村居民可支配收入的主要来源,在种粮收益较低的情况下,农民从事粮食生产的效益总体偏低,保障国家粮食安全的同时促进农民持续增收存在现实困境(高鸣和胡原,2023)。三是产业高端化与生产低端化的矛盾。农业现代化的推进需要产业高度发展和市场的深度融合,但由于农产品产业链的协同性不强和农产品附加值低,农业竞争力不足,难以与现代产业链实现有效对接,进而限制了生产效率的提升。

(五)体制机制体系不健全,农业生产组织偏弱

长期以来,我国"大国小农""人多地少"的现实状况一直存在,以家庭生产为主的小规模生产模式已经成为制约新质生产力发展应用的关键因素,而当前的农业生产组织体系和支持政策尚未能够充分支撑农业现代化转型的需求。一方面,农业支持体系、财政投入未能有效服务于农业发展,土地流转市场发育

[①] 生态环境部.2022中国生态环境状况公报[R/OL]. https://www.mee.gov.cn/hjzl/sthjzk.

不完善,金融服务供给不足,现代农业生产体系对小农户的支撑不足。此外,小农户的信息获取能力较差,不能及时调整生产策略,适应市场变化,难以融入现代农业产业体系。另一方面,新型农业经营主体发展不平衡不充分,多数仍处于成长期,单体规模偏小、整体实力偏弱,全产业链收益能力较低,农业生产的组织化程度不足以支撑现代农业的发展需要(胡凌啸和王亚华,2022),新质生产力所需要的规模化应用场景与当前分散化的农业劳动、细碎化的农业经营现实不匹配。

五、新质生产力推进农业现代化的机制

作为传统生产方式、生存状态和制度结构向现代跃迁的世界性进程,现代化是一个不断创新、进步、赶超的过程(陈明,2023)。农业现代化是以生产力提升为核心,由传统生产模式向现代生产模式转变的科学过程,表现为农业生产水平与社会发展水平相适应,劳动生产率与土地生产率不断提升,充分发挥生态与社会价值的状态。农业现代化是新质生产力实现和发展的重要领域,从生产力系统的角度看,新质生产力能够通过技术变革提高农业农村的要素质量,提升生产力水平,引发农业结构关系的适应化调整,进而推动生产力质的变化,最终实现生产效率的提高,实现农业现代化。

(一)技术创新为驱动

科学技术是第一生产力,引进新的现代农业生产要素是改造传统农业的关键(西奥多·舒尔茨,1987)。在农业现代化的过程中,科技创新发挥着基础性的作用,核心表现为不断以高生产效率的先进农业生产技术替代相对落后的农业生产技术。2022年我国农业科技进步贡献率达到62.4%,全国农作物耕种收综合机械化率已超过73%,从2012年的54.5%到2022年的62.4%[①],科技的进步不仅稳固支持了农业的持续发展,也显著提升了农业现代化的水平。

---

① 高云才、常钦、郁静娴、殷新宇、程聚新、蒋雪婕.1.3万亿斤以上,连续9年的丰收答卷[N].人民日报,2023-12-19:2.

新质生产力对农业现代化的推动过程,首先体现在先进生产技术对农业生产的改造当中,使得传统的以土地、劳动力、资本为代表的生产要素与生产条件形成新的要素组合,通过提高资源的利用效率,将高成本的农业生产模式转化为高效、绿色、低能耗的现代化生产模式。例如,数字革命带来的大数据、物联网、人工智能技术,可以更精准地种植、灌溉和施肥,从而提高产量和效率,提升农业生产的效率和准确性;新一代生物技术革命引发的作物种植创新,不仅改良了传统种植业,还培育出适应特定环境条件的作物品种,增强了作物的环境适应性和产量。其次,科技提升农业生产力的同时,也将带来软技术性的生产力进步,通过制度创新实现生产方式对生产力的有效适配,使得农村的所有权、组织结构和利益机制产生了创新性变革,从而实现了生产效率和质量的显著提升。

(二)优化生产要素质量为核心

如何从依赖资源投入转向依靠科技创新驱动,通过农业机械化、信息化、数字化与智能化发展提高农业全要素生产率是建设农业强国,实现农业现代化的关键问题(张永江等,2023)。新质生产力实现对传统农业农村的现代化改造,核心是通过技术进步提高生产力要素的质量,包括劳动者、劳动资料与劳动工具。首先,新质生产力聚焦于"人"的现代化过程,农业劳动者通过教育和培训,获得新的技能,提高了知识水平,能够有效利用现代农业生产技术和管理方法,成为"新质劳动力"。在此基础上,获得技术提升的劳动者拥有了离开农业产业的机会,农业劳动力向非农产业转移的过程中,城镇化的目标得以实现,也完成了农业劳动力的市民化过程。其次,新质生产力实现了农业劳动力分化的目标,使得传统农业劳动力演变为"新型经营主体"与"传统经营者",劳动密集型的农业生产也能够逐渐转向技术密集型,实现农业的现代化。最后,以土地、资本为代表的劳动资料变得集约化,能够实现更加灵活和有效的配置,也将缓解土地细碎化、人多地少等现实矛盾。总而言之,新质生产力改变了高成本、低产出的农业生产状态,使得现代农业的大规模生产拥有了实现的基础。

（三）调整生产结构为关键

新质生产力推进农业现代化的关键在于产业结构的优化调整，推动传统产业向高附加值、高技术含量和环境友好方向升级，加强产业链、供应链和价值链协同发展，以实现产业结构的升级转型和人与自然的和谐共生（姚树洁和张小倩，2024）。在这一过程中，新质生产力的发展要求农业摆脱传统生产模式，通过市场机制的引导，将农业资源集中于效率高、产值大的领域，农业生产将转向绿色农业、设施农业等更为现代的生产模式。其次，科学技术的应用改变了传统农业的发展模式，以农村电子商务、直播带货为代表的新产业形态、新生产模式在新质生产力的推动下能够不断涌现。通过信息技术创新中的乘数效应和溢出效应，农业产业能够实现供给侧结构性改革，进而不断提升产业投入产出效率和发展效益（陈一明，2021）。同时，新质生产力还促使农业从单一的粮食生产向多元化的农业结构转变，推动农业与第二和第三产业的融合，走向多样化和综合化的发展方向。

六、新质生产力推进农业现代化的实施路径

面对农业农村发展的结构性、趋势性变化，需要充分利用新一轮技术进步带来的历史机遇，促进新质生产力在农业领域的加快应用。不断优化农业资源要素配置、产业结构、空间布局，充分激活农业增长的内生动力，以提高生产力为核心，以提升生产效率为目的，加强资源统筹和投入，以农业产业结构性转型为主线，以科技创新为引领，以制度性供给改革为保障，实现"以人为中心"的农业现代化变革，实现更高生产力、更高质量、更高效率、可持续性的农业现代化。

（一）以科技创新为核心，打造新质劳动工具

新形势下，促进农业信息化与机械化融合发展，推动农业产业向数字化、智能化方向不断迈进，是发展新质生产力，实现现代化农业的必然趋势。围绕农业产业链，加强顶层设计，布局高新技术产业，强化技术应用，实现市场机制主导下的农业数字化、智能化转型。一是加强对农业科技创新研发的政策支持。面向未来农业和智慧农业领域，鼓励和支持一批具有先进技术、原创性高、推广

示范性强的前沿技术研究,持续推进农业大数据分析、人工智能、云计算、农机智能装备在农业生产、管理和服务中的规模化应用。同时,充分发挥企业在科技创新中的主体作用,支持高新科技企业在核心关键技术上取得突破,推动前沿技术在农业生产中的创新应用和融合。二是强化智能化基础设施的建设,持续推进高标准农田建设。推进能够与智慧化农业生产相适配的农田道路、水利通信设施等基础设施建设,保证农业高新生产技术的推广落地。加快构建一体化数据资源采集体系,优化农业大数据系统间的集成,深化通用技术在农业领域的创新应用,实现农业生产全过程的互联互通。三是优化农业科技创新平台支撑。构建以农业领域重点实验室为引领的农业战略科技力量,集中力量建设一批农业科技创新平台,组建科技创新联盟,激发科技创新活力,实现产业链上下游联合创新。同时,完善科技创新的配套支持政策,探索政府资金与社会资本合作的新模式,改善税收减免和信贷支持政策,提高企业的自主创新能力。

(二)强化人才支撑,培养新质劳动者

农业现代化,实质是"人的现代化",而人是新质生产力的核心驱动力,只有具有了现代农业知识、技术和创新能力的现代农民,才能实现农业生产方式和农村社会的全面现代化。一是推进专业能力提升。积极开展农民职业教育和农业技术培训,畅通乡村人才成长通道,将就业培训、科技研发等的扶持政策向农村地区倾斜。以培养生产经营型人才、创新型人才为重点,加快培育一批适应现代化农业的高素质农民。同时,推动高新技术人才向农业领域流动,通过专项政策、金融补贴等方式,吸纳引进前沿生物技术、数字技术、智能机械等领域专业人才参与农业生产。二是促进城乡劳动力要素双向流动。鼓励农村剩余劳动力向城市转移,加速推进农民市民化,完善城乡居民社会保障体系。建立更加灵活的农村劳动力市场,完善流动人口政策服务体系,为返乡创业者提供更多的就业机会和信贷支持。三是强化农业经营主体,增强农业高质量发展活力。通过政策引导、项目支持等措施,推动新型农业经营主体跨区域、跨行业联合发展,持续推进规模化、专业化和集约化经营,加快培育新型农业经营主体,打造一批科技含量高、市场竞争力强的农业专业合作社和龙头企业;四是持续推进机器换人,解决劳动力成本较高与人力资本较低的现实困境,使用高度智能的农业机械和仿真机器人部分替代传统农业劳动者,实现智能机器人与高素质劳动力协调发展与优势互补。①

(三)打造现代农业产业体系,培育新质生产资料

坚持把高质量发展作为构建现代农业产业体系的重要目标,强化新质生产力导向性作用,统筹粮食安全与生产力发展,优化农业生产结构,提升现代农业多种服务功能,构建科技化、绿色化、质量化的现代农业产业体系。一是培养新型农业产业集群,面向新兴产业和未来产业,以生物育种、智慧农业、无人农场、农业物联网等新质产业为核心,强化智能化、数字化研发应用,建立起以农业前沿产业为带领、传统优势产业为核心、特色农业产业为基础的农业产业发展模式。二是调整农业生产结构,将单一的粮食生产转向多元化经营,因地制宜推进特色农业产业发展。面向多样化的食品需求,支持传统农业产业转型升级,提升农产品加工水平,增加农产品附加值,提高农业的综合效益和抗风险能力。三是强化产业联合,促进农业生产提质增效。以产业链为纽带推进一二三产融合,推动农业产业链纵向延伸,加快培育现代农业生产性服务业,促进小农户与现代化农业生产的衔接。四是强化农业的绿色低碳发展,大力发展特色生态农业。整合数字化和智慧化技术,完善绿色能源供应和生物废弃物利用等基础设施,建立起一个高效益、低排放的生产经营模式。

(四)统筹城乡融合发展,塑造新质生产结构

城乡融合是消除城乡二元结构,通过资源共享与产业互补实现农业现代化的关键途径,也是生产力高速发展的现实表现。因此,需要以生产要素融合为核心任务,促进城乡要素自由流动,优化农村土地规划管理,推动建设用地向乡村倾斜,完善乡村金融服务体系,持续推动城市资本向乡村融通,完善城乡布局结构,实现人口和发展要素有效集聚,加快形成网络化、去中心化的城乡布局。其次,应当以居民收入融合为目的,缩小城乡居民收入差距。持续拓宽农民工

---

① 罗必良.加快发展农业新质生产力[N].南方日报,2024-03-18:7.

资性收入增收渠道,建立城乡均等的公共就业创业服务制度。拓宽农民财产性收入增收渠道,深化股份合作制改革,完善农民对集体资产股份的分配权,创新农村集体经济运行机制。最后,以实现城乡公共服务均衡为目标,完善普惠共享的城乡基本公共服务体系。优化农村公共服务设施布局,强化对于农村公共服务的供给能力,形成城乡配置合理、结构优化和人人共享的公共服务体系。

参考文献

[1]曹洪滔.中国改革的唯物史观逻辑[M].北京:社会科学文献出版社,2016.

[2]龚斌磊,张启正.以提升农业全要素生产率助力农业强国建设的路径[J].经济纵横,2023(9):29—37.

[3]胡洪彬.习近平总书记关于新质生产力重要论述的理论逻辑与实践进路[J].经济学家,2023(12):16—25.

[4]涂圣伟.中国式农业现代化的基本特征、动力机制与实现路径[J].经济纵横,2023(1):84—92.

[5]魏后凯,崔凯.农业强国的内涵特征、建设基础与推进策略[J].改革,2022(12):1—11.

[6]西奥多·舒尔茨.改造传统农业[M].北京:商务印书馆,1987.

[7]陈航英.现代农业产业发展的用工困境及其人力基础[J].中国农业大学学报(社会科学版),2024(1):33—47.

[8]陈一明.数字经济与乡村产业融合发展的机制创新[J].农业经济问题,2021(12):81—91.

[9]赵儒煜.中国式现代化产业发展的特殊性与新产业革命的双重效应[J].社会科学辑刊,2023(3):114—124.

[10]钟文晶,罗必良,谢琳.数字农业发展的国际经验及其启示[J].改革,2021(5):64—75.

[11]陈明.农业农村现代化的底层逻辑与中国道路[J].经济体制改革,2023(4):5—13.

[12]陈明星."十四五"时期农业农村高质量发展的挑战及其应对[J].中州学刊,2020

(4):49—55.

[13]迟培娟,谢华玲,赵萍,等.我国生物种业发展现状与问题[J].中国科学院院刊,2023(6):845—852.

[14]翟青,曹守新.新质生产力的政治经济学阐释[J].西安财经大学学报,2024(2):15—23.

[15]杜传忠,疏爽,李泽浩.新质生产力促进经济高质量发展的机制分析与实现路径[J].经济纵横,2023(12):20—28.

[16]方敏,杨虎涛.政治经济学视域下的新质生产力及其形成发展[J].经济研究,2024(3):20—28.

[17]高帆.中国式现代化的内在逻辑:一个基于城乡融合发展的考察[J].复旦大学学报(社会科学版),2023(5):1—12.

[18]高鸣,胡原.坚持促进农民持续增收:愿景、挑战和战略构想[J].南京农业大学学报(社会科学版),2023(6):1—13.

[19]高原,马九杰.农业新质生产力:一个政治经济学的视角[J].农业经济问题,2024(4):81—94.

[20]胡凌啸,王亚华.小农户和现代农业发展有机衔接:全球视野与中国方案[J].改革,2022(12):89—101.

[21]姜奇平.新质生产力:核心要素与逻辑结构[J].探索与争鸣,2024(1):132—141.

[22]黄群慧,盛方富.新质生产力系统:要素特质、结构承载与功能取向[J].改革,2024(2):15—24.

[23]蒋永穆,乔张媛.新质生产力:逻辑、内涵及路径[J].社会科学研究,2024(1):10—18.

[24]金文成,靳少泽.加快建设农业强国:现实基础、国际经验与路径选择[J].中国农村经济,2023(1):18—32.

[25]李政,廖晓东.发展"新质生产力"的理论、历史和现实"三重"逻辑[J].政治经济学评论,2023(6):146—159.

[26]刘志彪,凌永辉,孙瑞东.传统产业改造:发展新质生产力的重点选择策略——兼论对农业现代化的启示[J].农业经济问题,2024(4):47—57.

[27]孟捷,韩文龙.新质生产力论:一个历史唯物主义的阐释[J].经济研究,2024(3):29—

33.

[28]马晓河,杨祥雪.以加快形成新质生产力推动农业高质量发展[J].农业经济问题,2024(4):4—12.

[29]毛世平,张琛.以发展农业新质生产力推进农业强国建设[J].农业经济问题,2024(4):36—46.

[30]任保平.生产力现代化转型形成新质生产力的逻辑[J].经济研究,2024(3):12—19.

[31]任保平,王子月.新质生产力推进中国式现代化的战略重点、任务与路径[J].西安财经大学学报,2024(1):3—11.

[32]盛朝迅.新质生产力的形成条件与培育路径[J].经济纵横,2024(2):31—40.

[33]石建勋,徐玲.加快形成新质生产力的重大战略意义及实现路径研究[J].财经问题研究,2024(1):3—12.

[34]宋洪远,江帆.农业强国的内涵特征、重点任务和关键举措[J].农业经济问题,2023(6):18—29.

[35]孙绍勇.发展新质生产力:中国式经济现代化的核心要素与实践指向[J].山东社会科学,2024(1):22—30.

[36]田华文."双碳"目标下数字经济赋能绿色低碳发展论析[J].中州学刊,2023(9):30—39.

[37]王茹.人与自然和谐共生的现代化:历史成就、矛盾挑战与实现路径[J].管理世界,2023(3):19—30.

[38]徐政,郑霖豪,程梦瑶.新质生产力助力高质量发展:优势条件、关键问题和路径选择[J].西南大学学报(社会科学版),2023(6):12—22.

[39]许恒兵.新质生产力:科学内涵、战略考量与理论贡献[J].南京社会科学,2024(3):1—9.

[40]杨颖.发展农业新质生产力的价值意蕴与基本思路[J].农业经济问题,2024(4):27—35.

[41]姚树洁,张小倩.新质生产力的时代内涵、战略价值与实现路径[J].重庆大学学报(社会科学版),2024(1):112—128.

[42]张文武,张为付.加快形成新质生产力:理论逻辑、主体架构与实现路径[J].南京社会科学,2024(1):56—64.

[43]张永江,袁俊丽,黄惠春.中国特色农业强国的历史演进、理论逻辑与推进路径[J].农业经济问题,2023(12):4-16.

[44]周文,李吉良.新质生产力与中国式现代化[J].社会科学辑刊,2024(2):114-124.

[45]周文,许凌云.论新质生产力:内涵特征与重要着力点[J].改革,2023(10):1-13.

[46]周文,许凌云.再论新质生产力:认识误区、形成条件与实现路径[J].改革,2024(3):26-37.

第五章　提升产业链供应链韧性和安全水平研究

必须坚持深化供给侧结构性改革和着力扩大有效需求协同发力

2023年12月召开的中央经济工作会议深刻总结新时代做好经济工作的规律性认识，丰富了习近平经济思想，体现了马克思主义中国化时代化新境界。其中一条规律性认识是，"必须坚持深化供给侧结构性改革和着力扩大有效需求协同发力，发挥超大规模市场和强大生产能力的优势，使国内大循环建立在内需主动力的基础上，提升国际循环质量和水平"。这一规律性认识，对加快构建新发展格局、着力推动高质量发展、全面推进中国式现代化具有十分重要的理论意义和实践价值。

一、供需两侧协同发力是实现经济高质量发展的必然之举

习近平总书记深刻指出："没有需求，供给就无从实现，新的需求可以催生新的供给；没有供给，需求就无法满足，新的供给可以创造新的需求。"供给和需求就如同一枚硬币的两面，二者相互依存、缺一不可，而且要相对平衡，才能维持经济的平稳健康发展。经济发展的过程，就是一个供给与需求相互作用、相互影响、不断迭代、不断升级的互动过程，也是一个供给与需求从平衡到不平衡

本文作者简介：刘元春，教授，上海财经大学校长，中国式现代化研究院院长，习近平经济思想研究院院长。

再到新的平衡的动态演变过程。中国经济从高速增长阶段转向高质量发展阶段，宏观经济治理的重点是放在供给侧还是需求侧，须根据经济发展所面临的主要矛盾和矛盾的主要方面而定，但一个基本要求是必须注重供需两侧协同发力。

深化供给侧结构性改革和着力扩大有效需求，是党中央基于全球经济格局深刻变化、新一轮科技革命和产业变革深入发展以及我国经济运行状况做出的战略部署。当前，在世界经济增长整体放缓、逆全球化趋势加剧、全球分工格局重塑的背景下，发达国家加快推进产业链供应链本地化、国产化和海外供应链多元化，从供需两侧对我国形成冲击。与此同时，新一轮科技革命和产业变革突飞猛进，全球科技创新呈现出新的发展态势和特征，催生新产业、新模式、新动能。以高质量新供给创造和引领新需求，成为主要经济体提升竞争力的重要路径。在此背景下，我们既面临着千载难逢的历史机遇，又面临着差距拉大的严峻挑战。必须看到，当前我国经济发展面临的问题是多元的、复杂的，不是单一的、简单的。既有外部挑战的影响，也有内部因素的制约，既有供给侧的冲击，也有需求侧的收缩，周期性矛盾、结构性矛盾、体制性矛盾相互交织。因此，宏观经济治理必须坚持问题导向、推动分类施策，在政策实施上强化协同联动、放大组合效应，着力提升宏观政策支持高质量发展的效果。

有效需求不足是当前我国进一步推动经济回升向好面临的主要问题之一。从外部看，世界经济增长动能不足，地区热点问题频发，外部环境的复杂性、严峻性、不确定性上升，外需持续不振。从内部看，我国经济持续回升向好的基础还不稳固，主要是有效需求不足、部分行业产能过剩、社会预期偏弱、风险隐患仍然较多，国内大循环存在堵点。扩大有效需求特别是内需，是当前宏观经济政策的关键举措。坚定实施扩大内需战略、构建完整内需体系，是抵御外部动荡、加快构建新发展格局、充分发挥超大规模经济体优势的必然路径。构建以国内大循环为主体、国内国际双循环相互促进的新发展格局，必须充分发挥内需拉动作用，持续扩大消费率。

与有效需求不足相对应的是部分行业产能过剩。随着逆全球化趋势加剧，我国外需占比持续下降,由此带来的产能过剩问题一直没有得到根本解决。2023年全年规模以上工业产能利用率为75.1%,相比2021年的高点下降2.4个百分点,相比2017—2019年均值下降1.6个百分点。深入实施供给侧结构性改革,一个重要目标就是解决供给结构不适应需求结构变化所带来的部分行业产能过剩问题,从而实现产业升级中供给与需求的动态平衡。同时,我国还存在增长质量不高、动力不足、结构不优等深层次问题,特别是存在关键核心技术受制于人,一些重要原材料、关键零部件、高端装备、优质农产品依赖进口等问题。解决这些问题,也必须坚持以供给侧结构性改革为主线,着力提高全要素生产率和经济潜在增长率,推动经济发展实现质量变革、效率变革、动力变革。

高质量发展要求国民经济循环要高效畅通,而经济循环畅通的一个重要标志就是供给、需求不仅要在总量和结构上平衡,而且要在动态上平衡。从这个意义上讲,深化供给侧结构性改革和着力扩大有效需求是统一的,当前和今后很多经济工作都有赖于两方面的有机结合。供给侧结构性改革与扩大有效需求的目标具有一致性,在时间和空间维度上具有强烈的互补性和协同性。供给侧结构性改革的主旨是提高供给体系质量和效率,改革的深化有利于创造良好的经济循环体系,有利于扩大总需求,并在中长期通过高质量供给创造有效需求。扩大有效需求的政策举措则通过稳定市场预期和宏观环境,为供给体系的质量提升和效率改善提供运行基础,从而提升全要素生产率和经济长期发展潜力,实现高水平的经济良性循环和供需动态平衡。

二、供需两侧协同发力需要把握科学方法

推动经济高质量发展,不仅要有正确思想的指导,而且要把握好科学的方法。深化供给侧结构性改革和扩大有效需求都是实现高质量发展的重大战略举措,但二者各自实施的环节、落实的工具以及实施的主体都存在很多差异,需要统筹好二者之间的关系,实现有机结合、协同发力,从而加快构建新发展格局、加快推进高质量发展。

第一,坚持以高质量发展为主题、以全面深化改革为基本动力。党的二十大报告指出,高质量发展是全面建设社会主义现代化国家的首要任务。中央经济工作会议提出,必须把坚持高质量发展作为新时代的硬道理。实现高质量发展,是适应我国社会主要矛盾变化、解决发展不平衡不充分问题的必然要求,是我们深化供给侧结构性改革和着力扩大有效需求协同发力的目标指向。

深化供给侧结构性改革,就是要从供给端进行深层次调整以提升供给与需求的适配性,通过全面深化改革,运用市场化、法治化手段,着力提高微观主体的活力,提升产业链水平,推动金融和实体经济、房地产与实体经济等深层次关系的进一步优化,从而推动高质量发展。扩大有效需求的目的则在于稳定宏观经济,就是要围绕扩大内需深化改革,加快培育完整内需体系,进一步扩大国内市场规模,进而提高我国抵御外部冲击的能力,这也是高质量发展的一个基本前提。

第二,坚持以高水平动态平衡的国内大循环为主体,充分发挥超大规模市场优势,在统筹发展和安全中稳步实施各项改革发展举措。习近平总书记指出,"构建新发展格局的关键在于经济循环的畅通无阻""构建新发展格局最本质的特征是实现高水平的自立自强"。加快构建新发展格局,必须以统筹发展和安全为基本准则,以夯实国内大循环的主体地位为关键目标,以加快全国统一大市场建设为主要抓手,完善市场经济基础制度,全面清理纠正地方保护行为,从而更好把握深化供给侧结构性改革和扩大有效需求之间的关系。

坚持深化供给侧结构性改革和着力扩大有效需求协同发力,一方面,要从供需两端同步发力解决国内大循环存在的各种断点、堵点和卡点,在供需的动态平衡和生产力的不断提升中实现国民经济循环的动态高效运转。如同人体的血液循环系统需要保持大循环、小循环、微循环畅通一样,国民经济循环也需要从宏观、中观、微观全面清除阻塞因素。另一方面,要在发挥国内超大规模市场优势的基础上,在制度型开放与结构性改革、外需与内需等领域找到新的平衡,在形成需求牵引供给、供给创造需求的更高水平动态平衡中兼顾发展和安全。

第三,坚持稳中求进、以进促稳、先立后破,坚持系统观念,把握经济规律。稳中求进工作总基调是我们党治国理政的重要原则,是做好经济工作的重要方法论。如同一辆行进中的自行车,不保持一定的前进速度,单纯求稳、求平衡是很难的。这就要求我们在落实深化供给侧结构性改革和着力扩大有效需求协同发力的过程中,首先要保持宏观经济的稳定,确保增长、就业、物价不出现大的波动,确保不发生系统性金融风险,确保供应链产业链在极端状况下仍然能够高效自主运转;其次是必须把握"进"的节奏,在把握好政策出台时度效的基础上,坚定推进结构性调整和深层次改革,在优化环境、打破垄断、推进要素市场化配置、完善收入分配制度改革以及社会保障体系等方面取得新进展。

在坚持稳中求进方法论的同时,更好实现深化供给侧结构性改革和着力扩大有效需求协同发力,还需要坚持系统观念,提高统筹谋划和协调推进能力,在多重目标中寻求动态平衡,着力提升整体发展效能,不能出现按下葫芦浮起瓢、顾头不顾尾的情况。这要求我们在开展经济工作时,要善于用政治眼光观察和分析经济问题,掌握科学的经济分析方法,正确认识经济运行的机理,准确把握经济发展的规律,在政策和制度供给上充分尊重市场主体的意愿和需要,密切联系经济发展的实际,努力提高领导经济工作的科学化、法治化和专业化水平。

三、供需两侧协同发力应推进各项战略任务的实施和落地

一分部署,九分落实。不注重抓落实,不认真抓落实,再好的规划和部署也只能是空中楼阁。在中央经济工作会议上,习近平总书记从四个方面对抓落实提出了明确要求,"要不折不扣抓落实""要雷厉风行抓落实""要求真务实抓落实""要敢作善为抓落实"。坚持深化供给侧结构性改革和扩大有效需求协同发力,必须抓住主要任务,在实践中有序推进各项战略任务的实施和落地,以钉钉子精神做实做细做好各项经济工作。

一是加快发展新质生产力,以科技创新引领现代化产业体系建设。这是把握新一轮科技革命和产业变革机遇的战略选择,也是推动我国在未来发展和国际竞争中赢得战略主动的必然之举。中央经济工作会议提出:"要以科技创新

推动产业创新,特别是以颠覆性技术和前沿技术催生新产业、新模式、新动能,发展新质生产力。"习近平总书记在中央政治局第十一次集体学习时指出,"新质生产力是创新起主导作用,摆脱传统经济增长方式、生产力发展路径,具有高科技、高效能、高质量特征,符合新发展理念的先进生产力质态"。我国正处于从要素驱动发展阶段全面转向效率驱动、创新驱动发展阶段的关键历史时期,因地制宜加快发展新质生产力,是当前和今后一个时期经济工作的重点任务。面对新的形势和任务,必须坚持智能制造这一制造强国建设的主攻方向,加大科技研发投入力度,加快发展战略性新兴产业和未来产业,加快推进产业智能化、绿色化、融合化,建设具有完整性、先进性、安全性的现代化产业体系,不断夯实新发展格局的产业基础,不断优化供给结构,向市场投放更多优质产品,努力创造新的需求,使供给和需求在动态发展中实现新的平衡。

二是充分发挥超大规模市场优势,深入实施消费和投资良性互动、相互促进的扩内需政策。在此过程中,要把恢复和扩大消费摆在扩大有效需求的优先位置,增强消费对经济发展的基础性作用和投资对优化供给结构的关键作用。马克思在《〈政治经济学批判〉导言》中写道:"产品在消费中才得到最后完成。一条铁路,如果没有通车、不被磨损、不被消费,它只是可能性的铁路,不是现实的铁路。没有生产,就没有消费;但是,没有消费,也就没有生产,因为如果没有消费,生产就没有目的。"在外部环境的不确定因素增加、世界市场需求下降的背景下,应当加快培育完整内需体系。我国经济正处于由投资主导型向消费主导型转变的阶段,需要通过投资与消费的良性互动来推动供需的动态平衡,加快推动高质量发展。为此,必须统筹好供给和需求、消费和投资,增加高质量产品和服务供给,坚决消除不利于扩大内需的一些限制性消费政策,多出台一些有利于民间投资的支持性政策,促进投资结构与消费结构相适应,推动供需在更高水平上实现良性循环,拓展经济发展的回旋空间,为我国经济进一步回升向好发挥"助推器""稳定剂"作用。

三是扩大高水平对外开放,增强我国参与国际合作与竞争的新优势。改革开放以来,我国经济已经深度融入全球分工体系,同全球很多国家的产业关联和相互依赖程度都比较高。在经济全球化的新态势下,加快建设更高水平开放型经济新体制,扩大内外联动消费大市场是必由之路。要主动对标国际高标准经贸规则,稳步扩大制度型开放,提升国内国际双循环的质量和水平。对此,中央经济工作会议做出部署,强调要加快培育外贸新动能,巩固外贸外资基本盘;放宽电信、医疗等服务业市场准入,持续建设市场化、法治化、国际化一流营商环境,打造"投资中国"品牌;切实打通外籍人员来华经商、学习、旅游的堵点;抓好支持高质量共建"一带一路"八项行动的落实落地等。我们要深入贯彻落实这些政策举措,促进供需在更高水平上实现动态平衡,推动我国经济在高水平对外开放中实现高质量发展。

(该文刊载于《求是》2024年第7期)

供应链数智化建设赋能制造企业新质生产力
——基于供应链创新与应用试点城市建设的准自然实验

一、引言

新质生产力作为推动中国式现代化建设与构建新发展格局的关键着力点，是技术革命性突破、生产要素创新性配置以及产业深度转型升级共同催生的先进生产力形态。它与传统生产力显著不同，是一种由科技创新起主导作用的高水平现代化生产力，同时也是绿色生产力的体现。党中央对此高度重视，明确提出"发展新质生产力是推动高质量发展的内在要求和重要着力点"。企业作为现代经济运行的基本单位，其发展新质生产力对于实现经济高质量发展具有至关重要的意义。其中，制造业作为我国经济发展的重要支柱[①]，由于其与科技创新的紧密联系以及绿色规制对生产方式变革的重大影响，已然成为企业发展新质生产力的主要战场。然而，新质生产力的发展要求企业转换传统的生产方式，在新领域、新赛道、新产业上进行重大的技术创新与研发攻关（周文和许凌云，2023）。这一过程中，过高的资金压力与不确定性风险可能催生组织惰性，从而阻碍制造企业新质生产力的发展。同时，当前企业层面关于新质生产力的指标测度与量化研究尚不成熟，无法为企业新质生产力的发展提供有效的指引。因此，围绕新质生产力的内涵定义，构建制造企业新质生产力的指标体系

基金项目：国家社会科学基金重大项目（20&ZD060）；上海财经大学研究生创新基金项目（CXJJ-2024-413）。

本文作者简介：谢家平，上海财经大学商学院教授，博士生导师，天山学者特聘教授；郑颖珊，上海财经大学商学院博士研究生；董旗，上海财经大学商学院博士研究生。

① 国家统计局数据显示，在 2023 年制造业增加值占 GDP 的比重达到 31.7%，远高于其他产业。

并进行测度,以及在此基础上研究如何推动制造企业新质生产力水平的提升,成为当前亟待解决的问题。

与此同时,伴随数字经济的高速发展,作为制造业核心纽带的供应链也呈现出明显的数智化发展趋势。以人工智能、数字孪生为代表的数智化技术,有效打通了供应链管理的数据流,对推进企业生产力现代化转型以及赋能新质生产力水平的提升起到了核心作用。从理论上讲,供应链数智化不仅可以打破企业"信息孤岛"现象,实现物流、资金流、生产流以及信息流的畅通无阻(Bhattacharya 和 Chatterjee,2022),还可以通过区块链技术确保链条上信息的真实、准确和可靠性,从而提高企业的风险承担能力(Queiroz 等,2020)。此外,供应链数智化建设还能营造良好的供应链治理环境,助力企业获得更高质量的供应链资源要素补给。具体地,它可以帮助企业链接高素质人才、建立供应链协同合作网络以及获得外部资金补充(刘海建等,2023b),弥补企业在新质生产力发展过程中可能遇到的资源要素短缺问题,从而赋能企业新质生产力水平的提升。实践中,我国部分制造业领先企业已经率先开展了供应链数智化建设,并有效应对了不确定性风险,进而对培育新质生产力形成赋能。例如,京东云通过供应链数智化建设,不仅在供需不确定的场景中实现了85%的采购自动化率,大幅降低了库存周转期,还将供应链数智化所带来的生产方式变革与优势辐射到其他企业,帮助其他企业提升竞争力。此外,海尔集团通过工业互联网与智慧能源平台赋能低碳供应链,实现科学减碳与发展绿色生产力。综上所述,在新发展阶段下,供应链数智化建设对于促进制造企业新质生产力水平的提升以及实现中国式现代化建设具有重要意义。

既有相关文献主要聚焦于企业层面实施供应链数智化建设对其发展的影响,然而研究结论却存在分歧。研究指出,企业自主进行供应链数智化建设所面临的投资回报不确定性风险(Dolgui 和 Ivanov,2022)、高数字技术外溢性风险(Bhattacharya 和 Chatterjee,2022)以及组织与文化割裂风险(Ho 等,2023;Wu 等,2016),可能会加大企业生存压力与市场竞争压力,进而阻碍其生产方式的变革与普及。而依据梅特卡夫效应(The Metcalfe's Law)理论①,供应链数智化的赋能作用高度依赖组织网络中成员的数量规模。因此,为了实现更大覆盖范围的供应链协同合作网络,世界各国都力图从国家宏观政策层面对供应链数智化建设予以支持,例如,美国推出了"再工业计划",德国实施了 ICT 战略以及英国部署了"高价值制造"战略。这也启示本文从宏观政策制度赋能的视角切入,探索城市层面供应链数智化建设对制造企业新质生产力的影响。回顾我国供应链政策历程,2017 年,国务院颁布了《关于积极推进供应链创新与应用的指导意见》。紧接着在 2018 年,商务部发布《关于开展供应链创新与应用试点的通知》,开展供应链创新与应用试点城市和试点企业工作。这两份文件在指导思想、发展目标以及重点任务三个方面体现了国家对供应链数字化、智能化的发展要求。因此,本文将 2018 年的供应链创新与应用试点城市政策视为宏观制度层面进行供应链数智化建设的一次准自然实验,并据此研究供应链数智化建设对制造企业新质生产力发展的影响及作用机制,以期为推动制造企业新质生产力水平的提升提供理论依据与实践经验。

本文的边际贡献如下:首先,在研究方法与指标测度上,现有新质生产力相关研究多聚焦于质性研究(任保平,2024;周文和许凌云,2023;孟捷和韩文龙,2024),而本文创新性地构建了制造企业新质生产力指标体系,围绕新质生产力内涵定义对其进行更全面、准确的刻画,弥补了现有相关研究对企业新业态、新产业发展水平以及绿色生产力表现关注不足的现状(张秀娥等,2024;肖有智等,2024),拓展了新质生产力的量化研究。其次,在研究内容上,本文拓展了供应链数字化建设效果评估的相关研究,已有研究大多从企业技术创新(沈丽琼等,2022;刘海建等,2023a)、供应链韧性(如张树山等,2021)以及组织绩效(刘海建等,2023b)等角度考察供应链政策的微观经济效应,而本文从企业先进生产力培育的视角考察供应链数智化建设对企业新质生产力的影响,补充了此方

---

① 梅特卡夫效应是一种用于描述网络效应的经济学理论。其基本思想是,随着网络中参与者数量的增加,网络的价值会呈现出指数级增长。

面研究的缺失。最后,在理论应用上,本文拓展了赋能理论的应用边界:一方面,从宏观政策制度赋能角度探究供应链政策对企业新质生产力水平的规模化带动作用;另一方面,基于数字化赋能理论框架,发现供应链数智化建设通过资源与结构赋能,缓解企业要素约束与提高企业协同管理能力,从而提升制造企业新质生产力水平,打开了作用机制的"黑箱"。同时,本文基于企业、行业和区域差异性特征,探究供应链数智化建设对企业新质生产力的异质性影响。研究结果有助于为政府提供有针对性的政策建议。

二、制度背景与研究假说

（一）制度背景

近年来,全球环境的不确定性显著加剧,供应链的脆弱性日益显现。制造企业频繁遭遇原料短缺、技术封锁导致的生产中断以及物流延误等一系列问题,这些问题严重制约了企业全球竞争力的提升与国家经济的高质量发展。与此同时,数字经济迅猛发展,作为制造业纽带的供应链呈现出数智化的明显趋势。以人工智能、数字孪生为代表的数智化技术打通了供应链管理中的数据流,构建起大范围协同、智能决策的网状数智化供应链体系,这显著提升了企业供应链的效率与韧性,推动了产业组织的深刻变革,并增强了国家产业的韧性。在此情境下,为推进供给侧结构性改革,充分发挥现代化供应链对经济高质量发展的推动作用,国务院于2017年发布了《关于积极推进供应链创新与应用的指导意见》(以下简称《意见》)。《意见》强调,需顺应数字经济的发展趋势,深度融合供应链和数字技术,致力于建设智慧供应链体系。随后,商务部等8部门于2018年联合发布了《关于开展供应链创新与应用试点的通知》(以下简称《通知》),决定在55个城市和266家企业开展为期两年的供应链创新与应用试点工作。

供应链创新与应用城市试点工作深度蕴含了"供应链数智化建设"的核心内涵,这在具体实践中主要体现在指导思想、发展目标及重点任务三个方面:首先,从指导思想来看,《意见》明确指出了"以供应链与互联网、物联网的深度融合为发展路径",并强调要"打造大数据支撑、网络化共享、智能化协作的智慧供应链体系"。这为现代供应链体系的建设方向提出了数字化、智能化的明确指导意见。其次,从发展目标来看,《意见》中明确要求在 2020 年"基本形成覆盖我国重点产业的智慧供应链体系",这体现了对试点城市供应链数智化体系建设规模的具体期望。最后,从重点任务来看,《通知》提出试点城市要大力推动构建智能制造供应链协同平台,以提高供应链的智能化水平。同时,商务部在 2020 年发布的《关于进一步做好供应链创新与应用试点工作的通知》中,也明确将"加快推进供应链数字化和智能化发展"作为重点工作任务。基于上述分析,本文将供应链创新与应用城市试点工作视为城市进行供应链数智化建设的有益尝试,并在此坚实基础上展开后续的研究工作。

(二)供应链数智化建设对企业新质生产力的影响及机制分析

赋能理论最早源于心理学领域,它主要指赋能者通过赋予组织其他成员更多的额外权利,使其拥有对客观环境与外部条件更强的控制权,并提升组织成员的个体自主性(Peterson 等,2005)。在数字经济迅猛发展的背景下,数字化赋能的概念应运而生。数字化赋能指的是利用数字技术实现组织结构、业务模式与管理体系的优化,进而赋能组织,提高组织的知识积累与技能水平。数字化赋能主要包括资源赋能、心理赋能与结构赋能三种类型(Leong 等,2015)。其中,资源赋能聚焦于如何确保资源被真正赋予到位,以提高组织内相对弱者在获取、控制与利用资源方面的能力;心理赋能则关注如何培养组织的支持性氛围,以增强员工的内生动机,使其具有主观能动性;结构赋能指的是通过改善外部客观环境条件,给予组织采取行动的力量,这主要体现在帮助企业获得信息、资源与机会。由于本文研究的是城市层面的政策制定与实施效果,尚不涉及员工层面的心理赋能,因此对企业赋能的讨论将主要围绕资源赋能与结构赋能展开。供应链数智化建设可以依托物联网、区块链以及人工智能等数智化技术,对制造企业实施更有效的资源赋能和结构赋能,从而缓解被赋能企业新质生产力发展过程中面临的要素约束,并促进企业内外部管理的协同。基于此,本文认为供应链数智化建设可以通过资源赋能与结构赋能这两个途径来影响制造企业的新质生产力水平。

1.资源赋能效应

资源赋能主要是指提高被赋能者获取并整合利用资源的能力,其中主要包括资金、技术以及专业化知识等(肖红军等,2024)。国家供应链数智化通过城市层面的宏观政策调控,实现了对企业的数字化资源赋能。这主要依托数智化技术,为制造企业带来了数字化资源赋能。通过大数据平台,企业、政府与金融机构被有效链接,从而创新并优化了企业资源的获取方式,进一步提高了企业资源的获取、控制与管理能力(池毛毛等,2020)。根据资源编排理论,那些受要素约束较大的企业,通过宏观制度层面的政策扶持,可以获得更高的竞争优势,从而摆脱资源约束的困境。供应链的数智化建设不仅有助于实现供应链跨部门、跨区域的协同,还赋能企业之间的资源编排,实现了资源的协调、转化与共享。而充足的资源储备是企业发展新质生产力的重要保障(韩文龙等,2024)。新质生产力的发展需要企业持续且长期的研发投入,以实现科技创新、技术应用以及高级人才的雇佣(Brown和Matsa,2016)。同时,企业还需要投入大量资金对传统生产设备进行更新迭代,并引入"高精尖"设备(韩文龙等,2024),以实现产业升级与生产力水平的提升。因此,充裕的资源可以提高企业培育和发展新质生产力的意愿与信心。通过宏观政策层面的数字化资源赋能,供应链数智化建设有效缓解了制造企业面临的要素约束。这主要是通过提高企业资金流水平以及促进企业专业化分工,来破解企业新质生产力发展过程中面临的资金约束与关键核心技术瓶颈约束,进而提升企业新质生产力的水平。

(1)提高企业资金流水平。供应链数智化建设不仅有助于加强政府财政资金的补助与引导作用,通过财政补贴资金直接增加企业的资金流入;同时,供应链数智化建设还能促进供应链金融的发展,为供应链上下游企业提供更高效、更便捷的融资渠道,从而提高资金周转效率,有效缓解企业资金流出的压力。综上所述,供应链数智化建设既可以从政府财政补贴层面提高企业资金流入,又可以从供应链金融层面缓解企业资金流出压力,进而全面提升企业资金流水平,赋能企业新质生产力的发展。

一是在政府财政补贴层面,供应链数智化建设起到了积极的推动作用。它鼓励试点城市整合包括国家和省级预算内的各项投资资金,并以财政资金为引导,在安排相关投资时对供应链创新发展项目给予倾斜,从而有效提高了试点城市内企业的资金流水平。财政补贴资金的作用主要体现在两个方面:一方面,它可以直接增加企业的资金流入,通过帮助企业获得政府资金资源,降低创新的边际成本(Květoň 和 Horák,2018),弥补企业因研发溢出效应所带来的损失,进而提升企业资金流水平;另一方面,企业获得政府财政补贴也可以被视为一种利好投资的信号,这有助于提高投资者对企业发展的信心,进而帮助企业获得外部资金支持(杨洋等,2015),间接促进企业的资金流入。综上所述,政府财政补贴不仅直接增加了企业的资金流入,还通过提高投资者信心帮助企业获得外部资金支持,从而支撑制造企业发展新质生产力,为企业培育新质生产力提供充足的资源保障。

二是在供应链金融层面,供应链数智化建设将其视为一项重点任务,积极推动供应链金融的发展。它要求试点城市建立供应链金融服务平台,并鼓励供应链核心企业、金融机构与人民银行征信中心建设的应收账款融资服务平台对接,以此发展线上应收账款等供应链金融模式。供应链金融模式作为一种自偿性贸易融资方式,其独特之处在于更多依靠核心企业的资信状况来为上下游企业增信。这不仅有效缓解了企业的融资约束,还通过"早收款、晚付款"的方式提高了企业的信用融资能力,减少了生产经营过程中的资金占用(凌润泽等,2021),从而缓解了资金流出的压力,并提升了企业的资金流动性。同时,在供应链金融模式下,企业可以通过应收账款融资的方式,将应收账款转让给金融机构以快速获取资金,并将风险转移给金融机构。这种方式不仅降低了企业的融资成本,还减少了因融资而产生的资金流出,进一步提升了企业的资金流水平。此外,供应链数智化建设还鼓励试点城市搭建大数据驱动的多功能供应链公共服务信息平台。这为银行了解企业及其供应链上下游的资金运营状况与产品交付情况提供了更加便捷、高效、可信的渠道。它帮助银行等金融机构在供应链金融模式下,能够更真实、更可靠地获取企业的生产与贸易信息,从而一定程度上缓解了企业与银行等金融机构之间的信息不对称性与借贷双方的弱信任问题(刘一鸣等,2024)。这提高了金融机构的贷款意愿,保障了供应链金融模式的顺利推进与开展,进而提高了制造企业的资金流水平,以支撑企业新质生产力的培育与发展。

(2)促进企业新技术突破,即供应链数智化建设可以提高企业专业化分工水平,使得企业能够专注并深耕于具有高附加值和核心竞争力的业务,并通过专业领域内的知识经验积累,推动技术水平实现由量变到质变的飞跃,促进企业新技术突破(Smith 和 Cannan,1776),从而缓解我国新质生产力发展过程中面临的关键核心技术对外依赖困境,促进企业新质生产力的发展(韩文龙等,2024)。进一步,根据劳动分工理论与交易成本理论,企业的专业化分工水平受到市场规模和外部交易成本的影响。当市场需求提高,使得市场范围达到一定规模(Smith 和 Cannan,1776)以及外部交易成本低于内部管控成本时,企业的专业化水平会相应提高(Williamson,1985)。供应链数智化建设在这两方面均发挥了积极作用:一方面,它鼓励试点城市建设基础设施数据库,以推进供应链的跨区域协同,促进生产要素与产品的跨区域自由流动,推动地区间供应链的优化配置。这一举措打破了原本分割的市场界限,扩大了企业可及的市场规模,从而提高了企业的专业化分工水平。另一方面,供应链数智化建设要求试点城市完善供应链公共服务,打造由大数据驱动的集政府公务、征信公示、大数据资源共享和供应链资源展示等功能为一体的供应链公共服务信息平台,丰富企业信息资源,帮助企业快速感知交易对手信息,高效准确了解对方过往产品质量以及履约、资金状况等信息。这不仅可以降低企业被"敲竹杠"的概率,避免由于交易对手的逆向选择与投机行为导致的高额交易成本(Williamson,1985);还可以通过信息透明度的提高助力企业高效率匹配高质量交易对手,降低企业搜寻成本以及契约签订前后的协调沟通、监督和纠正成本(袁淳等,2023),从而进一步降低外部交易成本,进而有助于企业专业化分工水平的提高。因此,供应链数智化建设通过建立基础设施数据库与供应链公共服务信息平台,扩大了市场范围并有效降低了外部交易成本,极大提升了企业专业化分工水平从而助力企业实现新技术突破,助力新质生产力水平提升。

2.结构赋能效应

供应链数智化建设中的结构赋能主要聚焦于优化供应链的结构、流程以及组织内企业间的联结关系。它通过促进企业间的信息共享、资源整合与业务协作,实现供应链的协同管理(肖红军等,2024)。在国家层面推动的供应链数智化建设中,政策支持起着关键作用,它能够促进链上企业的结构赋能,并进一步形成对企业的数字化结构赋能。利用大数据、物联网与区块链技术,优化供应链的结构、政策和渠道等关键要素,打破企业间获取信息与资源的结构性壁垒,加强企业间的联结纽带,从而促进企业间的知识信息传递共享、合作交流与协同运营。从历史唯物主义的角度来看,生产力的发展规律表明先进生产力会取代落后生产力,新生产力会取代旧生产力(任保平,2024)。这意味着新质生产力的发展要求企业转换传统的生产方式,在新领域、新赛道、新产业上进行重大的技术创新与研发攻关。为了实现这一转型,企业需要构建新的供应链支持网络以适应新形势下的生产经营需求。然而,一般企业在面对新质生产力发展过程中所带来的巨大外部环境不确定性与随之而来的更高风险时,往往难以承受,这严重阻碍了企业新质生产力的发展(周文和许凌云,2023)。因此,新质生产力的培育与发展高度依赖于企业的风险管理协同能力以及供应链上企业间的协同合作能力。在这一背景下,供应链数智化建设对制造企业的结构赋能显得尤为重要。通过促进企业外部的风险管理协同与内部的运营管理协同,供应链数智化建设能够提升企业新质生产力的水平,为企业在新时代的竞争中提供有力的支持。

(1)推进外部风险管理协同,风险承担能力作为影响企业新质生产力发展的重要因素,具备更高风险承担能力的企业能够更好地应对发展新质生产力过程中所面临的巨大不确定性,并倾向于通过大力发展新质生产力来实现企业的高水平与高质量发展,进而获取随之而来的更高的经济效益(湛泳和李胜楠,2024)。供应链数智化建设通过建立跨区域、跨部门、跨产业的信息沟通、设施联通、物流畅通、资金融通、政务联动的供应链协同机制,推动企业间基于海量宏观层面与微观层面数据信息资源共享。这有助于构建产业供应链企业间的风险联动管理机制，实现供应链外部风险管理协同与协作防控，从而最大限度降低链上企业在生产经营过程中可能遇到的外部不确定性风险。这不仅有效提高了企业利益相关方之间的信息传递质量，还防范了传统供应链中受限于供应链网络触达范围、企业信息获取渠道有限而导致的供应链上下游容易出现风险传染性的特点(Dolgui 和 Ivanov, 2022)。最终，这些措施提高了企业的风险承担能力，赋能企业新质生产力的发展。除此之外，供应链数智化建设还要求试点城市实施国家供应链安全计划，利用大数据技术积极推进全球供应链风险预警体系建设。企业通过建立高效、准确、灵敏的供应链风险预警机制，实现对潜在供应链风险的提前防范与有效应对。这进一步提高了企业的风险承担能力，对企业新质生产力的发展意愿与信心产生了正向影响。

(2) 促进内部运营管理协同，即供应链数智化建设有助于促进制造业供应链的业务协同与资源管理协同，帮助企业实现组织战略的一致性，最大限度地提高其生产经营活动的效率与价值创造效率，进而提升企业新质生产力的水平。供应链数智化建设鼓励试点城市在企业间推广供应链协同合作的理念，并积极支持企业搭建供应链协同治理平台。通过这些平台，企业能够推动其供应链上下游的协同合作，充分运用数智化技术提高供应链全链条各个环节的信息透明度。这种透明度的提升，通过与生产环节的深度融合，实现了供应链需求、库存和物流的实时共享与可视化，从而使企业能够及时响应市场需求，极大程度地提高生产经营效率。具体而言，供应链数智化建设通过大数据驱动、物联网与区块链技术，不仅增强了企业对供应链全链条的感知与把控能力，提高了供应链的透明度，还减少了供应链中的"牛鞭效应"(Hofmann 和 Rüsch, 2017)，提高了供需的匹配程度。此外，供应链数智化建设还能帮助企业预测未来的需求趋势(Wu 等, 2016)，提高对客户需求的洞察力，从而进一步提升供应链的价值创造效率(Büyüközkan 和 Göçer, 2018)。综上所述，通过供应链数智化建设，企业可以最大限度地避免供应链上企业管理内耗，实现更高效率的运营管理协同。这不仅提高了企业的运营能力与管理效率，更为企业实现新质生产力水平的提升提供了有力支持。

综上,本文提出如下假设：

H1：供应链数智化建设有利于提高制造企业新质生产力水平。

H2：基于资源赋能效应,供应链数智化建设通过提高企业资金流水平、促进企业新技术突破,提高制造企业新质生产力水平。

H3：基于结构赋能效应,供应链数智化建设通过促进外部风险管理协同、内部运营管理协同,提高制造企业新质生产力水平。

三、研究设计

(一)数据来源

本文以制造业沪深A股上市公司为研究样本,进一步筛选2014—2022年作为样本研究区间。财务数据来自国泰安数据库,城市数据来源于《中国城市统计年鉴》,文本分析所需年度报告来自上海证券交易所和深圳证券交易所官网,上市公司的行业类型根据中国证监会《上市公司行业分类指引(2012年修订)》规定的行业代码和行业门类代码确定。基于此,对样本进行如下清洗处理：(1)剔除样本期间内ST、PT以及退市类财务数据存在特殊性的企业；(2)剔除关键变量缺失的企业；(3)在[0,0.01]和[0.99,1.00]的区间内进行缩尾处理。

(二)变量定义

(1)被解释变量：新质生产力水平($Npro$)。本文从新质生产力的定义和基本内涵出发,一方面借鉴既有文献,在马克思主义生产力理论的基础上,融合渗透性要素(韩文龙等,2024),即新质劳动力、新质劳动资料以及新质劳动对象这三大维度,构建了企业层面的新质生产力水平指标体系。另一方面,区别于现有研究,本文一是在指标体系中特别补充了对企业新业态、新产业发展水平的测度,弥补了既有文献在此方面关注的缺失(张秀娥等,2024)。具体地,新业态主要指企业数智化转型与绿色化转型,以及为实现转型而进行的基础研发投入与无形资产增加。在新产业衡量上,鉴于数据可得性,本文采用智能化与绿色环保投资水平反映企业对新兴产业的重视,借此评估其发展水准。同时,鉴于战略性新兴产业高度依赖机器设备,制造费用占比提升反映机器替代趋势,进而反映企业新产业发展趋势,故本文也将该指标纳入新产业评估体系。二是为了充分体现"新质生产力本身就是绿色生产力"这一核心概念,本文在新质生产力指标的构建过程中,特别从企业当前绿色生产力表现(包括企业绿色化转型水平和绿色技术创新水平)以及未来绿色生产力发展趋势(即绿色环保投资水平)这两个角度出发,对企业绿色生产力进行了重点关注,从而弥补了现有指标测度对企业绿色生产力关注不足的缺陷(肖有智等,2024)。综上所述,本文围绕新质生产力的内涵定义,实现了对制造企业新质生产力更全面且细致的刻画。具体地,制造企业新质生产力测算指标体系如表1所示。

表1 新质生产力发展水平测度指标体系

一级指标	二级指标	三级指标	量化方法
新质劳动力	新劳动者数量	研发人员占比	研发人员数量/员工数量
		高学历人员占比	研究生及以上学历员工数量/员工数量
	新管理层素质	高管数字化经验	数字化背景高管数量(王超等,2023)/高管数量
		高管绿色化发展经验	环保背景高管数量(王辉等,2022)/高管数量
新质劳动资料	新生产工具	固定资产占比	固定资产净额/总资产
		工业机器人渗透率	参考王永钦和董雯(2020),数据来源于IFR
		人工智能采纳程度	(机器账面价值/员工总数)取对数(何勤等,2020)
	新技术	发明专利申请量	(发明专利申请量+1)取对数
		数字技术创新水平	(数字专利申请数量+1)取对数(黄勃等,2023)
		绿色技术创新水平	(绿色发明专利申请数+绿色实用新型专利申请数+1)取对数(徐佳和崔静波,2020)

续表

一级指标	二级指标	三级指标	量化方法
新质劳动对象	新业态	无形资产占比	无形资产净额/总资产
		研发投入占比	研发支出/营业收入
		数智化转型水平	采用CSMAR数据库中的"企业数字化转型字库"提取企业数字化水平进行衡量
		绿色化转型水平	(企业年报中绿色化转型词频数+1)取对数
	新产业	制造费用占比	参考赵国庆和李俊廷(2024),数据来源于国泰安数据库
		智能化投资水平	(固定资产、无形资产中相关智能化技术投资总额)/总资产(张远和李焕杰,2022)
		绿色环保投资水平	企业环保投资总额/总资产(张琦等,2019)

进一步,为确保合成总体指标时的客观性,本文参考杨耀武和张平(2021)的方法,考虑到三级指标间替代性强而一级指标应均衡发展,故先用熵权法赋权三级指标,加总得一级指标得分,再以乘法原则合成总体新质生产力指标,最终得到综合得分。本文据此测度了沪深A股上市制造企业2014—2022年的新质生产力发展水平。

(2)核心解释变量:供应链数智化建设($Treat \times Time$)。对于处理变量($Treat$),若企业位于国家供应链创新与应用试点城市建设范围内,赋值为1,反之为0;对于政策冲击变量($Time$),当样本观测值处于2018年及之后年份时,赋值为1,否则为0。

(3)控制变量。为提高研究结果的可靠性以及研究精度,本文加入了一系列控制变量。控制变量选取如下:①企业层面控制变量主要包括企业规模($Size$,年总资产的自然对数)、企业成立年限(Age,上市年限取自然对数)、股权性质(Soe,国有化企业取值1,非国有企业取值0)、财务杠杆(Lev,年末总负债/年末总资产)、账面市值比($TobinQ$,公司的市场价值/资产重置成本)、独立董事比例($Indep$,独立董事人数/董事人数)、营业收入增长率($Growth$,本年营业收入/上一年营业收入-1)、现金流量($Cashflow$,经营活动产生的现金流量净额/总资产)、两职合一($Dual$)、产融结合($Bank$,若企业持有银行股份,则取值为 1,否则为 0)以及总资产净利润率(Roa,息税前利润/总资产平均余额)。②城市层面控制变量主要包括产业结构(ind_stru,第二产业增加值/地区生产总值)、科技支持(Sic,科技支出/地区生产总值)、金融发展水平(Fdl,年末金融机构贷款余额/地区生产总值)、经济发展水平(Gdp,地区生产总值的自然对数)以及市场化水平($Market$,地区市场化指数)。

(三)描述性统计

本文对主要变量进行描述性统计①,描述性统计结果显示,制造企业新质生产力水平($Npro$)的均值为 0.157,最小值为 0.004,最大值为 1.298,标准差为 0.226,这说明我国制造企业之间的新质生产力水平差异较大。解释变量 $Treat \times Time$ 的均值为 0.394,说明供应链数智化建设政策大约覆盖样本的 39.4%。这为本文的研究提供了数据基础和可行依据。

(四)模型设定与实证策略

为研究供应链数智化建设对制造企业新质生产力的影响,设定如下基准回归模型进行实证分析:

$$Npro_{i,t} = \beta_0 + \beta_1 Treat_i \times Time_t + \beta_2 Control_{i,t} + \mu_i + \varphi_t + \varepsilon_{i,t} \qquad (1)$$

其中,回归模型的被解释变量为企业新质生产力水平($Npro$),核心解释变量为交互项 $Treat \times Time$,若 β_1 显著为正,则说明供应链数智化建设提高了企业新质生产力水平。$Control$ 为本文选取的企业和城市层面的控制变量,μ_i 和 φ_t 分别对企业个体固定效应和年份固定效应进行控制,ε 是模型随机误差项。

四、实证结果及经济解释

(一)基准回归结果

表 2 列(1)—列(2)展示了基准回归的结果。回归结果显示,无论是否加入控制变量,$Treat \times Time$ 的系数均在 1% 的水平上显著为正。这表明供应链数

---

① 限于篇幅,描述性统计结果备索。

智化建设对制造企业新质生产力水平具有显著的正向影响。从经济意义上看，以列(2)的结果为例，与未被纳入试点城市范围内的企业相比，试点城市内的企业新质生产力水平平均提高了 0.022 8。相对于被解释变量 $Npro$ 的均值 0.157 而言，提升幅度约为 14.5%(0.022 8/0.157)。这进一步验证了宏观制度层面，供应链政策对企业新质生产力水平的规模化带动作用，从而验证假设 H1。

表 2　基准回归分析

变量	(1)	(2)
$Treat \times Time$	0.023 5***	0.022 8***
	(0.006 8)	(0.006 8)
$Controls$	非控制	控制
年份/企业	是	是
N	12 021	12 021
adj. R^2	0.856 1	0.858 1

注：* $p<0.1$，** $p<0.05$，*** $p<0.01$；括号中是聚类到企业层面的稳健标准误，以下表格若无其他说明则统同。

(二)稳健性检验[①]

1.平行趋势检验

在应用双重差分模型(DID)考察供应链数智化建设与制造企业新质生产力水平之间的因果关系时，一个关键前提是试点政策开始之前，两组样本(实验组与对照组)的新质生产力水平不存在显著差异，即需要满足平行趋势假设。为了检验这一前提假设是否被满足，本研究以政策试点前一年(2017 年)为基期，并引入了各年份的时间虚拟变量，具体包括 T_2014、T_2015、T_2016、T_2018、T_2019、T_2020、T_2021 和 T_2022。随后，将这些时间虚拟变量与 $Treat$(处理变量，表示是否为实验组)的交互项加入模型之中，进行平行趋势检验。平行趋势检验的结果显示，在政策实施前，两组样本的新质生产力水平不存在显著差异，这满足了平行趋势假设。而在政策实施之后，实验组的新质生产力水平显著高于对照组，据此，本研究认为，供应链数智化建设与制造企业新

---

① 限于篇幅，稳健性检验结果备索。

质生产力水平之间存在显著的因果关系。

2.更换基准回归模型

尽管双重差分法(DID)通过在基准模型中加入对照组以及控制年份和企业固定效应,缓解了遗漏变量问题,但该方法仍可能遗漏一些随时间、地点、行业变化而变化的因素,从而导致估计偏误。为了解决这个问题,在基准回归中,本文分别加入了省份与年份的交互固定效应以及行业与年份的交互固定效应。回归结果显示,估计结果仍然保持稳健。

3.安慰剂检验

为了进一步排除非观测特征对估计结果的影响,本文采用随机抽样的方法,构造了虚假的实验组和随机的政策时间点,从而使得供应链数智化政策对特定地区的冲击变得随机。这个过程被重复了1 000次,以生成大量的随机样本。通过对这1 000次随机抽样得到的虚拟处理组和虚拟政策时间交互项的估计系数及 p 值进行分析,我们发现安慰剂检验的估计系数核密度基本呈现正态分布,且分布态势集中在0附近,远小于基准回归系数0.022 8。这表明,本文的基准回归结果通过了安慰剂检验,从而进一步证实了其可信度和稳健性。

4.倾向得分匹配检验

考虑到试点城市的选拔面临自选择偏误问题,本文进一步采用了倾向得分匹配(PSM)方法以消除自选择偏误干扰。具体地,本文以基准模型中的控制变量作为匹配变量,对是否入选政策试点城市内的企业进行近邻1∶1匹配与近邻1∶4匹配,从而为处理组找到合适的对照组样本。随后,将匹配得到的样本按照模型(5)进行双重差分检验。回归结果显示,PSM匹配检验结果与基准回归结果并无明显差异,从而进一步验证了本文的核心结论。

5.排除其他政策干扰

为了精准评估供应链数智化建设对制造企业新质生产力水平的影响,本文排除了一系列多重潜在干扰因素。首先,在城市层面,排除了其他政策的影响。具体而言,在回归分析中,分别控制了智慧城市试点与大数据综合试验区政策的影响。回归分析结果显示,主要系数的估计结果稳健,未受到显著干扰。其次,针对2018年同期出台的五项重要政策,本文采取了更为细致的控制措施。在回归分析中,分别加入了企业研发投入与高科技行业属性变量,以隔离研发费用加计扣除政策的影响;构建了受留抵退税改革影响的企业与政策实施时间的交互项,以排除增值税留抵退税政策的干扰;引入了重污染行业和年份的联合固定效应,以控制《环境保护税法》的影响;计算并控制了企业所在地区的乡村振兴指数,以排除乡村振兴战略的干扰。此外,通过控制企业审计费用与审计意见变量,本文排除了新审计报告准则实施的影响。经过上述一系列的控制措施后,供应链数智化建设的估计结果依然显著为正。这进一步验证了研究结论的稳健性。

6. 其他稳健性检验

(1)剔除2020年及2021年数据,以排除疫情影响;(2)仅采用入选试点城市前后两年样本进行双重差分估计;(3)将回归聚类到城市层面;(4)排除供应链创新应用试点企业($Treat firm \times Time$)影响。回归结果依然稳健。

(三)影响机制检验

1. 资源赋能效应

资源赋能效应主要指供应链数智化建设通过提高企业资金流水平和促进企业新技术突破,从而提升制造企业新质生产力水平。在衡量企业资金流水平方面,本文主要考虑企业获得的政府财政补贴与企业供应链金融水平两个维度。具体而言,参考郭玥(2018)的研究方法,本文通过"关键词检索"的方式,构造了企业获得的政府研发补贴总额数据,并对其取自然对数,以此来衡量企业获得的政府财政补贴扶持($Lnzs$)。同时,参考刘一鸣等(2024)的研究,本文通过"(短期借款+应付票据)/年末总资产"这一指标来衡量企业的供应链金融水平(SCF)。在促进企业新技术突破层面,根据前文的理论分析,本文参考袁淳等(2023)的研究,使用经修整后的价值增值法来衡量企业的专业化分工水平(VSI),并以此作为供应链数智化建设赋能企业新技术突破的评估依据。表3列(1)—列(3)报告了资源赋能效应的检验结果。当被解释变量分别为$Lnzs$、SCF和VSI时,$Treat \times Time$的估计系数均显著为正,从而验证了假说H2,即供应链数智化建设可以发挥资源赋能效应,通过提高企业资金流水平与促进企业新技术突破,提高制造企业新质生产力水平。

2.结构赋能效应

结构赋能效应主要指供应链数智化建设通过促进制造企业外部风险管理协同与内部运营管理协同,进而赋能制造企业新质生产力水平提升。具体而言,本文采用企业外部环境不确定性风险与抗风险能力两个指标衡量企业外部风险管理协同。参考徐炜锋和阮青松(2023)的研究,本文通过文本分析法,利用 MD&A 文本分析来测度管理层对外部环境不确定性的感知,以此衡量企业外部环境不确定性风险(EEU);同时,参考余明桂等(2013)的研究,本文通过企业盈利波动性来衡量企业的风险承担能力($Risk$)。在衡量企业内部运营管理协同能力方面,本文参考杨汝岱等(2023)的研究,采用经营管理费用率(Ofe)这一指标来衡量企业内部运营管理协同能力,即管理费用和销售费用总和占营业收入的比例。表3列(4)—列(6)报告了结构赋能效应的检验结果。当被解释变量分别为 EEU、$Risk$ 和 Ofe 时,$Treat \times Time$ 的估计系数均显著为负,从而验证了假说 H3,即供应链数智化建设可以发挥结构赋能效应,通过促进制造企业外部风险管理协同与内部运营管理协同,提高制造企业新质生产力水平。

表 3　影响机制检验

变量	(1) $Lnzs$	(2) SCF	(3) VSI	(4) EEU	(5) $Risk$	(6) Ofe
$Treat \times Time$	0.149 0**	0.009 4**	0.012 3**	−0.055 8*	−0.003 6*	−0.016 0***
	(0.070 9)	(0.004 1)	(0.006 2)	(0.032 3)	(0.002 1)	(0.005 3)
Controls	控制	控制	控制	控制	控制	控制
年份/企业	是	是	是	是	是	是
N	7 279	8 539	10 233	11 835	9 715	12 021
adj. R^2	0.538 7	0.799 3	0.713 5	0.377 3	0.406 4	0.809 0

(四)异质性分析

1.企业层面异质性分析

考虑到企业在市场地位和供应链位置上的差异,可能会影响其利用供应链数智化建设赋能与发展新质生产力的效果,本文从这两个维度进行企业层面的异质性分析。首先,采用勒纳指数衡量企业市场地位,勒纳指数越大,企业垄断竞争实力越强,市场地位越高(刘莉亚等,2017)。根据勒纳指数的行业年度均值,本文将样本分为市场领先企业和市场落后企业两组。回归结果如表4列(1)和列(2)所示,供应链数智化建设仅对市场落后企业的新质生产力具有赋能作用。这可能是因为市场领先企业凭借其自身优势已经能够较好实现新质生产力的发展,而市场落后企业为了提高竞争力,其发展新质生产力的紧迫性和意愿更强烈,但受限于盈利能力和资源禀赋,供应链数智化建设可以通过资源赋能效应弥补其资源困境,从而赋能新质生产力的提升。其次,本文参考陶锋等(2023)的研究方法确定企业所处供应链位置,将样本区分为供应链上游(供应商)和下游(客户)两组。回归结果如表4列(3)和列(4)所示,供应链数智化建设仅对上游企业的新质生产力有赋能作用。这可能是因为上游企业较下游企业离消费者更远,面临更复杂的供需不确定性与更大的管理挑战,供应链数智化建设通过结构赋能,提升其内外部管理协同能力,从而更好地赋能其新质生产力的发展。

表4　企业层面异质性分析

变量	(1) 市场领先企业	(2) 市场落后企业	(3) 供应链上游企业	(4) 供应链下游企业
$Treat \times Time$	0.016 8 (0.010 6)	0.033 8*** (0.009 5)	0.087 4*** (0.029 9)	0.006 1 (0.035 3)
组间差异	\multicolumn{2}{c}{$p=0.060\ 0^*$}	\multicolumn{2}{c}{$p=0.000\ 0^{***}$}
Controls	控制	控制	控制	控制
年份/企业	是	是	是	是
N	5215	6291	666	557
adj.R^2	0.879 9	0.839 6	0.892 6	0.785 7

注:组间系数差异检验 p 值通过费舍尔组合检验,经过1 000次抽样计算后得到,以下表格若无其他说明,则统同。

2. 行业层面异质性分析

考虑到不同行业在利用供应链数智化建设赋能新质生产力时存在的知识技术禀赋与动机差异,本文从行业技术属性和污染属性两个维度进行异质性分析。首先,根据《高技术产业(制造业)分类(2017)》规定,本文将样本划分为高技术行业和非高技术行业两组。回归结果如表5列(1)和列(2)所示,供应链数智化建设仅对高技术行业内企业新质生产力水平有显著提升作用。这可能与非高技术企业技术储备和研发能力有限,难以快速吸收和应用先进技术,且受制于传统管理模式僵化,难以在复杂的供应链环境中实现有效的协调治理有关。而高技术企业作为数字技术先行者,具备丰富的知识技术储备,因此能更好地适应并发挥供应链数智化的赋能效应。其次,参考潘爱玲等(2019)的研究,本文将样本划分为重污染和非重污染行业两组。回归结果如表5列(3)和列(4)所示,无论行业污染属性如何,供应链数智化建设均能显著提升制造企业新质生产力水平。在国家环境约束日益严格的背景下,制造行业传统高耗能高污染的生产模式难以为继,被迫转向绿色发展(解学梅和韩宇航,2022),而新质生产力本身就是绿色生产力。因此,各行业企业均会利用供应链数智化建设赋能其发展。从具体系数值来看,供应链数智化建设对重污染企业赋能作用更强,这可能与其面临更高的环境规制压力和风险,从而倒逼其进行更彻底的生产方式变革有关。

表5　行业层面异质性分析

变量	(1) 高技术行业	(2) 非高技术行业	(3) 重污染行业	(4) 非重污染行业
$Treat \times Time$	0.026 8** (0.010 9)	0.010 4 (0.007 8)	0.020 6* (0.010 5)	0.020 1** (0.008 3)
组间差异	$p=0.036\ 0$**		$p=0.472\ 0$	
$Controls$	控制	控制	控制	控制
年份/企业	是	是	是	是
N	6 147	5 874	3 097	8 924
adj. R^2	0.862 0	0.825 0	0.819 0	0.861 0

3. 区域层面异质性分析

考虑到区域数字基础设施与数字人才集聚水平的差异可能会对供应链数智化建设的效果以及企业新质生产力的发展产生不同的影响,本文从这两个维度进行区域层面的异质性分析。首先,参考邓荣荣和吴云峰(2023)的研究,本文依据企业所在城市是否为"宽带中国"示范城市,将样本分为高(低)数字基础设施地区。回归结果如表6列(1)和列(2)所示,供应链数智化建设仅对高数字基础设施地区内的企业新质生产力有显著赋能作用。这可能是因为良好的数字基础设施为城市供应链数智化建设提供了坚实的技术支持,降低了政府推进数智化技术的成本(邓荣荣和吴云峰,2023),提升了政府治理和供应链公共服务效率,从而更好地发挥了供应链数智化的赋能效应。而在基础设施薄弱的地区,供应链数智化建设的推进受阻,难以充分发挥其赋能作用。其次,参考郑国强等(2024)的研究,本文用企业所在地区信息传输行业、计算机服务行业和软件行业的劳动人数来衡量数字化人才集聚水平,并通过数字化人才集聚的年度均值将样本划分为高(低)数字人才集聚地区。回归结果如表6列(3)和列(4)所示,供应链数智化建设仅对高数字人才集聚地区内的企业新质生产力有显著赋能作用。人才是发展新质生产力的核心要素,不仅为城市推进供应链数智化建设与制度变革提供智力支持,还为企业实现技术创新提供动力。因此,相比低数字人才集聚地区,高集聚区能更好地发挥供应链数智化的赋能效应,从而促进新质生产力的发展。

表6 区域层面异质性分析

变量	(1) 高数字基础设施建设	(2) 低数字基础设施建设	(3) 高数字人才集聚	(4) 低数字人才集聚
$Treat \times Time$	0.025 9*** (0.008 3)	−0.008 6 (0.009 7)	0.073 1** (0.031 8)	0.013 3 (0.008 5)
组间差异	$p=0.004\ 0$***		$p=0.000\ 0$***	
Controls	控制	控制	控制	控制

续表

变量	(1) 高数字基础设施建设	(2) 低数字基础设施建设	(3) 高数字人才集聚	(4) 低数字人才集聚
年份/企业	是	是	是	是
N	8 313	3 708	4 134	7 887
adj. R^2	0.864 1	0.835 6	0.857 3	0.857 7

五、结论与建议

本文以 2018 年发布的《商务部等 8 部门关于开展供应链创新与应用试点的通知》这一政策为准自然实验,基于 2014—2022 年沪深 A 股制造业上市公司数据构建双重差分模型,探讨了城市层面供应链数智化建设对制造企业新质生产力的赋能作用及作用机制。研究发现,供应链数智化建设对制造企业新质生产力具有赋能效应。机制分析结果表明,供应链数智化建设提高制造企业新质生产力水平主要通过资源赋能效应和结构赋能效应来实现,前者缓解制造企业要素约束,包括通过政府财政补贴扶持与发展供应链金融提高企业资金流水平以及提高企业专业化分工水平促进新技术突破;后者则通过提升企业协同合作能力,包括促进企业外部风险管理协同与内部运营管理协同。异质性分析表明,对于市场地位落后和供应链上游企业、高技术和重污染的行业、高数字基础设施建设和高数字人才集聚水平的地区,供应链数智化建设对新质生产力水平的赋能作用更为显著。

结合理论分析与实证研究,本文提出如下政策启示:(1)为了充分发挥供应链数智化建设对企业的资源赋能效应,政府一是要充分发挥财政资金引导作用,完善财政资金补贴发放标准与提高补贴发放透明度,避免企业寻租行为与投机行为,高效筛选出真正在进行供应链数智化建设的企业,为其提供资金扶持,从而为其他企业树立示范引导作用;二是要继续推进供应链金融创新服务模式,推动政府、企业和金融机构系统互联互通与信息共享,为实现企业新质生产力发展提供良好可靠的融资获取途径,提高融资效率;三是要以供应链公共服务平台和基础设施数据库为抓手,加强数字技术基础研发与集成能力,进一步释放数字信息红利,打破市场壁垒与地区分割,实现供应链跨区域互联互通与协同治理,促进企业专业化分工,实现技术飞跃。(2)为了充分发挥供应链数智化建设对企业的结构赋能效应,政府一方面要继续营造稳定安全开放的适合企业发展的营商环境,制定供应链运营支持性政策并宣传推广供应链理念技术;另一方面要继续提高供应链安全发展水平,运用大数据技术、区块链技术等现代化信息技术手段,建立跨区域跨部门跨产业带供应链协同机制提高供应链风险识别能力,并提供精准政策协调以提高供应链对冲击响应速度,从而为新质生产力的发展夯实基础。(3)政府应实施差异化的新质生产力发展引导政策,重点激励处于市场领先地位和供应链下游企业以及处于非高技术行业和非重污染行业的企业抓住供应链数智化建设发展机遇,通过利用宏观制度层面政策赋能效应,推动企业新质生产力水平提升;同时,还需要制定更优越的数字化人才引进政策以及加强地区数字基础设施建设,从而为供应链数智化建设的有序高效推进,赋能企业新质生产力的发展提供有力支撑。

参考文献

[1]池毛毛,叶丁菱,王俊晶,等.我国中小制造企业如何提升新产品开发绩效——基于数字化赋能的视角[J].南开管理评论,2020(3):63－75.

[2]邓荣荣,吴云峰.有福同享:城市数字基础设施建设与经济包容性增长[J].上海财经大学学报,2023(1):3－18.

[3]郭玥.政府创新补助的信号传递机制与企业创新[J].中国工业经济,2018(9):96－116.

[4]韩文龙,张瑞生,赵峰.新质生产力水平测算与中国经济增长新动能[J].数量经济技术经济研究,2024(6):5－25.

[5]凌润泽,潘爱玲,李彬.供应链金融能否提升企业创新水平?[J].财经研究,2021

(2):64—78.

[6]刘海建,胡化广,张树山,等.供应链数字化的绿色创新效应[J].财经研究,2023a,(3):4—18.

[7]刘海建,胡化广,张树山,等.供应链数字化与企业绩效——机制与经验证据[J].经济管理,2023b,(5):78—98.

[8]刘莉亚,余晶晶,杨金强.竞争之于银行信贷结构调整是双刃剑吗?——中国利率市场化进程的微观证据[J].经济研究,2017(5):131—145.

[9]刘一鸣,曹廷求,刘家昊.供应链金融与企业风险承担[J/OL].系统工程理论与实践,2024(2024—5—16).http://kns.cnki.net/kcms/detail/11.2267.N.20240515.1602.029.html.

[10]孟捷,韩文龙.新质生产力论:一个历史唯物主义的阐释[J].经济研究,2024(3):29—33.

[11]潘爱玲,刘昕,邱金龙.媒体压力下的绿色并购能否促使重污染企业实现实质性转型[J].中国工业经济,2019(2):124—192.

[12]任保平.生产力现代化转型形成新质生产力的逻辑[J].经济研究,2024(3):12—19.

[13]沈丽琼,黄光于,叶飞.供应链政策与企业技术创新——来自政府认定供应链创新试点企业的经验证据[J].科技管理研究,2022(19):97—110.

[14]陶锋,王欣然,徐扬.数字化转型、产业链供应链韧性与企业生产率[J].中国工业经济,2023(5):118—136.

[15]肖红军,沈洪涛,周艳坤.客户企业数字化、供应商企业ESG表现与供应链可持续发展[J].经济研究,2024(3):54—73.

[16]肖有智,张晓兰,刘欣.新质生产力与企业内部薪酬差距——基于共享发展视角[J].经济评论,2024(3):75—91.

[17]解学梅,韩宇航.本土制造业企业如何在绿色创新中实现"华丽转型"?——基于注意力基础观的多案例研究[J].管理世界,2022(3):76—106.

[18]徐炜锋,阮青松.外部环境不确定性、企业社会资本与企业并购决策——基于资源获取视角[J].管理评论,2023(5):214—227.

[19]杨洋,魏江,罗来军.谁在利用政府补贴进行创新?——所有制和要素市场扭曲的联合调节效应[J].管理世界,2015(1):75—86,98,188.

[20]杨耀武,张平.中国经济高质量发展的逻辑、测度与治理[J].经济研究,2021(1):26—42.

[21]杨汝岱,李艳,孟珊珊.企业数字化发展、全要素生产率与产业链溢出效应[J].经济研究,2023(11):44—61.

[22]余明桂,李文贵,潘红波.管理者过度自信与企业风险承担[J].金融研究,2013(1):149—163.

[23]袁淳,从阔匀,耿春晓.信息基础设施建设与企业专业化分工——基于国家智慧城市建设的自然实验[J].财经研究,2023(6):34—48.

[24]湛泳,李胜楠.新质生产力推进产业链现代化:逻辑、机制与路径[J].改革,2024(5):54—63.

[25]张树山,胡化广,孙磊.供应链数字化与供应链安全稳定——一项准自然实验[J].中国软科学,2021(12):21—30,40.

[26]张秀娥,王卫,于泳波.数智化转型对企业新质生产力的影响研究[J/OL].科学学研究,2024(2024—05—21) https://doi.org/10.16192/j.cnki.1003—2053.20240518.003.

[27]郑国强,张馨元,赵新宇.数据要素市场化能否促进企业绿色创新?——基于城市数据交易平台设立的准自然实验[J].上海财经大学学报,2024(3):33—48.

[28]周文,许凌云.论新质生产力:内涵特征与重要着力点[J].改革,2023(10):1—13.

[29]Bhattacharya S,Chatterjee A. Digital Project Driven Supply Chains: A New Paradigm[J]. Supply Chain Management,2022,27(2):283—294.

[30]Büyüközkan G,Göçer F. Digital Supply Chain: Literature Review and a Proposed Framework for Future Research[J]. Computers in Industry,2018(97):157—177.

[31]Brown J,Matsa DA. Boarding a Sinking Ship? An Investigation of Job Applications to Distressed Firms[J]. The Journal of Finance,2016,71(2):507—550.

[32]Dolgui A,Ivanov D. 5G in Digital Supply Chain and Operations Management: Fostering Flexibility, End-to-end Connectivity and Real-time Visibility Through Internet-of-everything[J]. International Journal of Production Research,2022,60(2):442—451.

[33]Queiroz M M,Telles R,Bonilla S H. Blockchain and Supply Chain Management Integration: A Systematic Review of the Literature[J]. Supply Chain Management,2020,25(2):241—254.

[34]Ho W R,Tsolakis N,Dawes T,et al. A Digital Strategy Development Framework

for Supply Chains[J]. IEEE Transactions on Engineering Management,2023,70(7):2493−2506.

[35]Hofmann E,Rüsch M. Industry 4.0 and the Current Status as well as Future Prospects on Logistics[J]. Computers in Industry,2017(89):23−34.

[36]Květoň V,Horák P. The Effect of Public R&D Subsidies on Firms' Competitiveness:Regional and Sectoral Specifics in Emerging Innovation Systems[J]. Applied Geography,2018(94):119−129.

[37]Leong C M L,Pan S L,Ractham P,et al. ICT-enabled Community Empowerment in Crisis Response:Social Media in Thailand Flooding 2011[J]. Journal of the Association for Information Systems,2015,16(3):174−212.

[38]Peterson N A,Lowe J B,Aquilino M L,et al. Linking Social Cohesion and Gender to Intrapersonal and Interactional Empowerment:Support and New Implications for Theory[J]. Journal of Community Psychology,2005,33(2):233−244.

[39]Williamson O E. The Economic Institutions of Capitalism:Firms,Markets,Relational Contracting[M]. New York:Free Press,1985.

[40]Smith A,Cannan E. The Wealth of Nations[M]. New York:Modern Library,1776.

[41]Wu L F,Yue X H,Jin A L,et al. Smart Supply Chain Management:A Review and Implications for Future Research[J]. The International Journal of Logistics Management,2016,27(2):395−417.

（本文刊载于《上海财经大学学报》2024 年第 5 期）

第六章　新质生产力发展评估研究

新质生产力指标体系构建研究

生产力是推动社会发展最革命的要素，是社会进步的动力。工业革命以来，科学技术领域的进步和创新成为生产力发展最受关注的方面。从亚当·斯密开始，索洛、熊彼特、马克思等西方学者将技术进步和创新看作经济发展的重要因素。世界经济持续不断发展的动力源自创新。很多后发现代化国家生产力发展缓慢，很大程度上归因于科技的停滞不前。2023年9月，习近平总书记在哈尔滨主持召开新时代推动东北全面振兴座谈会时强调，"积极培育新能源、新材料、先进制造、电子信息等战略性新兴产业，积极培育未来产业，加快形成新质生产力，增强发展新动能"[①]。2023年中央经济工作会议也明确指出："要以科技创新推动产业创新，特别是以颠覆性技术和前沿技术催生新产业、新模式、新动能，发展新质生产力。"[②] "新质生产力"概念一经提出，就受到理论界的极大关注。它不仅是对马克思主义生产力理论的继承与发展，更是习近平经济思想的进一步发展，标志着我们党关于生产力的认识实现了又一次飞跃。

在当前人工智能深度嵌入经济社会发展的变革时代，怎样加快形成新质生

基金项目：国家社科基金重大项目"新时代中国马克思主义经济哲学重大理论问题研究"（22&ZD033）。

本文作者简介：曹东勃，上海财经大学马克思主义学院、滴水湖高级金融学院教授；蔡煜，上海财经大学马克思主义学院博士研究生。

① 牢牢把握东北的重要使命 奋力谱写东北全面振兴新篇章[N].人民日报，2023-09-10:1.
② 中央经济工作会议在北京举行[N].人民日报，2023-12-13:1.

产力、如何测度新质生产力发展水平,成为中国等发展中国家面临的现实问题。在新一轮科技革命和产业革命加速演进,与我国全面转变经济发展方式的历史交汇期,通过培育新质生产力而持续推动生产力跃迁、实现生产力平衡充分发展和全要素生产率提升,是实现中国式现代化和高质量发展的应有之义。而在充分理解和把握新质生产力指标体系的理论逻辑基础上,构建一个内涵信息生产力、绿色生产力、创新生产力等相关内容的指标体系,能够为培育新质生产力的理论与实践提供一定的启发。

一、关键概念及文献回顾

前古典和古典经济学高度重视生产力的培育,以及由此展开的生产要素的溯源分析。在欧洲各民族国家逐渐形成且战乱频仍、特别是拿破仑战争前后所导致的经济萧条之中,极尽一切努力去推高生产可能性边界、扩大生产力,是彼时经济学家们关注的焦点。他们普遍认为,生产力发展是社会进步的主要特征。法国经济学家魁奈提出了"生产力"的概念,人口众多,财富积累,会促进生产力的很好发展[①],他进而将人对自然资源的利用与多种方式的不同组合作为生产力的主要内容。亚当·斯密则敏锐注意到分工的出现对大幅增进劳动生产力厥功至伟。[②] 马尔萨斯认为,人口数量、财富数量的增加、智力水平的提高、分工协作等都能提高生产力。

大多数关注经济增长的学者认为,内生的技术进步是经济持续增长的决定因素。熊彼特通过企业家的生产技术和生产方法的创新来解释经济社会的发展。[③] 索洛认为技术进步能够促进自然增长率[④],并将技术进步对经济增长贡献

---

① [法]魁奈.魁奈经济著作选集[M].吴斐丹,张革纲,译.北京:商务印书馆,1981:69.
② [英]亚当·斯密.国富论(上)[M].郭大力,王亚南,译.南京:译林出版社,2011:1.
③ [美]约瑟夫·熊彼特.经济发展理论——对于利润、资本、信贷、利息和经济周期的考察[M].何畏,易家祥,等译.北京:商务印书馆,1991:290.
④ [美]罗伯特·M.索洛.经济增长理论:一种解说[M].胡汝银,译.上海:上海人民出版社,1994:41.

份额做了定量测算[1]（即余值法）。李斯特判断,"科技与工业相结合会产生巨大的物质力量"[2],"促进技术改进,从而提高国家繁荣程度"[3]。

在马克思主义的理论框架中,生产力就是人类改造自然和征服自然的能力,而"生产力中也包括科学"[4]。当前,国内学界对习近平总书记关于新质生产力重要论述的相关研究才刚刚起步。在理论上,既有对新质生产力内涵概念、特征、理论逻辑和形成思路[5][6]的辨析,又有对其部分领域如信息生产力[7][8]、绿色生产力[9]等的相关研究。早在2006年,周延云和李琪就提出生产力的新质态,即信息生产力,认为现代社会的发展已不仅仅是简单的生产力与生产关系的结合体,而是建立在新兴生产力之上的更加复杂、更加全面的生产关系的有机结合。[10] 庞瑞芝等为了与传统的生产力评估相区别,将能源消耗与环境污染纳入工业增长评估框架的生产力定义为"新型工业化"生产力。[11] 张永林提出了智能创新生产力理论,揭示和研究了智能创新对社会与经济发展的意义和作用。[12] 周文等提出了新质生产力是以科技创新为主导、实现关键性颠覆性技术突破而产生的生产力,并重点关注了加快形成新质生产力的重要着力点。[13]

---

[1] Solow Robert M., Technical Change and the Aggregate Production Function[J]. The Review of Economics and Statistics,1957,39(8):312-319.

[2] [德]弗里德里希·李斯特.政治经济学的国民体系[M].陈万照,译.蔡百受,校.北京:商务印书馆,1961:174,253.

[3] [德]弗里德里希·李斯特.政治经济学的国民体系[M].陈万照,译.蔡百受,校.北京:商务印书馆,1961:174,253.

[4] 马克思,恩格斯.马克思恩格斯全集(第46卷)(下)[M].北京:人民出版社,1980:211.

[5] 蒲清平,向往.新质生产力的内涵特征、内在逻辑和实现途径——推进中国式现代化的新动能[J].新疆师范大学学报(哲学社会科学版),2024(1):77-85.

[6] 胡莹.新质生产力的内涵、特点及路径探析[J].新疆师范大学学报(哲学社会科学版),2023(11):2,36-45.

[7] 万雪梅.信息生产力探析[J].学术交流,2008(5):180-182.

[8] 孙海芳.信息生产力:一种先进的生产力形态[J].江汉论坛,2008(1):47-50.

[9] 李克华.论绿色生产力[J].广东社会科学,2001(5):21-25.

[10] 周延云,李琪.生产力的新质态:信息生产力[J].生产力研究,2006(7):90-92.

[11] 庞瑞芝,李鹏,路永刚.转型期我国新型工业化增长绩效及其影响因素研究——基于"新型工业化"生产力视角[J].中国工业经济,2011(4):64-73.

[12] 张永林.智能创新生产力理论与中国经济发展深层思考[J].管理科学学报,2017(10):116-126.

[13] 周文,许凌云.论新质生产力:内涵特征与重要着力点[J].改革,2023(10):1-13.

总体上看,对于生产力指标体系的构建、价值评价维度的量化研究还比较少见。现有的相关研究大致可分为三类:其一,部分学者构建了传统生产力的综合指标体系[1][2][3][4][5],对后续研究具有重要意义,但此类研究由于时间较早,难免缺少宏大的历史与现实的视野,在"科技是第一生产力"这一维度上着力不够,同时也无法满足绿色发展、创新发展等新发展理念的新要求。其二,部分学者对生产力的具体领域做了指标体系的构建,但此类研究的遗憾之处在于未能对实现现代化这一目标进行综合考量。有相关研究专门针对制度生产力[6]、信息生产力[7]、农业生产力[8]以及绿色生产力[9]等方面的指标体系构建做了有益探索,这些研究针对教育水平、投入水平、社会效益、经济效益、信息技术、经济水平等方面进行详细探讨,为新质生产力指标体系的研究提供了重要参考。其三,还有学者初步构建了创新生态的评价指标体系[10],但此类研究只是针对生产力发展的外部环境进行相关价值评价指标的构建,对其内生力量——科技创新所推动的生产力的发展尚未做出针对性的构建研究。与此同时,"中国创新指数""科技创新发展指数""金融科技发展指数"等成果也随着中国科技水平的提升而不断出现,因此,要坚持技术创新与理论创新的深度融合,还需要理论界做出新的努力。

---

[1] 张伦书.社会科学在现代生产力中的作用及其测算的指标体系[J].广西社会科学,1992(4):16—20.
[2] 唐斯如,陈年红.生产力发展评价指标体系的探讨[J].安徽财贸学院学报,1989(5):1—5.
[3] "社会主义生产力标准问题研究"课题组.关于社会生产力描述指标体系的探讨[J].上海社会科学院学术季刊,1988(3):5—12.
[4] 杨民刚,颜世坤.对建立生产力发展程度评价模型及指标体系的研究[J].东方论坛·青岛大学学报,1996(2):47—50.
[5] 郑积源.现代生产力系统指标体系的探讨[J].科学·经济·社会,1989(5):285—289.
[6] 谭忠真,邹东涛.制度生产力的体系及其测度[J].中国工业经济,2001(6):5—13.
[7] 陈小磊."两化"融合背景下信息生产力水平评价指标体系构建及测度研究[D].南京大学博士学位论文,2016.
[8] 林政.农业生产力发展水平的量度研究——以广东当前农业的实际为例[J].生产力研究,2006(7):34—35,48.
[9] 任保平,李梦欣.新时代中国特色社会主义绿色生产力研究[J].上海经济研究,2018(3):5—13.
[10] 陈强,梁佳慧,敦帅.创新生态评价研究:指标体系、区域差异和对策建议[J].科学管理研究,2023(5):2—11.

总之,加快构建新质生产力指标体系是深刻理解和全面把握培育新质生产力的前提,要系统性地认识中国与世界的关系,全面贯彻落实新发展理念,全面认识新质生产力发展中所内含的能动作用和积极影响,要求我们把新质生产力发展和指标体系构建的相关研究进一步深化提升。

二、新质生产力指标体系构建的内在逻辑

把握新质生产力指标体系构建的内在逻辑,既需要基于科学的理论指导,也需要中华优秀传统文化的浸润,从时代与使命的"召唤"中透视发展的价值指向,把握时代特征和中国特色。新质生产力形成与发展的基本原则,既是对其"何以可能"与"何以可为"的现实回应,也为构建新质生产力指标体系提出了根本要求,不仅彰显创新的核心地位,也突显人民至上的理念。通由探索历程,明晰不同发展阶段的战略新定位,以围绕当前中国式现代化的宏大实践谋划生产力的相关布局,聚焦现阶段科技发展水平以及经济社会发展的需要,实现历史性、人民性、发展性与时代性的统一。

(一)理论内涵:根脉与魂脉的"注解"

其一,构建新质生产力指标体系,需要深刻把握马克思主义这一魂脉。马克思主义生产力理论的根本超越和突出特点,体现在以唯物史观视角观照社会现实。马克思认为,生产力是指具有劳动能力的人与生产资料相结合而形成的改造自然的能力。新质生产力的提出,进一步丰富和发展了马克思主义生产力理论。它以生产要素的更新和生产力的升级为特征,也包含着未来新型生产关系的变化和社会新形态的发展。总的来看,马克思主义生产力理论内含着如下重要结论:一是科学技术是推动生产力发展的重要动力;二是生产力发展的根本目的是实现人的自由全面发展;三是以科技为中心的生产力可以推动世界历史进步和人类文明发展。马克思、恩格斯以与生产力的发展相适应的生产关系作为划分社会形态的标准。"未来新社会的创建要以生产力的巨大增长和高度

发展为前提"①,"人们所达到的生产力的总和决定着社会状况"②。马克思在《哲学的贫困》中进一步指出,"社会关系和生产力密切相连。随着新生产力的获得,人们改变自己的生产方式,随着生产方式即谋生的方式的改变,人们也就会改变自己的一切社会关系"③。显然,"新质生产力"作为推动新社会关系的重要动力,同时也是满足人民日益增长的美好生活需要,实现高质量发展为特征的中国式现代化的重要力量。

马克思主义生产力理论也与创新、协调、绿色、开放、共享的新发展理念相契合。新质生产力作为新发展理念指导下成长起来的生产力,自然以创新性为第一特质,同时兼具协调性、绿色性、共享性和开放性的特质。④ 其一,科学技术是推动社会进步的手段和社会革命的力量,"生产力发展和科技进步中蕴含着巨大的革命力量"⑤。其二,发展的过程体现为事物之间普遍联系的协调协同。马克思关于社会再生产两大部类保持一定比例关系的重要论断、《共产党宣言》中关于消除城乡区域差别的设想,都体现着马克思主义对生产力发展过程中的协同性的高度重视。其三,科学技术是把"自然力"转化为"生产力"的重要物质力量。《资本论》中早有阐明:"劳动生产率是同自然条件相联系的。这些自然条件都可以归结为人本身的自然(如人种等)和人的周围的自然。外界自然条件在经济上可以分为两大类:生活资料的自然富源……劳动资料的自然富源……在较高的发展阶段,第二类自然富源具有决定性的意义。"⑥而这个"决定性的意义",正昭示了绿色生产力的发展水平在社会较高发展阶段的重要意义。其四,马克思主义的发展图景始终是开放的。他特别强调:"各民族之间的相互关系取决于每一个民族的生产力、分工和内部交往的发展程度。这个原理是公认的。然而不仅一个民族与其他民族的关系,而且这个民族本身的整个内部结

---

① 马克思,恩格斯.马克思恩格斯文集(第1卷)[M].北京:人民出版社,2009:4,533,602.
② 马克思,恩格斯.马克思恩格斯文集(第1卷)[M].北京:人民出版社,2009:4,533,602.
③ 马克思,恩格斯.马克思恩格斯文集(第1卷)[M].北京:人民出版社,2009:4,533,602.
④ 蒋永穆,乔张媛.新质生产力:逻辑、内涵及路径[J].社会科学研究,2024(1):10—18,211.
⑤ 马克思,恩格斯.马克思恩格斯文集(第2卷)[M].北京:人民出版社,2009:4.
⑥ 马克思,恩格斯.马克思恩格斯选集(第2卷)[M].北京:人民出版社,2012:239.

构也取决于自己的生产以及自己内部和外部的交往的发展程度。任何新的生产力,只要它不是迄今已知的生产力单纯的量的扩大(例如,开垦土地),都会引起分工的进一步发展。"①由此可见,任何新生产力对于新产业革命具有进一步发展的可能性,也突显了开放创新、积极融入世界创新网络的前景。其五,共享的终极指向恰与共产主义的理想世界相契合。"科学获得的使命是:成为生产财富的手段,成为致富的手段"②,由此进一步设想,未来社会"生产将以所有的人富裕为目的"③、"所有人共同享受大家创造出来的福利"④。新质生产力推进中国式现代化的战略路径是以新质生产力实现包括全体人民共同富裕的现代化、物质文明和精神文明相协调的现代化、人与自然和谐共生的现代化、走和平发展道路的现代化在内的中国式现代化。⑤ 因此,新质生产力的形成与发展是我们实现共同富裕和迈向社会主义现代化国家新征程的必然要求和必要条件。

其二,构建新质生产力指标体系,需要深刻把握中华优秀传统文化这一根脉。高度重视和挖掘经济发展背后的文化基础、人文底蕴特别是中华优秀传统文化的滋养支撑,是习近平经济思想与习近平文化思想的共同关注。2023年全国两会期间,习近平总书记在参加江苏代表团审议时专门提出:文化很发达的地方,经济照样走在前面。可以研究一下这里面的人文经济学。⑥ "工欲善其事,必先利其器。"(《论语·卫灵公》)中华优秀传统文化中关于"器"的辩证观念,本身就蕴含着利用和改进技术工具以作为发展的重要前提的思想。中华优秀传统文化中内含着丰厚的创新思想,"苟日新,日日新,又日新"(《礼记·大学》)、"穷则变,变则通,通则久"(《易传·系辞传下》)、"周虽旧邦,其命维新"(《诗经·大雅·文王》)、"富有之谓大业,日新之谓盛德"(《易传·系辞传上》)、

---

① 马克思,恩格斯.马克思恩格斯选集(第1卷)[M].北京:人民出版社,2012:147,308.
② 马克思,恩格斯.马克思恩格斯文集(第8卷)[M].北京:人民出版社,2009:357,200.
③ 马克思,恩格斯.马克思恩格斯文集(第8卷)[M].北京:人民出版社,2009:357,200.
④ 马克思,恩格斯.马克思恩格斯选集(第1卷)[M].北京:人民出版社,2012:147,308.
⑤ 任保平,王子月.新质生产力推进中国式现代化的战略重点、任务与路径[J].西安财经大学学报,2024(1):3-11.
⑥ "推动经济实现质的有效提升和量的合理增长"——以习近平同志为核心的党中央引领二〇二三年中国经济高质量发展扎实推进[N].人民日报,2023-12-11:1.

都充分体现了创新既是社会发展的动力,更是社会发展的价值指向,蕴含着丰富的民本思想。中华优秀传统文化中也蕴含着对信息的独到理解。从象形文字的发明到烽火作为信号,在时间和空间上提升了传达讯息的效率。进入工业文明之后,面对铁路和电报带来的新的文化信息[①],象征生产力水平的信息传递速度不断加快,信息在中国现代化历史进程中发挥着愈发重要的作用。中华优秀传统文化也体现着浓郁的生态意蕴。庄子提出"天地与我共生,而万物与我为一",《周易》有"夫大人者,与天地合其德"的言说。在这种系统观念下,各个发展要素之间、人与自然之间、国家之间是一体发展、和合共生的共同体。实质上,把握好中华优秀传统文化的根脉,归根结底是把握好以人民为中心的发展思想。梁漱溟认为,"马克思主义说生产力为最高动因。这所以使生产力发展可钝可利的在哪里呢?还在人类的精神方面"[②]。中华优秀传统文化蕴含独特的中国基因,为新质生产力指标体系的构建描绘了中华文化的底色。将中华优秀传统文化与新质生产力指标体系的构建相结合,有利于深刻把握其内在的价值指向和形成方式,从历史文化传统中汲取新质生产力理论与实践持续发展的精神力量,为党的生产力理论创新赋予了鲜明的中国特色。

(二)价值指向:时代与使命的"召唤"

第一,新质生产力指标体系的构建是顺应社会主义发展目标的需要,为中国式现代化积蓄动力。近代资本主义的发展与其对科学技术的广泛应用密不可分,但其自身固有的矛盾制约科学发展和技术社会化的进程,最终陷入"使人文明起来,又使人类没落下去"的困局。资本主义的创新是熊彼特所概括的"创造性毁灭"的方式,在其发展过程中固然"在它的不到一百年的阶级统治中所创造的生产力,比过去一切世代创造的全部生产力还要多,还要大"[③],但也因其自身的生产方式及其必然走向垄断和战争的后果,造成了严重的社会两极分化与阶级对立。社会主义要走出一条决然不同于资本主义的新路,中国要走出一条

---

① 王晓丹.信息时代和传统文化[J].南亚研究,1994(2):68—73.
② 梁漱溟.东西方文化及其哲学[M].上海:上海人民出版社,2006:51.
③ 马克思,恩格斯.马克思恩格斯文集(第2卷)[M].北京:人民出版社,2009:36,44.

符合自己国情的中国式现代化道路,必须更加注重发挥好科学技术对经济社会发展的推动作用。新质生产力的形成对于建设社会主义现代化强国意义重大。"未来新社会的创建要以生产力的巨大增长和高度发展为前提。"① 习近平总书记强调:"我们能不能如期全面建成社会主义现代化强国,关键看科技自立自强。"②"没有坚实的物质技术基础,就不可能全面建成社会主义现代化强国。"③ 实现民族复兴、人民幸福的社会主义发展目标必然要求实现高质量发展,这就需要在战略性新兴产业和未来产业上深耕。新质生产力的提出,正顺应了我国产业结构转型升级和高质量发展的现实要求。

第二,新质生产力指标体系的构建是回应时代命题的需要,是国家安全观的重要支撑。马克思指出,"只有当交往成为世界交往并且以大工业为基础的时候,只有当一切民族都卷入竞争斗争的时候,保持已创造出来的生产力才有了保障"④。全球经济和创新版图正在重构,未来社会的竞争是核心科技的竞争,科技创新成为国际战略博弈的主战场,要想在全球竞争中占有一席之地,需要及时跟踪世界科技前沿,从经济社会发展和国家安全中寻找自身薄弱环节和差距,以国家重大战略需求为导向,把握国际国内两个环境,加快形成新质生产力,实现高水平科技自立自强。新质生产力指标体系的构建是回应时代命题的需要,也是统筹发展与安全的重要保障。在指标体系构建过程中,要切实把握时代发展和国情变化,集中体现主体性和发展性,坚持面向世界科技前沿、面向经济主战场、面向国家重大需求、面向人民生命健康。

(三)基本原则:"何以可能"与"何以可为"之问的回应

新质生产力是推动中国式现代化发展的重要动能,既包括了战略性新兴产业和未来产业,又涵盖了实现人民美好生活、保护生态环境等民生领域。培育形成新质生产力是中国特色社会主义建设的现实国情和时代发展面临的现实

---

① 马克思,恩格斯.马克思恩格斯文集(第1卷)[M].北京:人民出版社,2009:4,560.
② 陈凌.牢牢把握高质量发展这个首要任务[J].人民日报,2023-03-06:1.
③ 习近平.高举中国特色社会主义伟大旗帜 为全面建设社会主义现代化国家而团结奋斗——在中国共产党第二十次全国代表大会上的报告[N].人民日报,2022-10-26:1.
④ 马克思,恩格斯.马克思恩格斯文集(第1卷)[M].北京:人民出版社,2009:4,560.

课题。坚持党的领导,坚持正确的发展观、现代化观、政绩观,坚持人民至上,坚持以创新为核心,是指标体系构建需要把握的原则,也是对新质生产力何以可能与何以可为的现实回应。

第一,坚持党的领导。一方面,党的领导是中国特色社会主义制度的最大优势。马克思主义认为,"在实践方面,共产党人是各国工人政党中最坚决的、始终起推动作用的部分;在理论方面,他们胜过其余无产阶级群众的地方在于他们了解无产阶级运动的条件、进程和一般结果"[①]。发展是党执政兴国的第一要务,正是在中国共产党的全面领导下,全国人民团结奋斗,书写了经济快速发展和社会长期稳定两大奇迹的新篇章。另一方面,发展先进生产力是中国共产党的使命要求。《共产党宣言》中提出,"共产党人强调和坚持整个无产阶级共同的不分民族的利益,另一方面,在无产阶级和资产阶级的斗争所经历的各个发展阶段上,共产党人始终代表整个运动的利益"[②]。习近平总书记也指出,要"切实增强做好经济工作的责任感使命感"[③]。经济建设是党的中心工作,可以确保我国经济沿着正确的方向发展。只有坚持党的领导,才能保证新质生产力的评价目标、基本要求和发展方向。

第二,坚持正确的发展观、现代化观、政绩观。习近平总书记指出,"只有坚持以人民为中心的发展思想,坚持发展为了人民、发展依靠人民、发展成果由人民共享,才会有正确的发展观、现代化观"[④]。新质生产力的形成完全契合"科技向善,科技为民"的理念,为满足人民美好生活需要和高质量发展提供条件,通过"质"与"量"的提升,产生巨大的增量效益,为实现更高质量、更高效率、更加公平、更可持续的发展提供动能,为实现以人民为中心的发展和共同富裕奠定物质基础。随着新质生产力的不断形成和发展,相应的生产关系也会发生变化,一方面是对收入分配关系的调整,使科技创新参与收入分配,以数字化、智

---

① 马克思,恩格斯.马克思恩格斯文集(第2卷)[M].北京:人民出版社,2009:36,44.
② 马克思,恩格斯.马克思恩格斯文集(第2卷)[M].北京:人民出版社,2009:36,44.
③ 中央经济工作会议在北京举行[N].人民日报,2023-12-13:1.
④ 习近平.把握新发展阶段,贯彻新发展理念,构建新发展格局[J].求是,2021(9):11—12.

能化、网络化的方式实现分配过程的机会均等和过程公平,有力地推动实现共享发展;另一方面则是创造丰富、高质量的消费资料和生产资料,使得劳动手段、劳动对象不断升级,劳动者的素质和能力也得到了不断提升,为满足人民日益增长的美好生活需要创造条件。正确的政绩观是正确的发展观、现代化观的思想前提和行动保障。习近平总书记强调,领导干部要树牢造福人民的政绩观,而坚持高质量发展要成为领导干部政绩观的重要内容。①

第三,坚持人民至上。生产力的发展与人的本质发展有关,马克思主义设想的未来社会是每个人自由而全面发展的社会,实现人的全面发展是新质生产力发展的最终目标指向。毛泽东曾指出"自然科学是人们争取自由的一种武装"②。新质生产力指标体系的构建是满足人民美好生活需要和人民至上理念在社会发展中的重要体现。形成新质生产力实现高质量发展,就要在为人民创造高品质生活上实现更大突破。习近平总书记强调,"必须以满足人民日益增长的美好生活需要为出发点和落脚点,把发展成果不断转化为生活品质,不断增强人民群众的获得感、幸福感、安全感"③,以新质生产力、新型生产关系和社会教育为人的发展提供充分的外部条件。

第四,坚持以创新为核心。党的十八大以来,提升原始创新能力的作用日益凸显。根据《国家创新指数报告2022—2023》的数据,至2023年,中国创新能力综合排名世界第十,向创新型国家前列进一步迈进。从中国自身创新发展情况来看,2018—2022年这五年,中国创新指数已经上升31.9,至2022年已经达到155.7。新质生产力的形成,关键在于科技创新。科学技术通过将各个先进要素运用于生产过程,转化为实际生产能力,引发产业革命和生产力的巨大发展。因此,必须把发展基点放在创新上,坚持创新在现代化建设全局中的核心地位,坚持高水平科技自立自强,完善党中央对科技工作全面领导的体制机制,

---

① 巩固拓展主题教育成果 为强国建设民族复兴伟业汇聚强大力量[N].人民日报,2023-12-23:1.
② 毛泽东.毛泽东文集(第2卷)[M].北京:人民出版社,1993:269.
③ 陈凌.牢牢把握高质量发展这个首要任务[N].新华每日电讯,2023-03-06:4.

健全新型举国体制,形成促进创新的体制架构,塑造更多依靠创新驱动、更多发挥先发优势的引领型发展,增强国家创新体系的整体效能。

(四)探索历程:走向公平与效率高度统一的中国式现代化

构建新质生产力的指标体系,适应我国新发展阶段变化的战略新定位,就是要围绕中国式现代化的宏大实践谋划生产力的相关布局。从发展历程来看,新质生产力的形成与发展具有历史必然性,是顺应经济社会发展条件、发展目标、发展任务、发展阶段变化的创新发展。

新中国成立初期,面对"落后就要挨打"的压力和社会主义建设的困难,中国共产党人发出了"向科学进军"的号召。在内部生产力落后、外部技术封锁的严峻环境下,毛泽东提出了"独立自主,自力更生"的发展路线。改革开放以后,邓小平提出科学技术是第一生产力,也强调了"科学技术是关键,基础是教育"。1995年,中国共产党在分析国内建设需要和国际经济与科技发展趋势的基础上,提出了"科教兴国"战略,这对于科技创新自主能力的提升和实现跨越式发展具有重要意义。新世纪新阶段全面建设小康社会的历史进程,也正处于我国发展关键期、改革攻坚期和矛盾凸显期,中国共产党人对发展有了更深刻的认识,强调以人为本,全面、协调、可持续,统筹城乡、区域协调发展的科学发展观,正是在这新的历史起点上推进中国特色社会主义事业过程的结果。此后,随着中国特色社会主义进入新时代,中国经济由高速增长阶段转向高质量发展阶段,国际形势日益复杂化,人口老龄化问题、气候变化、环境污染等挑战逐渐呈现。面对科学技术发展所面临的"卡脖子"难题,中央明确提出了以高水平科技自立自强为主要目标的发展方向。

构建新质生产力的指标体系需要立足新发展阶段、贯彻新发展理念、构建新发展格局,明晰走向公平与效率的发展历程,更好地把握新质生产力推动中国式现代化发展的动力机制。我国生产力是在实践中发展,更是在斗争中成熟起来的。作为马克思所言的"新社会的因素",科技创新不断发展形成的道路,也是在社会主义实践过程中逐渐从技术封锁中突围的道路,这与新中国成立初期突破外部世界的封锁,改革开放过程中屡次逆势而上、开放创新的姿态具有同样重大的历史意义。从"绿水青山就是金山银山"的发展理念到碳中和、碳达峰的发展目标的发展,也意味着整个经济流程的再造。从共享经济的新业态新模式到共同富裕背景下新质生产力的提出,为公平效率之辩增添了更为丰富的理论内涵和更为深刻的现实意义。

三、新质生产力指标体系构建的初步设计

由低级到高级不断演化发展的社会生产力,推动着人类社会形态的持续更迭。经过手工生产时代、大机器生产时代到智能化生产时代,体现了生产力发展的知识化、智能化演化规律。[①] 在马克思看来,新的生产力是新社会的物质条件。新质生产力的发展是系统性、革命性的变革,主要涉及劳动力、劳动资料和劳动对象三大实体性要素,以及科技、管理和教育这三大渗透性要素。其中,人的科技劳动具有引领生产力发展的决定性功效,由自然环境构成的自然力应与劳动力和科技力相协调。[②]"社会关系和生产力密切相连。随着新生产力的获得,人们改变自己的生产方式,随着生产方式即谋生的方式的改变,人们也就会改变自己的一切社会关系。"[③]通过教育、科技、管理等培育形成的高素质劳动者、高质量劳动资料、新介质劳动对象组合优化,实现全新生产要素、全新制造技术、全新生产工具、全新产品和用途的颠覆性创新,就会推动新技术、新产业、新模式、新领域的创新发展,形成新质生产力,如信息技术产业、新能源产业、生态与环保产业等均是观念、理论、技术等方面颠覆性创新的结果。这也为重塑人类社会新的劳动方式、生产组织方式、社会组织运行架构和社会制度体系提供动能,从而形成新型生产关系(见图1)。

在产业智能化、信息化、绿色化转型升级的背景下,"坚持创新驱动发展,加快迈向价值链中高端;加快数字技术赋能,全面推动智能制造;强化绿色低碳发

[①] 刘启春,陈建华.论知识在生产力结构中地位的演变及其辩证关系[J].江汉论坛,2016(3):52—56.

[②] 程恩富.进一步丰富和发展马克思主义关于生产力和生产关系的思想[N].经济日报,2018-05-10:13.

[③] 马克思,恩格斯.马克思恩格斯文集(第1卷)[M].北京:人民出版社,2009:602.

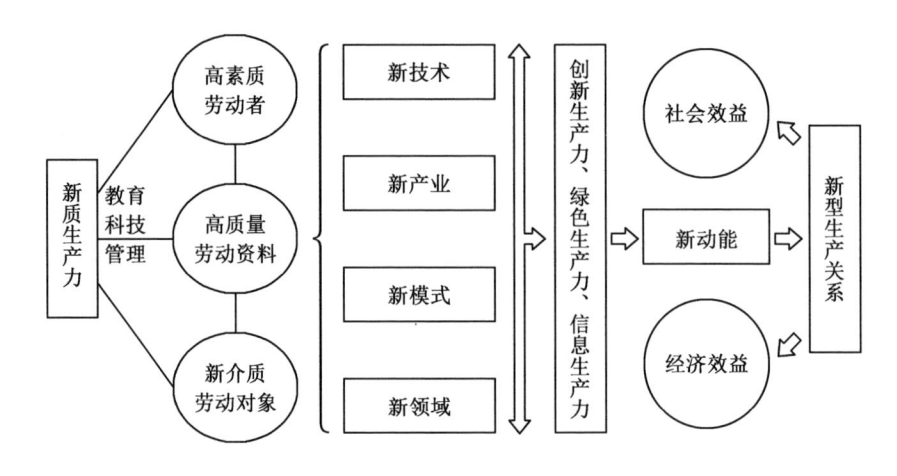

图 1　新质生产力形成过程的初步构思

展,深入实施节能降碳改造"①,是建设战略性新兴产业和未来产业的重要条件,为形成新质生产力提供了科技基础。"通过大力发展创新生产力、加快绿色生产力建设等,提高生产力质量,将致力于创新生产方式,优化经济结构,调整制度供给,平衡生态环境,从而加快中国经济、社会、生态朝向高质量发展。"②因此,本文根据中国式现代化的本质要求,遵循习近平总书记对新质生产力及创新驱动发展战略、实现科技高水平自立自强等方面的相关重要论述,我们可以通过对新质生产力理论内涵、时代要求和现实国情的认识,初步构建一个评价指标体系。指标设计立足于贯彻新发展理念,引入历史维度和世界眼光把握国家战略需求,既包含探求现实国情的中国创新水平指数,又包含立足于时代发展的国际科研合作指数。既包含对高素质劳动者的要求,又加强了对高质量生产资料投入的关注。指标体系在强调创新的同时,也加强了绿色发展、对外开放与共享合作的部分,使科技创新成为发展的新动能,以此更好地丰富和保障人的自由全面发展。新质生产力指标体系构建,以"十四五"规划以及相关科技发

---

① 八部门推动传统制造业加快转型升级[N].光明日报,2023-12-31:2.
② 任保平,等.中国经济增长质量发展报告 2020:新中国 70 年经济增长质量的总结与展望[M].北京:中国经济出版社,2020:97.

展的成果和数据为参考,选用源于《中国统计年鉴》以及政府公布的数据指标,以表达要素层主要方面和特征,反映发展规律,贴近发展实际,突显关键性要素的作用,通过准则层的系统分析和指标层的测度,经过筛选最后构建了3个准则层、12个要素层、31个指标层(见表1),继而,运用层次分析法AHP为信息生产力、绿色生产力、创新生产力的指标要素赋权重,结果显示,信息生产力的权重为35.75%,绿色生产力的权重为7.51%,创新生产力的权重为56.74%。

表1 新质生产力指标体系初步构建

准则层	要素层	指标层
新质生产力		
信息生产力	投入水平	计算机、通信和其他电子设备制造业企业单位数与科学研究和技术服务业单位数(个)
		计算机、通信和其他电子设备制造业能源消耗量(万吨)
		人均信息传输、软件和信息技术服务业固定资产投资额(元)
	发展能力	计算机、通信和其他电子设备制造业新产品开发项目(项)
		信息传输、软件和信息技术服务业从业人数占城镇单位总就业人员数百分比(%)
	经济产出水平	计算机、通信和其他电子设备制造业新产品销售收入(万元)
		软件和信息技术服务业务收入(亿元)
	社会效益	移动互联网接入流量(万GB)
		互联网普及率(%)
绿色生产力	可持续发展能力	无害化生活垃圾处理率(%)
		能源加工转换效率(%)
	资源消耗水平	废弃资源综合利用业能源消耗量(万吨)
		万元国内生产总值能源消费量(吨标准煤/万元)
	生态治理能力	环境保护、生态建设及污染防止市场成交合同金额(万元)
		"双碳"战略完成度

准则层	要素层	指标层
新质生产力	"创新"生产力	创新投入	科学研究与开发机构数(个)
			R&D 经费投入(亿元)
			R&D 项目(课题)数(项)
			高技术产业(制造业)R&D 机构数(个)
		现代化教育水平	R&D 人员全时当量(人)
			劳动力高等教育人口数量(人)
		创新能力	专利授权数量(件)
			发表科技论文数量(篇)
			中国创新指数
			自主产品创新率(%)
		创新产出	高技术产业利润总额占比(%)
			技术市场成交额(亿元)
			规模以上工业企业新产品销售收入(亿元)
			规模以上工业企业 R&D 经费支出与营业收入之比(%)
		开放合作水平	国际科研合作指数(%)
			国际科研合作平台数量(个)

信息生产力是指信息劳动者通过信息技术手段作为生产工具作用于劳动对象,从而获得信息资料产品,以推动经济发展和社会进步的实际力量。① 为进一步实现新质生产力发展水平,提高高质量劳动资料和新介质劳动对象的质量,选取指标紧扣数字化转型等重要时代特征。其中,计算机、通信和其他电子设备制造业企业单位数与科学研究和技术服务业单位数,计算机、通信和其他电子设备制造业能源消耗量,人均信息传输、软件和信息技术服务业固定资产投资额计算机这些指标直观反映投入水平。计算机、通信和其他电子设备制造业新产品开发项目,信息传输、软件和信息技术服务业从业人数占城镇单位总就业人员数百分比体现了现有水平和发展潜力。计算机、通信和其他电子设备

---

① 陈小磊."两化"融合背景下信息生产力水平评价指标体系构建及测度研究[D].南京大学博士学位论文,2020:47.

制造业新产品开发项目,计算机、通信和其他电子设备制造业新产品销售收入、软件和信息技术服务业务收入的具体指标也体现了信息、数据推动经济发展的程度。新质生产力对于实现协调发展、共享发展具有重要意义,在社会效益方面,从互联网普及率和全国移动互联网接入流量两个角度考虑,着重强调了信息技术水平在人民社会生活中的重要地位。

党的二十大报告指出,必须牢固树立"绿水青山就是金山银山"的理念,站在人与自然和谐共生的高度谋划发展。同时,还对"积极稳妥推进碳达峰碳中和"做出部署,构建双碳"1+N"政策体系。习近平总书记强调,"保护生态环境就是保护生产力,改善生态环境就是发展生产力"[1],"新质生产力本身就是绿色生产力"[2]。绿色生产力是生态化的生产力和生产力的生态化相统一的可持续生产力,通过绿色创新技术和先进绿色技术推广应用绿色制造业、服务业、能源产业和低碳产业,构建绿色循环经济体系,以实现生态效益、经济效益和社会效益的统一。因此,绿色生产力的要素层构建涵盖可持续发展能力、资源消耗水平、生态治理能力等方面。以无害化生活垃圾处理率、能源加工转换效率来表示可持续发展能力。废弃资源综合利用业能源消耗量、万元国内生产总值能源消费量来考察资源消耗水平。环境保护、生态建设及污染防治市场成交合同金额与"双碳"战略完成度彰显生态治理能力和治理水平。这些指标紧紧围绕绿色发展理念,具有深厚的人文关怀和明确的政策导向。

创新生产力是指以创新驱动,以知识、科技、智能化等要素转化推动社会发展的生产力。此处创新生产力作用于创新成果转化,创新发展方式,推进产业结构优化升级,完善创新人才机制。因而,指标体系中创新生产力围绕创新投入、现代化教育水平、创新能力、创新产出、开放合作水平展开。创新投入水平选取科学研究与开发机构数、R&D经费投入、R&D项目(课题)数、高技术产业(制造业)R&D机构数作为指标来刻画。现代化教育水平通过R&D人员全时

---

[1] 中共中央关于党的百年奋斗重大成就和历史经验的决议[N]. 人民日报,2021-11-17:1.
[2] 加快发展新质生产力 扎实推进高质量发展[N]. 人民日报,2024-02-02:1.

当量、劳动力高等教育人口数量来衡量,以明晰高素质科技劳动者的发展程度。以国际科研合作指数、国际科研合作平台数量来凸显创新发展的开放水平,表明科技创新合作的效率。创新能力用专利授权数量、发表科技论文数量、自主产品创新率、中国创新指数来表征。以技术市场成交额、规模以上工业企业新产品销售收入、规模以上工业企业R&D经费支出与营业收入之比、高技术产业利润总额占比等来审视创新发展的经济效益、社会效益和创新发展的目标结果。

四、结语与讨论

在当前百年未有之大变局加速演变、破解"卡脖子"难题依然任重道远的形势下,如果不快速提升科技自主创新能力,这块短板就可能成为我们未来发展的"阿喀琉斯之踵"。继续简单的技术复制和安于产业链的中低端化,对于建设社会主义现代化强国而言无疑是"水中月,镜中花"。我国当前正处于推动高质量发展的关键时期,要素的规模驱动力明显减弱,依靠创新取得的内涵式增长贡献日益凸显,唯有坚持新发展理念,加快形成新质生产力,加快构建新质生产力的评价指标体系,推动新技术、新产业、新模式、新领域的发展,才有望引导各级政府部门在正确政绩观的驱动下,产生科技创新重大突破并加以应用以重塑经济结构,使产业和经济竞争的赛场发生根本性转换。正如库恩所指出的,"范式一改变,这世界本身也随之改变了"[1]。新质生产力正势不可挡地成为社会范式转变的重要内容,也由此成为国家核心竞争力提升的关键要素。

现阶段,面临新质生产力培育环境存在的薄弱环节、新型劳动者素质亟待提升等一系列问题。着眼于未来,必须抓住创新这个"牛鼻子",促进高等教育高质量发展,强化人才队伍建设,激活全社会创新活力。充分发展新质生产力各要素的功能,推动创新链、产业链、资金链、人才链深度融合,促进科技成果向

---

[1] [美]托马斯·库恩.科学革命的结构[M].金吾伦,胡新和,译.北京:北京大学出版社,2003:101.

现实生产力转化。将"科技是第一生产力、人才是第一资源、创新是第一动力"①这三个"第一"更好地统一起来,为高质量发展提供战略性支撑。

第一,促进高等教育高质量发展,强化新型人才队伍建设。世界进入第四次科技革命,科学研究范式发生深刻变革,科学技术和经济社会发展加速渗透融合,国际科技竞争向基础前沿前移。② 促进高等教育高质量发展,是实现高水平自立自强的迫切要求。首先,人才是推动新质生产力形成的主体性力量,只有培育"高尖精缺"关键核心技术人才和高素质技能人才,才能增强驾驭新质生产力的能力。其次,坚持党对人才工作的全面领导作为根本保证,把培育胸怀"国之大者"的科技人才作为重要内容,完善科技人才评价体系和长周期支持机制,构建符合基础研究规律和人才成长规律的评价机制。最后,积极融入新型举国体制,畅通教育、科技、人才的良性循环,推动产学研一体化有机融合,提升人才培养和学术研究水平。强化基础教育的前瞻性、战略性、系统性布局,突出原创,鼓励自由探索,实现基础性技术攻关,推动科技成果向行业渗透,向现实生产力加速转化。

第二,充分发挥新质生产力各要素的功能。新质生产力是一个各要素相互协作的有机系统,需要把握好生产力要素论与现代系统论。③ 习近平总书记曾指出,"我们要通过深化改革,让一切劳动、知识、技术、管理、资本等要素的活力竞相迸发,让一切创造社会财富的源泉充分涌流"④。要素对于生产力发展的推动作用不可替代。当前,新一轮科技革命和产业变革正在重构全球创新版图,技术创新成为生产力发展的主要驱动因素。要健全要素参与收入分配机制,激发知识、技术、数据等生产要素的创新活力。利用好国际国内两个市场大循环,整合科技创新资源和当前具备的产业基础,提升新材料、新技术和数据资源等

---

① 习近平.高举中国特色社会主义伟大旗帜 为全面建设社会主义现代化国家而团结奋斗——在中国共产党第二十次全国代表大会上的报告[N].人民日报,2022-10-26:1.
② 习近平.加强基础研究实现高水平科技自立自强[J].求是,2023(15):4-9.
③ 郑积源.现代生产力系统指标体系的探讨[J].科学·经济·社会,1989(5):285-289.
④ 习近平.习近平谈治国理政[M].北京:外文出版社,2014:93.

各个先进要素的质量和配置效率，使新质生产力的各个要素功能效用充分发挥，引导先进要素向新产业聚集，形成充分发展的新质生产力，激发创新创业活力，释放新需求，创造新供给，推动产业链再造和价值链再生，推动新技术、新产业、新业态蓬勃发展。

第三，积极培育新质生产力发展的生长土壤，激发全社会创新活力。形成与发展新质生产力，需要努力构建稳定和完善的创新环境和发展格局，统筹发展与安全，在发展中防范化解各种风险挑战，推动科技创新不断突破地域、组织和技术等的限制。一方面，积极创造高水平科技成果所需要的良好外部环境，塑造有利于基础研究的创新生态，需要发挥政府的力量，在政策保障上持续发力，建立健全社会制度、科研体制、学术氛围和价值评价，积极排除阻碍科技创新的体制机制障碍，强化企业科技创新主体地位，激发社会创新活力。另一方面，扩大高水平对外开放，以全球视野加强国际科研合作和开放式创新，利用好世界科技发展的创新资源。积极探索与数字经济相适应的金融形式和模式，推动金融更好地服务于科技创新。保护知识产权，研判未来规则冲突、社会风险、伦理挑战等，完善相关法律法规、伦理审查规则及监管框架。

与传统生产力相比较，以颠覆性创新为基础的新质生产力更加注重科学技术、经济组织和制度文化的发展，更加注重创新发展的客观环境，更加注重战略科技力量布局的体系化，更加注重科技、产业、社会的协调作用，更加平衡充分地实现"科技作为第一生产力"的发展。在全球化不断深入的背景下，把新质生产力作为一种内在要素融入中国式现代化发展的全过程、融入自觉把握世界历史进程的宏大实践，从而把握历史主动，开辟发展的新赛道。新质生产力的形成与发展，必将在全面建成社会主义现代化强国的伟大征途和实现中华民族伟大复兴的实践中，推动新的产业革命、技术革命，以新的生产力跃迁奠定民族复兴伟业的坚实根基。

（本文刊载于《教学与研究》2024年第4期）

第三篇

生产关系

　　发展新质生产力,必须进一步全面深化改革,形成与之相适应的新型生产关系。要深化经济体制、科技体制等改革,着力打通束缚新质生产力发展的堵点卡点,建立高标准市场体系,创新生产要素配置方式,让各类先进优质生产要素向发展新质生产力顺畅流动。

　　——习近平:《发展新质生产力是推动高质量发展的内在要求和重要着力点》,《求是》2024 年第 11 期

第七章　推动新质生产力的营商环境优化研究

政府补贴能否提升企业新质生产力？
——来自中国上市公司的经验证据

一、引言

在新发展阶段，培育新质生产力成为当前我国企业的关键任务（黄群慧和盛方富，2024）。习近平总书记2023年9月上旬在黑龙江考察时首次提出"新质生产力"这一崭新概念，指出"整合科技创新资源，引领发展战略性新兴产业和未来产业，加快形成新质生产力"。[①] 在全面建设社会主义现代化国家新征程中，企业是我国科技创新和产业发展的微观主体，承载着经济高质量发展的重要使命（程恩富和陈健，2023；刘志彪等，2023）。面对百年未有之大变局和人民日益增长的美好生活需要，企业应全面贯彻新发展理念，以科技创新为引领，开展数字化、智能化、绿色化转型升级，加快形成新质生产力。而在社会主义市场经济体制下，助力企业培育新质生产力，政府责无旁贷。如何培育企业新质生产力成为新发展阶段面临的重要现实问题，也是学术界讨论的热点。

基金项目：中央高校基本科研业务费专项资金资助上海财经大学研究生创新基金"美国产业补贴对美中供应链关系的影响研究"（CXJJ-2022-406）；中央高校基本科研业务费专项资金资助上海财经大学研究生创新基金"数字乡村建设与农民创业活跃度研究"（CXJJ-2022-405）。

本文作者简介：彭珮，上海财经大学商学院博士研究生；孙孟子，上海财经大学商学院博士研究生；陈勤旭，西南财经大学工商管理学院本科生。

[①] 新华网. 第一观察 | 习近平总书记首次提到"新质生产力"[EB/OL]. (2023-09-10)[2024-2-1]. http://www.news.cn/politics/leaders/2023/09/10/c_1129855743.htm.

对于如何发展企业新质生产力,现有文献分别从理论和实证上进行了深入研究。学术界在理论上形成了以下共识:其一,加快金融改革,优化金融供给结构,为企业培育新质生产力持续"供血"(杨广越,2024);其二,加强政府和市场协同,打造高水平服务型政府,增强营商环境对企业培育新质生产力的赋能作用(周文和许凌云,2024);其三,因地制宜加快现代产业体系构建,完善产业配套设施,为企业培育新质生产力筑牢产业基础(黄群慧和盛方富,2024)。在有关企业新质生产力的实证研究上,部分学者从金融集聚(任宇新等,2024)、ESG战略(宋佳等,2024)、供应链数字化(李长英和王曼,2024)和企业数字化转型(赵国庆和李俊廷,2024)等产业环境和企业战略角度实证检验了企业新质生产力的影响因素。综合来看,目前有关新质生产力的研究还有待进一步拓展。

在社会主义市场经济中,"有为政府"和"有效市场"是相辅相成的。提高企业新质生产力要在尊重市场规律的基础上,发挥政府在引导和激励企业创新、促进企业全要素生产率提升中的积极作用(赵斌等,2024)。以财政补贴为代表的政府转移支付属于政府宏观调控措施中的经济手段,科学合理的补贴政策对于培育企业新质生产力具有重要意义。企业新质生产力的形成,不仅需要企业自身变革经营思维,探索数字化、智能化、绿色化转型升级路径,而且需要政府在财税政策上予以扶持。创新是国家经济增长和产业结构转型的重要支撑,为了帮助企业提升新质生产力,我国政府在不断扩大补贴的范围。CSMAR 数据库显示,2022 年我国约有 77% 的上市企业受到政府补贴,政府补贴对上市企业的重要性不言而喻。由此可见,研究政府补贴对企业新质生产力影响及其作用机制具有十分重要的理论和现实意义。

尽管已有理论研究探讨政府在提升新质生产力中的作用,但目前尚未有实证研究就政府补贴政策对新质生产力的影响做进一步探讨。企业新质生产力的形成需要政府的引导和支持。政府补贴是最常用的政策工具之一,合理补贴不仅为企业纾困解难,而且能增强企业高质量发展动力,培育企业新质生产力。因此,本文的核心研究问题是:政府补贴能否提升企业新质生产力?其中的机制是什么?本文采用 2011—2022 年中国上市公司面板数据,实证检验了政府补贴对企业新质生产力的影响作用及其机制。研究发现,政府补贴促进了企业新质生产力提升,该结论在一系列稳健性检验后仍然成立。机制检验表示,政府补贴主要通过缓解企业内外部融资约束,推动企业数字化转型和绿色创新,进而提升了企业新质生产力。异质性分析表明,政府补贴主要在市场化程度和数字基础设施水平高的地区对企业新质生产力产生积极影响;相对于重污染企业和国有企业,政府补贴的积极作用也主要体现在非重污染企业和民营企业中。

本文研究贡献在于,第一,实证检验了政府补贴对新质生产力的影响作用,丰富了新质生产力影响因素的量化研究。已有文献关于新质生产力的研究主要集中于理论分析,少量文献从 ESG 和数字经济发展视角探讨了新质生产力的影响因素。本文从政府支持的角度,考察了政府补贴对企业新质生产力培育的重要意义。第二,厘清了政府补贴影响企业新质生产力的内在机制。政府补贴一方面从融资纾困上为企业培育新质生产力提供帮助,另一方面加快了企业内部升级和科技创新,尤其是数字化转型和绿色创新的进程。第三,为政府培育企业新质生产力提供了政策参考,也为企业发展新质生产力提供了经验证据,具有极强的理论和现实意义。本文明确了政府补贴对企业新质生产力的影响作用的边界条件,即从市场化水平的"软"环境和数字基础设施完善程度的"硬"环境两个角度,讨论了政府补贴促进企业新质生产力提升的情境因素。有为政府和有效市场有机结合的营商环境是促进企业培育新质生产力的必要条件。政府对营商环境的优化既要重视"软"环境的改善,发挥市场配置资源的优势,又要加快建设"硬件"配套设施,尤其是数字基础设施的完善。

二、文献回顾与研究假设

(一)新质生产力文献回顾

中共中央政治局第十一次集体学习中,习近平总书记阐释了新质生产力的核心概念,提出了新质生产力的理论框架。习近平总书记指出新质生产力是创新起主导作用、摆脱传统经济增长方式、生产力发展路径,具有高科技、高效能、高质量特征,符合新发展理念的先进生产力质态。新质生产力由技术革命性突破、生产要素创新性配置、产业深度转型升级而催生,以劳动者、劳动资料、劳动对象及其优化组合的跃升为基本内涵,以全要素生产率大幅提升为核心标志,特点是创新,关键在质优,本质是先进生产力。[①] 习近平总书记提出的新质生产力理论,指明了中国企业未来发展方向,为中国企业培育新质生产力和实现高质量发展提供了指导。企业培育新质生产力,要以科技创新为主要抓手,实现核心技术的突破,将数智化技术融入企业经营管理过程,形成新的生产力形态,提高企业竞争力(高帆,2023)。

培育企业新质生产力是企业高质量发展的题中之义。关于企业高质量发展的文献比较丰富,已有研究从营商环境改善(黄速建等,2018;周泽将等,2022)、政策试点(王贞洁和王惠,2022;沈坤荣等,2023)、以及金融科技发展(康艳玲等,2023)等外部环境视角和数字化转型(武常岐等,2022),以及数字技术创新(黄勃等,2023)、社会资本(林志帆和龙小宁,2021)、董事会结构(王治和谭欢,2023)等企业内部管理视角讨论了企业高质量发展的影响因素。另外,企业全要素生产率、绿色全要素生产率、企业创新等问题是企业高质量发展研究的热点,得到了学术界的广泛关注。但是,学术界对于企业新质生产力的研究尚处于起步阶段。本文认为,新质生产力不同于传统的全要素生产率和企业创新。企业新质生产力是企业在科技创新驱动下,将新一代引领性技术与企业劳动者深度融合,以更高效率产出符合新发展理念的高质量产品和服务的能力(宋佳等,2024;赵斌等,2024)。传统的全要素生产率虽然强调了投入产出效率,但是忽视了数字技术在企业生产中的作用。在有关新质生产力的影响因素研究上,已有文献指出,金融集聚(任宇新等,2024)、ESG战略(宋佳等,2024)和企业数字化转型(赵国庆和李俊廷,2024)能促进企业新质生产力提升,从产业结构和企业战略上讨论了企业新质生产力提升的前因,对如何培育企业新质生产力提供了一定的经验证据。

---

① 加快发展新质生产力 扎实推进高质量发展[N].人民日报,2024-02-02:1.

企业培育新质生产力需要政府的合理引导和支持,但新质生产力相关研究还有待进一步完善。关于企业新质生产力的形成和提升,已有文献主要从市场逻辑的角度研究影响企业新质生产力的因素,相对忽视了政府在社会主义市场经济中的地位。政府补贴是调节企业经济行为、影响企业发展的重要政策工具,因此,应当进一步探讨政府补贴对提高企业新质生产力的作用及内在机制,从政策视角完善企业新质生产力的影响因素研究。

(二)政府补贴文献回顾

根据制度经济学原理,合理的制度及其实施方针是影响经济高质量发展的关键因素。政府补贴作为一项重要的政策工具,是正式制度的具体表现形式。目前学界就补贴政策对企业发展的影响问题主要形成了促进论、抑制论和非线性论三种观点。

持促进论的学者认为,一方面,政府补贴可以增加企业收益、降低融资约束程度,为企业开展研发创新提供资金支持(施炳展和邵文波,2014;张洋,2017);另一方面,政府补助是政府为了实现某些特定目标而采取的政策(聂辉华等,2022),代表着政府宏观调控的重点方向,是企业观察市场发展趋势的风向标,进而能够引导企业的行为。大量文献表明政府补贴对企业发展起到了支持作用,如推动企业创新(张杰等,2015;毛其淋和许家云,2015)、增加企业出口(Görg等,2008;张杰和郑文平,2015)、扩大企业投资(McRae,2015;Chor,2009)、增加研发投入(卫舒羽和肖鹏,2021)、促进产业链协同(余典范等,2022)等。

持抑制论观点的学者认为,政府补贴会带来不利的影响(周世民等,2014;Helmers和Trofimenko,2010)。尽管政府补贴能够在一定程度上对企业的发展起到纾困赋能作用,但是政府补贴存在"双刃剑"效应。由于补贴总金额有限,那些能够更早获得相关补贴信息的企业最后获得补贴的概率往往更高,正是企业与政府的联系紧密程度决定了企业获得补贴信息的途径和及时程度。在企业加强与政府联系的时候,很容易产生官员的权力寻租现象(Helmers和Trofimenko,2010)。

非线性论的观点则认为,在考虑补贴的影响时应当进一步区分补贴区间

(毛其淋和许家云,2015)、补贴区域(张杰等,2015)和补贴类型(黄先海和谢璐,2007)等。在补贴类型的异质性研究上,现有研究重点关注研发补贴。Kleer(2010)发现研发补贴可以降低企业的研发成本,促使企业更为积极地进行研发活动,此外,研发补贴还向市场发送了信号,促使受补贴企业获得更多外部投资者的青睐。袁军等(2022)发现研发补贴会显著促进企业创新,但研发补贴集中度会抑制企业创新,企业获得的研发补贴集中度越高,越不利于企业研发创新。

尽管现有文献详细论证了政府补贴对企业发展的影响作用并形成了一系列观点,但是面对企业新质生产力这一新问题,已有文献已不足以解释政府补贴和企业新质生产力的关系。企业新质生产力形成的关键环节在于数智化和绿色化转型,政府应当使用经济政策激励企业进行数字化和绿色化转型,并且弥补企业在转型升级中所耗费的成本。然而,学术界并未从理论和实证上解释政府补贴对企业新质生产力的影响作用及机制,未能论证政府补贴如何赋能企业新质生产力形成的关键环节。

(三)政府补贴对企业新质生产力的影响

政府补贴是企业创新和高质量发展的助燃剂(吴绪成等,2023)。有为政府是推动市场经济健康发展、企业可持续成长的重要保障。用符合市场规律的经济手段调节企业行为,是促进企业健康发展的有效措施。以财政补贴为代表的转移支付属于政府宏观调控手段中的经济手段,也是政府向市场发出的政策信号。政府补助一方面起着物质支持作用,另一方面也起着引导企业注意力的作用(毛其淋和许家云,2015)。首先,政府补贴给予企业更多的研发资金用于技术创新,提高企业全要素生产率。政府补贴有利于企业进行产品和服务创新,获得良好的竞争优势和利润水平。另外,政府补贴为企业引进创新人才提供了物质支持,有利于改善企业人力资源结构,提高人力资本水平。其次,接受政府补贴的企业往往在政府期望压力下加快科技创新。政府补助往往带有政府的政策导向和预期,获得补助的企业则需要满足政府的一系列要求,否则企业将失去来自政府的合法性。在现行的政府补贴审计和验收制度下,政府会审核受补贴企业的资金使用情况,评估补贴的实际效果(应千伟和何思怡,2022),由此约束了企业违规使用政府补贴的行为。企业为了满足政府要求，在未来能够持续获得政府补贴和支持，倾向于通过加大研发投入、改进生产设备、降低污染排放和布局投资新产业等方式使用政府补贴，以满足监管要求并获得政府认可，这客观上促进企业将政府补贴合理地用于科技创新领域，加快企业新质生产力培育。因此，本文提出以下假设：

假设1：政府补贴促进企业新质生产力提升。

(四)政府补贴对企业新质生产力的影响机制

政府补贴直接和间接缓解了企业融资约束。首先，政府补贴是一种经济激励措施，获得补助的企业在财务上的自由度更高。政府补贴直接进入企业现金流，提升了企业财务收入，为举债经营的企业缓解了资金紧张问题(唐清泉和罗党论，2007；任曙明和吕镯，2014)。其次，获得政府补贴的企业更容易获得其他融资。根据信号传递理论，政府补贴向市场传递一种信号，即获得补贴的企业得到了政府认可(郭玥，2018)。这种信号帮助外部投资者识别政府政策动向和具有高发展潜力的企业，从而为企业提供更多的外部融资。政府补贴作为一种信用背书，吸引资本市场上向被补贴企业投资，从而缓解企业融资约束。充足的现金流为企业开展技术研发创新、引进人才、更新和升级生产设备提供了坚实的物质基础。因此，本文提出以下假设：

假设2：政府补贴通过缓解企业内外部融资约束提升企业新质生产力。

政府补贴加快了企业数字化转型进程。新质生产力概念提出后，政府将对数字经济投入更多资源，并积极引导企业数字化转型。数字化转型一方面需要资金投入，另一方面需要企业战略部门的顶层设计(戚聿东和肖旭，2020)。政府补贴为企业吸引数字化人才、引进数字设备和技术提供了更充足的现金流(余典范等，2022)，有利于企业为数字化转型积累人才和储备技术。政府补贴代表着政府对企业的认可，这增强了企业高管在数字化转型上的信心，促进企业高管更坚定地推动企业数字化转型。因此，本文提出以下假设：

假设3：政府补贴通过促进企业数字化转型提升企业新质生产力。

政府补贴推动了企业绿色创新。政府补贴填补了企业在绿色研发中的资金缺口,引导企业绿色技术创新的方向,有利于提高企业绿色创新效率(张铂晨和赵树宽,2022)。政府补贴代表着政府对企业减排的期望和要求,这形成了企业绿色创新的外部制度压力(Huang等,2020),这种来自政府的规制压力促使企业通过绿色创新的方式改进生产技术、减少污染排放以获得政府认可。环境补助弥补了企业因减排带来的经济损失,保护并调动了企业减少污染排放和资源消耗的积极性,因此有利于促进企业减排和降低资源消耗(贺勇等,2022)。因此,本文提出以下假设:

假设4:政府补贴通过推动企业绿色技术创新提升企业新质生产力。

三、研究设计

(一)样本与数据来源

本文选用2011—2022年中国A股上市公司数据探究政府补贴对企业新质生产力的影响作用,并对数据进行如下处理:(1)剔除新质生产力指标数据缺失的样本;(2)剔除ST公司样本;(3)剔除金融类企业;(4)为了减少极端值对模型的影响,本文对所有连续变量进行了上下1%的缩尾处理。政府补贴数据来源于上市公司年报中"营业外收入"项目下的"计入当期损益的政府补助",以及"其他收益"中有关政府补助的信息。企业新质生产力相关指标数据和控制变量数据来源于CSMAR和Wind数据库。最终,共计获得27 189个观测值数据。

(二)变量选取与测量

被解释变量:企业新质生产力。企业新质生产力是企业在科技创新驱动下,将引领性新技术与企业高素质劳动者深度融合,以更高效率产出符合新发展理念的高质量产品和服务的能力(宋佳等,2024;赵斌等,2024)。新质生产力的实证研究仍处于起步阶段,因此关于新质生产力水平的测度指标相对较少且尚未统一,已有的新质生产力水平测度指标主要在省级层面,很少反映微观企业内部的新质生产力水平。本文借鉴宋佳等(2024)的计算方法,基于生产力二要素理论,采用熵值法构建企业新质生产力指标(见表1)。

表1　企业新质生产力指标体系

变量	维度	指标	指标测量
企业新质生产力	劳动力	研发人员薪资占比	(研发费用－工资薪酬)/营业收入
		研发人员占比	研发人员数/员工人数
		高学历人员占比	本科以上人数/员工人数
		固定资产占比	固定资产/资产总额
		制造费用占比	(经营活动现金流出小计＋固定资产折旧＋无形资产摊销＋减值准备－购买商品接受劳务支付的现金－支付给职工以及为职工支付的工资)/(经营活动现金流出小计＋固定资产折旧＋无形资产摊销＋减值准备)
	劳动工具	研发折旧摊销占比	(研发费用－折旧摊销)/营业收入
		研发租赁费占比	(研发费用－租赁费)/营业收入
		研发直接投入占比	(研发费用－直接投入)/营业收入
		无形资产占比	无形资产/资产总额
		总资产周转率	营业收入/平均资产总额
		权益乘数倒数	所有者权益/资产总额

解释变量：政府补贴。本文使用上市公司年报中记录所获的政府补贴，来源于上市公司年报中"营业外收入"项目下的"计入当期损益的政府补助"，以及"其他收益"中有关政府补助的信息。为了降低异常值对模型的影响，本文使用政府补贴的对数值作为解释变量。

控制变量：(1)公司规模，本文采用年末总资产对数衡量；(2)财务杠杆，本文采用公司资产负债率衡量；(3)总资产收益率，本文采用净利润/总资产的方式衡量；(4)股权集中度，本文采用第一大股东持有公司股权占比衡量；(5)公司市场价值，本文采用托宾 Q 值衡量；(6)公司盈利状况，本文采用虚拟变量方式衡量，公司盈利则赋值为 1，否则赋值为 0；(7)固定资产比率，本文使用固定资产价值与企业总市值比率测量。

表 2　研究变量定义

变量类型	变量名称	变量符号	变量定义
被解释变量	企业新质生产力	$Npro$	使用熵权法计算新质生产力指数
解释变量	政府补贴	$ln\_subsidy$	来源于上市公司年报中"营业外收入"项目下的"计入当期损益的政府补助",以及"其他收益"中有关政府补助的信息
控制变量	公司规模	$size$	年末总资产
	财务杠杆	lev	资产负债率
	总资产收益率	ROA	净利润/平均资产总额
	股权集中度	$top1$	第一大股东股权占比
	托宾 Q	$tobinq$	市值/总资产
	盈利状况	$profit$	盈利为 1,亏损为 0
	固定资产比率	$tangi$	固定资产价值/总市值
其他变量	绿色创新 总体绿色创新	$ln\_totalpatent$	绿色专利申请量(绿色发明专利申请量+绿色实用专利申请量)加 1 后的对数值
	发明型绿色创新	$ln\_inventpatent$	绿色发明专利申请量加 1 后的对数值
	实用型绿色创新	$ln\_utilitypatent$	绿色实用专利申请量加 1 后的对数值

(三)模型设计

本文使用面板 OLS 回归模型,分别控制了企业和年份固定效应。具体模型如下:

$$Npro_{i,t} = \beta_0 + \beta_1 Subsidy_{i,t} + \beta_2 Controls_{i,t} + Firm + Year + \varepsilon_{i,t} \quad (1)$$

其中,$Npro_{i,t}$ 表示企业 i 在 t 年的新质生产力水平,$Subsidy_{i,t}$ 表示企业 i 在 t 年获得的政府补助,$Controls_{i,t}$ 为企业层面的控制变量,$Firm$ 是企业固定效应,$Year$ 表示时间固定效应,$\varepsilon_{i,t}$ 是随机误差项。

四、实证检验与分析

(一)描述性统计

表3显示,企业新质生产力指数的均值为5.221,表明样本企业总体在新质生产力培育方面还有广阔的提升空间,且企业新质生产力指数的最小值、最大值和标准差分别为0.060、35.006、2.684,表明不同企业在新质生产力水平上存在较大差异。政府补贴的最大值是23.688,最小值是0,均值和标准差分别是16.383和2.470,说明企业间所受政府补贴的差异明显。

表3 描述性统计

变量	观测值	均值	标准差	最小值	最大值
$Npro$	27 189	5.221	2.684	0.060	35.006
$ln\_subsidy$	27 189	16.383	2.470	0	23.688
$firm\_size$	27 189	1.901	9.647	0.019	273.319
lev	27 189	0.405	0.195	0.007	1.484
ROA	27 189	0.045	0.069	−0.931	1.285
$top1$	27 189	34.024	14.879	1.84	89.99
$tobinq$	27 189	2.022	1.387	0.625	31.400
$profit$	27 189	0.886	0.317	0	1
$tangi$	27 189	2.252	2.190	0.0001	35.082

(二)基准回归

表4展示的是本文的基准回归结果,第(1)列仅控制了时间固定效应,第(2)列在控制时间固定效应的基础上加入了行业和省份固定效应,第(3)列在控制各项固定效应的前提下加入了控制变量,前三列政府补贴的回归系数分别为$\beta=0.125(p<0.01)$、$\beta=0.082(p<0.01)$和$\beta=0.116(p<0.01)$,表明政府补贴对企业新质生产力产生了积极的影响。第(4)列为本文基准回归结果,进一步将行业和省份固定效应细化到企业层面的固定效应,结论不变,此时回归系数为$\beta=0.015(p<0.05)$,假设1得到了实证支持。

表 4 基准回归

变量	(1) $Npro$	(2) $Npro$	(3) $Npro$	(4) $Npro$
$ln\_subsidy$	0.125***	0.082***	0.116***	0.015**
	(8.21)	(5.85)	(7.91)	(1.96)
Constant	3.211***	3.912***	3.596***	4.840***
	(12.20)	(16.08)	(6.67)	(25.38)
Observations	28 065	28 064	27 709	27 189
R-squared	0.019	0.048	0.054	0.823
Controls	否	否	是	是
Year FE	是	是	是	是
Company FE	否	否	否	是
Industry FE	否	是	是	否
Province FE	否	是	是	否

注：*、**、***分别表示在10%、5%、1%统计水平上显著,括号内为 t 值,下同。

(三)稳健性检验

1.内生性问题处理

首先,为了降低反向因果造成的内生性问题,本文使用滞后一期的政府补贴作为自变量纳入回归模型。表 5 第(1)列中显示滞后一期的政府补贴回归系数 $\beta=0.015(p<0.05)$,说明滞后一期的政府补贴对企业新质生产力仍具有提升作用。

其次,为了降低遗漏变量所造成的内生性问题,本文使用工具变量法和 2SLS 模型检验变量间关系。同一省份的补贴政策具有一致性,其他企业所受补贴的均值能反映出本企业所面临的补贴政策环境,省内企业所受补贴的平均水平与本企业所受补贴水平高度相关,但是其他企业所受补贴与本企业新质生产力的提升并无关系。因此,除企业自身外同省同年其他企业的补贴平均值满足工具变量与内生变量高度相关,与影响企业自身新质生产力的其他不可观测因素无关的条件,本文使用除企业自身外同省同年其他企业的补贴平均值为工具变量。表5第(2)列和第(3)列是2SLS模型的两阶段结果,第一阶段,第(2)列中工具变量系数为$\beta=0.735(p<0.01)$;第二阶段,第(3)列中内生解释变量的回归系数为$\beta=0.036(p<0.01)$。工具变量2SLS回归结果与基准回归模型结果一致,说明本文结果是稳健的。

2.替换解释变量

政府补贴占企业利润的比重可以衡量企业所受政府支持的力度以及政府支持对企业的实际影响,因此,本文采用政府补贴与净利润的比值作为政府补贴的替代变量。表5第(4)列中自变量$subsidy\_ratio$的回归系数为$\beta=0.001$ ($p<0.05$),这表明政府补贴与净利润的比值越高,企业新质生产力越强,说明本文实证结果是稳健的。

3.替换被解释变量

企业新质生产力以科技创新为核心,而且只有当企业拥有持续创新的能力时,才能提高全要素生产力和保持竞争优势。本文将被解释变量替换为企业持续创新能力。表5第(5)列是替换被解释变量后的结果,政府补贴的回归系数是$\beta=0.007(p<0.05)$,与基准回归结果一致,说明本文实证结果稳健性较好。

表5 稳健性检验

变量	(1) Npro	(2) ln_subsidy	(3) Npro	(4) Npro	(5) innovation_last
L.ln_subsidy	0.015** (2.26)				
ln_subsidy			0.036*** (2.79)		0.007** (2.46)
ln_meansheng_sub		0.735*** (21.15)			
subsidy_ratio				0.001** (1.98)	
Constant	4.982***			5.085***	0.422***

续表

变量	(1) Npro	(2) ln_subsidy	(3) Npro	(4) Npro	(5) innovation_last
	(27.06)			(33.99)	(5.63)
Observations	23 341	27 189	27 189	27 189	27 189
R-squared	0.826		0.012	0.823	0.661
Controls	是	是	是	是	是
Year FE	是	是	是	是	是
Company FE	是	是	是	是	是

(四)机制检验

政府补贴作为企业获得的资金赠与,可以增加企业的现金流,不仅可以直接缓解企业的内外部融资约束(张洋,2017;许家云和毛其淋,2019;Li 和 Yu,2013),而且使得企业拥有推动数字化转型的原始积累(杜传忠等,2023),进而增强企业的新质生产力水平。本文使用 SA 指数衡量企业所受的内部融资约束水平,使用利息支出衡量企业的外部融资约束水平。SA 指数是负数,绝对值越大,说明企业受到的融资约束越强。利息支出越多,说明企业从外部融资的数量越多,受到的外部融资约束越低。表 6 第(1)列和第(2)列结果显示,政府补贴对企业内外部融资约束的回归系数均是 $\beta=0.010(p<0.01)$,说明政府补贴缓解了企业内外部融资约束。假设 2 得到了支持。第(3)列结果显示,政府补贴对企业数字化转型的回归系数为 $\beta=0.334(p<0.01)$,表明政府补贴有利于企业数字化转型。假设 3 得到了实证支持。

表 6 机制检验

变量	(1) SA	(2) linterest	(3) digital_transfer	(4) ln_totalpatent	(5) ln_inventpatent	(6) ln_utilitypatent
ln_subsidy	0.010***	0.010***	0.334***	0.006***	0.003*	0.005***
	(7.89)	(2.72)	(4.48)	(2.80)	(1.87)	(2.63)
Constant	−2.995***	−0.154	12.741***	0.366***	0.230***	0.243***
	(−93.25)	(−1.21)	(4.93)	(7.16)	(5.31)	(5.86)

续表

变量	(1) SA	(2) linterest	(3) digital_transfer	(4) ln_totalpatent	(5) ln_inventpatent	(6) ln_utilitypatent
Observations	27 188	27 189	27 150	27 189	27 189	27 189
R-squared	0.945	0.447	0.784	0.736	0.725	0.681
Controls	是	是	是	是	是	是
Year FE	是	是	是	是	是	是
Company FE	是	是	是	是	是	是

进一步地,本文探讨了政府补贴是否能够通过加强企业绿色创新,推动企业绿色可持续发展,进而增强企业新质生产力。本文采用企业所拥有的绿色专利数量衡量企业绿色创新水平。进一步地,本文将绿色创新分为发明型绿色创新和实用型绿色创新。具体来说,企业总体绿色创新水平使用企业绿色发明专利申请量和企业绿色实用专利申请量之和加1后的对数值测量,发明型绿色创新使用企业绿色发明专利申请量加1后的对数值测量,实用型绿色创新使用企业绿色实用专利申请量加1后的对数值测量。表6第(4)列结果显示,政府补贴对企业绿色创新的回归系数为$\beta=0.006(p<0.01)$,第(5)列和第(6)列结果显示,政府补贴对发明型绿色创新和实用型绿色创新的回归系数分别为$\beta=0.003(p<0.1)$和$\beta=0.005(p<0.01)$,说明政府补贴同时促进了企业发明型绿色创新和实用型绿色创新,而且对实用型绿色创新的促进作用更强。政府补贴通过提高企业绿色创新水平,推动企业加快培育新质生产力。假设4得到了支持。

(五)异质性检验

政府补贴对企业新质生产力的促进作用受到外部市场"软"环境和基础设施"硬"条件的影响。有为政府和有效市场的结合是培育企业新质生产力的必要条件。政府补贴为企业新质生产力提升注入了动力,但是企业培育新质生产力还需要外部市场环境和配套设施的支持。我国政府致力于发挥市场在资源配置中的决定性作用,因此市场化程度高的地区,资源配置效率较高,企业获取所需资源而付出的交易成本更低。企业接受政府补贴后,能够通过市场途径加快政府补贴的资源化,为企业培育新质生产力提供良好条件。市场化程度越高,越有利于企业使用政府补贴所带来的现金流,在市场上获取企业转型升级和科技创新所需的资源。数字基础设施越完善,越有利于企业搜寻可用信息,链接资源所有者和市场需求方,更好地发挥政府补贴的积极效应。

本文采用分组回归的方式检验市场化程度和数字基础设施的异质性作用。本文采用市场化指数衡量地区市场化水平,当地区市场化指数高于全国平均水平时,则被视为市场化程度高的地区,否则视为市场化程度低的地区。本文采用人均互联网宽带接入端口衡量地区数字基础设施完善程度,当地区互联网宽带接入端口数量高于全国平均水平时,则被视为数字基础设施完善程度高的地区,否则视为数字基础设施完善程度低的地区。表7第(1)列和第(2)列分别展示了市场化程度高和市场化程度低时的政府补贴回归系数,分别为 $\beta=0.024$ ($p<0.1$)和 $\beta=0.011$。第(1)列和第(2)列的回归结果显示,当企业所属地区市场化程度较高时,政府补贴对企业新质生产力的积极影响才是显著的。第(3)列和第(4)列分别展示了数字基础设施完善程度高和数字基础设施完善程度低时的政府补贴回归系数,分别为 $\beta=0.022$($p<0.05$)和 $\beta=0.019$,因此当数字基础设施更完善时,政府补贴才对企业新质生产力的提高起到促进作用。

此外,根据《企业会计准则第16号——政府补助》[①]第十一条规定:与企业日常活动相关的政府补助,应当按照经济业务实质,计入其他收益或冲减相关成本费用。与企业日常活动无关的政府补助,应当计入营业外收支。由此,本文将政府补助分为与企业日常活动相关的政府补贴(计入其他收益的部分)和与企业日常活动无关的政府补助(计入营业外收入的部分)两类,表7第(5)和(6)列分别展示了两类补贴的异质性结果,由此可以看出政府补贴中,只有与企业活动相关的补贴($\beta=0.029$,$p<0.1$)才能够促进企业新质生产力水平的提升。

---

① 由于该准则是2017年发布的,因此该部分样本使用2017年之后的数据集。

表7 异质性检验——市场化指数、数字基础设施和补贴特征

变量	(1) market_high	(2) market_low	(3) internettype_high	(4) internettype_low	(5) sub_common	(6) sub_nocommon
ln_subsidy	0.024*	0.011	0.022**	0.019	0.029*	0.001
	(1.80)	(1.24)	(2.29)	(1.57)	(1.69)	(0.13)
Constant	4.889***	4.668***	4.388***	4.525***	5.32***	5.96
	(17.92)	(17.42)	(14.98)	(14.40)	(4.70)	(18.36)
Observations	12 901	13 305	9 691	10 467	16 781	6 918
R-squared	0.846	0.828	0.838	0.809	0.93	0.92
Controls	是	是	是	是	是	是
Year FE	是	是	是	是	是	是
Company FE	是	是	是	是	是	是

企业类型不同,政府补贴促进企业新质生产力提升的效果也会存在差异。本文根据是否重污染企业和企业所有制性质进行分样本回归,检验不同类型企业中,政府补贴对企业新质生产力的异质性影响效应。表8第(1)列显示了重污染企业样本中政府补贴的回归系数($\beta=0.007$,在统计学意义上不显著);第(2)列显示了非重污染企业中政府补贴的回归系数$\beta=0.015$($p<0.1$)。这说明政府补贴对非重污染企业新质生产力的促进作用更强。可能的原因在于,政府对环境保护的持续重视,促使重污染企业将更多的资源和注意力用于如何减少资源消耗和污染排放上。重污染企业在得到政府补贴后,需要将补贴用于减排和环保方面以达到政府的要求,这在一定程度上减少了重污染企业在其他技术研发方面的投入。非重污染企业在减排上所需投入的资源较少,因此在受到政府补贴后,有更充足的资金用于科技创新和新产业布局,加快了企业新质生产力培育。

表8 异质性检验——高污染企业和国有企业

变量	(1) pollute_high	(2) pollute_low	(3) SOE	(4) non_SOE
ln_subsidy	0.007	0.015*	0.011	0.021**
	(0.80)	(1.72)	(0.99)	(1.97)

续表

变量	(1) pollute_high	(2) pollute_low	(3) SOE	(4) non_SOE
Constant	4.824***	4.860***	5.272***	4.589***
	(11.93)	(23.60)	(14.27)	(20.11)
Observations	3 241	23 948	8 199	18 990
R-squared	0.842	0.823	0.803	0.834
Controls	是	是	是	是
Year FE	是	是	是	是
Company FE	是	是	是	是

第(3)列和第(4)列展示了政府补贴对国有企业和非国有企业新质生产力的影响作用。第(3)列结果显示，政府补贴的回归系数 $\beta=0.011$，第(4)列中政府补贴的回归系数 $\beta=0.021(p<0.05)$。这表明，政府补贴对非国有企业新质生产力的影响作用更强。可能的原因在于，国有企业与政府存在天然的政治关联，因此国有企业更容易获得政府补贴，政府补贴对国有企业新质生产力培育的边际提升效应相对较弱。国有企业内部科层制和审批制度相对严格，政府补贴应用到企业生产改进上的流程较复杂，补贴发挥积极作用的时间更长。相对于国有企业，民营企业在申请政府补贴上有一定的劣势，因此政府补贴被民营企业视为"雪中送炭"，增加了民营企业现金流自由度，有利于民营企业改进和升级生产技术与流程，加快技术创新和成果转化，从而更高效地培育新质生产力。

五、结论与政策建议

有为政府是培育新质生产力、推动市场经济高质量发展的重要保障。以财政补贴为代表的政府转移支付属于政府宏观调控措施中的经济手段，科学合理的补贴政策对于培育企业新质生产力具有重要意义。企业新质生产力的培育离不开政府支持。本文采用 2011—2022 年中国上市公司面板数据，实证检验了政府补贴对企业新质生产力的影响作用及其机制。研究发现，政府补贴有利于增强企业新质生产力,该结论在一系列稳健性检验后仍然成立。机制检验表示,政府补贴通过缓解企业内外部融资约束,推动企业数字化转型和绿色创新提升了企业新质生产力。异质性分析表明,与企业日常活动相关的政府补贴才能提升企业新质生产力,且在市场化程度和数字基础设施水平更高的地区产生更为明显的积极影响;相对于重污染企业和国有企业,政府补贴的积极作用也主要体现在非重污染企业和民营企业中。

基于研究结论,本文提出以下政策建议:首先,政府应当对有科技创新潜力的企业给予更多的财税政策倾斜。在我国,相当数量的企业家具备创新意识,政府需要注重保护企业研发创新的积极性,为企业科技创新做好保障和服务工作。其次,政府应当有针对性地制定补贴政策,对不同类型的企业采取差异化补贴手段。民营企业创新活力强,但是普遍面临融资约束,政府应给予民营企业更多关注,通过合理的补贴政策,解决民营企业发展难题。再次,企业应注重培育新质生产力,积极调整企业创新战略,加快企业科技创新,尤其要深入推进绿色创新和数字创新。最后,民营企业家应注重改善政商关系,主动与政府建立长期联系,及时反映诉求,争取政府关注和政策支持,为企业科技创新和成果转化营造良好的外部制度环境。

参考文献

[1]程恩富,陈健.大力发展新质生产力 加速推进中国式现代化[J].当代经济研究,2023(12):14—23.

[2]杜传忠,王纯,郭树龙.政府创新补贴对制造业企业数字化转型的影响研究[J].财政研究,2023(12):69—82.

[3]高帆."新质生产力"的提出逻辑、多维内涵及时代意义[J].政治经济学评论,2023,14(6):127—145.

[4]郭朝先,陈小艳,彭莉.新质生产力助推现代化产业体系建设研究[J/OL].西安交通大学学报(社会科学版),http://kns.cnki.net/kcms/detail/61.1329.C.20240328.1146.002.

html.[2024—04—21].

[5]郭玥.政府创新补助的信号传递机制与企业创新[J].中国工业经济,2018(9):98—116.

[6]韩亚峰,李新安,杨蔚薇.政府补贴与企业全要素生产率——甄选效应和激励效应[J].南开经济研究,2022(2):120—137.

[7]黄勃,李海彤,刘俊岐,雷敬华.数字技术创新与中国企业高质量发展——来自企业数字专利的证据[J].经济研究,2023,58(3):97—115.

[8]黄群慧,盛方富.新质生产力系统:要素特质、结构承载与功能取向[J].改革,2024(2):15—24.

[9]黄速建,肖红军,王欣.论国有企业高质量发展[J].中国工业经济,2018(10):19—41.

[10]黄先海,谢璐.战略性贸易产业R&D补贴的实施策略研究——事前补贴与事后补贴之比较[J].国际贸易问题,2007(11):9—13.

[11]康艳玲,王满,陈克兢.科技金融能促进企业高质量发展吗?[J].科研管理,2023,44(7):83—96.

[12]李长英,王曼.供应链数字化能否提高企业全要素生产率?[J/OL].财经问题研究,2024(4):75—88.

[13]李政,杨思莹,路京京.政府补贴对制造企业全要素生产率的异质性影响[J].经济管理,2019,41(3):5—20.

[14]林志帆,龙小宁.社会资本能否支撑中国民营企业高质量发展?[J].管理世界,2021,37(10):56—73.

[15]刘明慧,李秋.财税政策何以驱动新质生产力发展?[J].上海经济研究,2024(3):31—41.

[16]刘志彪,凌永辉,孙瑞东.新质生产力下产业发展方向与战略——以江苏为例[J].南京社会科学,2023(11):59—66.

[17]陆国庆,王舟,张春宇.中国战略性新兴产业政府创新补贴的绩效研究[J].经济研究,2014,49(7):44—55.

[18]毛其淋,许家云.政府补贴对企业新产品创新的影响——基于补贴强度"适度区间"的视角[J].中国工业经济,2015(6):94—107.

[19]聂辉华,李光武,李琛.关于企业补贴的八个关键问题——兼评当下的产业政策研

究[J].学术月刊,2022,54(6):47—60.

[20]戚聿东,肖旭.数字经济时代的企业管理变革[J].管理世界,2020,36(6):135—152,250.

[21]任曙明,吕镯.融资约束、政府补贴与全要素生产率——来自中国装备制造企业的实证研究[J].管理世界,2014(11):10—23,187.

[22]任宇新,吴艳,伍喆.金融集聚、产学研合作与新质生产力[J].财经理论与实践,2024(3):27—34.

[23]沈坤荣,乔刚,林剑威.智能制造政策与中国企业高质量发展[J].数量经济技术经济研究,2024,41(2):5—25.

[24]施炳展,邵文波.中国企业出口产品质量测算及其决定因素——培育出口竞争新优势的微观视角[J].管理世界,2014(9):90—106.

[25]宋佳,张金昌,潘艺.ESG发展对企业新质生产力影响的研究——来自中国A股上市企业的经验证据[J].当代经济管理,2024(3):1—11.

[26]唐清泉,罗党论.政府补贴动机及其效果的实证研究——来自中国上市公司的经验证据[J].金融研究,2007(6):149—163.

[27]王贞洁,王惠.低碳城市试点政策与企业高质量发展——基于经济效率与社会效益双维视角的检验[J].经济管理,2022,44(6):43—62.

[28]王治,谭欢.董事会断裂带对企业高质量发展的影响研究[J].中国软科学,2023(5):134—146.

[29]卫舒羽,肖鹏.税收优惠、财政补贴与企业研发投入——基于沪深A股上市公司的实证分析[J].税务研究,2021(5):40—46.

[30]吴绪成,陈诗一,李诗涵.政府补贴对高新技术企业创新的促进效果研究[J].复旦学报(社会科学版),2023,65(2):119—128.

[31]武常岐,张昆贤,周欣雨,周梓洵.数字化转型、竞争战略选择与企业高质量发展——基于机器学习与文本分析的证据[J].经济管理,2022,44(4):5—22.

[32]许家云,毛其淋.生产性补贴与企业进口行为:来自中国制造业企业的证据[J].世界经济,2019,42(7):46—70.

[33]杨广越.新质生产力的研究现状与展望[J].经济问题,2024(5):7—17.

[34]应千伟,何思怡.政府研发补贴下的企业创新策略:"滥竽充数"还是"精益求精"

[J].南开管理评论,2022,25(2):57—69.

[35]余典范,王超,陈磊.政府补助、产业链协同与企业数字化[J].经济管理,2022,44(5):63—82.

[36]袁军,邵燕敏,王珏.研发补贴集中度、高管技术背景与企业创新——以战略性新兴产业上市公司为例[J].系统工程理论与实践,2022,42(5):1185—1196.

[37]张铂晨,赵树宽.政府补贴对企业绿色创新的影响研究——政治关联和环境规制的调节作用[J].科研管理,2022,43(11):154—162.

[38]张杰,陈志远,杨连星,等.中国创新补贴政策的绩效评估:理论与证据[J].经济研究,2015,50(10):4—17,33.

[39]张杰,郑文平.政府补贴如何影响中国企业出口的二元边际[J].世界经济,2015,38(6):22—48.

[40]张夏恒,马妍.生成式人工智能技术赋能新质生产力涌现:价值意蕴、运行机理与实践路径[J].电子政务,2024(4):17—25.

[41]张洋.政府补贴提高了中国制造业企业出口产品质量吗[J].国际贸易问题,2017(4):27—37.

[42]赵斌,汪克亮,刘家民.政府数字化治理与企业新质生产力——基于信息惠民国家试点政策的证据[J].电子政务,2024(6):38—49.

[43]赵璨,王竹泉,杨德明,曹伟.企业迎合行为与政府补贴绩效研究——基于企业不同盈利状况的分析[J].中国工业经济,2015(7):130—145.

[44]赵国庆,李俊廷.企业数字化转型是否赋能企业新质生产力发展?——基于中国上市企业的微观证据[J].产业经济评论,2024(4):23—34.

[45]周世民,盛月,陈勇兵.生产补贴、出口激励与资源错置:微观证据[J].世界经济,2014,37(12):47—66.

[46]周文,许凌云.再论新质生产力:认识误区、形成条件与实现路径[J].改革,2024(3):26—37.

[47]周泽将,雷玲,伞子瑶.营商环境与企业高质量发展——基于公司治理视角的机制分析[J].财政研究,2022(5):111—129.

[48]Chor D. Subsidies for FDI:Implications from a Model with Heterogeneous Firms[J]. Journal of International Economics,2009,78(1):113—125.

[49]Görg, H. , Michael, H. and S. Eric. Grant Support and Exporting Activity[J]. The Review of Economics and Statistics,2008(90):168—174.

[50]Helmers C,Trofimenko N. Export Subsidies in a Heterogeneous Firms Framework: Evidence from Colombia[R]. Centre for the Study of African Economies,University of Oxford,2010.

[51]Huang Z,Liao G,Lia Z. Loaning Scale and Government Subsidy for Promoting Green Innovation[J]. Technological Forecasting & Social Change,2019(144):148—156.

[52]Kleer R. Government R&D Subsidies as a Signal for Private Investors[J]. Research Policy,2010,39(10):1361—1374.

[53]Li Z,Yu M. Exports,Productivity,and Credit Constraints:A Firm-level Empirical Investigation of China[J]. Economic Research Journal,2009,48(6):85—99.

[54]McRae S. Infrastructure Quality and the Subsidy Trap[J]. American Economic Review,2015,105(1):35—66.

发展新质生产力的经济法回应

一、引言

2023年9月,习近平总书记在黑龙江考察期间强调:"整合科技创新资源,引领发展战略性新兴产业和未来产业,加快形成新质生产力。"[①]"新质生产力"概念的提出及其理论的生成,深刻揭示了新时代经济社会发展的根本动力因素。新质生产力理论将会指导中国经济进一步走向技术的革命性突破和产业的深度转型升级,推进现代化建设各个环节、各个方面高质量协调发展。发展新质生产力不仅要求技术层面的创新,同时也要推进制度层面的升级,通过强化制度保障,为新质生产力的发展营造良好的制度环境。其中,经济法律制度的完善,就是要以法律手段推动生产关系同生产力、上层建筑同经济基础相适应,推动经济社会持续健康发展。[②]经济法既是市场经济高度发达的产物,又源自国家干预市场的需要。新质生产力必将对经济法的发展产生重要的推动作用,但同时也提出了适应性变革的需求。因此,经济法如何通过创新发展来回应新质生产力的涌现,既是一个亟须回答的政策问题,更是一个深刻的学理问题。

基金项目:上海财经大学中央高校基本科研业务费专项资金;上海财经大学富国ESG研究院2024年度一般课题"ESG合规治理法治化路径研究"(SUFE-ESG-20240314)。

本文作者简介:秦策,上海财经大学法学院教授、博士生导师;常彬,上海财经大学法学院博士研究生。

① 牢牢把握东北的重要使命 奋力谱写东北全面振兴新篇章[N].人民日报,2023—09—10:1.

② 信春鹰.改革开放40年全国人大及其常委会的立法工作[J].求是,2019(4):28—38.

当前,学界关于"经济法的回应性"问题的研究,已经基本达成了肯定性共识,相关成果论及经济法回应性的原因[①]、本土化落实[②]、法典化方法[③]、规制理念目标[④]等方面的内容。同时,关于"发展数字经济"的经济法问题研究,也聚焦了基础理论[⑤]、主体结构演进[⑥]、数据权利保护[⑦]、数字平台反垄断[⑧]等方面的内容。前述研究成果,为本文提供了重要的理论支撑和研究思路。但是,学界尚无针对"发展新质生产力"的经济法问题进行专题研究的期刊论文。尽管前述关于"经济法的回应性"问题的研究以及关于"发展数字经济"的经济法问题研究,为探讨"发展新质生产力"的经济法回应奠定了良好的基础,但我们尚需对经济法回应新质生产力发展的目的性、正当性、规范性等一系列基础理论问题开展深入研究,并在理论上进行体系化整合。

在国家推动加快形成新质生产力的时代背景下,鉴于实践的需要和理论的缺位,本文拟以经济法的回应性理论为基础,系统阐述经济法理论和制度应当如何创新发展,从而有效回应新质生产力的勃兴。首先,在梳理新质生产力本质特征的基础上,从政治经济学、法理学、经济法学三个维度,回答经济法为什么要回应新质生产力的发展;其次,以要素融入、调整尺度、价值目标、调节手段为分析框架,梳理经济法回应新质生产力发展中的重点问题;再次,以经济法作为规制法的演变为主线,探讨经济法在回应新质生产力发展过程中自身实现了怎样的创新发展;最后,从经济主体制度、宏观调控制度、市场规制制度、风险防范制度四个基本方面,尝试提出经济法促进新质生产力发展的回应路径,以期营造出促进新质生产力发展的制度环境。

---

① 刘普生.论经济法的回应性[J].法商研究,1999(2):6.
② 李永成.经济法的中国性问题分析[J].现代法学,2009(2):170—179.
③ 刘凯.法典化背景下的经济法统合性立法[J].法学,2020(7):100—112.
④ 杨同宇.经济法规制范畴的理论审思[J].中国法律评论,2023(5):182—192.
⑤ 张守文.数字经济发展的经济法理论因应[J].政法论坛,2023(2):38—47.
⑥ 单飞跃.数字与智能对经济法主体结构的初步影响[J].地方立法研究,2023(4):70—84.
⑦ 申卫星.数字权利体系再造:迈向隐私、信息与数据的差序格局[J].政法论坛,2022(3):89—102.
⑧ 孙晋.数字平台的反垄断监管[J].中国社会科学,2021(5):101—127,206—207.

二、新质生产力发展对经济法创新发展提出需求

（一）新质生产力的本质特征

新质生产力相对于传统生产力而言，是以新技术深化应用为驱动，以新产业、新业态和新模式快速涌现为重要特征的生产力。2024年1月31日，习近平总书记在中共中央政治局第十一次集体学习时指出："概括地说，新质生产力是创新起主导作用，摆脱传统经济增长方式、生产力发展路径，具有高科技、高效能、高质量特征，符合新发展理念的先进生产力质态。"[1]在数字经济时代，新质生产力具有数字化、网络化、智能化的新技术支撑，以科技创新为核心驱动力，具有广泛的渗透性和融合性。新质生产力不同于传统的生产力，充分发挥了新技术、新领域的优势，是以科技创新为主导的生产力，具有高效能、高质量的特点，区别于依靠大量资源投入、高度消耗资源能源的生产力发展方式，是摆脱了传统增长路径、符合高质量发展要求的生产力。[2] 笔者认为，新质生产力的"新质"主要体现以下两个层面：

从生产力的三大要素来看，新质生产力是对传统生产力要素的升级和拓展。在劳动者方面，传统劳动力市场主要由手工劳动者和具备一定技术专长的工人组成，随着生产力的演进，特别是知识经济的兴起，与新质生产力相适应的劳动者群体已经扩展到了那些有知识背景、专业技能以及创新能力的智力型工人。[3] 在劳动资料方面，传统的劳动资料，如单一功能的基础机械、早期的电子计算机、简单拓扑结构的网络环境等，已经逐渐被更尖端、更精密、更智能的劳动资料所取代，如自动化机械、人工智能设备、云计算环境等。[4] 在劳动对象方面，随着劳动力和劳动资料的演进，劳动对象的范围得到显著拓展，在传统的物

---

[1] 加快发展新质生产力 扎实推进高质量发展[N].人民日报,2024-02-02:1.
[2] 姚树洁,张小倩.新质生产力的时代内涵、战略价值与实现路径[J].重庆大学学报(社会科学版),2024(1):112-128.
[3] 蒲清平,黄媛媛.习近平总书记关于新质生产力重要论述的生成逻辑、理论创新与时代价值[J].西南大学学报(社会科学版),2023(6):1-13.
[4] 曾宪聚,曾凯.新质生产力:复合概念、发展基础与系统创新路径[J].深圳大学学报(人文社会科学版),2024(2):5-15.

质形态存在的自然物和经过初步加工的原材料的基础上,增加了伴随科技进步新发现的自然物、注入更多技术要素的原材料以及数据等非物质形态的对象。[1]综上可见,以生产力要素的升级和拓展为基础,新质生产力不仅整合了新一代人工智能技术、现代生物技术、未来网络技术等各类前沿技术,而且通过这些技术的深度融合和再创新,推动了劳动者、劳动资料、劳动对象三大要素均实现质的飞跃和根本性变革。

从生产力的发展样态来看,新质生产力具有显著的"三高"特征,即"高科技、高效能、高质量"。首先,"高科技"是核心驱动力,表现为新质生产力以重大科学发现和代际技术突破为基础,依赖于基础研究、原始创新和颠覆性创新,其技术性能更强、融合程度更深,代表全球科技和产业发展的最新趋势和方向。[2]其次,"高效能"是主要区分点,表现为新兴技术在生产、流通环节的不断渗透和实际应用,促进生产要素优化配置,推动能耗高、效率低的传统产业改造升级,实现集群化、高端化、智能化发展,并形成发展现代产业的合力。[3]最后,"高质量"是重要度量衡,表现为发展新质生产力既要求"质"的有效提升,又包括"量"的合理增长,是对准传统生产力的低质短板,集中力量提质增效,形成适配人民消费需求的高质供给新优势,能更好满足人民日益增长的美好生活需要。[4]由此可见,"高科技、高效能、高质量"是三位一体的,正式在此基础上,新质生产力得以突破传统生产力发展的固有模式,开拓了一条新的发展路径。

(二)经济法应当积极回应新质生产力发展

在法律体系中,经济法是反映经济关系更为敏捷的一个法律部门。[5]在新质生产力蓬勃发展的背景下,经济法需要充分发挥能动性与开放性,以法律手

---

[1] 周文,许凌云.论新质生产力:内涵特征与重要着力点[J].改革,2023(10):1—13.
[2] 王政,刘馨温.推动新质生产力加快发展——访中国电子信息产业发展研究院副院长乔标[N].人民日报,2024—02—28:13.
[3] 程恩富,陈健.大力发展新质生产力 加速推进中国式现代化[J].当代经济研究,2023(12):14—23.
[4] 蒋永穆,乔张媛.新质生产力:符合新发展理念的先进生产力质态[J].东南学术,2024(2):52—63,246.
[5] 刘普生.论经济法的回应性[J].法商研究,1999(2):23—28.

段推动新兴产业和未来产业发展,为新质生产力发展提供适宜的制度环境。经济法积极回应新质生产力发展,不仅是经济法经济性的自然体现,而且具有深刻的理论与历史必然性。

1.符合上层建筑适应经济基础发展的客观规律

法是上层建筑,是经济基础的反映。因此,经济法的内容、性质是由一定的经济基础决定的,经济法的变更与发展也取决于经济基础的变更与发展。新质生产力为经济增长提供了新的动力源,推动了产业结构的优化和升级。发展新质生产力成为促进经济增长、提高经济效率的重要途径。新质生产力理论指明了调整生产力与生产关系的新方向。发展新质生产力必然要求加快推动生产关系变革,也会塑造新型的生产关系,从而赋予新时代经济基础以新的特征。[①]经济法作为建立在经济基础之上的上层建筑,必须同步发展、与时俱进。新质生产力的兴起常常伴随着技术创新和产业变革,因此需要稳定、公平、透明的法治环境来保障企业的合法权益,促进技术创新和产业升级。经济法应通过建立健全的法律法规和制度机制,为新质生产力的发展提供有力的法治支持。

2.体现经济法服务于经济发展的基本功能目标

无论何种经济发展背景,经济法的核心目标始终是通过制定和实施合理的规则和制度,调整和引导经济行为,以维护市场的公平竞争秩序,进而促进经济发展和增长。[②]从法律自身的性质来看,经济法针对的是经济活动中产生的法律问题,直接服务于经济领域的市场交易、企业经营、资本融通等各类活动,更加紧密地反映了经济关系的实际情况。从法律调整的灵活性来看,经济法通常需要根据经济形势和市场供求以及新型经济活动的产生来灵活地制定和调整法律规定,从而更快地反映经济关系的动态变化,以保持调制手段的有效性和适用性。从法律内容的多样性来看,市场的复杂性决定了经济法内容的多样性。经济法包括但不限于财政法、税收法、金融法、反垄断法、反不正当竞争法、

---

① 徐飞,綦成双.塑造与新质生产力相适应的新型生产关系[N].文汇报,2024-03-17:6.
② 杨同宇.经济法规制范畴的理论审思[J].中国法律评论,2023(5):182-192.

消费者权益保护法等广泛的法律内容,这些法律领域涉及不同的经济主体、交易行为和市场规则,意味着经济法需要更加全面地应对经济关系中的复杂问题。

3.拓宽经济法创新发展的新路径

新质生产力理论揭示了当前中国对生产力与生产关系进行调整的必要性,也指明了具体的调整方向,即最终实现完全依靠技术进步、制度环境改善、国家以及企业治理能力普遍提升的中国式现代化。[①] 新质生产力为经济增长提供了新的动力源,推动了产业结构的优化和升级。发展新质生产力成为促进经济增长、提高经济效率的重要途径。要推进新质生产力发展,就需要对生产要素进行创新性配置,以形成与新质生产力相适应的新型生产关系。经济法回应新质生产力的发展,并不意味着简单地将新质生产力纳入既有的制度框架。相反,经济法应当根据发展新质生产力的需求做出创新式回应。同时,新质生产力的发展将带来生产力要素的更新与优化,经济法需要将新质生产力要素充分融入法律体系。在这一过程中,法律体系本身会进行与时俱进的调整和改变。

三、经济法回应新质生产力发展的重点问题

(一)新质生产力要素在经济法体系中的有效融入

新质生产力作为一种先进生产力质态,代表着新一轮科技革命和产业变革的趋势和方向,需要经济法保障和促进其发展。经济法意欲有效发挥作用,前提是要将新质生产力要素充分融入经济法体系。生产力由劳动者、劳动资料、劳动对象三个基本要素构成。与传统生产力相比,新质生产力是包容了全新质态要素的生产力,由新质劳动者、新质劳动资料、新质劳动对象构成[②],意味着生产力要素及其优化组合的跃升。

劳动者是最活跃的生产力要素。新质劳动者是指经过技能迭代和知识更

---

① 张杰.新质生产力理论创新与中国实践路径[J].河北学刊,2024(3):127—134.
② 龚晓莺,严宇珺.新质生产力的基本意涵、实现机制与实践路径[J].河南社会科学,2024(4):15—22.

新,具备更高劳动能力和综合素质,拥有更强创新能力和更广阔视野的劳动者群体,能够更好地驱动数字化、智能化的劳动资料,发掘更广泛的劳动对象。经济法要适应并促进劳动者要素的演进,加快培养、引进、聚集人工智能高端人才、高水平应用型人才、人机协同劳动者等新质劳动者群体;根据科技发展新趋势,推动人才"育引留用"模式的创新,畅通教育、科技、人才的良性循环;健全要素参与收入分配机制,在法律框架内允许企业因地制宜地设计新质劳动者劳动关系项下的权利和义务,更好地体现人才的市场价值。

劳动资料是划分人类社会生产力发展不同阶段的首要依据,是生产力的决定性要素。传统劳动资料以功能机器为主,而新质劳动资料实现了对传统劳动资料的数字化、智能化升级。[①] 随着数字经济与实体经济的深度融合,新质劳动资料主要表现为以算力为代表的数智化生产工具以及数字基础设施。[②] 经济法要鼓励新质劳动资料的创新研发,通过税收激励、科研资助等手段促进产业创新,优化研发、中试、市场一体化通道,推动优质劳动产品转化为新的劳动资料;加快建设高速泛在的信息通信网络、多元协同的算力基础设施、智能敏捷的物联网体系等综合性、智能化基础设施,引导市场主体对新质劳动资料的公平合理利用。

劳动对象是生产力的客体性要素。随着新质劳动资料的不断改进和广泛运用,以及新质劳动者与新质劳动资料的优化组合,劳动对象的范围必然扩张。[③] 传统劳动资料主要包括天然的、未经人类加工的自然界物质和经过人类初期加工的原料,而新质劳动对象则是以数据、新物质、新能源、新材料为代表的高新科技化劳动对象。经济法要保障市场主体对新质劳动对象的合法权益,通过对数据等新质劳动对象的确权,鼓励市场主体探索挖潜,不断扩展劳动对

[①] 肖峰,赫军营.新质生产力:智能时代生产力发展的新向度[J].南昌大学学报(人文社会科学版),2023(6):37—44.

[②] 石建勋,徐玲.加快形成新质生产力的重大战略意义及实现路径研究[J].财经问题研究,2024(1):3—12.

[③] 赵峰,季雷.正确把握新质生产力的科学内涵和发展规律[N].中国社会科学报,2024—04—10:2.

象的范围;明确新质劳动对象的交易规则,推动新型生产要素尽快进入市场交易流通,及时将科技创新成果应用到具体产业和产业链上[①],释放新质生产对象的效能。

(二)新质生产力发展过程中政府与市场关系的调整尺度

从起源来看,经济法需以市场经济的充分发育为前提,其产生和发展是为了解决市场经济条件下普遍存在的市场失灵和政府失灵问题。政府与市场关系是经济法调整的基本对象。毋庸置疑,新质生产力的勃兴伴随着产业形态、商业模式、市场结构的显著变化。只是在这些变革的背后,市场的基本逻辑并未改变。审视这些变化发生和发展的底层制度,正确处理政府和市场的关系,仍然是经济法回应新质生产力发展的理论主线。[②] 如果暂时抛开技术的视角,从技术突破的制度基础来看,新质生产力的产生和发展仍是基于现代市场经济体制。

但与此同时,我们也应注意到新质生产力发展给政府与市场关系的调整方式方面带来的一些变化。发展新质生产力的核心要素是科技创新,而科技创新的影响不仅仅局限在技术层面,更重要的是科技创新能够催生新产业、新模式、新动能。自然语言处理技术的突破性进步促成了生成式人工智能的涌现,人与机器之间的界限变得模糊,新的人机交互模式和生产方式应运而生。[③] 平台凭借其独特的商业模式和巨大的用户基础,崛起为一种新的市场主体,重新定义了市场生态,以至于传统经营者与消费者的关系、监管者与被监管者的关系均面临前所未有的改变。[④] 数据资源作为数字经济时代的关键生产要素,不断向各行各业深入渗透,不仅拓展了人们对传统财产属性和生产要素属性的认知,也为企业发展提供了更广阔的业务可能性。[⑤] 由此可见,新质生产力是相对于

---

① 加快发展新质生产力 扎实推进高质量发展[N].人民日报,2024-02-02:1.
② 单飞跃.数字与智能对经济法主体结构的初步影响[J].地方立法研究,2023(4):70-84.
③ 郑智航.人形机器人身体构造的法哲学审思[J].东方法学,2024(3):5-14.
④ 孙晋.数字平台的反垄断监管[J].中国社会科学,2021(5):101-127,206-207.
⑤ 姜程潇.数据财产权动态限制取得体系构建[J].大连理工大学学报(社会科学版),2024(1):89-96.

传统生产力而言的,是符合新发展理念的先进生产力质态。市场凭借其价格信号和竞争机制,促进生产要素优化配置,激发科技创新活力,为新质生产力的发展提供必要的制度基础和环境条件。同时,有效发挥市场机制作用,助力新质生产力发展,离不开经济法的法治保障和促进协调作用。

因此,在新质生产力时代,经济法面临的任务是重新反思和确立政府与市场关系的调整尺度。在发展新质生产力的过程中,经济法的核心任务仍然是解决市场经济条件下普遍存在的市场失灵和政府失灵问题,但同时又要直面新挑战。申言之,经济法既要应对信息不对称、侵害消费者权益等旧问题,又要处理数字鸿沟、平台垄断等新问题[1],还要面对日益复杂的市场、社会、国家三者之间的关系。总的来说,经济法在回应新质生产力发展问题上,政府与市场的关系仍是最主要的调整尺度。尊重市场规律,厘清政府与市场边界,推动有效市场与有为政府结合仍是根本遵循,但在具体的调整方式上则需要做出适应性调整。

(三)新质生产力发展过程中经济法目标的再平衡

在总体目标上,发展新质生产力与经济法的基本目标具有一致性。发展新质生产力的主线和方向是提升全要素生产率。所谓全要素生产率,是指资本、劳动等要素投入之外的技术进步对经济增长贡献的因素。[2] 科技创新推动生产率提升,意味着同等资源下生产更多产品和服务,使得创新企业成本降低、竞争力增强、市场份额扩大。企业的生产力和经济效益随之增加,这则可能引发人们的工资水平和生活水平提高,从而进一步扩大消费,形成良性循环。当此种技术进步在整个社会层面普遍发生时,经济的长期稳定增长便有了动力源。质言之,发展新质生产力以全要素生产率大幅提升为核心标志[3],以经济高质量发展为总体目标。经济法是维护社会整体利益的法律规范制度[4],旨在保障社会

---

[1] 张守文.数字时代的经济法学:发展机遇与理论拓展[J].数字法治,2024(2):60—72.
[2] 易纲,樊纲,李岩.关于中国经济增长与全要素生产率的理论思考[J].经济研究,2003(8):13—20,90.
[3] 王政,刘温馨.如何发展新质生产力[N].人民日报,2024-01-15:1.
[4] 卢代富.经济法对社会整体利益的维护[J].现代法学,2013(4):24—31.

整体的财富总额得以平稳协调增长,从而带动社会成员个人财富增长。[①] 经济法追求社会整体利益,新质生产力推动经济高质量发展,二者在价值目标方面是内在一致的。

然而,总体目标的一致性,并不意味着新质生产力在发展过程中所体现的价值总能与经济法追求的价值相契合。新质生产力的发展不仅仅局限于经济领域,还对社会的其他方面产生深远影响,而社会结构中各领域的法需要无法得到同步满足。即使是限制在经济领域内,不同社会主体由于社会差别的客观存在,也会导致法需要的偏离乃至对立。技术创新的先发企业与后发企业、平台方与消费者,不同社会主体所希求的价值目标并不一致。哪怕是单个主体的心理结构中,法需要也不是单一的,而是一种多层次、多样化的存在,不可能同时实现。[②] 因此,在新质生产力发展的过程中,法律价值目标的冲突难以避免,经济法必须要对此做出权衡和选择。例如,在自由与秩序方面,新质生产力的特点是创新,而创新离不开充分自由的市场环境,使得资源能够通过价格机制自由流动,并通过竞争机制提供创新激励;但市场主体的自由竞争必须在法治的框架下进行,不得损害国家利益和社会公共利益,具体则表现为政府对各类市场秩序的维护。又如,在效率与公平方面,发展新质生产力要求大幅提高全要素生产率、让各类先进优质生产要素向发展新质生产力顺畅流动,二者的结合有助于提升经济效率、促进经济增长;但与此同时,也可能带来马太效应,直接影响机会公平、竞争公平、分配公平等多种公平。[③] 再如,在发展与安全方面,以新质生产力推动高质量发展,满足人民日益增长的美好生活需要,是社会主义生产的根本目的;但在风险社会,科技进步在促进社会整体有机整体化发展的同时,也不可避免地裹挟着科技本身潜在的风险[④],经济法需要实现对风险的

---

① 冯果,万江.求经世之道 思济民之法——经济法之社会整体利益观诠释[J].法学评论,2004(3):43−50.
② 秦策.法律价值目标的冲突与选择[J].法律科学,1998(3):39−45.
③ 张守文.数字经济发展的经济法理论因应[J].政法论坛,2023(2):38−47.
④ 刘水林.风险社会大规模损害责任法的范式重构——从侵权赔偿到成本分担[J].法学研究,2014(3):109−129.

(四)新质生产力发展过程中经济法调节手段的提质向新

新质生产力发展过程中需要经济法调节手段的提质向新。一般来说,经济法的实施有赖于三类调节手段和机制。第一类是民商事调节手段,民商事法律规范中关于经济主体、产权归属、交易规则等的规定,构成了市场机制得以运行的制度基础,市场主体之间基于私法自治形成的自我管理、自我约束也属于此类机制;第二类是行政调节手段,在政府直接介入市场进行监管以纠正"市场失灵"、弥补"市场缺陷"的领域,如反垄断法、反不正当竞争法、消费者权益保护法等市场规制法领域,行政处罚、行政强制等行政调节手段仍然发挥着主导作用;第三类是国家调节手段,主要适用于宏观调控法领域,国家通过税收政策参与国民收入分配、通过货币政策控制通货膨胀、通过财政政策调节经济活动等,都属于利用国家调节手段实现经济法目的的范畴。经济法的调节手段应当是系统性、先导性、主动性的调节[①],新质生产力及其科技创新对经济发展的巨大作用,促使经济法的调节手段和机制随着科技进步而提质向新。

民商事调节手段方面,经济法要及时适应经济主体结构的演变,对于平台企业这一新型主体,公司制已经不足以解释平台经济的新变化[②],要合理划定平台的权利义务边界,协调平台方与消费者、平台方与劳动者之间的新旧矛盾;制定完善数据资源的确权、流通交易、收益分配等规则,激发数据的财产价值和要素活力;促进数字合约、智能身份认证等新兴数字化、智能化手段的推广应用,提高市场效率、保障交易安全。

行政调节手段方面,经济法要针对新兴产业和数字经济的发展特点,实现监管政策的创新发展;建立跨部门、跨区域的协同监管机制,加强大数据、云计算、区块链、人工智能等科技监管工具的应用,促进监管资源的优化配置和监管

---

① 单飞跃,袁玲,肖洪泳. 第六届全国经济法理论研讨会综述[J]. 法商研究,1999(1):123-128.
② 单飞跃. 数字与智能对经济法主体结构的初步影响[J]. 地方立法研究,2023(4):70-84.

效能的提升;推进企业合规管理、行业自律管理与政府监管数智化衔接[①],探索市场规制由政府主导的"垂直锚定"模式向多元参与的"水平融合"模式转变。

国家调节手段方面,经济法要更加注重宏观经济政策的灵活性和及时性,通过税收政策、货币政策、财政政策、产业政策等手段,及时将科技创新成果应用到具体产业和产业链上;提升产业链供应链韧性和安全水平,保证产业体系自主可控、安全可靠;促进数字经济和实体经济深度融合,打造具有国际竞争力的数字产业集群。[②]

四、新质生产力发展推动经济法的模式创新

(一)规制理念向"规制—治理复合型"发展

1."规制型"经济法现存障碍

从政府介入市场的基本理念来看,立法、行政和司法协同的"规制型"经济法理念已经得到了基本确立。客观来说,改革开放以来我国经济的发展过程,同时也是政府逐渐放松管制、市场主体的活力不断释放的过程。但不可否认的是,当前我国"规制型"经济法在由理念转化为实践时,尤其是在经济法实施的过程中,仍然呈现较强的行政依赖属性。在政府介入以化解"市场失灵"的具体领域和事件中,行政主导色彩依然浓厚,而这不利于新质生产力的发展。

首先,行政主导的规制体系不当地忽视了立法和司法的规制作用。对立法规制的忽视意味着发展新质生产力的措施依据的是政策而非法律,与规制来源于法律而非行政的实质不符[③],而且容易引发行政恣意,出现一哄而上、泡沫化、放弃传统产业等错误做法。对司法规制的忽视会导致规制体系畸形,政府规制的实现是行政机关和司法机关相互关切、共同作用的结果,二者缺一不可,在科

---

① 王伟.数字经济治理体系的运行逻辑——以合作治理为视角的考察[J].电子政务,2023(10):14-27.
② 习近平.高举中国特色社会主义伟大旗帜 为全面建设社会主义现代化国家而团结奋斗——在中国共产党第二十次全国代表大会上的报告[M].北京:人民出版社,2022:31.
③ 薛克鹏.规制的经济法属性及构成要素——《民法典》背景下的经济法理论变革[J].现代法学,2022(3):123-134.

技创新充满不确定性的情形下更应如此,不可畸轻司法而畸重行政。

其次,在行政主导的规制模式下,政府与市场之间的互动以单向指导为主,即政府通过行政手段向市场主体传递信息和规范要求,市场主体则被要求遵循这些信息和规范。政府拥有规制措施的发动权、决策权和权威性,市场主体的地位则相对被动,这与新质生产力的高科技特征之间存在张力。高科技是新质生产力最直接、最亮眼、最突出的特征[①],而市场主体相较于政府对高科技前沿有更加清晰、具体、动态的认识。在发展新质生产力语境下,技术创新的实践者与引导创新的决策者之间脱节的问题更加突出。

再次,由于政府会基于行业、领域、层级等对行政管理部门进行专业划分和职责分工,进而导致某一具体行政管理部门在履行规制职能时往往只关注某个特定的问题或行业,而不考虑其他相关的问题,其目标具有单一性。然而,无论是代表新质生产力自身特点的技术进步或产品创新,还是符合新质生产力发展方向的生产要素或经济形态,都表现出极强的渗透性。[②] 这意味着经济法在规制新质生产力发展时需要综合考虑多方利益,满足多元创新需求,实现跨领域资源整合。

2. 回归"规制型"经济法本源

经济法在回应新质生产力发展时,需要回归"规制型"经济法本源。经济法因应新质生产力发展,法律规范才是手段,政府只不过是法律的执行者。[③] 一方面,国家要加强立法供给,为发展新质生产力划定基本框架和合理边界。规制措施的实施要尽可能以法律为依据,减少政策性措施,防止行政恣意。另一方面,要更好地发挥司法机关的规制作用。尽管政府规制中的多数工作确实需要行政机关来实施,但是司法机关被赋予了一项重要且不可推卸的职责,即解释

---

① 蒋永穆,乔张媛.新质生产力:符合新发展理念的先进生产力质态[J].东南学术,2024(2):52—63,246.
② 谢中起,索建华,张莹.数字生产力的内涵、价值与挑战[J].自然辩证法研究,2023(6):93—99.
③ 陈婉玲.经济法调整:从"权力干预"到"法律治理"[J].政法论坛,2014(1):180—185.

规制法。[①] 制定法解释具有应对"政府失灵"的功能,在回应新质生产力发展中不可或缺。

3.形塑"规制—治理复合型"经济法

为了更好地适应新质生产力的发展趋势,经济法还应将"法律治理"的理念融入规制体系,形塑"规制—治理复合型"经济法。培育壮大新兴产业、布局建设未来产业,是发展新质生产力的重要途径,而新兴产业和未来产业由尚处于探索期的前沿技术所推动,都面临着高度的不确定性。[②] 不确定性则意味着政府规制需要紧随技术进步、产业发展、风险积聚而适时调整,这与法律制度本身的稳定性之间存在一定的矛盾。"治理型"经济法理念的引入,正是为了解决这一矛盾。落实"法律治理",既要在观念上坚持实事求是、因地制宜,避免发展新质生产力的认知误区[③],又要在方法上注重多元主体参与和多元目标权衡,实现科学决策。

(二)规制强度向"干预—轻推复合型"发展

1."命令—控制"模式的弊端

从政府介入市场的强度来看,传统的"干预型"经济法主要采用"命令—控制"模式调制经济,即采取强制性的命令和控制措施,对经济主体的行为进行严格的规范和限制。随着现代市场经济的复杂性和社会生活的多样性日益显著,"命令—控制"模式的弊端已初见端倪。在发展新质生产力问题上,传统的"干预型"经济法存在多方面的局限性。一方面,"一刀切"的规范模式导致调制手段过于刚性。出于对形式公正的追求,"命令—控制"模式的前提是对所有经济主体实施相同的规定和要求,因而忽视了不同经济主体的差异性和特殊性。然而,新质生产力的发展有赖于各类经济主体的创新,统一的、刚性的规则不利于违规承受能力较弱的主体的发展,也无法提供差异化、个性化、精准化的政策供

---

① [美]凯斯·桑斯坦.权利革命之后:重塑规制国[M].钟瑞华,译.北京:中国人民大学出版社,2008:125.
② 李晓华.新质生产力的主要特征与形成机制[J].人民论坛,2023(21):15-17.
③ 涂永红.因地制宜发展新质生产力需避免的认知误区[J].人民论坛,2024(6):34-37.

给和公共服务。另一方面,行政性和强制性容易抑制创新活动和市场活力。传统的"干预型"经济法的实施严重依赖于行政执法,尤其是行政处罚和行政强制,呈现出较强的行政性和强制性。在此情形下,经济主体往往缺乏自主权和选择权,因而容易抑制创新活动、减弱市场活力。

2. "轻推理论"的引入

"轻推理论",又称为"微观激励理论"或"助推理论",源自行为经济学领域。所谓"轻推",是指对选择环境进行微小而不强制性的改变,以引导人们做出更理性、符合长期利益的决策。"轻推"的具体方式包括调整选择环境、提供信息反馈、设置默认选项等。[1] "轻推理论"强调通过正向强化和间接建议,影响群体或个人的行为和决策,但个人仍然有选择自由。[2] 笔者认为,可以将"轻推理论"应用于经济法的制度设计和实施中,形成"轻推型"经济法。这种经济法的特点是采取柔性、温和的手段来引导市场主体的行为,鼓励其自觉遵循规则、规范行为,而不是采取强制性的命令和限制。在"轻推型"经济法下,法律制度更注重通过提供激励机制、优化选择环境、加强信息披露等方式,引导市场主体朝着符合公共利益和长期发展的方向发展,同时保障市场主体的选择自由和竞争环境的公平性。

3. "轻推型"经济法能动回应新质生产力发展

一是营造创新环境,提供创新激励。"轻推理论"认为选择环境对市场主体的决策起着潜移默化且至关重要的作用。"轻推型"经济法可以通过调整选择环境来促进创新。例如,政府可以向符合新质生产力发展方向的业态提供研发税收抵免,对于突破性的技术创新成果提供物质嘉奖,营造鼓励创新的市场环境,引导市场主体自主地将资源投向技术创新。同时,政府可以公开创新激励资金的使用情况,以及优惠政策的落实情况,利用社会比较和群体压力效应,扩大法律和政策的影响范围。

---

[1] [美]理查德·泰勒,[美]卡斯·桑斯坦. 助推:事关健康、财富与快乐的最佳选择[M]. 刘宁,译. 北京:中信出版社,2009:1—15.

[2] 王禄生. 情感计算的应用困境及其法律规制[J]. 东方法学,2021(4):49—60.

二是增强调制措施的弹性和法律制度的适应性。新质生产力的发展伴随着技术的快速变化,因而需要相对灵活的政策和调制措施来支持和推动。传统的刚性法律制度无法适应快速变化的创新环境,而"轻推型"经济法可以提供更具弹性的政策工具。例如,对于新涌现的、游离于传统监管范围边缘的新场景、新业态、新产品,政府可以通过微小的政策调整,如灵活注册、形式审查、附期限的放松监管等措施和机制,来快速适应生产力和市场变化,给予科技创新一定的发展空间,降低市场主体探索技术创新的政策成本和法律风险,实现包容性监管。

(三)规制方法向"限禁—促进复合型"发展

1. "限禁型"经济法及其形成原因

从政府介入市场的方式来看,传统经济法主要倾向于采用对市场主体行为进行限制或禁止的方式[①],因此是一种"限禁型"经济法。从法律史的角度来看,"限禁型"经济法产生于国家管理时代。在这一时期,"限禁"的理念和手段为国家公权力规制市场行为提供了形式正义和规范依据,体现了经济法产生和发展的原始自然状态。然而,随着市场的日益复杂以及政府职能的演变,纯粹的"限禁型"经济法已经不足以实现政府的多元政策目标。实际上,政府自身和理论界也在不断地反思、修正、丰富政府介入市场的手段。尽管我国经济法自改革开放以来发展迅猛,但总的来说属于后发国家,且受到"大政府、小市场"的历史观念影响,以致"限禁型法"仍然是当前我国经济法的主要类型。[②]

2. "限禁型"经济法的时代局限性

一是创新需要容错的环境和机制。[③] 习近平总书记在中共中央政治局第十一次集体学习时强调:"科技创新能够催生新产业、新模式、新动能,是发展新质生产力的核心要素。"[④]新质生产力的发展离不开创新,而创新本身具有高风险

---

① 刘大洪."中国式现代化"与有为政府的经济法促进[J].政治与法律,2023(8):2-15.
② 焦海涛.论"促进型"经济法的优越性[J].安徽大学学报(哲学社会科学版),2010(4):147-156.
③ 王秀华,郭琦,陈泽文.科技创新容错机制:现实困境、概念界定与理论模型[J].中国科技论坛,2022(12):99-107.
④ 加快发展新质生产力 扎实推进高质量发展[N].人民日报,2024-02-02:1.

性和不确定性。"限禁型"经济法往往以严格的规定和制约为主,对创新活动存在较多限制和禁止,导致创新者在面临失败时缺乏容错机制,承担的风险过大。

二是"限禁型"经济法运行中存在"信息悖论",即执法的有效性过于依赖信息,执法的严厉性又限制了信息收集的渠道。[1] 在科技创新领域,信息的不对称性和不确定性较高,"限禁型"经济法难以获取准确的信息来进行有效的监管和执法,导致监管不到位或过于严厉,不利于促进新质生产力的健康发展。

三是"限禁型"经济法存在运行成本较高,且以事后调整为主,不利于以系统层面防范和化解科技创新裹挟着的各类风险。"限禁型"经济法虽以严厉的执法方式被认为可有效抑制科技创新风险,但实际上存在执法资源有限、"选择性执法"、以事后处罚为主等问题,这些因素限制了其对科技创新潜在风险的预防和管理能力。

3."促进型"经济法回应新质生产力发展的两个侧面

在发展新质生产力的语境下,"促进型"经济法主要采用引导性的运作模式,具体可以从事前和事后两个方面来理解。

首先,在事前,政府不会直接干预企业的经营活动,而是通过设置各类鼓励性、优惠性的手段或机制,激励并引导企业从事国家所期望的行为。这包括提供税收优惠、贷款支持、技术创新奖励等政策措施,以鼓励企业投入新质生产力的研发和应用中。政府还可以通过建立科技创新基地、孵化器和技术转移中心等平台,为企业提供技术支持和资源整合,以促进新质生产力的发展。这种前瞻性的政策措施为企业创造了有利的法律环境,鼓励其积极投身于新质生产力的探索和实践。

其次,在事后,政府采取合作模式而非对抗模式,来妥善处理法律执行过程中当事人之间的紧张关系。[2] 这意味着,当发现市场主体违反法律法规时,政府不会简单地采取严厉的处罚措施,而是倾向于与违规企业合作,共同探讨解决

---

[1] 焦海涛.论"促进型"经济法的优越性[J].安徽大学学报(哲学社会科学版),2010(4):147—156.
[2] 焦海涛.论"促进型"经济法的运行机制[J].东方法学,2011(5):49—56.

问题的方式。通过采取合作性的法律执行方式,政府可以更好地理解企业的困难和需求,为其提供更多的支持和帮助,鼓励企业积极主动地改进经营方式、提升产品质量,从而促进新质生产力的不断发展和壮大。这种合作性的法律执行方式不仅有利于维护市场秩序的稳定,还能够激发企业的创新活力,推动新质生产力的持续创新和进步。

五、经济法促进新质生产力发展的回应路径

(一)经济主体制度的创新发展

1.保障市场在资源配置中的决定性作用,规范政府权力行使,以市场机制的发挥来引导新质生产力发展方向

发展新质生产力,有必要通过全面深化改革,破除束缚新质生产力发展的各种障碍,构建适应发展要求的制度体系与治理体系。其中,在国家干预主体制度方面,要明确政府地位、厘清政府权责、规范权力行使。政府在发展新质生产力过程中的角色定位,应当是宏观政策的制定者,而非微观政策的实施者,要通过法律手段遏制政府过往的"父爱式"干预。[①] 发展新质生产力以社会主义市场经济体制为制度基础,要发挥市场在资源配置中的决定性作用,以市场机制促进各类先进优质生产要素向发展新质生产力顺畅流动。[②] 不断完善落实"两个毫不动摇"的体制机制,一视同仁保护不同所有制企业公平参与市场竞争权利,以竞争机制激励科技创新及其市场应用。

2.强化企业的科技创新主体地位,加快推进民营经济促进法立法进程,实现民营经济高质量发展与新质生产力培育良性互促

支持民营企业承担国家重大科技战略任务,鼓励民营企业广泛参与关键核心技术攻关。持续破除民营企业在战略性新兴产业的市场准入壁垒,加大国资央企主导的产业链供应链对民营企业的开放力度。坚持民间投资以市场为主

---

① 刘志云,刘盛.供给侧改革背景下的经济法:挑战与回应[J].政法论丛,2017(4):3-13.
② 加快发展新质生产力 扎实推进高质量发展[N].人民日报,2024-02-02:1.

导,发挥民间资本在把握创新方向、凝聚创新人才等方面的积极作用。动员民营企业助推新型工业化与产业现代化,引导民营经济布局新兴产业和未来产业,适当给予民营企业创新资金支持、技术改进补贴和税收优惠减免。① 完善现代企业制度,弘扬新时代企业家精神,激发创新创造内在动力,使民营企业成为发展新质生产力的重要力量。②

3.壮大基础设施型社会中间层主体,弥合数字鸿沟,使不同地区、各类主体都能从新质生产力发展中受益

社会中间层主体为政府干预市场、市场影响政府和市场主体之间相互联系起着中介作用。③ 在新质生产力与数字经济融合发展的时代背景下,数字基础设施、基于数字基础设施的数字平台以及数字生态系统,为技术进步和商业模式创新提供了重要支撑。以网络基础设施、信息服务基础设施、算力基础设施、公共服务基础设施等为代表④,数字基础设施成为重要的新型社会中间层主体。政府要加快新型基础设施建设,尤其是对数字资源较为稀缺的地区加强投入。通过缩小接入鸿沟弥合数字鸿沟,以连通性的增强和接入面的扩大挖掘创新潜力。⑤ 同时,也能让更多地区、更多的人从新质生产力和数字经济的融合发展中受益。

(二)宏观调控制度的创新发展

1.持续健全新型举国体制,以关键共性技术突破推动新质生产力涌现

按照经济规律办事,完善中国特色社会主义宏观调控政策体系,实现"有效市场"和"有为政府"的有机相融。⑥ 新质生产力的形成以前沿技术领域的突破

---

① 周文,李雪艳.民营经济高质量发展与新质生产力:关联机理与互动路径[J].河北经贸大学学报,2024(2):1—10.
② 陈清.深刻把握发展新质生产力的实践要求[N].中国社会科学报,2024-04-24:4.
③ 张占江.政府与市场和谐互动关系之经济法构建研究——以社会中间层主体为路径[J].法律科学,2007(3):87—96.
④ 优化升级数字基础设施[N].经济日报,2022-11-14:11.
⑤ 邱泽奇,张樹沁,刘世定,许英康.从数字鸿沟到红利差异——互联网资本的视角[J].中国社会科学,2016(10):93—115,203—204.
⑥ 陈云贤.中国特色社会主义市场经济:有为政府+有效市场[J].经济研究,2019(1):4—19.

式创新为前提,这就离不开重大科技项目攻关。[1] 要发挥国家发展规划的战略导向作用,围绕国家战略需求把政府、市场、社会有机结合起来。[2] 整合科技创新资源,研发通用底层技术,以新型举国体制实施重大科技项目攻关,补齐发展短板。

2. 培育发展数据要素市场,构建适应新质生产力发展的数据产权制度体系

新质生产力是以数字技术为代表的新一轮技术革命引致的生产力跃迁。与以往技术革命相比,数据作为新型生产要素发挥了重要作用。[3] 进一步巩固和激发数据要素的驱动作用和乘数效应,加快培育数据要素市场,确立数据的权属和交易规则,打通数据资源的生产、确权、共享、交易、应用等一系列环节,形成数据资源价值链。政府和企业要树立融合发展意识,合作推动企业构建数据能力,促进企业要素使用、要素配置和创新等关键能力提升。[4]

3. 推动"科技—金融—产业"良性循环,以优质金融供给保障新质生产力发展

中央金融工作会议明确指出:"把更多金融资源用于促进科技创新、先进制造、绿色发展和中小微企业。"[5]发展新质生产力离不开金融的"供血"作用。要以市场需求为导向,更好发挥政府投资基金作用。围绕新质生产力相关的产业链、创新链、价值链,布局和完善资金链。[6] 引导多元化融资渠道互补互促,完善注册制配套监管机制,深层次优化投资者结构治理,发挥资本市场作为融资渠道的创新激励效应。[7] 坚持金融服务实体经济根本宗旨,防范金融与科技交互

---

[1] 石建勋,徐玲.加快形成新质生产力的重大战略意义及实现路径研究[J].财经问题研究,2024(1):3—12.

[2] 赵峰,季雷.正确把握新质生产力的科学内涵和发展规律[N].中国社会科学报,2024-04-10:2.

[3] 戚聿东,徐凯歌.加强数字技术创新与应用 加快发展新质生产力[N].光明日报,2023-10-03:7.

[4] 欧阳日辉.数据要素促进数字经济和实体经济深度融合的理论逻辑与分析框架[J].经济纵横,2024(2):67—78.

[5] 中央金融工作会议在北京举行 习近平李强作重要讲话 赵乐际王沪宁蔡奇丁薛祥李希出席[N].人民日报,2023-11-01:1.

[6] 盛朝迅.新质生产力的形成条件与培育路径[J].经济纵横,2024(2):31—40.

[7] 林春,文小鸥.资本市场赋能新质生产力形成:理论逻辑、现实问题与升级路径[J].深圳大学学报(人文社会科学版),2024(2):66—75.

中的资本虚拟化、垄断化等问题[1],为新质生产力发展提供实质性金融支撑。

4. 坚持实事求是、因地制宜、分类指导,为各地发展新质生产力提供基本遵循

习近平总书记指出:"一个城市是不是就靠一业来发展,那不一定。靠几业,靠什么业,都要一把钥匙开一把锁,根据具体情况去定,不能下单子。"[2]国家宏观调控政策促进新质生产力发展要以问题为导向,立足中国国情,统筹发展全局。各地区应立足本地资源禀赋和优势条件,实现对宏观政策的精准理解和正确把握,避免出现"一刀切""一锅煮"等情况。要尊重发展的特殊性、差异性、多样性,注重长期效果,不贪图短期利益,科学拓展新质生产力的发展空间。[3]

(三)市场规制制度的创新发展

1. 引入场景化规制理念,为新质生产力发展设置差异化的规范路径

新质生产力的代表性技术具有场景驱动式创新的特点。算法、大数据、人工智能等技术应用场景的广泛性,宣告着场景化时代的到来。[4] 市场规制法及其实施需要顺应场景主义理念,即认识到不同的场景需要不同的处理方式,而不是"一刀切"地采取通用的规则或标准。[5] 场景化规制要求规制者依照不同场景中的技术特征、市场主体的合理预期,以及利益受损害的程度,对特定技术采取具有针对性的法律规制手段。[6] 对具体正义的追求,以及规制事实本身的场景性和复杂性,是市场规制法场景化实施的理论依据和事实依据。[7]

2. 采用敏捷治理模式,以"小快灵"立法为新质生产力发展加强制度供给

新一轮产业革命发展迅猛,技术变革日新月异,规制法需要快速自我调整以适应市场变动。敏捷治理模式既考虑到技术的创新性,也兼顾了规制组织的

---

[1] 刘新刚. 加强资本治理 大力释放新质生产力[N]. 中国社会科学报,2024-02-24:1.
[2] 习近平总书记两会"下团组" "一把钥匙开一把锁"[N]. 人民日报,2023-03-06:1.
[3] 侯耀文. 因地制宜发展新质生产力[N]. 光明日报,2024-04-12:4.
[4] 莫琳. 敏感个人信息的界定及其完善[J]. 财经法学,2023(2):21-55.
[5] 杨贝. 个人信息保护进路的伦理审视[J]. 法商研究,2021(6):31-45.
[6] 姜野. 人脸识别技术应用的场景化法律规制[J]. 法制与社会发展,2023(1):208-224.
[7] 靳文辉. 论公共规制的"情境化"实施[J]. 甘肃政法大学学报,2024(2):22-33.

统一性①,符合发展新质生产力的治理需求。敏捷治理模式不再由单一的政府主导,而是政府、企业、社会组织等多方利益主体共同参与,以迅速跟进技术的快速变化。在治理工具层面,责任严明的"硬法"和重在提供方向引导和行动指南的"软法"同时并举。② 反映到立法形式层面,则意味着不能仅限于"大块头"的高位阶法,同时也要针对发展新质生产力的实际需要,积极开拓"小快灵"的立法模式。以"小切口"规章应对发展新质生产力中的具体问题,从而增强法治保障的针对性、适用性、可操作性。

3.发扬先行先试基本经验,通过地方立法增强市场规制法对新质生产力的适应性

坚持顶层设计、科学布局与试点探索、先行先试相结合,是中国特色社会主义法治发展的基本经验。③ 当前,我国培育新质生产力的内生动力不断增强,但是区域发展不平衡,表现出较为明显的区域聚集性。经济发达的东南沿海地区,新质生产力发展程度普遍较高。④ 对此,要发挥地方立法的引领和推动作用,通过新质生产力发展较快、法治基础较好的地方先行先试,为国家立法提供经验。市场规制法直面科技创新和产业变革一线,要适度松绑地方立法权限,盘活地方立法资源。⑤

(四)风险防范制度的创新发展

1.探索与新质生产力发展相匹配的监管沙盒机制,应对科技创新应用过程中的潜在风险

在风险社会,科技创新在造福人类的同时,也不可避免地裹挟着科技本身潜在的、可能危害人类生活的风险。⑥ 在符合新质生产力发展方向的技术进步

---

① 毕文轩.生成式人工智能的风险规制困境及其化解:以 ChatGPT 的规制为视角[J].比较法研究,2023(3):155—172.
② 邓悦,许弘楷,王诗菲.人工智能风险治理:模式、工具与策略[J].改革,2024(1):144—158.
③ 张文显.中国法治40年:历程、轨迹和经验[J].吉林大学社会科学学报,2018(5):5—25,204.
④ 郭锦辉.中国新质生产力区域发展观察[N].中国经济时报,2024—04—16:3.
⑤ 向立力.地方立法发展的权限困境与出路试探[J].政治与法律,2015(1):66—78.
⑥ 刘水林.风险社会大规模损害责任法的范式重构——从侵权赔偿到成本分担[J].法学研究,2014(3):109—129.

中,也必然存在着此类科技创新与潜在风险并存共生的情形。对此,监管沙盒是一种有效的应对机制,其实质是通过有条件、有限度、有控制的放松监管,在科技创新及其应用轮廓尚不清晰、规则尚待生成的领域,更好地平衡创新与监管、创新与规范、创新与风险之间的关系。[①] 在发展新质生产力的语境下,监管沙盒机制可以从划定适用区域、明确准入门槛、明确豁免规则、限制适用时间四个方面进行制度框架设计[②],从而更好地应对科技创新应用过程中的潜在风险。

2. 确立包容审慎监管原则,建立容错机制,为新质生产力发展留存空间

新质生产力能够催生新产业、新模式、新动能。包容审慎监管,是我国面对经济发展新形态提出的创新规制策略,其规制目标是实现发展与安全之间的动态平衡。[③] 发展新质生产力,需要重申包容审慎监管原则,为科技创新及其应用留足必要的发展时间与试错空间。在风险防范问题上,同样需要确立包容审慎原则。技术进步是保障技术安全的根本措施,不发展是最大的不安全。政府要通过建立试验机制和容错机制,营造鼓励创新、宽容失败的良好氛围,激励市场主体探索创新,促成监管的包容审慎。同时辅之以承压测试机制,根据公共风险的大小适时适度干预[④],将风险抑制在政府可控范围之内。

六、结语

"新质生产力"是我国立足于经济发展时代特征提出的新经济概念,"加快形成新质生产力"是我国经济发展的新课题。[⑤] 在发展新质生产力、赋能高质量发展的过程中,法律制度发挥着基础性、保障性作用,而在众多法律部门中,经济法又是与发展新质生产力之间联系最紧密、传导最直接、影响最显著的法律部门。基于经济法的回应性理论,通过新质生产力要素的引入、政府与市场关

---

① 廖凡. 论金融科技的包容审慎监管[J]. 中外法学, 2019(3): 797-816.
② 张凌寒,于琳. 从传统治理到敏捷治理:生成式人工智能的治理范式革新[J]. 电子政务, 2023(9): 2-13.
③ 卢超. 包容审慎监管的行政法理与中国实践[J]. 中外法学, 2024(1): 143-160.
④ 刘权. 数字经济视域下包容审慎监管的法治逻辑[J]. 法学研究, 2022(4): 37-51.
⑤ 高帆. "新质生产力"的提出逻辑、多维内涵及时代意义[J]. 政治经济学评论, 2023(6): 127-145.

系的再审视、价值目标的再平衡、调节手段的再优化,经济法得以能动回应新质生产力的发展。在这一过程中,经济法自身也实现了理论的创新发展,突出表现为规制理念、规制强度、规制方式的演变与向新。将回应理念和创新模式对应至经济法治理体系,实现经济主体制度、宏观调控制度、市场规制制度、风险防范制度的适应性变革,能够促进形成新质生产力发展中的"良法善治"格局。

第八章 适应新质生产力发展的财税金融制度研究

AIGC 新质生产力的产业支持政策研究

一、AIGC 为什么成为新质生产力的典型代表

新质生产力是一种生产力的跃迁,具有创新性、高效能、高质量等特征,其核心要素是科技创新,也是引领全球创新性可持续发展的关键驱动要素,从而催生新产业、新模式、新动能。

AIGC,即生成式人工智能(Artificial Intelligence Generated Content),正在数字经济领域扮演着越来越重要的角色。AIGC 依托高性能计算平台、云计算服务等算力资源、数据资源和网络基础设施,通过深度学习和自然语言处理,利用计算机视觉等领域的先进技术,实现文本生成、图像识别、语音合成、自动化编程等,为用户提供丰富的智能化服务。

AIGC 之所以成为新质生产力的典型代表,是因为它具备以下几个方面的特殊性:一是创新驱动方面,AIGC 是科技创新的产物,通过算法和大量数据学习,能够创造出新的、原创的内容,这是传统生产力所不具备的。二是高效能与高质量,AIGC 能够以前所未有的速度和质量生成新内容,在内容创作、数据分

本章作者简介:范琦,上海立信会计金融学院财税与公共管理学院副教授;冯经纶,上海财经大学图书馆馆员。

析、决策支持等领域具有显著优势。三是多模态能力，AIGC技术能够同时理解并生成语言、图像、视频、音频等多种模态的内容，这种跨模态的生成能力是其独特的优势。四是智能化与自动化，AIGC实现了内容生成的自动化和智能化，减少了对人工的依赖，提高了生产效率和降低了成本。五是数据依赖性，AIGC将数据视为核心资源，通过深度学习和数据挖掘技术，能够从大量数据中发现模式和知识，这是其生成高质量内容的基础。六是泛化与适应性，AIGC具备良好的泛化能力，能够适应不同的应用场景和需求，生成多样化的内容。七是推动产业升级，AIGC技术的发展和应用，推动传统产业的数字化转型，促进新兴产业的发展，构成产业升级的重要推动力。八是社会影响深刻，AIGC技术的发展对社会生产方式、就业结构、教育模式等方面产生了深远的影响，成为社会进步的重要标志。总体而言，AIGC通过创新的方式，改变了传统的生产模式和生产关系，提高了生产效率和产品质量，促进了经济的高质量发展。AIGC的发展也对教育、文化、艺术等领域产生了积极的影响，推动了社会的整体进步。

在当前人工智能技术的快速发展背景下，许雪晨等（2023）在其研究中深入探讨了AIGC技术的演进历程及其在产业中的应用机遇，为理解AIGC技术如何推动产业变革提供了重要视角。唐林垚（2023）则聚焦ChatGPT等AIGC技术在法律规制方面的挑战与机遇，提出了具身伦理下的中国路径，为AIGC技术的法律框架构建提供了新的思路。何哲等（2023）分析了ChatGPT等AIGC技术对社会的广泛影响，并探讨了相应的治理策略，为AIGC技术的社会责任与伦理治理提供了理论支持。陈永伟（2023）则从更宏观的角度审视了生成式AI的发展机遇与挑战，对AIGC技术的未来发展进行了前瞻性分析。这些研究共同构成了对AIGC技术及其影响的全面认识，为学术界和产业界的决策提供了宝贵的参考。

目前AIGC正处于大模型、大数据和大算力支撑下的快速发展期，但仍然面临核心技术攻关、行业发展规范完善、良好行业生态构建等挑战。国外对AIGC产业的扶持政策包括研发投入、税收优惠、人才培养和知识产权保护等，以促进技术创新、产业链完善、市场活力增强和国际竞争力提升。Vaswani

(2017)指出产业政策在 AIGC 技术的发展中扮演了至关重要的角色,政府通过研发资助、税收优惠、政府采购等手段,有效降低了企业的创新成本和风险。Culhane(2019)分析了美国、加拿大等国家在 AI 领域的政策环境,以及政府研发资助在促进 AIGC 技术发展中的重要作用。当然政策制定中要考虑风险控制和社会责任的承担(Taddeo 和 Florid,2018),如 AIGC 的安全和隐私问题,数据加密和区块链等(Wang 等,2023)。在最新的研究中,Cao 等(2023)分析了 AIGC 在单模态和多模态交互中的最新进展,Zhang 等(2023)肯定了 AIGC 在信息资源管理的优势。

特别在数字经济中,AIGC 发挥着提高生产效率、创新商业模式、促进产业升级、推动知识传播和增强用户体验等多重功能和作用。随着技术的不断进步和应用的不断拓展,AIGC 将在未来数字经济的发展中发挥更重要的作用。而对人类知识整合、高质量自然语言接口的提供,以及广泛的智力工作能力,可能导致劳动替代和工作变革,进而对教育、科研等领域产生深远影响。AIGC 技术的应用领域正在从目前的文本、图像、音频等内容创作,拓展到更多行业,如教育、娱乐、广告、法律等,为这些行业带来新的变革和发展机遇。

根据华经产业研究院的数据,2022 年中国 AIGC 行业核心市场规模为 11.5 亿元,2023 年达到 79.3 亿元,2026 年将增长至 1 665.3 亿元。① 这一增长速度反映了 AIGC 技术在中国市场的广泛接受和应用。中国政府对 AI 产业的支持力度也在不断加大,从国家层面到地方政府,都出台了一系列扶持政策,包括资金支持、税收优惠、人才培养等,为 AIGC 产业的发展提供了良好的政策环境。

二、AIGC 新质生产力产业支持政策的重要性与必要性

AIGC 正在全球范围内推动着各行各业的数字化转型,在此新的科技浪潮契机,中国必须深度参与其中。中国作为世界上最大的互联网市场之一,对

---

① 华经产业研究院.2023—2029 年中国 AIGC 行业竞争格局及投资战略规划研究报告[R].2023:69-71.

AIGC技术的发展前景给予了高度重视。但我国AIGC技术的创新和产业生态化与欧美发达国家相比，还存在一定的差距，这不仅制约了我国在全球科技竞争中的地位，也影响了经济的高质量发展和国家的战略安全。基础研究与核心技术方面，欧美国家在AIGC的基础研究和核心技术方面起步较早，拥有较为深厚的技术积累和创新能力，我国在算法创新、模型优化等方面与国际先进水平相比仍有差距。高端人才储备方面，AIGC技术的发展需要大量高水平的科研人员和工程师，欧美国家在高等教育和人才培养方面具有优势，能够为AIGC技术的发展提供充足的人才支持，相比之下，我国在这一领域的高端人才储备尚显不足。产业生态构建方面，欧美发达国家在AIGC产业生态的构建方面较为成熟，拥有完善的产业链和创新生态，能够促进技术的快速转化和应用，而我国在产业生态的构建方面尚处于起步阶段，需要进一步加强产业链上下游的协同和创新生态的培育。政策环境与支持方面，欧美国家政府在AIGC技术的发展上给予了较多的政策支持和资金投入，为技术的研发和产业化提供了良好的环境，我国虽然也出台了一系列政策，但在政策的落地和执行力度上还有待加强。市场需求与应用场景方面，欧美国家在AIGC技术的市场需求和应用场景方面较为丰富，为技术的发展提供了广阔的空间，而我国在这一方面的探索和应用还不够广泛，需要进一步开拓市场和应用领域。

为了促进AIGC产业的健康成长，政府有必要通过产业支持政策对企业开发创新行为给予一定的支持。国家产业政策通过法律法规、规划计划、财政税收等手段，对产业的发展方向、速度、结构和布局进行引导和调控。我国目前的AIGC产业政策是虽有但不全面，虽定但落地尚存困难。在AIGC产业的发展过程中，国家产业政策的制定、优化和实施，可以为产业的健康成长提供必要的外部条件和环境，促进产业资源的合理配置，提高产业的整体竞争力。通过科学合理的产业政策引导和支持，促进AIGC产业的技术创新、产业升级和市场拓展，提高产业的整体竞争力和可持续发展能力，我国将在全球科技竞争和经济转型中赢得主动和优势。

（一）技术创新的激励

技术创新是推动 AIGC 产业发展的核心动力。中国政府通过研发费用加计扣除、高新技术企业税收优惠等措施，降低了企业的税收负担，激励企业增加研发投入。这些政策的实施，使得企业能够将更多的资金用于技术研发，加速了 AIGC 技术的创新和应用。特别是在大模型、自然语言处理、计算机视觉等关键技术领域，产业政策的支持对于推动技术突破和产业升级具有重要意义。

（二）产业生态的培育

AIGC 产业的发展不仅需要技术创新，还需要一个健全的产业生态。产业政策通过支持人才培养、技术平台建设、市场推广等环节，可以促进 AIGC 产业链的完善。例如政府对 AIGC 企业提供的税收减免，使得企业有更多的资源投入人才培养和引进，这对构建具有国际竞争力的人才队伍至关重要。另外，政府对 AIGC 产业的投资和补贴也加速了产业生态的形成和完善。

（三）国际竞争力的提升

在全球化的背景下，AIGC 产业的国际竞争日益激烈。中国政府通过产业政策支持 AIGC 企业参与国际合作与交流，提升了中国企业的国际竞争力。税收优惠政策鼓励企业开展国际科技合作，共享研究成果，这对于中国 AIGC 企业在全球市场中占据一席之地具有积极作用。政府对出口型 AIGC 产品和服务给予税收优惠，也有助于中国 AIGC 企业拓展国际市场。

产业支持政策对于 AIGC 新质生产力的发展具有特别的重要性。这些政策的实施，可以有效促进技术创新，培育产业生态，提升国际竞争力，推动经济社会的全面发展。面对未来的发展挑战，政府应持续优化产业政策，为 AIGC 产业的健康成长提供坚实的政策支持。

尽管产业政策在促进 AIGC 产业发展方面取得了一定成效，但仍面临一些挑战，如技术发展的不确定性、市场竞争的激烈、知识产权保护的复杂性等问题。为了应对这些挑战，政府需要不断完善产业政策，加强政策的针对性和实效性。同时政府还需要加强与企业的沟通，了解企业的实际需求，确保政策能够真正解决企业发展中的难题。

三、国外 AIGC 产业扶持政策及其效果分析

为了促进 AIGC 产业的健康成长,许多国家出台了一系列扶持政策,旨在通过资金支持、税收优惠、人才培养、知识产权保护等措施,推动 AIGC 技术的创新和应用。

(一)美国的 AIGC 产业扶持政策及效果

美国政府对 AIGC 产业的支持主要体现在研发投入和人才培养上。美国国家科学基金会(NSF)和国防高级研究计划局(DARPA)等机构为 AIGC 相关研究提供了大量资金。美国政府还通过税收优惠等措施鼓励企业进行技术创新。

美国政府高度重视人工智能技术的发展,认为 AIGC 技术是推动经济增长、提升国家竞争力的关键。因而通过了一系列政策措施,旨在促进 AIGC 技术的研发、应用和商业化。政策内容涵盖多个方面:研发投资上,美国政府通过国家科学基金会(NSF)、国防高级研究计划局(DARPA)等机构,为 AIGC 相关研究提供资金支持。税收激励上,通过提供税收优惠,鼓励企业增加研发投入,加速技术创新。人才培养上,通过教育和移民政策,吸引和培养 AIGC 领域的高端人才。国际合作上,推动国际科技合作,共享研究成果,共同制定国际标准。监管框架上,制定相应的监管政策,确保 AIGC 技术的安全和合规应用,如通过国家标准与技术研究院(NIST)参与制定人工智能标准。

美国的 AIGC 产业在全球处于领先地位,拥有众多知名的 AIGC 企业和创新项目,如 OpenAI 的 GPT 系列与 Sora,谷歌的 DeepMind 与 Gemini,微软的 Azure、Copilot、Bing、Fabric 等,产业生态日益完善,形成了从基础研究到应用开发的完整产业链。扶持政策有效地促进了技术创新和人才培养,但也带来了监管和伦理问题,如数据隐私、算法偏见等。

(二)欧盟的 AIGC 产业扶持政策及效果

欧盟意识到 AIGC 技术在推动经济增长和社会进步方面的潜力,同时也意识到伴随技术发展而来的风险。欧盟的政策旨在平衡创新激励与风险控制,确保 AIGC 技术的健康发展。

欧盟通过地平线2020计划等项目为AIGC研究提供资金支持,并制定了严格的数据保护法规(如GDPR)来规范AIGC产业的发展。欧盟还通过了《人工智能法案》(AI Act),旨在为AIGC产业提供一个清晰的法律框架,法案中提出了风险分级监管、市场准入制度、监管沙盒等制度,以确保AIGC技术的安全性和合规性。

欧盟支持人工智能算法、框架等基础技术的自主创新和推广应用,鼓励采用安全可信的软件、工具、计算和数据资源。欧盟推动国际科技合作,共享研究成果,共同制定国际标准,以提升全球AIGC产业的整体竞争力。

欧盟的AIGC产业扶持政策在促进技术创新、确保风险管理和推动产业可持续发展方面取得了积极效果。通过立法支持、风险管理和国际合作等措施,欧盟为AIGC产业的发展提供了坚实的基础。随着技术的发展和市场的变化,欧盟需要持续评估和调整其政策,以应对新的挑战和机遇。

(三)其他国家的AIGC产业扶持政策及效果

英国政府通过"创新英国"(Innovate UK)等机构为AIGC企业提供资金支持,并推出了一系列税收优惠政策。英国的AIGC产业扶持政策在推动产业发展方面取得了一定成效,特别是在教育、医疗和金融服务等领域。英国还通过建立人工智能研究和创新中心,加强人才培养和国际合作。但英国脱欧后的政策不确定性对AIGC产业的国际合作和人才流动带来了挑战。

加拿大、澳大利亚等国家也通过国家战略和资金支持来推动AIGC产业的发展,如加拿大政府推出了AI战略,旨在通过投资研发和人才培养来建立强大的AIGC产业。

总体来说,国外对AIGC产业的扶持政策在促进技术创新、人才培养和产业发展方面取得了一定成效,但也面临着监管挑战、伦理和国际竞争等方面的问题。未来随着AIGC技术的不断进步和应用领域的拓展,各国政府需要在支持产业发展的同时,更加注重监管和伦理问题的解决,以实现AIGC产业的可持续发展。

四、适合中国国情的 AIGC 新质生产力的产业支持政策

在中国,AIGC 正逐渐成为推动经济发展的新引擎。中国政府已经将 AIGC 产业纳入国家战略,通过政策扶持使创新文化与科技产业深度融合,为 AIGC 产业的发展创造良好的环境。

政府通过产业政策积极引导市场资源向 AIGC 产业集聚,同时充分发挥市场在资源配置中的决定性作用,鼓励企业加大研发投入,推动 AIGC 技术的创新和应用,注重产业的绿色发展和资源节约。同时营造公平的市场环境,防止市场垄断,建立有效的风险防控机制,确保产业健康发展。

(一)研发费用加计扣除

中国政府高度重视科技创新,特别是在人工智能领域。为了推动 AIGC 技术的发展和应用,政府出台了一系列税收优惠政策,其中研发费用加计扣除政策是重要的一环。这些政策旨在降低企业的税收负担,激励企业增加研发投入,从而加速技术创新和产业升级。

在加计扣除比例上,根据最新的政策指引,企业开展研发活动中实际发生的研发费用,未形成无形资产计入当期损益的,在按规定据实扣除的基础上,自 2023 年 1 月 1 日起,再按照实际发生额的 100% 在税前加计扣除;形成无形资产的,按照无形资产成本的 200% 在税前摊销。研发活动界定为获得科学与技术新知识,创造性运用科学技术新知识,或实质性改进技术、产品(服务)、工艺而持续进行的具有明确目标的系统性活动。

通过加计扣除政策,企业的研发成本得到了实质性的降低,这将鼓励企业增加研发投入,尤其是在 AIGC 等高新技术领域。从而有助于推动企业进行技术创新,加快科技成果转化,提升企业的核心竞争力。

AIGC 研发费用加计扣除政策成为中国政府推动科技创新、促进产业升级的重要举措。通过这一政策,企业能够获得更多的资金用于研发活动,加速 AIGC 技术的发展和应用,从而在数字经济时代抢占先机。政策的实施也需要企业加强内部管理,确保研发费用的准确归集和合规申报,以充分享受政策红利。

（二）高新技术企业税收优惠

政府通过税收优惠政策，旨在降低高新技术企业的税收负担，激励企业进行技术创新和研发投入。对于认定为高新技术企业的 AIGC 公司，可以享受所得税优惠政策，降低企业税负，增强企业竞争力。

高新技术企业可以享受减按 15% 的税率征收企业所得税的优惠，相比于一般企业的 25% 税率，这一政策显著降低了企业的税负。高新技术企业和科技型中小企业的亏损结转年限由 5 年延长至 10 年，有助于企业在面临经营亏损时，能够在更长的时间内弥补亏损，减轻财务压力。当然企业须同时满足一系列条件，包括注册成立时间、知识产权所有权、产品（服务）技术领域、科技人员比例、研发费用比例、高新技术产品（服务）收入比例等。

税收优惠政策降低了企业的研发成本，提高了企业进行研发活动的积极性，促进了技术创新和产品升级。通过税收优惠，政府鼓励企业采用先进技术，推动产业结构向高新技术产业转型，提升整体产业竞争力。税收减免增加了企业的现金流，为企业提供了更多的资金用于市场开拓、人才引进和品牌建设，从而增强企业的市场竞争力。

中国 AIGC 高新技术企业税收优惠政策是政府推动科技创新、促进产业升级的重要手段。政策不仅减轻了企业的税收负担，还为企业提供了更多的资源进行研发和技术创新，有助于提升中国在全球 AIGC 领域的竞争力。

（三）人才培养与引进税收减免

对于企业引进的高层次人才，政府可以提供个人所得税的减免，吸引更多优秀人才加入 AIGC 产业。通常针对政府认定的高层次人才，包括但不限于国家"千人计划""万人计划"专家，以及各省市认定的高层次人才。符合条件的人才可享受个人所得税的减免，例如一些地区对符合条件的高端人才实施较低的个人所得税税率，或者对其在一定时间内的收入给予免税或减税待遇。除了个人所得税的减免外，政府还提供其他激励措施，如住房补贴、子女教育支持、科研经费配套等，以吸引人才。

税收优惠政策有助于吸引国内外高端人才来华工作和创业，特别是在

AIGC等高新技术领域。培养和引进人才，可以加速AIGC技术的创新和应用，推动产业的快速发展。税收优惠政策提升了中国在全球AIGC行业的竞争力，有助于形成国际人才高地。

中国AIGC人才培养与引进的税收减免政策是政府推动行业发展、提升国际竞争力的重要手段。政策不仅能够吸引和留住高端人才，还能够促进技术创新和产业升级。政策的实施需要有效的监管和评估机制，以确保政策目标的实现，并根据实际情况适时调整。

（四）产业升级与转型支持

政府还可以提供财政补助，支持传统产业通过AIGC技术进行数字化转型，提升产业整体竞争力。

《新一代人工智能发展规划》（国发〔2022〕35号）等政策文件明确了AIGC产业的发展目标和战略方向，提出了到2030年将人工智能理论、技术与应用总体达到世界领先水平的目标。政府通过财政资金支持AIGC相关研究和产业化项目，包括基础研究、技术开发、人才培养等方面。政府通过高等教育和职业培训体系，培养AIGC相关人才，同时吸引海外高端人才回国工作。政府和企业设立的产业基金也在支持AIGC产业的发展，特别是在关键技术和市场推广方面。一些成熟的AIGC企业通过上市融资，获取更大规模的资金支持，加速产业布局。

中国AIGC产业的升级与转型得到了政策、技术、市场和资本等多方面的支持。政府的战略规划和资金投入为产业发展提供了坚实的基础，技术进步和市场需求的增长为产业提供了持续的动力，而资本市场的活跃则为产业的快速发展提供了必要的资金保障。随着这些因素的共同作用，中国AIGC产业有望在未来实现更大规模的发展和更深层次的转型。

（五）AIGC新质生产力国家层面产业政策与地区产业扶持政策的配套

国家层面的产业政策为AIGC产业的发展提供了宏观指导和基础支持。地区产业扶持政策则更加注重满足AIGC产业发展的具体需求，以及根据地方产业特点和优势进行差异化支持。地方政府通常会设立产业基金，专门用于投资 AIGC 领域的创新项目和初创企业,这些基金不仅提供资金支持,还可以提供技术咨询、市场拓展等增值服务。地区政策涵盖为 AIGC 企业提供土地、税收减免、人才引进优惠等配套措施,以及建立产业园区,促进 AIGC 企业之间的协同发展和资源共享。

国家层面和地区产业扶持政策的配套,形成了一个相互补充、相互促进的政策体系。国家政策为 AIGC 产业提供了稳定的政策环境和基本的发展保障,而地区政策则根据实际情况,提供了更加灵活和多样化的支持措施。这种政策配套的优势在于能够同时发挥政府的宏观调控和市场微观运作的作用,既保持了政策的连续性和稳定性,又能够及时响应市场变化和企业需求,从而有效促进 AIGC 产业的健康发展。国家层面的产业政策与地区产业扶持政策的配套为中国 AIGC 产业的发展提供了强有力的支持,通过这种政策配套,可以更好地调动各方面的积极性,促进 AIGC 技术的创新和产业的快速发展,最终实现 AIGC 产业的健康成长和国际竞争力的提升。

当然这种政策配套也面临着一些挑战。国家政策和地区政策之间可能存在协调不足的问题,导致政策效果的重叠或缺口。地区之间的竞争可能导致产业与人才争夺战中政策的过度优惠,从而影响产业的健康发展。需要加强国家层面与地区之间的政策沟通和协调,确保政策的一致性和有效性。此外,还应建立动态调整机制,根据产业发展的实际情况,及时调整和优化政策措施。

(六)知识产权保护与激励

知识产权保护是激励创新的基本机制。在 AIGC 领域,保护原创内容和技术成果能够鼓励企业和个人投入更多资源进行研发和创作。AIGC 生成的内容可能难以追踪其原始来源,给版权侵权的识别和维权带来挑战。AIGC 技术依赖大量数据训练,这些数据可能包含受版权保护的内容。有效的知识产权保护有助于避免因版权侵权而产生的法律风险,确保所有参与者在公平的环境下竞争,维护市场秩序。

《中华人民共和国著作权法》等相关法律法规为 AIGC 产业的知识产权保护提供了基本框架。行业协会和标准组织正在制定相关的行业标准,以规范

AIGC产业的知识产权保护实践。政府要鼓励AIGC内容创作者进行版权登记,以便在发生侵权时能够提供法律证据。并通过利用技术手段,如数字水印、区块链等,来追踪和保护AIGC内容的版权。

制定和执行有效的知识产权保护政策,需要政府、企业、法律专家和社会各界共同努力,以促进AIGC产业的健康发展,激励更多的创新活动,同时保护创作者和消费者的权益。

(七)国际合作与交流

AIGC技术面临的挑战,如数据隐私、内容安全、伦理问题等,需要国际社会共同应对,通过合作找到解决方案。跨国数据流动可能涉及复杂的隐私和安全问题,需要在合作中建立严格的数据保护机制。不同国家和地区的文化差异可能影响AIGC内容的生成和接受度,需要在国际合作中加以考虑。

国际合作可以推动全球AIGC技术标准的制定,确保技术的互操作性和兼容性,为AIGC技术的广泛应用奠定基础。国际合作有助于AIGC企业和产品进入新的市场,同时也为国际市场提供更多的选择,促进了全球AIGC市场的繁荣。

AIGC的国际合作与交流对于推动全球AIGC技术的发展和应用具有重要意义,如欧盟的地平线2020计划,支持跨国研究团队合作开展AIGC相关研究。国际合作可以促进技术共享、市场拓展、标准制定和共同挑战的解决。同时国际合作也面临着文化差异、数据隐私和安全、知识产权保护以及政策和法规差异等挑战。为了克服这些挑战,需要建立有效的合作机制,加强跨国界的沟通和协调,共同推动AIGC技术的健康发展。

总体而言,中国AIGC产业的发展需要符合国情的产业政策支持。制定和实施一系列针对性的产业措施,可以有效促进技术创新,加快产业升级,提升国际竞争力。另外,需要关注政策执行的效果,及时调整和完善政策,以应对不断变化的国内外环境。

五、结　语

AIGC 技术作为新质生产力的典型代表，其发展不仅标志着数字经济时代生产力的跃迁，更是全球创新性可持续发展的关键驱动力。研究深入探讨了 AIGC 技术对产业变革的推动作用，分析了其在不同领域的应用潜力，并针对中国国情提出了一系列产业支持政策建议。通过产业政策的激励，技术创新得以加速，产业生态得到培育，国际竞争力显著提升。

当然 AIGC 技术的健康发展仍面临诸多挑战，包括技术发展的不确定性、市场竞争的激烈程度以及知识产权保护的复杂性等。面对这些挑战，政府和行业参与者需共同努力，持续优化政策环境，加强技术研发和创新，构建完善的产业生态。政府应进一步强化对 AIGC 技术研发和产业化的政策支持，通过提高研发费用加计扣除比例、实施高新技术企业税收优惠等措施，降低企业创新成本，激发市场活力。同时，加强人才培养与引进，为 AIGC 产业的长远发展提供人才保障和智力支持。在国际合作方面，积极参与全球 AIGC 技术标准的制定，推动技术共享和市场拓展，提升中国在全球 AIGC 产业中的话语权和影响力。AIGC 产业的健康发展还需要完善的知识产权保护体系和伦理治理机制，通过加强版权保护、技术创新激励和伦理风险控制，确保 AIGC 技术的应用不损害社会公共利益，促进产业的可持续发展。总之，AIGC 技术的发展与应用，需要政策、技术、市场和资本等多重因素的共同作用，通过构建开放、合作、共赢的产业生态，推动经济社会的全面进步和高质量发展。

AIGC 技术的未来发展前景广阔，但也充满挑战。本研究不仅为政策制定者和行业参与者提供了理论支持和策略指导，更为 AIGC 产业的健康发展和国际竞争力的提升奠定了基础。随着技术的迭代进步和政策环境的持续优化，有理由相信 AIGC 技术将在全球数字经济的发展中发挥更加关键的作用，为人类社会带来更多的可能性和价值。政府、企业、研究机构和国际组织应携手合作，共同推动 AIGC 产业的创新、融合和可持续发展，实现科技与经济、社会、文化的和谐共进。

参考文献

[1] 陈永伟. 超越 ChatGPT：生成式 AI 的机遇、风险与挑战[J]. 山东大学学报(哲学社会科学版)，2023(3)：127－143.

[2] 何哲，曾润喜，秦维，等. ChatGPT 等新一代人工智能技术的社会影响及其治理[J]. 电子政务，2023(4)：2－24.

[3] 唐林垚. 具身伦理下 ChatGPT 的法律规制及中国路径 [J]. 东方法学，2023(3)：34－46.

[4] 许雪晨，田侃，李文军. 新一代人工智能技术(AIGC)：发展演进、产业机遇及前景展望 [J]. 产业经济评论，2023(4)：5－22.

[5] Cao Y, Li S, Liu Y, Yan Z, Dai Y, Yu P, Sun L. A Comprehensive Survey of AI-Generated Content (AIGC): A History of Generative AI from GAN to ChatGPT [J]. Journal of the ACM, 2023, 37(4): 111.

[6] Culhane S. Policy and Strategy for the Artificial Intelligence Economy [J]. AI & the Future of Power, 2019(14): 1－23.

[7] Taddeo M, Floridi L. Regulating Artificial Intelligence: A European Approach? [J]. AI & Society, 2018, 32(1): 3－14.

[8] Vaswani A, et al. Attention is All You Need [J]. Advances in Neural Information Processing Systems, 2017(30): 5998－6008.

[9] Wang Yuntao, Pan Yanghe, Yan Miao, Su Zhou, Luan Tom H. ChatGPT: AI-Generated Contents, Challenges, and Solutions[J]. IEEE Open Journal of the Computer Society, 2023(4): 300－302.

[10] Zhang, Z. X., Zeng, J. X., Xia, C. J., Wang, D. B., Li, B. Y., & Cai, Y. C. Reflections on AIGC by Information Resource Management Scholars[J]. Journal of Information Resources Management, 2023, 35(1): 4－25.

税收该如何助推形成新质生产力？

新质生产力是以科技创新为核心，与新能源、新材料、元宇宙及类脑智慧等战略性新兴产业和未来产业的发展联系在一起的生产力，它是习近平总书记2023年9月在黑龙江考察调研期间所提出的全新词汇。与传统模式将经济增长主要建立在资源与要素的投入上不同，同时也和将经济增长的发力点放在传统产业的技术革新上有异，基于新质生产力形成的发展理念将经济的转型与发展建立在新兴产业与未来产业的技术革新上，这对于摆脱传统增长路径、实现经济高质量发展、掌握未来经济发展的主动权具有重要的价值和意义。那么，为了促进新质生产力的形成，税收应该如何发挥其应有的作用呢？鉴于新质生产力的提升对于促进高质量发展所具有的重要意义，本文拟就税收助推新质生产力提升的思路和方案做出理论探讨。

一、主流经济学、财政学的理论思路与本文的主要观点

为了促进企业创新和社会生产力的发展，主流经济学、财政学强调了税收优惠、财政补贴、市场准入限制、信贷资金配给、投资规模控制、土地价格优惠、征收进出口关税与实施非关税壁垒等产业政策的作用。在此等观点看来，政府有必要采取税收优惠等政策手段来对市场进行干预：一方面，企业创新的边际社会收益大于边际私人收益；另一方面，创新有风险，正外部性与风险的存在要求政府对创新者所承担的风险进行补偿，否则个体创新的激励会不足。因为技术创新和产业升级须要有第一个吃螃蟹的企业家，但倘若没有其他的安排，他

本文作者简介：曾军平，上海财经大学公共经济与管理学院教授。

就不会创新或创新的动力不足;如果他成功了,后来者将会随之涌进;如果他失败了,他将承担所有成本(林毅夫,2016)。鉴于新质生产力形成的核心是技术创新,照此观点,新质生产力的形成同样离不开税收优惠的支持:为了促进企业的技术创新,政府有必要通过税收优惠等政策来对相关产业加以扶持。

但事实上,作为生产力的一种跃迁,新质生产力不仅有生产力的一般特点,同时也有其区别于一般生产力的个性化特征:"新"和"质"。其中,所谓"新",就是生产力所涉及的领域新,它关乎新能源、新材料、先进制造、电子信息等战略性新兴产业与元宇宙、未来网络、类脑智能、量子信息等未来产业。而所谓"质",就是生产力的质量高,新质生产力建立在整合科技创新资源的基础上,在经济发展中重质量而非数量。新质生产力所具有的有关"创新"的一般属性及其所具有的"新质"特征,使得新质生产力得以形成的战略性新兴产业与未来产业具有不依赖于税收优惠而独立发展的巨大潜力。新质生产力的形成需要破除税收优惠的神话:为了促进企业的技术创新,占领未来经济发展的制高点,国家需要控制出台新的税收优惠政策并对已有的相关优惠政策加以清理。新质生产力的形成更需要的是公平的税收制度而不是选择性的税收优惠政策。

二、新质生产力的形成更需要公平税收的理论依据

(一)非歧视性税收是税制建设的重要目标

亚里士多德认为,"公正是一切德性的总括",它位于德性之首,"比星辰更让人崇敬"。[①] 罗尔斯则认为:"一种理论,无论它多么精致和简洁,只要它不真实,就必须加以拒绝或修正;同样,某些法律和制度,不管它们如何有效率和有条理,只要它们不正义,就必须加以改造或废除。"[②] 鉴于公平正义对于社会制度选择与架构的极端重要性,作为社会制度的重要组成部分,税收制度应以公平为价值追求,同样地,税制建设应以架构公平税制作为首要目标。特别地,由于

---

① [古希腊]亚里士多德.尼各马可伦理学[M].廖申白,译.北京:商务印书馆,2019:143.
② [美]罗尔斯.正义论[M].何怀宏,何包钢,廖申白,译.北京:中国社会科学出版社,2003:3.

税收公平的核心问题是税收责任的公平分摊问题,税制建设要以税收责任在社会各主体间公平分摊为第一要务。

当然,税制建设是否要以公平正义为最高规范原则,学术界对此可能会有争议,有的研究者可能认为税收更要考虑其资源配置与宏观稳定的职能。而税收公平是否应该将其关注点放在税收成本的分摊上,理论上同样可能会存在观点的分歧,有的研究者可能认为税收公平应以收入的公平分配为目标。但撇开上述问题不谈,在有的研究者看来,即便税收公平要以税收责任的公平分摊为目标,这也不能认为税收优惠不合理:鉴于战略性新兴产业与未来产业对于促进经济高质量发展与稳定就业等具有重要的价值和意义,作为一种互惠回报,给予此等行业以税收优惠是公平的,选择性的税收优惠政策不是对税收公平的破坏,而是切实维护公平正义的体现。

确实,从政治哲学的角度看,回报内含于公平正义的规范诉求,毕达哥拉斯派甚至将公正规定为不折不扣的回报。但公平正义包含回报的价值理念和规范诉求,这是否可以证明给予战略性新兴产业与未来产业以税收优惠是公平正义的?逻辑上,如果贡献越大的产业越具有减轻税负的特权,那么贡献最大的企业是否可以因此而完全免除纳税的责任?事实上,所有行业、企业都是社会的一分子,它们都有公平承担税收的责任,此等责任不能因它们对经济发展所做的贡献而得以免除。毕竟,在市场经济中,相关产业与企业在促进经济发展、对社会做贡献的同时,也从社会获得了相应的收入和利润。既然它们已经得到了应有的回报,社会就不再需要在税收方面给予额外的奖励,否则会导致过度回报意义上的不公平。

(二)公平税收是新质生产力形成的最大可能条件

创新不是旅游,不是按照预定的路线去达到既定的目标。创新是探险,其本质是探究未知的各种可能性:对于探险世界的真实面目与探险的结果,探险者及其他个体均无法事先预知。创新的不确定性对于拓展知识边界所做的开拓性"基础"研究尤为如此,因为此类研究并无固定的论题或题域,而且具有决定性意义的进步通常都是由于否弃传统的学科分工而带来的(哈耶克,1997)。

在创新领域、内容和结果都无法事先预知的情况下,促进创新的最好方法就是对各主体、各种可能的创新保持中立,既不限制,也不刻意鼓励。人为的干涉难免会给潜在的创新者以不必要的"噪音",企业的创新会因此而受到干扰和扭曲。

一个人要有所成就,就必须经历各种挑战。同样地,一个企业、一个行业要有所发展,就必须保持应有的市场竞争压力,这样才能产生激发企业不断创新的"鲇鱼效应"。而基于税收优惠政策干预,在很大程度上为相关受惠企业构建了一个减缓竞争压力的温室,这其实不利于企业家创新意愿与创新能力的培养。在许多发展中国家,政府所支持的产业在开放的竞争市场中之所以缺乏自生能力而只能依靠政府的补贴,就在于税收优惠等保护性政策制约了企业创新意愿与创新能力的培养。

与这里从政策本身角度来解释税收优惠等产业政策的失败不同,有研究者认为,产业政策的失败根源于政策操作上的失误:发展中国家的政府出于赶超的目的而支持违反比较优势的产业(林毅夫,2016)。照此观点,如果政府能正确地执行比较优势政策,税收优惠等产业政策就会成功。应该讲,在经济发展中坚持比较优势原则没有问题。问题是,比较优势是如何发现的?比较优势得以实现的机制是什么?税收优惠等产业政策究竟是促进了还是干扰了比较优势的发现过程?对穆勒而言,尽管他支持政府采用临时性的关税政策来保护幼稚产业,但他同时也援引雷的话说,最能促使生产部门实现改进的方法莫过于在新的条件下展开竞争[①],即在公平税制下展开竞争,生产者才会谨慎,才会理性估计可能的收益与风险,才能真正践行比较优势原则。

三、公平税制下税收对促进新质生产力的形成可以大有作为

(一)理性限制政府和税收的作用范围也是一种有为

指出税收优惠的问题,不主张以此方式来促进新质生产力的形成,这并不

---

① [英]穆勒.政治经济学原理[M].金镝,金熠,译.北京:华夏出版社,2013:857.

是政府与税收真的无为。因为政府与税收的能力是有限的,有所不为才能有所为,才能够将精力放在真正需要由政府和税收来发挥作用的领域。改革开放以来,我国成功实现从计划经济向市场经济的转型,逐渐使市场在资源配置中起决定性作用,这可以说是政府的无为,但此等无为也是政府的有为:这有助于政府将工作重心放在统一大市场建设所需要的产权保护、公平竞争、社会信用体系建设等政府具有相对优势的范围和领域。

理论上,有为政府论也强调了市场的作用。但该理论只是强调需要将有为政府和有效市场组合在一起而未能明确政府和市场的边界范围,由此导致的后果往往是政府无所不为,反映在税收领域就是"税收万能"。与此不同,为了促进新质生产力的形成,公平税制架构视角下政府的活动是有边界的,政府不应该将其活动放在对经济具体事务的指导上,而应该将其放在包括公平税制建设在内的具有普遍性和准永久性公平制度规则的构建方面,具体的经济事务则交由市场去完成。由于明确了政府与市场的边界,此等理论思路为党的十八届三中全会提出的"市场在资源配置中起决定性作用"与"更好发挥政府作用"提供了可能的理论方案。

(二)税收可以在消除歧视和降低税负上做文章

为了促进战略性新兴产业与未来产业的发展与创新,新质生产力的形成要求税收在公平税制架构的框架下来做文章,有两个方面的含义:一方面,战略性新兴产业与未来产业需要独立发展,国家不需要在税收上对它们给予特别的优惠和照顾;另一方面,税收也不能对此等产业施加政策性的歧视,不能因为它们有很大的发展潜力而要求它们承担超越于其责任范围的税收负担。进而,公平税制架构需要消除对它们的税收歧视(包括重复征税)。当然,既然要建构的是公平税制,而技术创新又不可预测,究竟在何种领域会创新,究竟会进行何种创新,究竟是谁会创新,往往都不清楚,对歧视性税收的消除不仅针对新兴产业与未来产业,同时也针对传统产业,是针对全体产业所进行的结构性调整。

发挥税收在新质生产力形成中的作用,一方面是以税收责任的公平分摊为目标,优化税制结构,另一方面是调整税负的整体水平。性质上,税收可以被视为社会公众为获得相关公共服务而向政府所支付的"价格"。进而,从公平正义的角度而言,税收"价格"不应该过高。因此,降低税负的整体水平,这也是公平税制架构的一部分。当然,降低整体的税负也是可能的。一方面,在平衡预算约束下,税收优惠的消除为降低社会整体税负提供了可能的条件;另一方面,政府也可以提升行政机构运行的效率,降低行政运行的成本,并在此基础上进一步降低税负的整体水平。

(三)国家税收可以分类资助基础性、应用性研究

在人类知识进步的过程中,那些具有决定意义的且不可预见的重要成就,正如哈耶克所指出的,"它们一般来讲并不产生于对具体目标的追求之中,而是产生于对各种机会——每个个人所具有的特殊知识、天赋能力、特定环境和社会交际等因素之间的偶然性组合创造的机会——的把握和运用之中"[①]。受此影响,在生产方面,知识的取得与技术的创新需要交由知识发现者自己去完成。但在提供方面,特别是属于基础性研究的知识创新,由于市场机制无法对此类"产品"和"服务"进行合理定价,知识的创造者难以获得应有的回报,就需要依赖于政府的税收收入来给予资金上的资助。

至于应用性研究,一般而言,企业的研发会给自己带来相应的收益,企业自己需要承担相关的成本,一般不需要国家税收的资助和扶持。但也有例外,对发展中国家而言,经济事务中存在一些对国家发展有重大意义但又被国外"卡脖子"的技术领域,政府可以通过税收优惠来激励此领域的技术研发。毕竟,此等技术创新非常紧迫,而国外又已经在相关领域有所突破,国家对技术创新的方向已有较为明确的把握而不是完全的无知。但即便如此,在公正的税制框架下,对于那些由税收激励而形成的技术创新成果,它们不能由相关企业无偿使用:使用创新成果的企业需要向政府支付应有的价格。毕竟,税收是公共的,由税收产生的收益也应该归全体公众而不是少数企业所占有。

---

① [英]哈耶克.自由秩序原理(下册)[M].邓正来,译.北京:三联书店,1997:177.

四、结语

鉴于战略性新兴产业、未来产业具有独立发展的巨大潜力,同时也因为公平税制架构是税收变革的首要目标,试图通过对战略性新兴产业、未来产业及其技术创新实施税收优惠来形成新质生产力的政策方案有其局限性,此等做法不仅不利于新质生产力的形成,反而会使得税制建设偏离公平税制的根本目标,并使得市场无法在资源配置中发挥决定性的作用。

公平税制是新质生产力得以形成的最大可能条件。为了促进新质生产力的形成,占领未来经济发展的制高点,合适的做法不是增加税收优惠的范围和规模,而是以公平税制建设作为目标,对已有的税收优惠做出清理,并在此基础上降低整体的税负水平,做好基础研究与应用研究的分类资助工作。我们完全有理由相信,鉴于公平税收制度所提供的良好环境,创新精神自然会得以培养,创新成果自然会纷纷涌现,新质生产力也自然会加快形成。

参考文献

[1] 林毅夫. 一味反对产业政策就是不负责任[J]. 财经界, 2016(10): 48—53.

[2] [英]哈耶克. 自由秩序原理(下册)[M]. 邓正来, 译. 北京: 三联书店, 1997.

[3] [美]布坎南. 自由、市场与国家: 80年代的政治经济学[M]. 平新乔, 莫扶民, 译. 上海: 上海三联书店, 1989.

[4] 宋丽颖, 钟飞. 税收优惠政策激励战略性新兴产业发展的效应评价[J]. 税务研究, 2019(8): 12—19.

[5] 曾军平. 税收究竟该如何助推共同富裕?[J]. 税务研究, 2022(4): 19—26.

[6] 张维迎. 我为什么反对产业政策: 与林毅夫辩[EB/OL]. (2016—11—15)[2023—10—15]. https://www.nsd.pku.edu.cn/jzky/lrgzxzlt/jb1/252682.htm.

(该文刊载于《税务研究》2023年第12期)

金融赋能新质生产力发展需"多管齐下"

全球资管产业正发生着不少变化。这背后,是由多项因素在推动影响。一是全球经济增长中枢下降,导致众多资产的收益率、利润率出现相应变化。二是全球经济结构的持续裂变,这种全球经济结构裂变可能是百年未有之大变局,持续时间比市场预期要长。三是金融市场风险特性发生变化,具体表现在非传统风险开始占据主导地位,比如政治因素超越资本因素,形成整个金融格局变化的核心。四是在当前时代,所有主体的风险偏好降低。

这四大因素都让市场对金融产生重新的认识,要走出当前资管行业变革时代,新质生产力毫无疑问是一个新的坐标系。因此,金融赋能新质生产力,新质生产力定标新金融,将是市场的新共识。

我们需要对新质生产力这个新概念形成新的认识。新质生产力在本质层面是一个创新链、产业链、技术链、资金链、人才链的布局。金融作为资金链的组成部分,要与其他四链进行对接,要从融资的个性、资金的特性、风险的特性、定价的模式,与各个链条进行匹配。

由于部分市场主体对新质生产力内涵的理解不够清楚,容易引发金融促进新质生产力的一些新状况:

一是过度偏重科技金融,忽视绿色金融、普惠金融、养老金融、数字金融对新质生产力发展的系统性作用。

二是在关注科技金融方面过度强调资本市场的作用,包括通过 VC/PE 进行市场化导向的科技创新,但忽视更具基础性的新基础设施建设、基础研发、人

本文作者简介:刘元春,教授,上海财经大学校长,中国式现代化研究院院长,习近平经济思想研究院院长。

力与劳动者技术等环节。忽视政府金融、间接融资体系等多元金融体系对新质生产力发展全链条全环节的赋能作用。

事实上,大量的"卡脖子"技术未必能靠纯粹的利润导向就能解决,新质生产力在本质层面是一个战略导向、功能导向,而不是利润导向。当前的中国体制机制,尤其是金融体制机制务必要在功能性导向、战略导向、利润导向、市场导向之间架起一座"桥梁"。

三是不同部门与地方政府"各自为政",出台各自关注的战略举措,缺乏全链条与全方位的相互匹配,形成有效的金融市场、金融生态推动新质生产力的发展。

四是过度强调金融赋能新质生产力的发展,忽略新质生产力在技术、产业、组织模式方面产生的颠覆性冲击,以及对金融与"五篇大文章"都会产生革命性的冲击。因为新质生产力带来的收益、风险以及地缘政治格局变化,不仅对金融的定价模式产生剧烈影响,还对风险特征与监管协调带来了剧烈冲击。比如市场必须考虑在大国博弈等极端状况下的中国金融风险特征与新质生产力发展的新模式,以及 AI 革命对金融业态与监管模式的影响。

五是在新质生产力发展过程,很多技术与未来产业还没有完全展现其全貌,具有高度的不确定性,金融服务新质生产力的新模式与新举措难以简单延续过去的方式。因此市场不能过度微观化设计,不能过度利用单项思维应对这次浪潮,而是需要用开放的多元思维设计金融生态与金融体系,尤其是金融体系需要在实践中"学习"的过程相机决策,进行因地制宜的探索。

六是将金融与新质生产力都泛化,什么金融举措都套上"促进新质生产力发展"的口号,缺乏针对性的政策举措与战略方法,从而令新质生产力战略落空同时,金融成本"扭曲"加重。

以技术创新链和产业创新为载体推动新质生产力发展,还需全方位的多元金融产品和金融服务供给,因此金融市场需充分认识到"政府＋市场"在科创领域的优势,补足中国在创新链关键环节的资金支持短板。

就全球而言,过去 20 年期中国金融产业的发展,毫无疑问是一个奇迹。其实在过去 20 年期间，中国还创造了一个奇迹，就是科创金融。作为一个新兴国家，中国能如此大规模地应用科创金融，全面支持科技创新，毫无疑问是一个骄傲。与此同时，金融市场赋能新质生产力与科创产业发展，还需要解决两个疑惑，一是中国科技创新的核心瓶颈问题有哪些，比如原始创新不足、技术转化率不高、基础研发与高水平人才不足、技术产业化与商业化不够等；二是中国科技创新到底在哪些环节最缺乏资金，金融的资金供给是否具备有效的组织形态与产品体系；比如在战略性新兴产业与技术创新领域、市场化金融机构如何主动与政府间资金对接，金融产品创新能否适应未来的收益与风险的新模式。

此外，绿色金融必须落脚在新质生产力的发展，公司价值提升与利益相关者的福利改进，防止在泛绿过程出现新质生产力泛化现象。这需要政产学研与金融机构加强沟通合作，形成合力，进一步为加速发展新质生产力与做好金融"五篇大文章"而努力。

[本文出自《21世纪经济报道》2024年8月17日刊发的《上海财经大学校长刘元春：金融赋能新质生产力发展需"多管齐下"》（记者陈植，编辑方海平），为刘元春校长在《21世纪经济报道》、上海浦东发展银行联合于上海主办的"2024资产管理年会"上的发言稿]

第四篇

区域实践

　　深入推进长三角一体化发展,进一步提升创新能力、产业竞争力、发展能级,率先形成更高层次改革开放新格局,对于我国构建新发展格局、推动高质量发展,以中国式现代化全面推进强国建设、民族复兴伟业,意义重大。

　　——习近平总书记2023年11月30日在主持召开深入推进长三角一体化发展座谈会上的讲话

第九章　加快创新策源形成新质生产力的上海实践

推进 G60 科创走廊建设服务上海国际科创中心的思考

一、站在更高起点，重新审视 G60 科创走廊的战略地位

中共中央政治局 4 月 30 日召开会议，提出当前和今后一段时期，是以中国式现代化全面推进强国建设、民族复兴伟业的关键时期。会议强调，要因地制宜发展新质生产力。要加强国家战略科技力量布局，培育壮大新兴产业，超前布局建设未来产业，运用先进技术赋能传统产业转型升级。要积极发展风险投资，壮大耐心资本。会议指出，推动长三角一体化发展是以习近平同志为核心的党中央做出的重大战略决策。要深刻领会党中央战略意图，推动长三角一体化发展取得更大突破，更好发挥先行探路、引领示范、辐射带动作用。

本次大会召开正当此时，是贯彻政治局会议精神，奋力推进上海科创中心建设和长三角一体化两大战略的生动体现。众所周知，上海建设具有全球影响力的国际科创中心，是国家赋予上海的重要战略和使命，是我国建设世界科技强国的重要支撑。推动长三角一体化发展是以习近平同志为核心的党中央做出的重大战略决策，关系国家现代化建设大局。事实上，这两个国家战略高度

本文作者简介：刘元春，教授，上海财经大学校长，中国式现代化研究院院长，习近平经济思想研究院院长。

相关,推动长三角一体化发展的核心内容就是增强地区创新能力和国际竞争能力,而这本身也是建设国际科创中心的应有内涵。

G60科创走廊是上海国际科创中心和长三角一体化高质量发展两大国家战略的交汇点。必须从加快推进中国式现代化进程的更高起点,更加全面理解推进长三角G60科创走廊建设对国家未来发展全局的系统性意义。

第一,G60是推进科技协同创新,提升全球科创影响力的关键着力点。与世界科技强国相比,我国原始创新能力还有一定的差距,在高水平科技发展上我们还面临着"卡脖子"等难题,科技自立自强需要我们聚焦关键领域,强化联合科技攻关的新型举国体制;需要我们围绕区域和行业共同需求,布局重大科研设施。G60作为地理上高度临近的区域,科技基础扎实,科技合作广泛,完全有能力成为高新技术联合攻关的核心区。

第二,G60是促进更高水平改革开放,推动国家新一轮新质生产力布局调整的重要承载区。新质生产力的调整来自颠覆性技术的广泛应用,离不开区域高水平科创资源的充分流动。必须创新区域科创产业协同机制,共建高水平协同开放平台,合力打造国际一流营商环境;必须加强科技创新和产业创新深度融合,强化优势产业错位竞争发展。在过去合作过程中,G60科创走廊各大城市始终坚持面向国家战略需求,坚持以科技创新带动产业创新,完全有能力成为新质生产力布局调整的探路者和排头兵。

第三,G60是探索区域先行先试,发挥长三角一体化示范引领作用的有力抓手。长三角地区是我国重要的经济增长极之一,长三角一体化发展战略实施六年来,地区整体实力和综合竞争力持续位居全国前列,充分验证了以协同合作推动高质量发展的经济规律。G60科创走廊是"中央顶层设计"下"基层实践创新"的落脚点,以其独特的区位优势成为链接国际国内两个市场的门户枢纽,在科技攻关、要素配置、制度试行等方面都发挥了不可替代的"头雁"作用。

二、对标国际一流,全面厘清G60科创走廊建设现状和态势

长三角G60科创走廊启动建设以来,坚持市场化、法治化、国际化导向,不

断对标国际领先科创承载区,推动"科创+产业+金融+人才"高水平联动发展,含"金"量、含"新"量持续提升。

第一,G60九城市的人才吸引力持续提升。2023年,G60九城常住人口规模新增54.3万人。其中合肥和杭州分别吸纳了21.9万人和14.6万人。根据智联招聘数据,2023年,应届生向G60九城投递简历的次数占全国应届毕业生总数的147.5%。其中,硕士及以上人才向G60九城投递简历的次数占应届毕业生总数的50.67%。

第二,G60九城市的科创要素逐步完善。从科创要素建设的一些关键指标来看,九城市以全国1/24的人口,贡献了全国1/15的GDP、1/8的高新技术企业、超过1/5科创板上市企业,PCT国际专利申请数量占全国1/9,国家科学技术奖获奖占全国16.2%(见图1)。

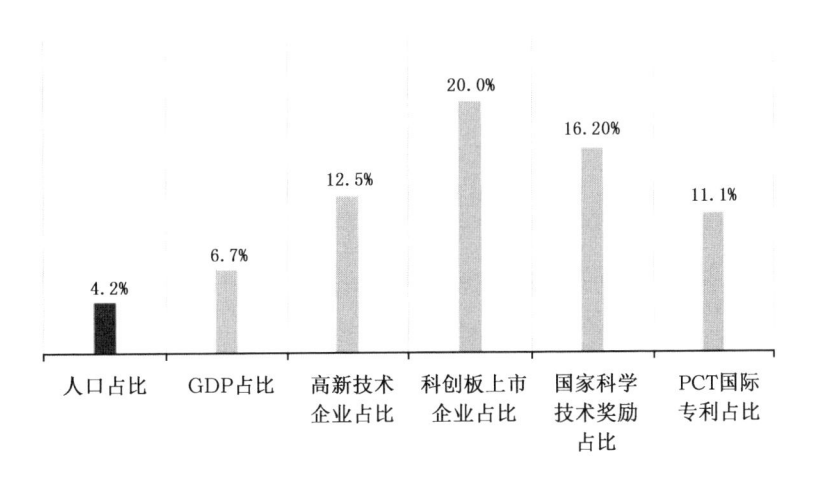

图1　G60科创走廊建设主要指标表现

第三,G60九城市的科创集群发展向好。从2019—2023年风险投资交易数据来看,G60吸引到的风投交易数量自2020年起已经超过上海市,成为我国最热门的科技创业风险投资区域之一(见图2)。结合行业信息可以看到,在过去3年,G60风险投资主要集中在半导体、生物医药、医疗器械等战略性新兴产业和未来产业(见图3)。此外,在传统制造和高端装备制造领域,G60风险投资也热度不减,这也充分反映了 G60 实体经济发展的巨大潜力。

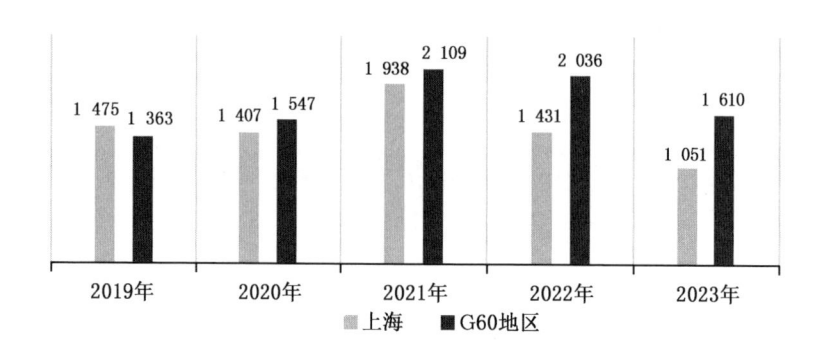

数据来源:CVSource。

图 2　风险投资交易数量(2019—2023 年)

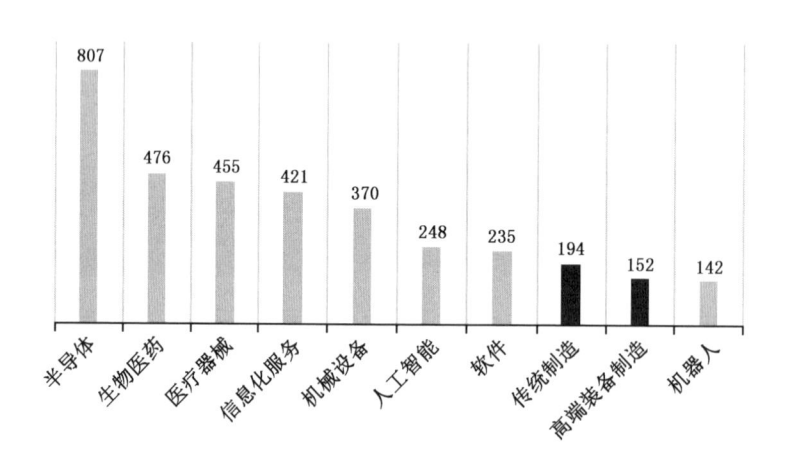

数据来源:CVSource。

图 3　风险投资热门行业(2021—2023 年)

三、强化系统集成,科学谋划 G60 科创走廊高质量发展

放眼全球,从加州 101 公路创新走廊、波士顿 128 公路创新走廊,到东京－横滨－筑波科创走廊,我们可以看到科创走廊建设在推动区域经济一体化、促进科创产业聚集和创新发展方面有着巨大潜力。为了更好服务上海国际科创

中心建设，我认为G60科创走廊需要加强以下四个方面：

第一，因地制宜，加快构建现代产业体系。一是构筑先进制造业高地，协同推进集成电路、人工智能、生物医药、高端装备、新能源汽车等战略性新兴产业，在"小而美""中而优"企业和龙头企业聚集的基础上，加快培育一批具有生态主导力的"链主"企业。二是前瞻性布局未来产业，协同推进量子信息、卫星互联网等未来产业，以高水平研究院和科研平台为"锚"推进基础研究、技术开发有序衔接，加速市场应用、产业链构建协同推进，抢占未来产业发展制高点。三是以"绿色化、智能化、高端化、融合化"为引导，加快传统优势产业转型升级，形成"数智＋产业"的新发展模式，打造人工智能赋能典型应用标杆，系统提升传统产业基础能力，整体提升产业链能级。

第二，制度赋能，推进科创金融创新发展。必须充分发挥科创金融制度创新的引擎作用。完善多层次金融供给，丰富G60金融产品矩阵。探索设立新质生产力专项基金，以市场化的方式引导民间资本共同设立各类创投基金。成立综合性科技金融服务平台，为各类创新活动提供与其风险特征相适应的全链条的金融服务综合解决方案，为科创生态注入活力。

第三，服务优化，形成全链条科创服务新业态。推进科技创新云服务平台建设，打造国家知识产权服务业聚集发展试验区。培育研发设计、工业设计、技术转移转化、创业孵化、知识产权、科技咨询等科技服务新业态。

第四，先行先试，发挥松江上海国际科创中心重要承载区作用。松江是G60最为重要的连接点，必须以改革的新视角新要求，加快建设"科创、人文、生态"现代化的新松江。不断增强松江枢纽的资源要素配置和服务辐射带动能力，加快打造面向长三角的上海西南门户枢纽，推动长三角G60科创走廊高质量发展。

（该文为作者2024年5月24日在"深入推进长三角G60科创走廊科创生态建设大会"上的发言）

加快发展新质生产力
勇当我国科技和产业创新的开路先锋
——新质生产力视角下长三角 G60 科创走廊创新实践研究

2023 年 9 月,习近平总书记在黑龙江考察期间首次提出"新质生产力"一词,此后又在多个重要场合做进一步深入论述。2023 年 11 月,习近平总书记在上海主持召开深入推进长三角一体化发展座谈会并发表重要讲话,他强调,深入推进长三角一体化发展,进一步提升创新能力、产业竞争力、发展能级,率先形成更高层次改革开放新格局,对于我国构建新发展格局、推动高质量发展,以中国式现代化全面推进强国建设、民族复兴伟业,意义重大。① 这些重要论述为新时代全面把握新一轮科技革命和产业变革突破方向,推动生产力高质量发展,全面推进中国式现代化建设提供了根本遵循和行动指南,也为长三角一体化战略未来发展指明方向。

发展新质生产力是长三角 G60 科创走廊持续保持竞争力,实现跨越式发展的必由之路。长三角 G60 科创走廊启动建设以来,坚持新发展理念,瞄准国际先进科创能力和产业体系,聚焦"科创+产业+金融+人才"重点任务,培育和壮大创新主体,激发科创内生动力,推动跨区域科技创新和产业协同,为产业高质量发展注入新动能。作为长三角一体化发展、上海国际科创中心建设、"一带一路"三大国家战略的交汇点,G60 科创走廊已成为科创驱动"中国制造"迈向

本文作者简介:贾占锋,长三角 G60 科创走廊联席会议办公室副主任,长三角 G60 科创走廊创新研究中心党组书记、主任。

① 习近平主持召开深入推进长三角一体化发展座谈会强调:推动长三角一体化发展取得新的重大突破 在中国式现代化中更好发挥引领示范作用[EB/OL]. 中国政府网,2023—11—30[2024—06—19]. https://www.gov.cn/yaowen/liebiao/202311/content_6917835.htm? ddtab=true.

"中国创造"的示范样板和培育壮大新质生产力的重要阵地,其生动实践为践行习近平经济思想、实施创新驱动发展战略、培育和发展新质生产力提供了鲜活样本和深刻启示。

一、发展新质生产力是长三角 G60 科创走廊的必由之路

(一)长三角 G60 科创走廊发展新质生产力的时代需求

G60 科创走廊自 2016 年启动建设以来,依托 G60 高速公路和沪苏湖高铁、商合杭高铁,建设区域从上海松江逐步扩展到沿交通大通道的松江、嘉兴、杭州、金华、苏州、湖州、宣城、芜湖、合肥九城市,从 1.0 版"源起松江"、2.0 版"联通嘉杭"到 3.0 版"九城共建",再到纳入《长江三角洲区域一体化发展规划纲要》,科技部等国家六部门联合印发《长三角 G60 科创走廊建设方案》,纳入国家"十四五"规划,从基层实践逐步上升为推动长三角一体化发展国家战略的重要平台,历史方位和战略空间实现开创性突破。长三级 G60 科创走廊九城共建以来,GDP 总量占全国比重上升到 1/15,市场主体数量从 1/18 上升到 1/15,高新技术企业数从 1/12 上升到 1/7,科创板上市企业数超过全国 1/5,研发投入强度均值达 3.77%,战略性新兴产业增加值占 GDP 比重从 11.5% 上升到 15%,走廊沿线形成了长三角区域发展活力最大、开放程度最高、创新能力最强的城市群。

(二)长三角 G60 科创走廊发展新质生产力的理论依据

2024 年 1 月中央政治局第十一次集体学习,总书记对"新质生产力"定义做出系统性阐述,"新质生产力是创新起主导作用,摆脱传统经济增长方式、生产力发展路径,具有高科技、高效能、高质量特征,符合新发展理念的先进生产力质态。它由技术革命性突破、生产要素创新性配置、产业深度转型升级而催生,以劳动者、劳动资料、劳动对象及其优化组合的跃升为基本内涵,以全要素生产率大幅提升为核心标志,特点是创新,关键在质优,本质是先进生产力"。[①] 2024

---

① 加快发展新质生产力 扎实推进高质量发展[N].人民日报,2024-02-02:1.

年《政府工作报告》将"现代化产业体系建设,新质生产力"列为十大工作任务之首,对涵盖范围进行更详细描述。① 新质生产力这一概念被提出后,诸多学者开始围绕新质生产力发展构想进行研究,刘志彪等以江苏为例,从"锻造长板＋补足短板"的扬长补短战略、"整体推进＋重点突破"的系统协同战略、"国内循环＋国际循环"的内外统筹战略等方面阐释发展新质生产力的战略思考②;余东华、马路萌从新质生产力和新兴工业化之间的内在关系出发进行阐述,提出科技创新、制度变革、产业转型、要素集聚等发展路径,以新质生产力推动新型工业化。③ 长三角 G60 科创走廊始终坚持"三先走廊"的战略定位和"建设具有国际影响力的科创走廊和重要创新策源地"的战略目标,以科技创新为核心特色和要素,瞄准国际先进科创能力和产业体系,激发科创内生动力,培育和壮大创新主体,与发展新质生产力的内在要求高度契合。

(三)长三角 G60 科创走廊发展新质生产力的现实基础

长三角是我国经济发展最活跃、开放程度最高、创新能力最强的区域之一,G60 科创走廊科研创新资源集聚,产业体系完备,战略性新兴产业发展基础良好,九城市各自拥有比较优势,发展空间广阔,具备培育和发展新质生产力的良好资源禀赋。长三角 G60 科创走廊以系统思维进行全局性谋划,九城市从"竞争"走向"竞合",错位发展、共锻长板,将各自优势变为整体优势。从科创资源集聚来看,长三角 G60 科创走廊拥有强大的科研力量和丰富的创新资源,九城市已集聚 G60 脑智基地、安徽合肥综合性国家科学中心、苏州市国家生物药技术创新中心、之江实验室、正泰石墨烯超导实验室等一批重大科技创新平台;从协同创新来看,长三角 G60 科创走廊在资源共享、科创成效、创新集群、开放生态、制度创新 5 个维度提升幅度显著,预估各维度 2023 年数据相较 2018 年分

---

① 政府工作报告[R/OL]. 中国政府网,2024－03－12[2024－06－19]. https://www.gov.cn/yaowen/liebiao/202403/content_6939153.htm.
② 刘志彪,凌永辉,孙瑞东. 新质生产力下产业发展方向与战略——以江苏为例[J]. 南京社会科学,2023(11):59－66.
③ 余东华,马路萌. 新质生产力与新型工业化:理论阐释和互动路径[J]. 天津社会科学,2023(6):90－102.

别增长60.69%、70.87%、86.85%、53.62%、54.12%，从自身、长三角、全国和全球四个角度来衡量长三角G60科创走廊，自身进步度为65%，长三角支撑度为40%，全国贡献度为12%，全球参与度为3%，已成为链接长三角的关键枢纽和全球科技创新竞争合作的重要标志性区域[①]；从产业基础来看，G60科创走廊坚持瞄准国际先进科创能力和产业体系，以头部企业为引领，已构建"联盟＋基地＋园区＋基金＋平台"跨域合作体系，引导区域产业竞合发展、市场要素精准对接，可以很好地承接新兴技术赋能，具有培育新质生产力的优势条件和必要条件。

二、长三角G60科创走廊培育和发展新质生产力的创新实践

（一）科技创新与产业创新协同

科技创新是激活新质生产力的核心要素，产业创新是形成新质生产力的关键载体，科技创新与产业创新，是发展新质生产力的一体之两翼、驱动之双轮。[②]习近平总书记在深入推进长三角一体化发展座谈会上强调，长三角区域要加强科技创新和产业创新跨区域协同[③]，为长三角协同发展新质生产力提供了根本遵循与指引。长三角G60科创走廊坚持全面贯彻新发展理念，强化区域联动，促进双向赋能、各展所长，积极探索研发、中试、量产高效衔接的科创产业融合发展体系，打造长三角新质生产力集聚先行区，形成强大的科技创新策源和产业引领能力。在强化科技创新策源方面，G60科创走廊加快发展区域战略科技力量，推动国家实验室、工程实验中心、技术中心等更多高能级重大创新平台在九城一体化建设布局、跨区域跨领域交流合作与协同创新，强化原始创新和应用基础研究；发挥"科创中国"U30榜单、创赢未来大赛、科技成果拍卖会、科技

---

① 数据来源：上海科学学研究所在深入推进长三角G60科创走廊科创生态建设大会上的研究成果发布，2024年5月。
② 促进科技创新与产业创新紧密互动 加快形成新质生产力[EB/OL]. 人民网，2024－04－09 [2024－06－26]. https://www.163.com/dy/article/IVBN8IDL0514R9M0.html.
③ 习近平主持召开深入推进长三角一体化发展座谈会[EB/OL]. 新华网，2023－11－30[2024－06－26]. http://www.news.cn/2023-11/30/c_1130001743.htm.

成果转化联盟、路演联合体等平台载体作用,力争以场景驱动更多原始创新和关键核心技术突破;探索关键共性技术区域共享服务机制,持续建强全链条科技创新服务体系。在强化产业创新引领方面,长三角G60科创走廊九城各扬所长,科学谋划区域发展格局,细化产业布局和培育规划,进一步完善产业链分工,按照新兴产业的重点方向、产业基础的比较优势、链主企业的集聚基础,分别牵头打造标志性产业链,加强产业链和园区产业协同。联合产业研究科研院所及三省一市相关部门,绘制新材料、生物医药、智能制造等战新产业图谱,发掘培育链主企业、整合赋能资源、推动产业链合作和高质量要素对接。探索编制G60产业发展指数、区域协同创新指数和细分产业发展白皮书,加快培育技术、产品、平台、场景紧密融合的产业新生态。在强化科技创新和产业创新深度融合方面,G60科创走廊坚持把科创驱动作为高质量发展的根本命脉,围绕发展新质生产力布局产业链,改造提升传统产业,推进战略性新兴产业和未来产业集群发展。聚焦产业链供应链稳定性和综合竞争力提升,以"1+7+N"产业(园区)联盟体系完善和功能拓展为抓手,搭建前沿技术联合攻关和产业化平台,加快培育人工智能、集成电路、生物医药等战新产业集群,发力开辟类脑智能、数字经济、量子、生命科学等未来产业新赛道。

(二)生产要素流动和市场协同

生产关系必须与生产力发展要求相适应。发展新质生产力,必须进一步全面深化改革,形成与之相适应的新型生产关系。G60科创走廊充分发挥资源集聚整合优势、比较优势和协同创新优势,着力打通束缚新质生产力发展的堵点卡点,建立高标准市场体系,创新生产要素配置方式,让各类先进优质生产要素向发展新质生产力顺畅流动。发展新质生产力要畅通从实验室到大市场循环的堵点。长三角G60科创走廊积极探索在"从0到1"的科技突破基础上,全链条打通"从1到100"再到"N"的企业孵化与产业转化,系统性推进科技成果从实验室走向大市场。持续推进科技创新成果联合共创,跨区域组建创新联合体,围绕区域重点产业、企业共性技术,强化科技领军企业出题、跨区域"揭榜挂帅"联合攻关机制,在若干重要领域联合突破一批关键核心技术;建立统一的科技成果转化项目库,常态化举办G60科技成果拍卖会,六届科拍会交易总额累计逾300亿元[1];推动高校科技成果跨区域转化孵化。强化科技成果跨域固化转化,持续建设G60科技成果转化矩阵,推动应用型基础研究、孵化载体、验证中试平台、加速器、转化基地等全链条孵化设施跨域衔接,九城市已建立31家科技成果转移转化示范基地、46家科创路演中心联合体、12家科技成果转化概念验证中心。[2] 发展新质生产力要畅通人才资源共引共育、尽展所长的堵点。长三角G60科创走廊充分发挥G60科创走廊链接产学研资源平台优势,拓展G60高水平应用型高校协同创新联盟建设,持续深化与中科院上海分院、上海科学院、长三角先进材料研究院等科研院所合作,扎实推进与清华、中科大、复旦、交大、同济、上海财大、东华等高校交流,建立高校、科研院所、企业联合培养人才机制,积极促进教育科技人才融合发展;创新人才跨域自由流动机制,深化九城市干部教育培训交流,推进G60科创生态建设九城市干部专题研讨班、G60青年创新创业人才专题研修营;加大海外优秀人才引进力度,深化G60移民政策实践基地建设,推动G60外籍高层次人才永居推荐政策惠及更多创新主体,发挥留创园、侨梦苑平台功能,集聚海外高层次人才;协同九城打造全球人才、技术和项目创新创业资源集聚地,吸引更多海内外高层次人才到G60创新创业、成长成才、成就梦想。发展新质生产力要畅通新型科创金融体系建设上的堵点。为促进科技和资本要素更高质量结合,G60科创走廊深入学习贯彻和落实中央金融工作会议精神,推动科技金融、普惠金融、数字金融、绿色金融等五篇大文章先行先试;评估"28条"金融支持政策推进成效,从政策供给端营造稳定、连续、精准的投融资科创体系;运维G60综合金融服务平台;成立G60金融服务联盟;对接科创板及注册制改革,做好九城市与上交所新一轮战略合作协议签订工作,构筑硬科技企业上市全流程服务生态链,做实已上市企业再融

---

[1] 首次突破120亿元!长三角G60科创走廊第六届科技成果拍卖会今天举行[N/OL]."长三角G60科创走廊"公众号. https://mp.weixin.qq.com/s/NtIkZlJfSUvmDwcK_4e_4g,2024-06-25.
[2] 首次突破120亿元!长三角G60科创走廊第六届科技成果拍卖会今天举行[N/OL]."长三角G60科创走廊"公众号. https://mp.weixin.qq.com/s/NtIkZlJfSUvmDwcK_4e_4g,2024-06-25.

资、并购、债券发行服务机制；运行好 G60 科技成果转化基金，放大基金效应，撬动更多社会资本共同推动科技成果产业化、项目化、市场化；常态化、精准化、项目化开展"金融赋能·铸就品牌"产融对接活动，推动更多项目、资源、要素在 G60 汇聚、融合、转化、蝶变；建设 28 家产融结合高质量发展示范园区，打造产融结合高质量发展样板[1]。

（三）营商环境和制度创新协同

新质生产力是政府"有形之手"和市场"无形之手"共同培育和驱动形成的，既需要市场机制调节、企业等微观主体不断创新，也需要政府超前规划引导、科学政策支持，发展新质生产力需要精准制度创新和有效制度供给为其提供制度保障。在战略协同方面，长三角 G60 科创走廊以"十五五"规划编制为契机，聚焦服务三大国家战略，加快研究制定 G60 科创走廊服务上海国际科技创新中心建设的工作方案和创新要素自由流动的实施方案，发挥《规划纲要》《建设方案》等高水平规划和方案的战略引领作用。在机制协同方面，着力破除深层次体制机制障碍，不断降低制度性交易成本。建立并不断深化"央地联动、省市支持、区域协同"工作机制，成立国家层面推进 G60 科创走廊建设专责小组，实体化运作长三角 G60 科创走廊联席会议办公室，形成国家战略牵引、中央部委和省级政府指导、地方政府积极合作的跨省域科创廊道建设模式。在产业跨区域协同方面，构建九城"联盟＋基地＋园区＋基金＋平台"跨域合作体系，形成"1＋7＋N"产业联盟体系，成立 16 个产业联盟、14 个产业合作示范园区、11 个产城融合发展示范区，推进金华、芜湖、宣城、浙商、皖投等城市和投资集团在松江建成 18 个产业协同创新中心（或"域外创新中心"）。[2] 认定、培育九城市一批龙头骨干企业，发挥"头雁效应"，提高产业链创新链供应链协同水平。在深化一体化营商环境建设方面，G60 科创走廊持续优化市场化、法治化、国际化的科创生

---

[1] G60 产融结合高质量发展示范园区｜一键带你了解 28 家园区[N/OL]."长三角 G60 科创廊"公众号. https://mp.weixin.qq.com/s/6R8lnTecmG49K3C2Y8JMpQ, 2024-03-08.

[2] 从"抢蛋糕"到"做蛋糕"！松江积极探索区域产业协同创新[N/OL]. 上观新闻. https://sghexport.shobserver.com/html/baijiahao/2024/08/15/1403565.html, 2024-08-15.

态。制定实施G60科创走廊协同创新优化营商环境行动方案,加快构建高标准市场体系。持续推进政务服务跨区域"一网通办"、知识产权跨区域保护、跨区域法治协作等重点工作,率先探索区域规则、标准、管理、制度等一体化建设和对外开放。持续办好G60科创生态建设大会、进博会G60要素对接大会等品牌活动,促进九城共商共建共享共赢。

(四)理论研究和创新实践协同

理念是行动的先导,一定的发展实践都是由一定的发展理念来引领的。[①] 习近平总书记关于发展新质生产力的重要论述,深刻阐明了新质生产力的丰富内涵和实践要求,科学回答了"什么是新质生产力、为什么要发展新质生产力、怎样发展新质生产力"等重大理论和实践问题。长三角G60科创走廊能实现从秉持新发展理念的基层生动实践上升为国家战略重要平台的重大转型跃升,取得高质量跨越式发展,离不开习近平经济思想和新发展理念的正确指引,离不开新质生产力理论的真理力量。在新质生产力理论学习与研究方面,长三角G60科创走廊深入学习贯彻党中央、国务院决策部署,完整准确全面坚持新发展理念,始终把贯彻习近平总书记一系列重要讲话精神作为根本遵循,把理论学习成果转化为培育新质生产力的坚实保障、干事创业的实际本领,转化为推动G60高质量发展的强大动力。在新质生产力创新实践方面,长三角G60科创走廊将科技创新作为新质生产力发展源头,推动高能级重大创新平台跨区域一体化建设布局,支撑更多原始创新和关键核心技术突破,持续强化区域战略科技力量;将产业创新作为新质生产力落脚点,聚力打造先进制造产业集群,前瞻布局战略性新兴产业和未来产业;将制度创新作为发展新质生产力过程保障,重点突破深层次体制机制壁垒,不断降低制度性交易成本;将创新生态作为发展新质生产力重要支撑,把营造鼓励大胆创新、勇于创新、包容创新的营商环境作为推动高质量发展的关键一招,激发科技革命和产业变革创新热情。

---

① 习近平.习近平总书记在党的十八届五中全会第二次全体会议上的讲话[C].2015-10-29.

三、长三角 G60 科创走廊创新实践的深刻启示

新质生产力的显著特点是创新,既包括技术和业态模式层面的创新,也包括管理和制度层面的创新。G60 科创走廊开创了一条协同发展的新路径,在科创、产业、体制机制协同创新方面都取得了显著成效,已成为推进长三角一体化高质量发展的重要实践区,这样的创新实践不是个案,而是可以提炼出具有共性的、具有可复制推广价值的方法论。这启示我们:

(一)关键是因地制宜发展新质生产力

长三角 G60 科创走廊能实现高质量跨越发展,离不开习近平经济思想和新发展理念的正确指引,离不开新质生产力理论的真理力量。G60 科创走廊能从秉持新发展理念的基层生动实践上升为国家战略重要平台,关键在于深入学习贯彻党中央、国务院决策部署,充分发挥区域内高素质劳动者、高性能劳动资料和高品质劳动对象集聚优势,通过制度创新打破行政区划制约,充分释放区域优势和发展潜力,因地制宜探索新质生产力理论在基层系统集成、落地生根,以生产关系的优化组合形成 G60 新质生产力。这为各地探索新质生产力发展新路径带来深远启示与思考:因地制宜发展新质生产力是各地完整、准确、全面贯彻新发展理念,适应新一轮科技变革,实现创新驱动发展的必然要求,是促进地方经济增长、产业升级、就业增加,提升人民群众生活质量的现实需要,也是推动地方经济高质量发展、提升地方经济竞争力、应对国内外发展环境变化的必然选择。在发展新质生产力的过程中,"因地制宜"路径就在于坚持从实际出发,综合考虑资源要素禀赋结构、产业基础和地方经济发展需要,科学确定科技创新和产业定位,正确认识、处理新兴产业、传统产业和新质生产力的关系,做到有所选择、有所不为,才能充分发挥区域比较优势,跑出"加速度"。

(二)核心是坚持创新驱动发展战略

新质生产力特点是创新,关键在质优,本质是先进生产力,能够对高质量发展提供强劲推动力、支撑力。习近平总书记指出,创新主动权、发展主动权必须牢牢掌握在自己手中。G60 坚持创新第一动力,牢牢把握技术逻辑、市场逻辑、

治理逻辑的有机统一,把科创驱动作为长三角G60科创走廊高质量发展的根本命脉。持续深化科技与产业跨区域协同与融合,大力推进关键技术联合攻关和科技成果转移转化,提升科技创新策源能力;构筑先进制造业高地,以绿色化、智能化、高端化、融合化为引导,加快传统优势产业转型升级,前瞻性布局战略性新兴产业和未来产业。未来,G60科创走廊将进一步强化创新策源功能,巩固放大国家战略叠加优势,按照"立足长三角、辐射全国、放眼全球"的战略定位,加速链接全球创新要素资源,打造区域创新高地,更好支撑上海国际科技创新中心建设,更好服务长三角一体化高质量发展。

(三)基础是涵养一流科创生态

生产关系必须与生产力发展要求相适应。发展新质生产力,必须进一步全面深化改革,形成与之相适应的新型生产关系。唯有破解创新链与产业链汇合聚力中的机制性难题,才能将科技创新厚植在产业发展的土壤中,形成新质生产力。G60的优势在创新生态,出路也在创新生态。近年来,G60科创走廊聚焦精准制度创新和有效制度供给,着力破除深层次体制机制障碍;发挥市场对要素资源配置的决定性作用,服务构建全国统一大市场,提高要素流转效率;深化完善"七位一体"金融赋能体系,以创新主体云、基金云、互联网云"三朵云"激发市场的巨大潜力和市场主体创新能力;强化人才支撑,大力营造"识才爱才敬才用才"良好氛围,聚天下英才而用之;强化法治保障,着眼协同立法,依法依规鼓励、支持、包容创新,为企业创新主体提供更好服务;强化对外开放,加强国际科技合作,推动全球各类先进优质生产要素向发展新质生产力顺畅流动、高效配置。九城市在新发展理念指引下携手构建市场化、法治化、国际化的科创生态,开放共享、共建共生的科创生态,具有持续科创动力的科创生态以及具有更优营商环境的科创生态。

第十章　长三角一体化的新质生产力布局与探索

新质生产力视角下长三角夜间经济一体化发展探析

一、长三角夜间经济的历史嬗变

(一) 北宋东京：古代夜间经济正式发端

我国古代夜间经济发端于殷周之际，兴起于汉唐时期，到了宋朝，随着宵禁的松绑，"两都"夜市已经呈现出"九土夜市彻天明，楼红陌紫喧箫笙"的繁华景象。早在公元965年，赵匡胤就为宵禁松绑，下诏"开封府令京城夜市至三鼓已来，不得禁止"。北宋市民可以享受夜生活，直至凌晨1时。中国古代的夜间经济从北宋首都东京开始繁荣发展。孟元老在《东京梦华录》中描绘了北宋东京夜市令人耳目一新的技艺表演和精神愉悦的视觉盛宴："灯宵月夕，雪际花时……箫鼓喧空，几家夜宴。伎巧则惊人耳目，侈奢则长人精神。"东京当时逐渐形成了御街州桥至龙津桥、潘楼街马行街、汴河虹桥三处规模较大的夜间经济集聚区。"出朱雀门，直至龙津桥。自州桥南去，当街水饭、爊肉、干脯。……

基金项目：上海财经大学"我国大城市夜间经济高质量发展研究"(2021110841)成果。
本文作者简介：王岩，上海财经大学中国式现代化研究院研究员；王金煜，上海财经大学习近平经济思想研究院助理研究员。

至朱雀门,旋煎羊、白肠、鲊脯……直至龙津桥须脑子肉止,谓之杂嚼,直至三更。"①由潘楼街和马行街组成的十字街,是东京市中心最繁华的夜市。靖康之变后,临安继承东京的繁华。

(二) 南宋临安:昼夜不绝的盛况

南宋临安繁盛的夜间经济是我国古代经济发达的重要体现,呈现四时奢侈、昼夜不绝的盛况。其实早在唐代杭州的夜市就已然繁荣兴盛,据说有店铺3万多家,占总人口1/3,每年商税达50万缗,占全国财政收入的1/24。唐代杭州刺史李华在《杭州刺史厅壁记》中夸赞杭州"骈樯二十里,开肆三万室"。南宋杭州大小街道遍设夜市,贯穿杭城南北的御街,两旁夜市密集,清河坊、三桥址、官巷口、众安桥、观桥是夜市最热闹的地段。众安桥一带的北瓦(游艺场)是南宋杭城最大的游艺场,内设勾栏十三,表演百戏竞技,市民观看,昼夜不绝。钱塘江边码头与城北大运河商埠的夜市也初具规模。据吴自牧《梦粱录·夜市》记载:"杭城大街,买卖昼夜不绝,夜交三四鼓,游人始稀。五鼓钟鸣,卖早市者又开店矣。"②早市和夜市交替营业,市民可以享受全天候的休闲生活。春冬卖玉栅小球灯,夏秋卖黄草帐子、异巧香袋儿,中瓦前车子卖香茶异汤,中瓦子武林园前煎白肠,直到三更半夜还不结束,哪怕冬天夜里下着大雨雪,也有夜市出摊售卖。

(三) 明清苏州:两大夜市集聚区

明清的苏州,形成了以阊门的商业娱乐夜市和山塘酒肆画舫夜市为特色的两大繁华夜市集聚区。明朝唐寅在《阊门即事》中写道:"世间乐土是吴中,中有阊门更擅雄。翠袖三千楼上下,黄金百万水西东。五更市卖何曾绝,四远方言总不同。若使画师描作画,画师应道画难工。"形象描绘了明朝苏州阊门一带宏大的夜市规模,各种交易彻夜不绝。据说当时苏州阊门是全国最繁盛的夜市集聚区之一。如果说北宋张择端的《清明上河图》记录了北宋东京的城市面貌和

---

① 孟元老,等.东京梦华录(外四种)[M].杨春俏,译注.北京:中华书局,2020:1、124-126.
② 吴自牧.梦粱录[M].周游,译注.南昌:二十一世纪出版集团,2018:230.

百姓生活百态,是北宋城市经济的生动写照,那么,清朝徐扬的《盛世滋生图》则反映了康乾盛世苏州生动的市井风情。山塘的酒肆画舫夜市最具特色。从清朝沈朝初《忆江南》"苏州好,酒肆半朱楼。迟日芳樽开栏畔。月明灯火照街头。雅座立珍馐"以及赵翼《山塘酒楼》"承平光景风流地,灯火山塘旧酒楼"的描写中可以看到,山塘的酒楼夜晚灯红酒绿,生意兴隆,昼夜不绝。蒋泰阶《山塘竹枝词》"桐桥圆月上楼台,鳞集游船向暮开。今夜传觞应更盛,看他若个夺标回"说明了夜幕降临,山塘的画舫才开始游览的场景。

(四)明清扬州:中国最早的夜间离柜交易市场

"夜市千灯照碧云,高楼红袖客纷纷。如今不似时平日,犹自笙歌彻晓闻。"唐朝王建写出了扬州的繁华夜市,笙歌一片,通宵不散。明清的扬州,虽几经灾战毁坏,又兴盛繁荣,形成了几条著名的夜市街区,如东关街、丁家湾、瘦西湖……中国最早离柜交易市场就诞生在扬州的丁家湾。自徐凝门街,过何园百米左右,叫丁家湾,有专门的夜晚盐业交易市场,是中国最早的非现货的离柜交易。"凡替商家经手者,俱集于此,但不能立谈耳。另有一种人,租几间屋子,名曰'公店',任买卖人往来交易。日间尚觉冷清,夜分较盛。""门非暴卤煎沙地,货有丙丁甲乙纲。""交易无私贪夜盛,不管己事为人忙。"[①]该交易市场特点是盐商并不参与,而是委托他人交易。已经出现被称为"公店"的固定、专门的交易所。交易时间都是在夜晚进行,越是深夜,交易越火爆。交易的商品均为不同品级的大宗商品。除了古街夜市,扬州的桥、水、园、舫别具特色,典型的要数夜晚的瘦西湖。瘦西湖"园林之盛,甲于天下""垂杨不断接残芜,雁齿虹桥俨画图。也是销金一锅子,故应唤作瘦西湖"。清人黄惺庵赞道:"面面清波涵月镜,头头空洞过云桡,夜听玉人箫。"夜游瘦西湖是明清扬州最为流行的夜生活方式。郑燮在《扬州》中描绘扬州上流社会奢侈的夜生活场景,夜晚的瘦西湖上画舫穿梭如织,游人欢笑不绝,湖面倒映着画舫和河岸的灯光,伶优杂剧歌舞吹弹络绎不绝。

---

① 林苏门.邗江三百吟[M].扬州:广陵书社.2005:508.

(五)近代上海：名副其实的"不夜城"

上海夜市最早出现在 170 年前的蕰藻浜"鬼市"。[①] 清咸丰三年(1853 年)，王韬《瀛壖杂志》记载："距吴淞西南十里，地号'阴冈'，烟户数十家。其俗以夜间为市，日间则各处多闭户高眠。一至上灯时候，百事俱举，乡人之抱布贸丝者，络绎而来，人以为'鬼市'。"1917 年，老报人姚公鹤在其《上海闲话》中写道："阴冈者，即系蕰藻浜。"近代夜市繁华的标识是绚丽的灯光、火树银花。1865 年，上海在全国率先使用煤气灯。起初主要用于洋行和街道，后来普及至行栈、铺面、茶馆、戏楼以及居家。这为上海夜市繁荣提供了必要条件。入夜后，火树银花，光同白昼，上海成了名副其实的不夜城。19 世纪 70 年代，上海人评沪北即"租界十景"，其中之一就是"夜市燃灯"。[②] 中国第一盏电灯在上海的出现，象征着近代都市繁华夜市的真正开启。1879 年，在上海租界来自英国的电气工程师毕晓浦(J. D. Bishop)在上海境内的一个仓库里，利用蒸汽机为动力点亮了中国第一盏电灯，正式宣告电灯开始在中国使用。据说当时每盏电灯亮度可抵 2 000 根蜡烛。此后，上海租界和华界夜市逐渐流行起来。租界最早的夜市出现在 1881 年愚园，当时为坐落在静安寺旁边的私家园林。《申报》刊登过愚园夜市广告："本园夜市于是月望日起，仍照旧章，限十二点钟止，新设池内荷花鲜艳，盆上夏兰幽香，诸公清心快目，纳凉赏玩"，直到八月初一夜市才停止。19 世纪末 20 世纪初，上海英租界胡家宅一带夜晚热闹异常，莺歌燕舞，经常通宵达旦[③]，炒面馆、小酒肆皆以夜市为主要生财之道。公共租界规定"烟馆、酒肆、茶馆定章，夜间限十二点钟收市"，巡捕房负责夜市治安。法租界巡捕房夜间营业规定："吃食、点心等店，夜市限至十二点钟为止一律收歇。"租界的夜市如火如荼，生意蓬勃发展，华界也坐不住了。1909 年，上海地方公益研究会邀请绅商学

---

① 沈琦华,蔡瑾. 上海最早的夜市在蕰藻浜[DB/OL]. 2020－07－23[2024－04－01]. https://wap. xinmin. cn/content/31772299. html.
② 中华人民共和国国家统计局. 中华人民共和国 2002 年国民经济和社会发展统计公报[DB/OL]. 2003－02－28[2024－04－01]. https://www. gov. cn/gongbao/content/2003/content_62657. htm.
③ 王岩. 九土夜市彻天明 交易无私贪夜盛[N]. 解放日报,2023－04－11:12.

界倡议在豫园内振兴夜市。《新闻报》《时报》发布"振兴城内夜市之计划""城内将兴夜市"①:"上海互市以来……城内素无夜市,又以城关阻隔,一至傍晚,城外人则裹足不来,城内人则群趋租界,道途平坦,彻夜光明,耳目为之一新。……借此于城内准开夜市,以冀挽利权于万一。"②但最终华界夜市始终没有开张,说明清末社会制度的藩篱难以打开。直到民国时期,上海老城厢小东门内的各商家开会商议振兴夜市办法,共同决议:自小东门长生桥至陈市安桥一带,建四座灯牌楼,自1916年10月27日起,各商号开始夜市营业,每晚至10时为限。20世纪二三十年代的大上海,租界夜生活异常繁荣,先后形成了"远东第一乐府"百乐门、上海最早的钢筋水泥结构的商业楼新世界游乐场、被老上海人形容为"儿时的迪士尼"的"远东第一俱乐部"上海大世界游乐场等全国闻名的夜市地标,每到夜晚,都吸引着达官显贵、商贾贵人、名媛名流、文人雅士趋之若鹜。百乐门拥有远东首个弹簧地板舞池、绝美玻璃舞池、首支华人组建的爵士乐队、U字形经典回马廊……这里吸引了著名喜剧大师卓别林的三次到访,八大当红歌后经常献唱。

二、长三角夜间经济发展现状

美国布朗大学教授戴维·N.威尔(David N. Weil)指出,一个地区夜晚的灯光亮度与其地区生产总值成正比。国际上也常用夜间灯光指数来判断城市经济发展状况。③何洋等研究人员基于2000—2009年美国国防气象卫星计划的DMSP/OLS夜间灯光数据,提取了同期中国31个省级行政区的夜间灯光遥感信息,通过将灯光遥感亮度信息与各省级行政区的GDP数据进行曲线拟合回归分析,发现夜间灯光遥感数据呈现以北京、上海、广东为中心,东部沿海地区向中西部地区呈弓状递减的趋势,与同期经济发展态势高度吻合,证明夜间灯

---

① 王岩.九土夜市彻天明 交易无私贪夜盛[N].解放日报,2023-04-11:12.
② 王勇则.说不尽的末科进士[M].上海:上海远东出版社,2017:35.
③ 王岩,程恩富.夜间经济的二重性和协同治理的四个维度[N].中国改革报,2020-07-22:10.

光遥感数据能较好地反映夜间经济发展水平。①

发展夜间经济对于提高城市竞争力和吸引力、增加就业、拉动经济增长具有重要作用。长三角城市群夜间灯光围绕长江—太湖—杭州湾片区呈现出璀璨的"3"字形(见图1),这里不仅是国内首屈一指夜间经济的聚集带,也是中国经济最发达的区域。

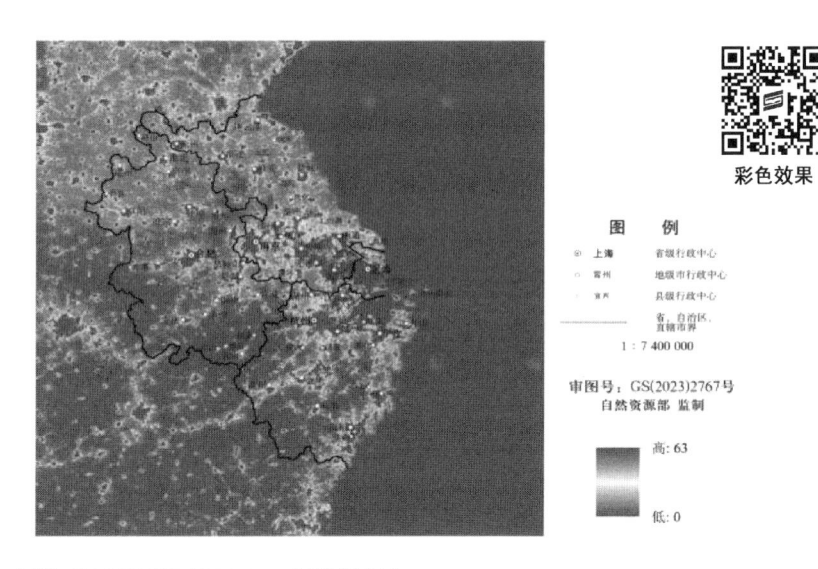

来源:基于DMSP/OLS2022年数据制作。

图1　2022年长三角夜间灯光遥感影像示意图(彩图详见二维码)

(一)长三角夜间经济发展现状

通过对上海、杭州、南京、合肥等长三角核心城市夜间经济的发展规划与空间布局、业态供给与消费市场的分析发现,目前长三角夜间经济发展速度快、集聚度高,但仍存在发展不够均衡、规划不够协调、夜间经济城市群体系有待深化等问题。

1. 长三角夜间经济的发展规划与空间布局分析

上海、杭州、南京、合肥等长三角主要城市的顶层设计有统一的城市夜间经济发展规划和支持政策,有主打的夜间文化地标和明确的主题,在原有核心商

---

① 何洋,程辉,唐亮.基于DMSP/OLS数据的我国省级经济发展水平研究[J].地理空间信息,2014(6):79-82.

圈基础上形成了一批夜间经济集聚区。2022年上海颁布《上海市夜间经济空间布局和发展行动指引（2022—2025）》规划打造"1＋15＋X"的空间布局体系。自2020年起，上海已连续4年举办夜生活节，聚焦夜购、夜食、夜游、夜娱、夜秀、夜读、夜动七大主题，围绕首发、品牌、夜间三大经济和新型、大宗、进口商品、餐饮、服务、信息六大消费等推出200余项特色活动，以"点亮一江一河"为主题，推出9个市级品牌项目、55项线上线下活动、10个水岸夜生活体验区和30个水岸夜生活好去处（见图2、表1）。杭州以打造"不夜天堂"为主题的高品质夜间营商消费环境作为主要内容，打造消费"元杭州"平台；推出并培育十大夜间经济集聚示范区，构建布局合理、功能完善、业态多元、管理规范的发展格局。南京打造"夜之金陵"品牌，按照"市场主导、政府引导、分类培育、逐步推进"原则，结合自身特色，从夜购金陵、夜食金陵、夜宿金陵、夜游金陵、夜娱金陵、夜读金陵、夜健金陵七个方面，打造一批休闲一条街、美食一条街、酒吧一条街。合肥实施夜间消费载体建设改造三年计划，初步形成打造1个核心夜间经济集聚区、建设改造10条夜市商业街区、培育多个居民夜间消费节点的"一核十街多点"空间格局。①

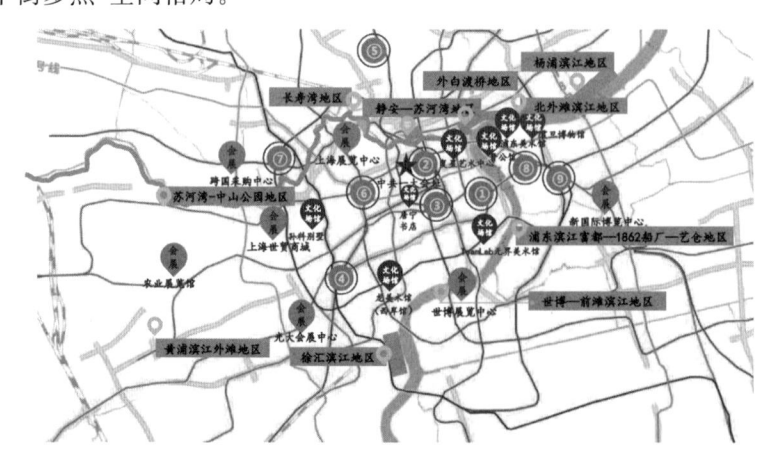

图2　上海中环线和内环线主要夜间经济空间布局示意图（彩图详见二维码）

---

① 许彩俊.长三角一体化背景下加快夜间经济高质量发展研究——以安徽合肥为例[J].统计科学与实践，2021(6)：20-23.

表1 上海中环线和内环线主要夜间商圈分布

所属市辖区	商圈名称
黄浦区	①BFC外滩枫泾;②南京路步行街;③新天地
徐汇区	④徐家汇商圈
静安区	⑤大宁国际商业广场;⑥安义夜巷
普陀区	⑦环球港
浦东新区	⑧陆家嘴金融中心;⑨世纪大道

2. 长三角夜间经济的业态供给与消费市场分析

围绕购物、美食、旅游、娱乐、演艺、读书、运动等主题,上海、杭州、南京、合肥等城市有越来越多的重点实体商业企业的夜间消费蓬勃发展。以颜值消费、宠物消费、密室消费和付费自习室等为代表的新型夜间消费快速增长,直播、真人秀等线上线下结合型业态也快速成长。根据中国移动互联网数据监测,夜间(晚上6时至次日早上6时)活跃用户数量增加迅猛,"深夜党"(0时至2时)群体规模增大。"微醺"经济兴起,小酒馆成为年轻群体夜娱社交又一新兴场景,乘着夜间经济蓬勃发展之势赢得红利;食市同样是夜间经济的重要组成部分。从晚上6时起,餐饮店迎来到店消费高峰,晚上10时后的夜宵时段也点亮了夜间经济。为及时匹配用户多场景用餐需求,餐饮品牌加速数字化进程,手机客户端小程序端流量发展势头迅猛。即时需求旺盛,尤其在深夜时段,饿了么、美团等外卖平台App承接"深夜食堂"需求。

从夜间经济品牌打造角度看,上海大力发展线上消费、体验消费、健康消费等新型消费,积极发展高端消费。杭州设立夜间经济财政专项资金,涵盖夜购物、夜食堂、夜旅游、夜文化、夜娱乐、夜健身六大业态。南京从夜景区、夜演艺、夜集市三个方面发力。合肥围绕建设夜间消费载体、打造乡村特色小镇、丰富"夜合肥"体验活动等八个方面举措保障夜间经济发展,满足人民群众品质化、多元化、个性化的需求。

(二)长三角夜间经济发展的问题与不足

在顶层设计、空间布局、业态供给、监管服务等方面,长三角夜间经济发展仍存在不少短板和瓶颈。

(1)夜间经济比较优势不明显,未形成与经济体量匹配的夜间经济超级品牌。从夜间经济影响力看,《中国城市夜经济影响力报告 2021—2022》显示,重庆、成都、长沙等城市活力更强、发展更快,重庆更是连续 3 年荣登十强城市榜首。"夜经济影响力区县 20 强"中粤港澳大湾区占 3 席、长三角占 2 席、重庆独占 2 席。从消费市场看,长三角 2020—2022 年社会消费品零售总额增速有所放缓。从旅游市场看,2022 年中国旅游收入 30 强城市中,长三角只有 7 个城市上榜,表明仍有进步空间。

(2)夜间经济空间布局缺乏专门的科学规划,长三角夜间经济协同效应尚未形成。区域间"高墙林立"导致夜间经济难以规模化发展,能否以科学规划整合各项资源是发展城市夜间经济的关键。国际大都市大多通过规划引领、错位发展来实现夜间经济的持续良性发展。例如,法国出台《促进经济活动和经济增长法案》将巴黎划分出可在夜间时段营业的 12 个国际旅游区;伦敦发布"24 小时城市愿景",识别夜间活动区域并进行层级划分。① 近年来,上海《关于推动夜间经济发展的指导意见》建立"夜间区长"和"夜生活首席执行官"制度。浙江也发布《关于开展省级夜间经济试点城市创建工作的通知》等政策文件对省域夜间经济进行统筹规划。但截至目前,长三角全域层面关于夜间经济发展总体规划的专门政策文件尚未出台,亦无专门针对长三角夜间经济发展的整体统筹规划。由于长三角缺乏夜间经济"一盘棋"的整体性、系统性设计和产业规划引导,在政策互通、产业连通、资源流通等方面尚未形成体系,缺乏一个可连通长三角夜间经济纵横产业链的完整生态,27 座城市基于各自差异化优势的夜间经济协同效应尚未显现。

(3)业态供给亟须营销创新,未形成"复合型"夜间经济业态。纵观长三角夜间经济业态供给现状,虽注重打造多样化多主题业态,但依然未走出主流夜

---

① 王聪.夜间经济:满足"美好生活需要"塑造城市文化品牌[EB/OL],2021－09－01[2024－04－01]. https://cjrh.yctei.cn/2022/0418/c1882a45596/page.htm.

市经济的业态范围,餐饮、购物、酒吧、电影、KTV等传统业态消费依然占比较大,文化、体育、竞技、表演、康养之类的产品极度匮乏,其中不少城市缺乏诸如里昂的灯光节、广州珠江夜游等具有符号意义的代表性业态。虽重视传统单体业态,但缺乏沉浸式复合化新型业态,青年群体喜闻乐见的"购物＋餐饮＋体验＋社交"沉浸式消费场景不多;虽重视线下活动和线上宣传,但缺乏融合商户—消费者—运营商—政府监管的一体化数智平台;虽重视和推出各种现代化、生活化的业态,但存在"千城一面"问题,缺少创新性、引领性、辨识度高的创新业态形式。

(4)历史文化内涵深度挖掘不充分,未形成"江南文化""海派文化""吴越文化"同根共脉的夜间经济内生动力。长三角手握多张历史文化"王牌",但城市文化内涵有待进一步深度挖掘,夜间经济发展的文化内生力量有待进一步释放。部分城市夜间经济集聚区仅停留在夜晚将日间流动摊点和商贩合法化组织到某一片区域继续营业,却又不可避免地带来交通阻塞、食品安全、环境污染等问题,引发夜间经济集聚区周边市民的困扰和不满。部分城市在流光溢彩的夜购、夜游背后,未能充分挖掘"长江文化""太湖文化""杭州湾文化""海派文化"等特色历史文化,对如何利用城市自身优势资源和历史文化整合拉动相关文旅产业缺乏有效的市场运营举措。

(5)配套设施与服务不完善,未形成统一的运维监管体系。调研发现,基础设施与配套服务供给的短板已成为夜间经济未来发展的瓶颈。面对日趋活跃的夜间经济集聚区,停车难等一系列老问题新现象无不暴露出夜间经济发展在配套设施和服务供给上的历史欠账和现实窘境。城市夜间经济管理涉及城管、交通、消防等多个部门,多头管理造成工作协调难度大。一些部门派出工作人员夜间值守,一方面增加了自身的工作量和工作难度,另一方面非常规工作时间上班导致工作人员的积极性不高。目前,长三角各城市夜间经济尚无统一的运营监管平台,市民参与度不高,难以统计分析、投诉监管,管理机制也不够透明。夜市摊主流动性强、分布广泛,不易组织和交流,难以自发形成专业行业自组。

三、新质生产力引领长三角夜间经济创新发展

习近平总书记指出:"新质生产力是创新起主导作用,摆脱传统经济增长方式、生产力发展路径,具有高科技、高效能、高质量特征,符合新发展理念的先进生产力质态"。[①] 它由技术革命性突破、生产要素创新性配置、产业深度转型升级而催生,以劳动者、劳动资料、劳动对象及其优化组合的跃升为基本内涵,以全要素生产率大幅提升为核心标志,特点是创新,关键在质优,本质是先进生产力。[②] 在一系列新技术驱动下,新质生产力引领带动生产主体、生产工具、生产对象和生产方式变革调整,推动劳动力、资本、土地、知识、技术、管理、数据等要素便捷化流动、网络化共享、系统化整合、协作化开发和高效化利用,能够有效降低交易成本,大幅提升资源配置效率和全要素生产率。新质生产力是随着科技的发展,新的生产方式和生产模式出现,在经济中发挥重要作用的生产力。

(一)新质生产力推动夜间经济繁荣发展

新质生产力代表先进生产力的演进方向,具有强大发展动能,能够引领创造新的社会生产时代,具体表现在变革性新技术的应用、新型产业的兴起、新型和谐劳动关系的建设等。首先,新一代信息技术、先进制造技术、新材料技术等融合应用,创造出更高效便捷、绿色安全的新型生产工具,进一步解放了劳动者,削弱了自然条件对生产生活的限制,为夜间经济的发展奠定良好基础。例如,随着互联网和移动技术的普及,许多行业都开始转向数字化和在线服务,这为夜间经济发展提供了新的机遇。移动互联网技术的发展使得夜间消费者能够通过手机应用预订酒店、网约车或外卖,提升了夜间消费的便利性和体验感,促进了夜间经济的繁荣;新的技术创造更多的娱乐选择,虚拟现实、增强现实和电子游戏等技术让人们可以在夜间体验这些活动;新技术也为夜间各项活动提供了便利性和安全性保障,使各地一些日间商业文化活动的开放时间得以延

[①] 加快发展新质生产力 扎实推进高质量发展[N].人民日报,2024-02-02:1.
[②] 黄群慧.加快形成新质生产力,建设现代化产业体系[J].国企管理,2024(1):76-78.

长,如上海推出的夜间观光巴士、夜间博物馆、夜间书店、夜间食堂和夜市等。新质生产力赋能下,各种新场所、新活动、新业态都促进了夜间经济的繁荣。其次,新质生产力为夜间经济发展提供新产业支撑。互联网经济、共享经济、直播经济兴起和发展,战略性新兴产业和未来产业的培育壮大,使得夜间配送服务、共享单车、直播带货等各种新兴产业在夜间时段得以快速发展,同时为夜间经济的可持续发展提供产业支撑。再次,新质生产力的培育为夜间经济发展提供拔尖创新人才和熟练掌握新质生产资料的应用型劳动者,新型劳动者队伍的创造力和能动性为多业态模式的夜间经济奠定可持续发展的坚实基础。

(二)夜间经济形成培育新质生产力的新场域

新质生产力的培育和发展离不开新技术、新主体、新机制、新动力和新场景的协同推进,需要不断创新的场域载体支撑。夜间经济不仅是城市生产和消费的"新蓝海",更是满足人民日益增长的美好生活需要的新方式。它通过激活市场、创造就业、繁荣文化打开城市发展新空间,为培育新质生产力提供了新的场域载体。(1)夜间经济为新质生产力的发展提供了新的市场需求,为新技术和新产业提供了更广阔的应用场景,如将智能家居、智能安防应用于夜间活动新场景中。夜间经济还为新兴产业提供了实验新空间,使得创新型企业比白天拥有更多在市场中实践和发展的机会,从而促进创新成果的产生和转化。(2)夜间经济为创新和创业提供了更广阔的时空。在夜间,人们的工作压力相对较小,思维更加活跃,可以以更自由、更灵活的方式进行创造性工作。许多创新型企业和个体创业者选择在夜间工作,借助夜间的安静和时间的延伸,更好地实践和推动新的科技和商业模式的发展。夜间经济的发展带来了更多的就业机会,特别是对于年轻人和弹性工作人群。例如,餐饮、娱乐、夜间游览等行业需要大量员工,且工作时间具有弹性,吸引了许多人参与其中,同时创造了更多的就业机会。(3)夜间经济的活跃也为数字经济的发展提供了契机。在夜间,许多互联网平台和在线服务活跃起来,为消费者提供了更多的选择。这不仅能够促进数字技术的应用和创新,还可以通过数据的积累和分析,为企业和政府提供更精确的市场信息和决策依据,推动新质生产力的提升。(4)夜间经济提供了多样化的消费体验,满足了不同人群的需求,丰富了人们的夜间生活,提升了人们的生活品质。(5)夜间经济促进了城市空间再利用。例如,白天用于办公的建筑、场馆等设施,在夜间可以用于夜间经济活动,充分发挥了城市空间的多功能性。此外,夜间经济的繁荣也激发了跨界合作和产业融合。不同领域的企业和从业者在夜间经济中相互搭建合作平台,通过资源的共享和优势互补,推动新的产业模式和商业模式产生。由此可见,夜间经济的发展不仅可以推动城市经济的繁荣,而且可以因地制宜发展新质生产力。

综上所述,新质生产力与夜间经济可以互相促进、协同发展:新质生产力的进步为夜间经济提供了更多的发展机遇,而夜间经济的繁荣又为新质生产力的发展提供了市场需求和实践空间。这种良性循环可以进一步推动产业转型升级,实现经济和社会的繁荣发展。

四、长三角夜间经济促进新质生产力发展

(一)长三角新质生产力发展基础扎实

作为中国经济发展最活跃、开放程度最高、创新能力最强的区域之一,长三角地区以不足4%的国土面积连年保持全国约1/4的经济总量。《长三角区域协同创新指数2023》(见图3)显示,长三角区域协同创新指数从2011年的100分(基期)增长至2022年的262.48分。2018年以来,长三角区域协同创新指数年均增幅达11.17%,三省一市科技创新共同体建设加速前进。三省一市41个城市协同创新能力的排名中,上海持续发挥龙头引领地位,带动长三角地区科技合作和创新一体化,杭州、南京、苏州、合肥紧随其后,成为长三角跨区域协同创新的重要枢纽。长三角地区拥有丰富的人力资源和技术创新能力,正通过加强创新驱动和新质生产力的引领,推动经济结构的转型升级和发展方式的转变。

(二)夜间经济正在成为长三角新的经济增长点

长三角拥有丰富的资源和强大的产业基础。为把握新发展阶段、贯彻新发展理念,长三角地区正积极推动新质生产力的发展,其中发展夜间经济可成为

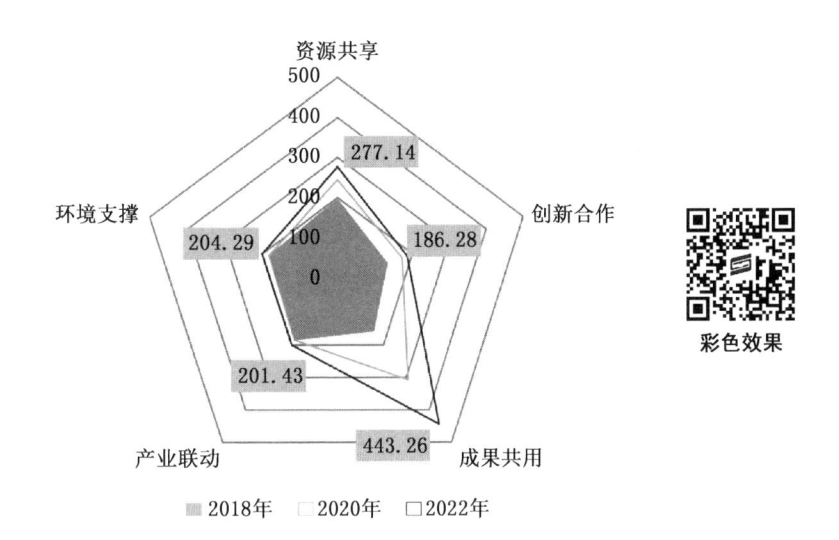

图 3 《长三角区域协同创新指数 2023》一级指标发展情况（彩图详见二维码）

来源：上海市科学学研究所、江苏省科技情报研究所、浙江省科技信息研究院、安徽省科技情报研究所。

重要的方向之一。夜间经济对于推动区域经济发展、增加就业机会和提升城市形象有着重要作用。首先，长三角夜间经济呈现多元化的特点。各城市都在积极推动夜间经济的发展，多样化的夜间经济场所满足了不同人群的需求，促进了消费和旅游业的发展。其次，夜间经济在长三角地区带动了创意产业的发展。夜间经济场所不仅仅是商业和娱乐场所，还包括了艺术、设计、文化等创意产业。最后，夜间经济促进了就业机会的增加。夜间经济的发展，为社会创造了大量的就业机会。无论是餐饮服务业、娱乐业，还是安保、物流等相关服务行业，都为人们提供了丰富多样的就业机会。特别是对于年轻人和创意人才来说，夜间经济为他们提供了更多的就业机会和发展空间。因此，长三角地区正积极推动夜间经济的发展，将其作为新质生产力的新场域载体，推动区域经济增长、提升区域文化形象，促进产业结构优化升级和人才流动，为长三角一体化发展带来了新的活力。

（三）长三角以营造新场景、创造新业态、拓展新空间发展夜间经济

长三角在发展夜间经济过程中，呈现以下几个新动向：(1)聚力协调治理和

一体同频,加强规划引导和政策组合。致力于上海、杭州、南京、合肥都市圈夜市经济同频共振,推进长江沿线、环太湖、环杭州湾都市圈等成熟商圈层次提升,加快推进长三角旅游一体化建设。政府注重发挥政策组合叠加效应。长三角各城市在新基建上将夜间经济基础设施列入重点方向,在土地、城乡、资源利用等政府宏观规划中统筹考虑夜间经济发展所需的设施和服务。(2)拓展新领域,联动新平台,引领新潮流。各大网络消费平台举办"开夜大集"主题夜市,推出"打车+单车"出行礼包,还推出夜间购物消费券、夜间餐饮美食优惠券、生活地图等。(3)深挖长三角城市特色文化内涵,融合赋能夜间经济消费场景。其一,内蕴江南文化新风貌。长三角有着共同的江南文化基因,包括江南文化、海派文化、吴越文化、徽派文化等,文化同脉、语言相通。长三角各个城市要善于发挥彼此相近的历史文脉,打造内蕴自身城市精神特色的夜间经济集聚区,体现宜业、宜居、宜乐、宜游的夜间经济高质量发展理念。其二,建设富有地方文化特色新业态。长三角城市历史文化街区和江南古镇资源丰富,人气旺盛,已培育出外滩、朱家角、西湖、乌镇、瘦西湖、秦淮河等"网红"街区、古镇。其三,构建具有长三角文化特色的数字文化消费新场景。长三角拥有科大讯飞、阿里巴巴等标杆企业总部,数字文化产业链条完善,产业集聚度高,在动漫产业、数字音乐、游戏产业等处于领先地位,有助于上海"一江一河"的数字化夜景打造、环太湖夜景以及运河夜间旅游资源的数字化开发。

参考文献

[1] 孟元老,等. 东京梦华录(外四种)[M]. 杨春俏,译注. 北京:中华书局,2020.

[2] 吴自牧. 梦粱录[M]. 周游,译注. 南昌:二十一世纪出版集团,2018:230.

[3] 林苏门. 邗江三百吟[M]. 扬州:广陵书社. 2005:508.

[4] 沈琦华,蔡瑾. 上海最早的夜市在蕴藻浜[DB/OL]. 2020-07-23[2024-04-01]. https://wap.xinmin.cn/content/31772299.html.

[5] 中华人民共和国国家统计局. 中华人民共和国 2002 年国民经济和社会发展统计公

报[DB/OL].2003—02—28[2024—04—01].https://www.gov.cn/gongbao/content/2003/content_62657.htm.

[6]王岩.九土夜市彻天明 交易无私夤夜盛[N].解放日报,2023—04—11.

[7]王勇则.说不尽的末科进士[M].上海:上海远东出版社,2017.

[8]王岩,程恩富.夜间经济的二重性和协同治理的四个维度[N].中国改革报,2020—07—22:10.

[9]何洋,程辉,唐亮.基于DMSP/OLS数据的我国省级经济发展水平研究[J].地理空间信息,2014:79—82.

[10]许彩俊.长三角一体化背景下加快夜间经济高质量发展研究——以安徽合肥为例[J].统计科学与实践,2021(6):20—23.

[11]王聪.夜间经济:满足"美好生活需要"塑造城市文化品牌[EB/OL].2021—09—01[2024—04—01].https://cjrh.yctei.cn/2022/0418/c1882a45596/page.htm.

[12]加快发展新质生产力 扎实推进高质量发展[N].人民日报,2024—02—02:1.

[13]黄群慧.加快形成新质生产力,建设现代化产业体系[J].国企管理,2024(1):76—78.

（该文刊载于《城市观察》2024年第2期）

长三角地区培育新质生产力的实践对全球发展中国家的启示

2023年7月以来,习近平总书记在四川、黑龙江、浙江、广西等地考察调研时,提出要整合科技创新资源,引领发展战略性新兴产业和未来产业,加快形成新质生产力。[①]新质生产力是马克思主义政治经济学的重要理论创新,也是马克思主义生产力理论在当代中国的新发展。中央财办在解读2023年中央经济工作会议精神时,对新质生产力的内涵进行了解读:"新质生产力是由技术革命性突破、生产要素创新性配置、产业深度转型升级而催生的当代先进生产力,它以劳动者、劳动资料、劳动对象及其优化组合的质变为基本内涵,以全要素生产率提升为核心标志。"[②]因此,培育新质生产力需要着力打造新型劳动者队伍、用好新型生产工具和塑造适应新质生产力的生产关系。

一、培育新质生产力重塑经济增长动力系统

中国经济从高速增长向高质量增长转变,主要归因于资本要素、劳动力要素和技术水平等。改革开放以来中国经济之所以能保持长期高速增长,首要原因在于具有很高的资本积累率,依靠投资带来了中国经济长期的高速增长。[③]在劳动力要素方面,人口红利同样发挥了重要作用,包括人口数量红利和人口质

本文作者简介:吴一平,上海财经大学公共经济与管理学院教授,中国式现代化研究院特聘研究员。
① 习近平.发展新质生产力是推动高质量发展的内在要求和重要着力点[J].求是,2024(11):4-8.
② 中央财办有关负责同志详解2023年中央经济工作会议精神[N].人民日报,2023-12-18:1.
③ 林毅夫,蔡昉,李周.论中国经济改革的渐进式道路[J].经济研究,1993(9):3-11;Song,Z.,Storesletten,K.,and Zilibotti,F. Growing Like China[J]. American Economic Review,2011,101(1):196-233.

量红利。在技术进步方面,中国早期的进步主要是通过成本更低的模仿和购买技术实现外源驱动。但是从2008年全球金融危机后,资本、劳动力要素投入特征发生变化,技术进步速度放缓,经济增速出现下降,技术和人力资本的作用日益凸显。人口红利逐步衰减和投资效率不断降低意味着传统的要素投入型增长已难以持续,技术和人力资本等要素的作用将日益扩大。由供给端生产要素决定的经济潜在增长率下降已经成为当前中国经济面临的重要挑战。[①]

按照马克思主义的基本原理,生产力是人类社会发展最根本的推动力和实质内容,生产力包括劳动者、劳动资料、劳动对象和科学技术。国家经济增长的实质内容是生产力的发展。但脱离生产关系,即制度,就不会有生产力的发展。一套持续稳定的生产关系或制度体系将为生产力的发展提供广泛的"试验场所"。马克思认为,生产力决定生产关系,生产关系要适应生产力的发展而发展。这些思想深刻揭示了生产关系或制度对于经济增长的重要性。因此,在新时代,就需要培养新型劳动者、催生新型劳动资料、塑造新型生产关系。

(一)培养新型劳动者

改革开放以来,中国经济发展取得了举世瞩目的成绩,部分得益于我国长期存在的人口红利。改革开放初期,民营企业和外资企业的大量涌现,城乡之间的收入差距吸引大量乡村人口转移到城市,充裕的劳动力供给助力劳动密集型产业的快速发展,以制造业和建筑业为主体的第二产业比重稳步提升,加快了产业结构的转型升级。

当一个国家处于人口红利期,较高比重的适龄劳动人口将从两个方面推动经济增长:充足的劳动力供给能够延缓资本报酬递减,从而维持经济高速增长;较低的社会抚养比能提高居民储蓄率,进而有利于资本形成,为经济增长提供资本要素。[②] 从2013年开始,中国经济进入新常态,经济增速由高速降为中高速。我国16~59岁的劳动年龄人口在2011年达到了9.4亿峰值后开始持续

[①] 蔡昉.中国经济改革效应分析——劳动力重新配置的视角[J].经济研究,2017(7):4-17.
[②] 郭晗,任保平.人口红利变化与中国经济发展方式转变[J].当代财经,2014(3):5-13.

下降,加上人口出生率也有所下降,劳动力成本呈现攀升趋势,人口红利正在慢慢减弱。从长远发展来看,我国必须转为依靠科技红利和人才红利才能实现可持续发展。

目前,数字化和智能化机器设备正在进入现代生产领域,工厂中的体力劳动逐步被取代,与数字化、智能化技术紧密结合的新型劳动者成为生产活动的主角。这些新型劳动者的技能能够契合新时代生产力发展对高素质人才的需要,包括掌握现代技术、操作高端设备等。

如何将高学历人力资源进行有效配置是培育新质生产力需要考虑的重要问题,主要有三方面政策可以采用:首先,促进数字技术与制造业深度融合,不断培育新业态、新模式,吸纳更多的高学历人力资源。其次,深化户籍制度改革,帮助各类人才选择最佳就业城市,实现人力资本投资的增值。最后,政府和社会要正确引导人才就业观念。一方面通过学校和社会组织对于个人择业进行辅导和帮助,让学习应用技术的人才能够进入适合他们的企业工作;另一方面,对于进入地方重点制造业企业工作的人才给予就业补贴,以解决部分企业招聘不到合适员工的困难。

(二)催生新型劳动资料

马克思认为,劳动资料,尤其是劳动工具,是社会生产力发展的重要标志。各种经济时代的区别,不在于生产什么,而在于怎样生产,用什么劳动资料生产。当人类社会生产力进入新的发展阶段,劳动资料也发生了质变。自然经济时代起到决定作用的是农业生产工具,工业经济时代则是机器装备等固定资本,信息经济时代则进一步发展为集成电路、处理器、软件系统等控制单元。①

2023年12月,中央经济工作会议强调,要以颠覆性技术和前沿技术催生新产业、新模式、新动能,发展新质生产力。新型劳动资料成为新质生产力的重要构成要素,而催生新型劳动资料必须借助于颠覆性技术、前沿技术等新一轮产

---

① 赵峰,季雷.新质生产力的科学内涵、构成要素和制度保障机制[J].学习与探索,2024(1):99—101.

业技术革命。新质生产力代表的新型劳动资料呈现高智能化。例如,生产工具的革新带来了生产成本大幅下降和生产效率不断提升,EUV光刻机的出现让7纳米、5纳米芯片制造成为可能,新能源汽车制造中的一体化压铸成型技术,让新车的制造成本大幅下降,等等。[①] 传统劳动资料与新兴科学技术相融合,涌现出以生成式人工智能为代表的颠覆性生产工具,推动了社会生产体系的跨越式进步。

传统的制造业主要靠劳动力、资本等常规生产要素,未来的制造业还需要数据要素。数据要素介入生产制造会改变企业内部生态,推动内部结构不断融合裂变。为此就要建立以数据要素市场为代表的新型劳动资料交易系统。

数据要素流通市场发展的核心是建立高质量的数据要素流通体系和激活数据要素市场活力,目标是以数据要素交易为驱动力形成链条式联动机制,就是强化"前端的数据要素资源供给体系—中端的数据要素交易体系—后端的数据要素应用体系—保障端的数据要素安全体系"的数据要素流通链条。其中,数据要素资源供给体系是基础,数据要素交易体系是核心,数据要素应用体系是关键,数据要素安全体系是保障。

从长期来看,坚持"以数据要素改革助力数据强国建设、解决数据交易行业的痛点堵点问题、探索数据要素专有属性的制度创新"的改革原则,建立"数据要素资源供给体系—交易体系—应用体系—安全体系"四位一体的高质量流通链条,促进数据要素有序流通、高效配置,充分释放数据价值与红利,将为推动经济高质量发展提供强劲动力。

(三)塑造新型生产关系

习近平总书记强调:"生产关系必须与生产力发展要求相适应。发展新质生产力,必须进一步全面深化改革,形成与之相适应的新型生产关系。"[②]只有通过深化体制机制改革激发科技创新潜能,才能不断提升国家创新体系效能。[③]

---

① 黄奇帆.新质生产力的三个"新"[J].科学大观园,2024(8):20—23.
② 加快发展新质生产力 扎实推进高质量发展[N].人民日报,2024-02-02:1.
③ 刘华军.颠覆性科技创新激发新质生产力强大动能[N].中国社会科学报,2024-03-21:5.

从科技创新体系来看,我国的科技创新体制机制与世界科技强国还有相当一段距离,政策制定、政策实施、政策评估和政策反馈还没有形成闭环,需要加快推进科技创新体制机制改革,逐步形成适应新质生产力发展需要的新型生产关系。具体包括:

一是整合碎片化的管理制度和分散化的扶持政策,提高创新支持政策的精细化程度。需要建立一套有效的创新资源整合机制,真正形成比较成熟的官产学研合作机制。同时,对于创新资金的使用从注重事前转变为全程追踪,真正实现创新服务的事前事中事后全覆盖,这对于创新成果顺利产出并转化具有积极影响,打通了创新对产业支撑的最后一公里。

二是以公共研发项目分包模式改革为引导,大力推动大中小企业协同创新。在制造业的公共研发项目招标工作中,减少投标书中技术人员职称等项目的比重,真正以企业获得的用户反馈和社会评价为主。招标部门广泛征求行业内科技人员和企业家的意见,将技术上可以拆分的重大科技项目分拆成多个细分环节和项目,通过降低研发项目申请的门槛来吸引中小企业参与公共研发项目,形成大中小企业公平参与研发竞争的政策环境。

三是构建精准性的技术人才政策体系,为重大科技项目产业化的可持续发展建立人才蓄水池。技术人才政策不仅需要关注以提高收入为核心的所得税减免和科技奖励,更应该关注与人才稳定和发展相关的高质量子女教育、住房补贴和技能提升培训等。同时,地区技术人才政策首先要立足于本地具有相对比较优势的产业,以此为核心建立人才的梯次结构,避免紧盯最高端人才的方向性问题。在此基础上,各地区建立差异化的技术人才政策,在区域层面形成技术的合理梯次布局,避免出现人才竞争的无序局面。

二、培育新质生产力对长三角地区科技创新的贡献

改革开放以来,依靠人口红利和低成本优势,我国制造业得到了快速发展,成为全球制造业规模最大、体系最全的国家。但是,近年来保护主义严重冲击着国际经济秩序,全球产业链和供应链受各类不确定因素的冲击,国家地区间

的比较优势和发展位势不断演化。欧美等发达国家意识到制造业发展对国家长期经济增长的重要影响,着眼于加强对先进制造业的前瞻性布局和以技术封锁为代表的产业保护,力图从中高端发力抢占国际竞争的制高点。发达国家实施的以重塑制造业优势为重点的再工业化战略,在一定程度上改变了国际产业梯度转移的常规路径。同时,新兴经济体利用劳动力、土地等要素成本优势,以中低端制造业为主要方向积极承接国际产业转移。整体来看,国际产业分工逐步向技术端和成本端集中。

作为我国极具国际竞争优势的制造业,面对发达国家和新兴经济体的竞争压力,唯有通过不断的科技创新推动制造业高质量发展,才能走出一条中国式的制造业强国之路。制造业是发展新质生产力的关键载体,加快产业数字化转型,促进数字经济与实体经济深度融合已成为当前制造业高质量发展的重要任务。这将有助于推动传统生产力升级形成满足新时代经济发展要求的新质生产力,夯实制造业根基。

长三角地区作为我国重要的经济增长极,在孕育新经济和新业态方面取得了丰富经验。通过推进长三角工业互联网一体化示范区,打造工业互联网产业高地,为全国工业互联网发展起到示范作用。上海市提出以工业互联网赋能数字化转型的"工赋上海"行动,大力推动企业进行创新工业互联网应用。上海作为全国重要的中心城市,围绕国际经济、金融、贸易、航运和科技创新的"五个中心"建设,在区域产业升级、功能提升、技术创新等方面发挥辐射和带动作用。

当前,长三角各省市数字经济的发展水平仍存在较大差距。赛迪数字经济研究中心提供的数据显示,2022年长三角各市数字经济发展指数最高值为93.97,平均值为39.87,仅有8个城市指数在平均值以上,长三角各城市间的数字经济协同发展水平有待提高。长三角地区围绕数字经济产业战略布局,各地逐渐涌现出各具特色的数字产业集群,但高端装备、智能制造、集成电路以及生物医药仍是诸多城市首要发展的战略性新兴产业。

为了加快长三角数字经济产业高质量发展,地方政府以推动数字技术与实体经济深度融合为主线,重点布局数字新产业、数据新要素、数字新基建、智能新终端等重点领域,打造代表性的数字产业集群带,在集成电路、数字金融、软件和信息技术服务等领域形成若干个万亿级数字产业集群,重点从集群品牌、城市平台、出海服务等方面提升长三角地区数字产业集群经济量级、经济能级和文化能级,努力建设具有全球影响力的数字产业集群高地,有几方面值得关注:

一是建立健全战略性与针对性兼备的长三角数字经济产业规划体系,研讨各地区数字经济优势产业、目标产业等,形成互补互促、因地制宜的数字经济产业规划。同时,各省市财政、经信、商务等部门牵头对数字经济产业政策进行梳理,形成集成化的长三角数字经济产业扶持政策,避免重复叠加造成财政资金浪费,在直接货币形式补助的基础上提高要素或服务补助比例。此外,建立重大数字经济产业化项目落地的理想城市竞选机制,降低产业化的交易成本。综合国内外重大项目的选址经验,建立包括市场规模、市场公平竞争环境、产业政策透明度、主导产业的技术人才、产业配套能力、教育体系质量和生活成本在内的评估体系。

二是逐步推动长三角地区规则、规制、标准、管理统一。对于在异地设立子公司的高新技术数字经济企业,引入该企业的地区在得到上一级政府授权后可以采用信用承诺制方式,给予高新技术企业优惠政策,并约定子公司应在3~5年后达到高新技术企业认定标准,否则追还企业已享受的优惠政策并进行惩处。同时,加强跨区域税务数据共享使用,允许异地纳税记录在本地使用,降低企业跨地区经营的税务调整成本。此外,依托上海市数据交易所,整合各省市的数据交易中心,建立长三角数据交易所。在此基础之上,推动各地数据交易机构在数据要素资源确权与登记、数据产品流通交易和使用、数据资产入表等环节中形成共识,促进互联互通,提升长三角多层次数据要素市场的协同效应,实现数据要素作用和价值最大化。

三是加快"专精特新"中小企业向行业单项冠军梯次升级,逐步培育行业龙头企业。将政策重点放在人才集聚方面,建设应用型人才、技能型人才储备库,提高人才供给与企业需求间的匹配精度。高校院所加强与专精特新企业合作,建立高端科研人员互派、互聘等人才柔性引进和使用机制。同时,培育新兴产业和未来产业要建立创新型产业政策体系,重点在构建技术研发和应用的全生命周期支持政策体系。在技术研发阶段,政策部门通过小额资助筛选出真正进行技术创新的企业。对技术研发取得初步成功的项目,继续提供大额资助,以加快推进成功项目的技术成熟。当技术成果进入商业化阶段,积极搭建投融资对接平台,促进技术项目与金融资本深度融合,助力科技成果商业化、产业化。

四是积极探索多元主体创新联合体的组织管理方式和激励模式。根据国家发改委《关于深入推进全面创新改革工作的通知》,坚持"优势互补、分工明确、成果共享、风险共担"的发展要求,加快建设多主体全链条创新联合体的体制机制改革,探索多元创新主体协同攻关的有效机制。坚持以企业作为科研攻关项目的出题者与组织者的核心地位,鼓励科研院所、高校、国有企业、民营企业以平等市场主体身份参与联合体,政府负责筹建专项资金,在建设初期给予国家重点项目申报、高端人才及资源引进、核心平台建设等层面的支持,建立政府退出机制与长期绩效评价体系。

三、培育新质生产力对长三角地区生产要素优化配置的助益

新质生产力的形成是新技术、新业态、新模式产业化和初创产业不断产生、成长壮大的过程,需要有为政府与有效市场的深度结合。《中共中央关于制定国民经济和社会发展第十四个五年规划和二〇三五年远景目标的建议》对于新发展格局中的政府与市场关系做了详细阐述:坚持和完善社会主义基本经济制度,充分发挥市场在资源配置中的决定性作用,更好发挥政府作用,推动有效市场和有为政府更好结合。因此,随着中国经济发展进入高质量阶段,在更高水平的改革开放推动下,市场与政府向有效和有为的状态迈进,最终两者实现有机结合。该建议进一步明确指出:激发各类市场主体活力、完善宏观经济治理、建立现代财税金融体制、建设高标准市场体系、加快转变政府职能。这为新发展格局下政府与市场关系构建指明了方向,并且对于如何建立有效市场、有为

政府和实现两者有机结合提出了明确答案。

中国作为典型的超大规模单一市场,法律体系、税务体系、商业规则、语言文化统一,某类产品只要中国能够生产,马上就能大幅度压低同类产品售价,这是中国的突出优势。为了更好地发挥这种独特优势,需要充分发挥市场机制的决定性作用,营造良好的制度和政策环境,加快各类要素在区域间顺畅流动,充分调动各类市场主体积极发展新质生产力的能动性。科技创新进入无人区之后,发展的方向是很难准确预测的,唯有营造良好的创新创业生态环境,新技术、新业态等新质生产力才会不断涌现。一个国家或一个地区不可能拥有所有类别或最优数量的生产要素,充分的生产要素流动性是市场经济健康发展的重要条件。长三角地区在推动区域创新要素优化配置方面取得了重要经验,主要包括:

一是成立专门组织机构,部分基础设施率先打通,尝试性开展部分专题合作。组织机构方面,在科技部牵头下,成立了由国家部委、三省一市部门及地方人民政府等组成的专责小组及其办公室。基础设施方面,辐射周边的高铁全面开工,高速省界收费站取消,5G网络协同布局。政策协同方面,"协同扩大开放"30条政策、地区规则标准互认等政策相继出台。专题合作方面,线上金融综合服务平台、金融信息披露及信用信息共享机制、政务服务"一网通办"等逐步启动。

二是创新阵地框架形成,产业联盟合作尝试启动,政策互认积极推进,要素流通壁垒努力消除,各城市在产业互助发展方面尝试形成合力。创新阵地方面,以创新链、产业链为纽带,周边城市各扬所长,推出产城融合示范园区,建立产业联盟体系。标准互认方面,周边城市准入标准共认、业务系统互联、数据资源共享,实现审批事项无差别办理,实行特色金融服务并逐步辐射长三角整个区域。要素流动壁垒方面,在城市群范围内尝试逐步打破行政界线,鼓励生产要素按市场配置要求自由流动。

三是不断优化营商环境。周边城市积极践行"简政放权+互联网+店小二"十字要义,转变服务思路和服务方式,协力为企业提供优越的发展环境。例如,积极推进"零距离"综合审批制度改革和企业证照"一网通办"。自2018年"一网通办"平台上线以来,共上线152项长三角"一网通办"服务,累计全程网办超过684.4万件,实现40类高频电子证照共享互认,电子亮证超过1 430万次,长三角数据累计共享交换达8.3亿条。推出的长三角跨省通办远程虚拟窗口,通过在线"屏对屏"实现跨时空"面对面",推动跨省业务属地远程受理、企业群众就近政务窗口办理,已覆盖上海16个区和苏浙皖三省40个城市。

四、对全球发展中国家的启示

以战略性新兴产业和未来产业为代表的新制造,以高附加值生产性服务业为代表的新服务,以及以全球化和数字化为代表的新业态,形成的聚合体就是新质生产力。[①] 当今世界正经历百年未有之大变局。大变局之"变",既表现为生产力层面的新一轮科技革命和产业变革,它正在成为影响全球变局和大国兴衰的重要变量;也表现为生产关系层面的经济全球化调整,它正在引发全球产业链、供应链收缩,重塑全球分工格局和治理体系。在国家发展的道路上[②],世界各国遇到的技术和机制瓶颈会不断出现,只有通过培育新质生产力才能推动产业创新,塑造未来发展的新增长极。而采用保护主义政策,逃避科技发展的正面竞争,妄图通过打压其他国家创新的方式保持领先地位,最终必将被时代所淘汰。历史的车轮滚滚向前,时代的脚步永不停歇,无人可挡。

长三角地区通过培育新质生产力重塑了经济增长动力系统,对广大的发展中国家高质量可持续发展形成示范效应。主要启示包括:一是在国家经济起飞阶段,通过改革开放深度拥抱全球化,集聚全球资源驱动生产力的发展;二是随着生产力发展水平逐渐提高,积极推进产权制度改革和区域市场竞争,从深层次改革和完善生产关系,以适应快速发展的生产力需要;三是国家致力于建立

---

① 朱彩云. 数据要素动能澎湃[N]. 中国青年报,2024-01-09:6.
② 王一鸣. 百年大变局、高质量发展与构建新发展格局[J]. 管理世界,2020(12):1-13.

法律体系统一、税务体系统一、商业规则统一、语言文化统一的国内大市场，整合内部的资源、人力和土地等要素，进而帮助本国产品在国际市场形成比较优势和竞争力。

长三角地区培育新质生产力的模式对发展中国家选择适宜的技术创新模式也产生了深远的影响，有助于在危机中育新机、于变局中开新局。一是多样化的经济增长极产生了集聚和辐射效应，引领区域技术创新不断突破。京津冀、粤港澳大湾区和长三角是中国三大增长极，其形成机理存在差异，但这不影响三大区域在技术创新方面对毗邻地区起到示范引领作用。二是积极培育"专精特新"企业成为单项赛道技术突破的主力军。"专精特新"企业是产业链强链补链的重要环节，引导中小企业聚焦实业、深耕主业，建立"专精特新"中小企业—"专精特新"小巨人企业—制造业单项冠军企业的梯次培育政策体系，为产业链供应链现代化提供强大支撑。三是建立大中小企业融通创新的新局面。诸多"专精特新"中小企业集聚在一批具有产业生态掌控力的龙头企业周围，大中小企业融通创新逐渐形成，起到了巩固夯实产业基础和提升产业链发展水平的重要作用。

长三角地区培育新质生产力的经验还对发展中国家优化资源配置形成创新合力提供了有益的借鉴。一是从本地区资源禀赋、产业基础和创新基础等出发，将"收益共享"和"成本共担"作为各方合作的基本规则，建立跨区域产业和创新合作机制。跨行政区合作的主要任务是完善国内大市场、推动高质量一体化，形成了相互依存、相互补充、相互开放、相互协调的市场体系。二是注重营造良好的营商环境，培育地区核心竞争力。优化营商环境就是提高"土壤"质量，为培育新质生产力提供条件。对于发展中国家和地区而言，短期内难以建设完备的产业体系，但是可以对标发达国家和地区的营商环境标准，依靠软实力来吸引外部资源，逐步形成自生能力。

（该文刊载于《当代中国与世界》2024年第2期）

结语 复兴之路：从"现代化在中国"到"中国式现代化"

编者按：本书是上海财经大学有组织科研的阶段性成果。我们认为，发展新质生产力是以中国式现代化全面推进中华民族伟大复兴的重要抓手。为了更加深入理解新质生产力的理论渊源和实践进路，有必要更加深入回顾中国现代化进程。为了加快推进中国式现代化，也必须不断加深对新质生产力的理解，增强民族自信，自觉担当民族复兴的伟大使命。

中国的现代化是从被动接受到主动开拓的历史过程，西方现代化使中国融入资本主义世界体系，并推动中国在器物、制度思想层面的现代化起步。东方现代化使中国作为国际共产主义运动的一部分，推动了中国的革命和建设。长期的革命建设实践证明，西方现代化在近代中国走不通，中国在对东方现代化的批判继承中开辟了中国式现代化道路。

一、西方现代化在中国

第一，西方现代化使中国融入资本主义世界体系。在 17 世纪西方以资本主义生产方式推动现代化之前，世界各地的文明、民族在几乎孤立的状态下各自发展，古代中国作为一个区域性以农耕为主的文明长期存在。由于封闭的地理空间、可耕地面积和人口规模巨大，以小生产方式为基础的、农业与手工业直接结合的自然经济构成古代中国社会的经济基础，这种自给自足的农耕社会与

本文作者简介：刘元春，教授，上海财经大学校长，中国式现代化研究院院长，习近平经济思想研究院院长；丁晓钦，上海财经大学讲席教授，马克思主义学院副院长。

世界其他文明交流较少,并未像西欧海洋文明那样在中世纪末期就发展出一定水平的国际贸易和市民阶层。17世纪后,西欧逐渐确立资本主义生产方式,无限追求剩余价值、资本增殖的动机推动西方国家不断开拓商品销售市场,寻找原材料产地和劳动力,并在蒸汽革命后生产力水平极大地提高,商品贸易规模进一步扩大。中英鸦片战争后,封闭的古代中国被迫卷入资本主义世界体系。西方产业资本循环可以与"不同社会生产方式的商品流通交错在一起"①,中国自然经济的产品作为商品生产的比重增加,并参与到资本主义世界分工体系中。西方廉价工业品进入中国,导致本土小生产方式逐渐解体并产生近代无产者和国内市场,扩大的国际贸易规模和民族工商业发展形成近代企业家,进而导致主要依靠农业税收的政府财政体系被破坏和清帝国政权受到削弱,中国的社会性质转变为半殖民地半封建。由此可见,西方现代化在中国的影响,主要是打破古代中国的封闭状态,原本自给自足的农耕经济开始殖民化进程,并"被迫参与资本主义世界分工"②。

第二,西方现代化推动中国在器物、制度、思想层面的现代化起步。清帝国在第一次鸦片战争中失败后,少数先进的中国人认识到中国的武器装备、科学技术落后于西方,提出"师夷长技以制夷",通过学习西方先进技术来实现现代化,帝国统治集团的改良派发起洋务运动,指导思想是"中体西用",即保留农业经济时代产生的文化、道德观念而引进西方自然科学、技术和设备,创办机器工业,推动中国迈出物质生产现代化的第一步。中日甲午战争失败后,由少数知识分子组成的维新派希望通过改良清帝国的君主专制、效仿西方的君主立宪制来建立新的国家制度,在没有群众广泛参与、无实权的皇帝支持下改革政府、教育和经济管理制度,"废科举、兴学校"③,后因帝国统治集团抵制而变法失败。进入20世纪后,中国殖民化程度进一步加深,清廷成为"洋人的朝廷"。近代以来,伴随资本主义经济发展而产生的民族资产阶级逐渐壮大,部分资产阶级的

---

① 马克思.资本论(第2卷)[M].北京:人民出版社,2004:126.
② 崔泽鹏.《资本论》中的清末中国形象[J].现代交际,2020(24):203-205.
③ 毛泽东.毛泽东选集(第4卷)[M].北京:人民出版社,1991:1469.

政治代表认识到要靠革命手段推翻清帝国统治,后爆发辛亥革命,资产阶级革命党人消灭了中国持续数千年的君主专制制度,效仿西方政治体制建立共和制度,推动中国在制度层面的现代化起步。辛亥革命后,中国经济社会并未快速发展,而是经历了帝制复辟和北洋军阀统治,出现"尊孔复古"逆流,各帝国主义国家依靠其代理人继续侵略中国,少数知识分子认识到必须清洗中国社会顽固的前现代社会思想,由此产生了新文化运动和五四运动,通过引进西方的文化价值观、各种理论体系反对封建文化,解放国人思想,推动中国在思想层面的现代化起步。

二、东方现代化在中国

第一,东方现代化使中国革命成为国际共产主义运动的一部分。斯大林对俄国十月社会主义革命世界意义的评价是,将区域性的反殖民、反民族压迫的斗争扩大为"反对世界帝国主义的革命战线"[①],近代中国的反帝反封建斗争成为反对全球帝国主义体系的国际共产主义运动的一部分。毛泽东将中国的民主革命分为新旧两个阶段,其中,旧民主主义革命是由民族资产阶级领导的、以发展资本主义经济为目的的革命,属于西欧在近代以来产生的全球资产阶级民主革命的一部分。而俄国十月社会主义革命开辟了新的历史时代,开创了东方现代化模式。中国的民主革命发展到新阶段,是由无产阶级领导的、在民主革命的基础上向社会主义革命过渡,是"世界无产阶级社会主义革命的一部分"[②]。新中国成立以后,在以东方现代化模式为基础进行国内建设的同时,支持国际共产主义运动,反对资本主义的全球殖民体系,通过援助资金、派遣技术专家、援建成套生产设备和基础设施、接收实习生等方式支持亚非拉地区的反帝反封建斗争和国家建设。截至 1978 年,接受中国援助的国家达 66 个,1973 年对外援助资金占国家财政总支出的 6.92%。[③] 由此可见,东方现代化在中国的影

---

① 斯大林. 斯大林选集(上卷)[M]. 北京:人民出版社,1979:126.
② 毛泽东. 毛泽东选集(第 2 卷)[M]. 北京:人民出版社,1991:667.
③ 俞子荣. 不平凡的探索与成就——中国对外援助 70 年[J]. 国际经济合作,2020(6):4—19.

响,是将近代中国作为地区性事件的民主革命、反殖民斗争融入反对资本主义世界体系的国际共产主义运动,打破了西方现代化造成的核心—边缘模式,是反对旧世界体系的世界革命的一部分。

第二,东方现代化推动中国的革命和建设。苏联在 20 世纪 30 年代西方经济大危机期间由国家主导大规模投资,通过压低农产品价格提取农业部门经济剩余,从而为工业部门提供原始积累资金,在相对独立于世界市场的情况下快速工业化,基本改变了苏联作为落后农业国的面貌,显示出东方现代化的积极作用。苏联为打破资本主义世界体系封锁、争取有利地缘政治环境而"援助全世界无产阶级和被压迫民族"[①],为中国反殖民、反侵略、反国内剥削阶级的战争提供物质、技术、人才、军事、外交等方面的援助,有力支援了中国的民主革命和反殖民斗争。新中国成立初期的生产组织形式、优先发展重工业的经济战略、国家政权、意识形态、外交政策受到东方现代化的深刻影响。20 世纪 50 年代,苏联政府援建中国 156 项重点工程,帮助中国在极短时间内建立了相对完整的工业体系,在进行社会主义革命时也效仿东方现代化对城市的私人资本、外国资本进行改造,建立国营经济,并推进"农村集体化运动"[②],将数量庞大而分散的农民组织进农村合作社,建立工农业产品统购统销、政府定价机制。意识形态以马克思主义、列宁主义和毛泽东思想为指导,在外交政策上实行"一边倒"方针,坚定站在国际社会主义阵营一边,对外贸易和外交活动主要发生在社会主义国家之间,东方现代化对新中国成立初期的建设起到了积极作用。

三、中国式现代化道路的开辟

第一,西方现代化在近代中国走不通。政治层面:近代中国在效仿西欧、北美资本主义生产方式进行现代化起步后并未继续前进,建立共和体制的中华民国先后实行过总统制、内阁制、君主制,随后演变为由不同帝国主义支持、彼此

[①] 毛泽东.毛泽东选集(第 2 卷)[M].北京:人民出版社,1991:671.
[②] 温铁军.八次危机:中国的真实经验(1949—2009)[M].北京:东方出版社,2013:5,283.

分裂和内战的军政府统治,资产阶级民主制并未实现。经济层面:殖民化程度加深,逐渐依附宗主国,民族工商业受到国际垄断资本和本土封建经济的排挤。文化层面:在"尊孔复古"与全盘西化间左右摇摆,未形成本国特色的现代文化。外交层面:不同时期的政府为获取帝国主义支持而大肆出卖中国主权,如袁世凯政府签订《中日民四条约》、蒋介石政府签订《中美友好通商航海条约》。毛泽东认为,西方现代化在近代中国走不通的原因主要为阶级条件和国际环境不允许。中国民族资产阶级产生于封建经济关系的解体和帝国主义经济的渗透,封建统治阶级中部分地主和官员开办企业、经营工商业,以及在西方国家对中国商品和资本输出的过程中部分华侨、知识分子、商人资产阶级化,民族资产阶级本身就与帝国主义经济、本国封建剥削关系有紧密联系,决定其经济上和政治上"是异常软弱的"[1],不愿彻底进行民主革命和反殖民斗争。19 世纪后期,中国开始现代化进程时所面临的国际环境与 17、18 世纪的西方完全不同,资本主义世界体系已经从自由竞争向垄断阶段过渡,进入帝国主义阶段,各帝国主义国家争占殖民地、划分势力范围,从殖民地获取垄断利润,不可能坐视中国发展成独立强大的资本主义国家。民族资产阶级发动的政治革命运动,通过"实业救国"发展本国资本主义经济,"都是被帝国主义绞杀的"[2]。

第二,东方现代化在中国的批判继承。中国共产党成立初期的指导思想、革命道路、党和政府的组织形式、经济政策在很大程度上照搬苏联的现代化模式。在指导思想上,基于西欧、俄国革命实践而总结的马克思、列宁主义,尚未形成基于中国国情和革命建设实践的成系统的指导思想。在革命道路上,效仿俄国主要依靠工业无产阶级斗争夺取大城市。在党和政府的组织形式上,以列宁的先锋队理论为基础,土地革命时期,根据地政权效仿苏联的苏维埃制度实行无产阶级专政,排斥其他阶级成分的个人参加政府。在经济政策上,以维护工人、农民等劳动群众的利益为基础,对民族资本主义工商业有敌视态度。照

---

[1] 毛泽东.毛泽东选集(第 2 卷)[M].北京:人民出版社,1991:673,679.
[2] 毛泽东.毛泽东选集(第 2 卷)[M].北京:人民出版社,1991:673,679.

搬东方现代化模式曾经使中国共产党的反殖民、反封建斗争遭受挫折,以毛泽东同志为代表的第一代中国共产党人对东方现代化展开批判:中国的革命建设实践"要靠中国同志了解中国情况"[①],要基于近代中国的经济和阶级状况、国际环境、地理人口特征、历史和民族文化开展独立自主的革命斗争,开辟具有中国特色的发展道路,要将马克思列宁主义的普遍真理与中国"具体特点相结合",并创立民族化、中国化的马克思主义理论作为指导思想。新中国的社会主义建设和改革在对东方现代化的批判中也有继承。大卫·哈维认为,20世纪80年代,中国在改革过程中,中国共产党为保证政策的连贯性,在建立商品货币关系、主动融入世界市场和国际产业分工时采取了国家主导经济建设和金融秩序的措施。[②] 基于中国现实国情并对东方现代化进行批判继承,中国共产党在领导中国革命、建设、改革开放和社会主义新时代的历史进程中开辟了中国式现代化道路。

(内容节选于作者所著《发展与超越》中第一章《从现代化到中国式现代化》第四节《从"现代化在中国"到"中国式现代化"》)

---

① 毛泽东.毛泽东选集(第1卷)[M].北京:人民出版社,1991:115.
② [美]哈维.新自由主义简史[M].王钦,译.上海:上海译文出版社,2010:139.